占領期のメディアとインテリジェンス

土屋礼子
Tsuchiya Reiko

青弓社

占領期のメディアとインテリジェンス　目次

第7章　対日心理戦としての朝鮮戦争報道

カバー写真——毎日新聞社提供
装丁——神田昇和

朝鮮戦争で国連軍が撒布したビラ

口絵2 「何千人もの北朝鮮の兵士が殺された！」（No.8418）

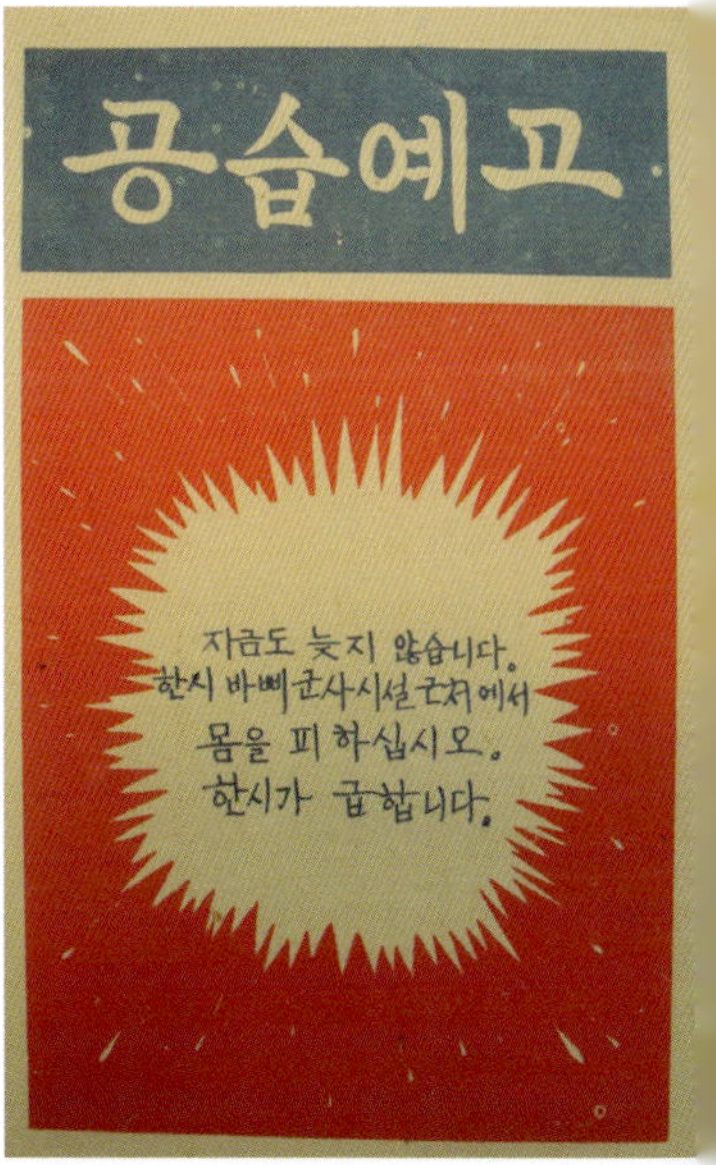

口絵1 「空襲警報」（No.1013）

口絵3 「朝鮮戦争一周年」（朝鮮語 No.1074）

口絵4 同前（中国語 No.7065）

口絵5 「共産主義者の " 土地改革 " の欺瞞は明らかだ」（No.1152）

口絵6 「共産党幹部は酒を飲んで過ごし、人々は貧困にあえいでいる」（朝鮮語 No.1181）

口絵7 同前（中国語 No.7161）

朝鮮戦争で国連軍が撒布したビラ

口絵8　「北朝鮮の兵士はソ連の戦争を戦うよう強いられている」（No.1187）

口絵9　「パルチザンを守れ」（No.1250）

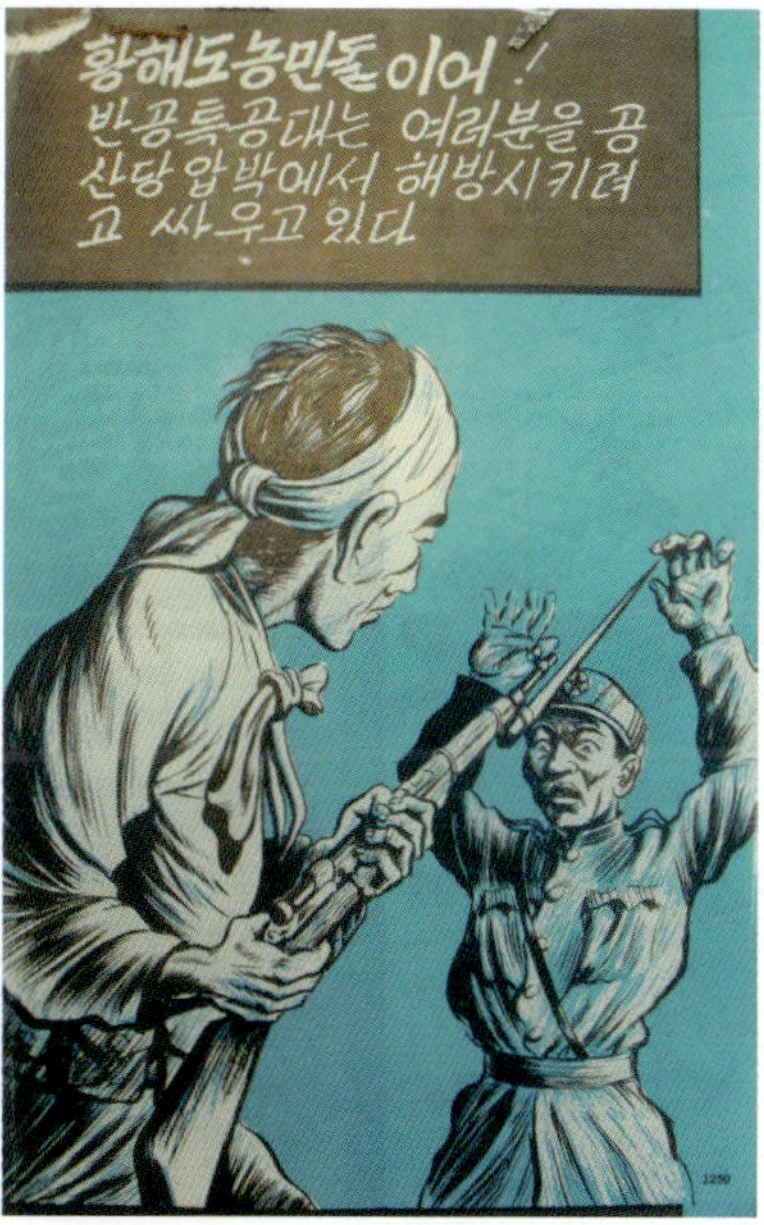

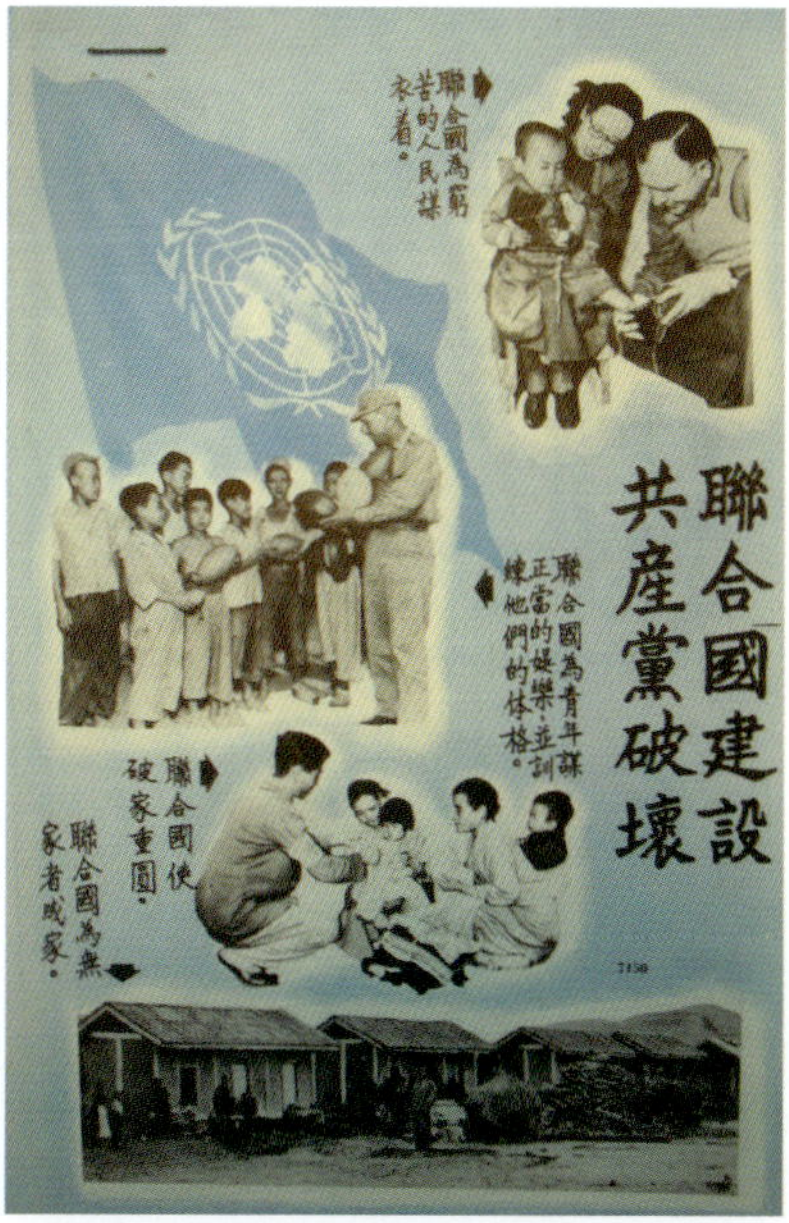

口絵10　「連合国は建設し、共産党は破壊する」（No.7150）

第一ラジオ放送・ビラ部隊の記念パンフレット

口絵11　“Life and Times in the First Radio Broadcasting and Leaflet Group, June 1952” 表紙

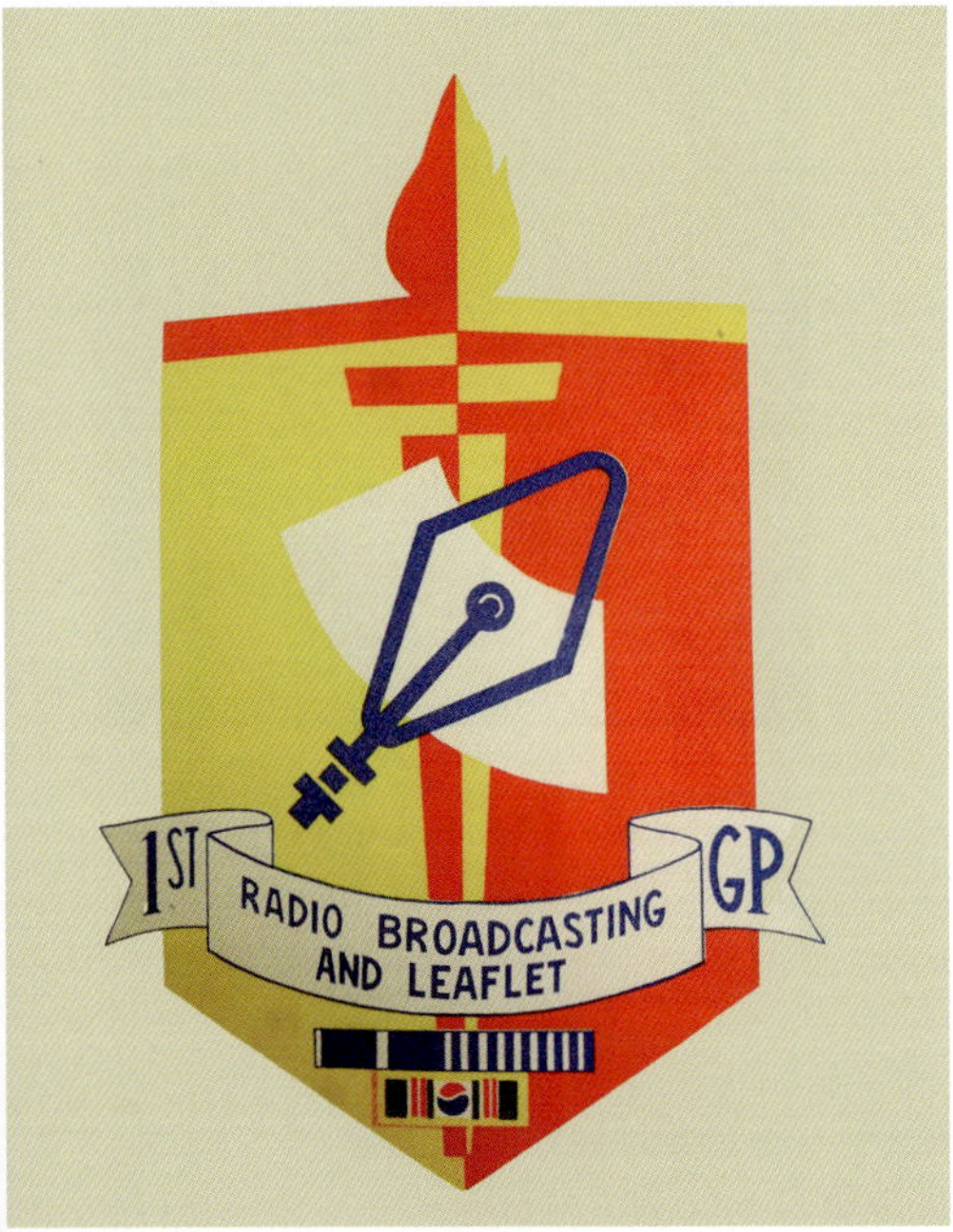

口絵12　ibid. 裏表紙に描かれた第一ラジオ放送・ビラ部隊の旗章

凡例

・書籍・雑誌・新聞の表題は『　』でくくり、それらに所収してある個別の作品・記事・論文などの表題は「　」でくくる。時期によって表題に変遷がある雑誌は刊行当時の表題のとおりに記す。
・引用文中の旧漢字は新漢字に改める。
・アメリカの組織名のうち、特に頻出する以下の名称については原則として略称を用いる。
翻訳通訳局（Allied Translater and Interpreter Section：ＡＴＩＳ）
民間検閲支隊（Civil Censorship Detachment：ＣＣＤ）
中央情報局（Central Intelligence Agency：ＣＩＡ）
民間情報教育局（Civil Information and Education Section：ＣＩＥ）
参謀第二部（Ｇ－２）
連合国軍総司令部（General Headquarters, the Supreme Commander for the Allied Powers：ＧＨＱ／ＳＣＡＰ）
西南太平洋戦域軍総司令部（General Headquarters, Southwest Pacific Area：ＧＨＱ／ＳＷＰＡ）
・原則として、国名としての中華人民共和国は「中国」、朝鮮民主主義人民共和国は「北朝鮮」と記す。
・英語の“Korea”と“Korean”は「朝鮮」「朝鮮人」と記し、関係の語句を「朝鮮語」「朝鮮半島」「朝鮮戦争」と記す。ただし、Republic of Korea（大韓民国）については「韓国」、その政府を「韓国政府」、軍隊を「韓国軍」と記す。
・連合国軍総司令部の文書（RG331）をはじめ、アメリカ国立公文書館（ＮＡＲＡ）所蔵の資料については〔　〕内にその整理番号を記す。また、参考文献として挙げた極東軍の文書（RG554）は、同館で二〇一一年から一九年に筆者が調査したときのボックス番号を記す。
・占領期に日本で発行された雑誌および大学生新聞については、アメリカ合衆国メリーランド大学図書館ゴードン・Ｗ・プランゲ文庫のマイクロフィッシュ版、国立国会図書館所蔵の資料、および早稲田大学図書館の福島鑄郎コレクションを主に参照した。

・アメリカ合衆国メリーランド大学図書館所蔵のゴードン・W・プランゲ・ペーパーズ（第6章）、アメリカ合衆国スタンフォード大学フーバー研究所文書館所蔵のアレクサンダー・リオスノフ文書（第10章）の出典は、各章の注に記す。

・口絵1―10の出典は、第8章の注に記したように、アメリカ国立公文書館所蔵の資料による。口絵11・12の出典は、第10章の注に記したように、前掲のアレクサンダー・リオスノフ文書の資料による。

序章　複眼で占領期メディアをみる

アメリカ軍を主力とする連合国軍による日本占領は、一九四五年九月に始まり五二年の四月に終わった。その約六年八カ月は敗戦後の日本の出発点であると同時に、民主主義的な改革のかけ声のもとに、現在にいたる日本の政治的・経済的あるいは文化的枠組みが作られた重要な期間である。この占領期に、日本のメディアはどのように変化したのか。その変化は戦後日本に何をもたらしたのか。そして、日本とアジアのメディア史のなかで、占領期はどのような意味をもったのか。これらが本書の出発点になる問いである。

敗戦時の日本は空襲で都市が破壊され、物資は不足し、食糧難で人々は疲弊していたが、戦争が始まる前すでに、日本はアジアでメディアが最も発達した国だった。新聞は『朝日新聞』『毎日新聞』の二大紙をはじめ、各都道府県で地方紙が発行され、全国の日刊紙の総発行部数の合計は一千万部を超えていた。また、ラジオ放送も日本列島だけでなく、京城や台北など植民地にもネットワークを広げていた。常設の映画館も二千館以上あり、テレビの実験放送もおこなわれていた。

敗戦後のドイツでナチスのメディアがすべて廃止されたのとは異なり、日本の占領軍は、戦前からあったこれらのメディアをほとんどそのまま温存して利用した。占領軍は、日本放送協会（ＮＨＫ）の放送会館内のスタジオの一部を真っ先に接収し、第二放送の電波を使ってアメリカ軍放送（Armed Forces Radio Service：ＡＦＲＳ）を発信した。国策通信社だった同盟通信社は占領軍の動きを見越して一九四五年九月末に自主的に解散した。しかし、それ以外には新聞社や出版社などで強制的に廃止されたメディアはなかった。しかし、占領政策のなかで占領軍は日本政府を通した間接統治を基本にしながら、メディアに対しては直接統治の方針を採用した。その方法は主に二つ、すなわち民間情報教育局（Civil Information and Education Section：ＣＩＥ）を通じた指導と、民間諜報局（Civil Intelligence Section：ＣＩＳ）の民間検閲支隊（Civil Censorship Detachment：ＣＣＤ）による検閲である。

占領期のこうしたメディア政策と統制については、まず日本側の資料や経験談をもとに、新井直之『新聞戦後史――ジャーナリズムのつくりかえ』（一九七二年）などが著されてきた。さらに戦後二十年たった一九七〇年代には占領期に関する本格的な実証研究が始まり、そのなかでメディアが論じられるようになった。七二年から九三年まで続いた占領史研究会がその中心の一つで、天川晃、竹前栄治、袖井林二郎、福島鑄郎、あるいは五百旗部真などの研究者が、占領軍である連合国軍総司令部（ＧＨＱ／ＳＣＡＰ）の資料や外務省の外交記録資料などをもとに研究を展開した。そのなかで、江藤淳『閉された言語空間――占領軍の検閲と戦後日本』（一九八九年）は、占領軍やアメリカの資料を用いて、占領期の問題をあらためて現代に地続きの問題として提起した。また、メリーランド大学所蔵のゴードン・Ｗ・プランゲ文庫の資料を日本国内でもマイクロフィルムで閲覧できるようになり、有山輝雄『占領期メディア史研究――自由と統制・１９４５年』（一九九六年）、山本武利『占領期メディア分析』（一九九六年）、同『ＧＨＱの検閲・諜報・宣伝工作』（二〇一三年）など、占領期のメディアを論じる画期的著作が生まれた。

そうした先行研究に学びながら、筆者は山本武利が率いるプランゲ文庫所蔵の新聞・雑誌の目録データベース（20世紀メディア情報データベース）作成プロジェクトに二〇〇〇年代から関わり、『占領期生活世相誌資料』Ⅰ・Ⅱ・Ⅲ（二〇一四―一六年）の編集に加わってきた。そのなかで次第に確信したのは、占領期のメディアを理解するには、日本側とアメリカ側の両方の視点による複眼的思考が必要だということである。そのように考えるにいたったのは、この間に筆者がおこなってきた太平洋戦争中の対日宣伝ビラの研究を通じて、その延長上にあるアメリカ軍による日本占領を見つめる視点を得たからだ。すなわち対日戦争と日本占領とをつなぐ語「心理戦(Psychological warfare)」である。

「心理戦」という語は、ナチス・ドイツによる民族的差別思想に基づいたプロパガンダ、あるいは第一次世界大戦時にイギリスなどがおこなった虚偽情報に満ちた宣伝戦と区別するために、アメリカで生まれた表現である。普遍的な科学としての心理学の発展を背景に、心理戦はアメリカ軍の武器の一つに数えられるようになった。心理戦にはさまざまな定義がなされているが、敵や中立ないし味方の人々、あるいは外国人に対して、その意見や感情、態度や行動に影響を与えるように計画されたものだという点では共通している。それはコミュニケーションを通じて、あるいはメディアを用いて、真実を伝えることで世界の人々を説得するというアメリカの壮大な野心を表しているともいえる。そこには、コミュニケーションによって人は互いに理解しあい、また互いを説得できるという、民主主義の根幹と共通した普遍的な人間性への素朴な信仰がある。それはある人々にとっては民族文化や伝統の深さをもたないアメリカの鼻持ちならない傲岸さであり、他方では人類の誰をも受け入れてくれる偉大なる包容力と感じられるのだろう。

しかし、同じ根から発した言論の自由とジャーナリズムの思想が追求するのは、権力が虚偽や偏見や隠蔽を駆使し、意図的にあるいは計画的に真実をゆがめ人々から遠ざけるという罪悪の暴露である。心理戦はまさに権力の中枢が企画して人々に対して展開する世論操作でありプロパガンダである。心理戦が民族学や人類学など異文化研究の知見を動員し、科学を装いながら、その実、政治的な意図をもった行為であることは紛れもない事実だ。「現代のプロパガンダは、心理学と社会学に基づく科学的なものである」とフランスの哲学者ジャック・エリュールは、著書『プロパガンダ』(*Propaganda*, 1965)のなかで述べているが、その目的は社会や国家での世論の合意を人工的に作り出すことだ。それは時と場合によって、宣伝、広告、広報、広聴、公報、ロビーイング、スピン、広報外交、ソフト・パワー、心理戦などとさまざまに呼ばれるとしても、ある人間集団の世論を一定の方向へ動かそうとする行為にほかならない。つまり、それは政治的・経済的・技術的資源を有する権力者・権力集団の意図する方向へと世論を導くことになる。よって、「プロパガンダの研究は、技術社会の文脈でなされなければならない。（略）プロパガンダは、国家および政府・行政の技術の増大する力の中心に位置するものとして考えられなければならない」とエリュールが述べているように、高度な技術を有する軍と政府組織によるプロパガンダの研究が、近現代社会のメディア研究にとって必要なのである。本書はその一つとして、占領期のメディアを通して、太平洋戦争から冷戦期にかけて変容した心理戦を捉えようとする試みである。

敵対する相手の心理をつかみ、その精神と思考様式を変革し、自らの望む方向に誘導することが心理戦の要諦である。太平洋戦争の戦闘では、敵である日本兵や日本人がすみやかに投降し、自軍の損傷を減らして勝利することがアメリカ軍の心理戦の目的だった。それに対し、占領期にはアメリカが掲げる民主主義や人権などの普遍的な理念を普及させ、日本人を再教育し、アメリカ文化を理想にした近代的社会を実現し、アジアのなかで共産主義に対抗しうる資本主義国家を安定させることが目標だった。

このような軍事的・政治的思考を根底にした占領軍の政策を、土屋由香は「再教育・再方向付け政策」（『親米日本の構築――アメリカの対日情報・教育政策と日本占領』、二〇〇九年）と呼んでいる。だが、占領軍はGHQ／SCAPだけではなく、アメリカ極東軍（Far East Command：FEC）との二重構造になっていたことを忘れてはならない。例えば、日本人の再教育を導く任務を負ったCIEは、SCAPによる日本の占領統治の組織であると同時に、アメリカの北東アジアでの軍事戦略を担う極東軍の組織でもあった。特に朝鮮戦争に際しては、原爆を投下し圧倒的な軍事的覇権を有したアメリカ軍を支柱とする占領軍の二重性に留意し、より大きな対アジア戦略のなかでのアメリカの心理戦の一部として日本のメディアを捉えるべきだろう。心理戦は噂話からポスターや講演、図書館や博覧会にいたるまであらゆるコミュニケーションの手段を用いておこなわれるが、なかでも当時最も有力だったのはラジオと宣伝ビラで、朝鮮戦争に際してその制作拠点になったのは日本の東京だったからである。

そこで本書では、第1部「占領期のメディア」の第1章「占領期の時局雑誌」から第4章「占領期のCIE図書館というメディア」まで、占領期の日本のメディアを戦前・戦中・戦後と連続する位相のなかで捉えて論じる。そこで筆者が目的にするのは、第一には、主流ではないが庶民にとってより身近なニュース・メディアが占領期にどのように展開したのかという点を明らかにすることである。全国紙や放送などのマスメディアに関してはすでに先行研究でかなり明らかにされ、また文献も豊富である。一方、規模的には小さなメディアや地方の出版などはまだ研究が行き届いていない部分が大きい。けれども、占領軍は地方の同人誌や学校新聞までありとあらゆる媒体を検閲し、事前検閲が終わったあとも監視を継続した。しかし、どのような検閲がおこなわれたのかという点に筆者は焦点を当てるのではなく、それまであった既存のメディアの体系にどんな変化が起きたのかを探ることを目指す。そこで本書では暴露系の時局雑誌、スポーツ紙、大学生新聞など、どちらかといえば傍流のメディアを対象にして、言論の自由と民主化という政策がどのように受け止められ、どのように展開し、その後の戦後メディアのあり方につながっていったのかを考察する。また、CIE図書館という占領軍の広報機関をメディアとして位置づけ、日本社会でどのように受け止められていたのかを明らかにする。なぜなら、そのような多様な小規模メディアのなかでこそ、むしろ占領期のメディアとその作り手、読者、そして政府や占領軍との関係とその変化がより具体的にみえてくると考えたからである。

次の第2部「占領期のインテリジェンスとプロパガンダ」の第5章から第10章までは、アメリカ軍による心理戦におけるインテリジェンスとプロパガンダに視点を移して、占領期と朝鮮戦争中の日本人や日本のメディアとの関係を論じる。なかでも第5章「占領軍G－2歴史課と旧日本軍人グループ」と第6章「占領軍の翻訳通訳局（ATIS）によるインテリジェンス活動」はインテリジェンス研究の範疇に入るものである。インテリジェンスは情報＝諜報活動を意味し、むしろメディアには現れてこない秘密裏の活動が多い。日本ではアメリカ中央情報局（Central Intelligence Agency：CIA）への関心が強いが、アメリカやイギリスなど各国のインテリジェンス・コミュニティーにはさまざまな機関があり、本書ではＧＨＱ／ＳＣＡＰの参謀第二部（Ｇ－２）歴史課と翻訳通訳局（Allied Translater and Interpreter Section：ＡＴＩＳ）という機関に焦点を当て、占領期中の各機関の情報活動を明らかにする。そのなかでメディアは情報源あるいは広報媒体としてふれる。第7章「対日心理戦としての朝鮮戦争報道」から第10章「リオスノフ文書にみる朝鮮戦争での心理戦とその後」までは、朝鮮戦争に関する心理戦を対象にした分析である。これらはみな、アメリカ国立公文書館（National Archives and Records Administration：ＮＡＲＡ）所蔵のＧＨＱ／ＳＣＡＰと極東軍関係の文書、プランゲ文庫所蔵資料、またスタンフォード大学フーバー研究所所蔵リオスノフ文書などの調査に基づいて実証的に論じたものである。これらの論考を通じて、朝鮮戦争での心理戦や東西冷戦のなかに日本のメディアが組み込まれていった経緯を立体的に明らかにすることを目指した。

このように本書は、第1部では主に日本側の視点から、第2部では主にアメリカ軍側の視点を追いかけて論じることで、占領期日本のメディアを複眼的にみようとするものである。それは占領期のメディアを日本だけの問題ではなく、朝鮮半島を含めたアジアの戦後史のなかに開いていくために必要な試論である。

第1部　占領期のメディア

第1章　占領期の時局雑誌

はじめに

占領期を象徴するメディアに、「カストリ雑誌」と呼ばれる一群の雑誌がある。占領下の闇市で売られた粗悪な密造酒〝カストリ酒〟に引っかけて、「三合で（酔い）つぶれる」、つまり「三号で（休刊・廃刊し）つぶれる」という意味合いを持つような、粗悪なセンカ紙を用いた娯楽雑誌を指している。一九四六年に発行された『赤と黒』『猟奇』などをはじめ、戦前の昭和初期に刊行されていたエロ・グロ雑誌を引き継ぐ部分もあり、性や性風俗、性生活の告白記事、ＳＭも含めたポルノ小説、猟奇的事件や犯罪などの題材を中心にしていた。これらの雑誌は占領期の終了とともにほとんど消えてしまったが、戦後日本の大衆文化に影響を与えたと考えられている(1)。

カストリ雑誌は、占領期の雑誌研究のなかで最も早くから手を付けられた分野だ。だが、戦時下の統制から解き放たれ多種多様な雑誌が刊行された占領期では、無論その一部にすぎない。そもそも占領期の雑誌は、学術雑誌を除いて、公共図書館や大学図書館にはほとんど所蔵されていない。そのため、福島鑄郎[2]のようなコレクターが収集した雑誌の現物と、占領期を体験した出版関係者の記録や回想記が一九六〇年代までの研究の主要な資料だった。したがって、個別の雑誌や出版社についての論考ではなく、占領期の雑誌全体を見渡す試みは、七〇年代になって登場した紅野敏郎らによる『展望　戦後雑誌』（一九七七年）や、それに触発された『思想の科学』での「雑誌にみる戦後の初心」という企画（一九七八年十一月）が最も早いものだろう[3]。

一九七〇年代以降は、アメリカ国立公文書館（NARA）の資料とメリーランド大学所蔵のゴードン・W・プランゲ文庫の利用と探索による研究が、占領期の検閲を軸に進展した[4]。複数の雑誌を何らかのカテゴリーでまとめて対象にした研究としては、女性雑誌が対象のもの[5]、文芸雑誌が対象のもの[6]、児童雑誌が対象のものなどが挙げられる[7]。こうした雑誌群を論究するなかで、戦前と戦中および戦後にわたる連続性と断層が浮かび上がってくる。だが、明治以来続く日本の雑誌の歴史のなかで、占領期の雑誌の位相は、個々の雑誌を超えて十分に論じられているわけではない[8]。例えば、大澤聡による戦前期三〇年代の総合雑誌論は、松浦総三が提出した占領期の総合雑誌論とうまく接続していないように思われる[9]。

そこで本章では、占領期に「時局雑誌」と称された、時事的トピックを扱った雑誌群を対象にして、雑誌のメディア史に新たな観点を提示したい。このカテゴリーは、当時の『出版年鑑』にも記載され、例えば、『真相』（人民社）、『日本週報』（日本週報社）、『雄鶏通信』（雄鶏社）、『月刊読売』（読売新聞社）、『政界ジープ』（ジープ社）、『レポート』（時事通信社）、『旋風』（白文社）、『時局』（時局社）などが含まれていた。このうち、『真相』『旋風』などはカストリ雑誌の一つとしても論じられている。いわゆるカストリ雑誌と同様に、センカ紙を用いた安価な作りで、センセーショナルな話題を扱ったり派手な表紙を掲げたりしたためだろう。しかし、「カストリ雑誌」というカテゴリーがいわゆる俗称であり、その境界は判然としないのに対し、「時局雑誌」は例えば用紙割り当て問題でも、インテリ向け「高級雑誌」に対して「大衆向雑誌」の部門として出版界で認知されていた[10]。

しかし、「時局雑誌」というカテゴリーは、占領期に新たに登場したものではなく、日中戦争期に誕生したものである。

そこでまず、戦時期の「時局雑誌」に関する先行研究を検討してみよう。高崎隆治「十五年戦争と雑誌の犯罪（番外編）[11]」では、「時局雑誌という新しい種類の雑誌がつぎつぎに登場したのは、日中全面戦争が開始されてまもなくのことであった」と述べている。最初は娯楽雑誌に時局的要素を加えた際物的なものも多かったが、一九三八年から「事態を厳粛に受け止めた」時局雑誌の性格が明らかになってきたという。その代表として、『文藝春秋』の臨時増刊として始まった時局版『現地報告』（文藝春秋社）、および改造社による『大陸』（一九四二年から『時局雑誌』）を挙げている。そして、四四年夏に発刊された『征旗』（日本報道社）について、「時局雑誌にはちがいないが、「戦争雑誌」としかいいようがない『征旗』が登場する前後に、時局雑誌・総合雑誌・青年雑誌などの区別がつかなくなり、実質的に時局雑誌は解体した」と述べている。ここでは「時局雑誌」は必ずしも「戦争雑誌」ではないと論じられているが、その区別は明確ではない。

一方、福島鑄郎「戦時雑誌を再発掘する」では、日清戦争のときの『日清戦争実記』（博文館）などに時局雑誌の起源を求めながら、「支那事変」以降に発刊された戦争関係の雑誌を網羅的に挙げて考察している[12]。彼は自ら収集した雑誌コレクションをもとに、一九三七年八月に大阪毎日新聞社から発行された『支那事変画報』から、『月刊満洲』『東亜問題』『航空朝日』『銃後の婦人』『愛国』『開拓』『興亜』『亜細亜』『遠東』『海外之日本』『華文毎日』など、戦意高揚・国策遂行のためのプロパガンダ雑誌を概観している。これら時局雑誌の売り上げは増加の一途をたどり、四二年三月には六十九誌が刊行され、約六十六万冊の発行部数に達したという。そのほかに内閣情報局の『週報』『写真週報』や陸軍報道部、朝鮮総督府、樺太庁などによるもの、占領地などで刊行された雑誌も驚くほどの数があった。しかし四四年には、統廃合によって時局雑誌のカテゴリーに含まれるのは『改造』『時局情報』『時局日本』『週刊少国民』『放送』『週刊朝日』『週刊毎日』の七誌に減少した。そして、「戦時下戦意昂揚を図った時局雑誌は太平洋戦争終結とともにすべて水泡に帰したのである[13]」と述べている。

しかし、「時局雑誌」は戦後の占領期も存続した。たしかに『現地報告』『征旗』『週報』など、戦中の時局雑誌は敗戦とともに消滅したが、「時局雑誌」というカテゴリーは生き残った。例えば、東京堂編『出版年鑑』の一九三四年版には、「政治・社会・評論（綜合雑誌）」というカテゴリーのもとに『改造』、『現代』（大日本雄弁会講談社）、『中央公論』（中央公論社）、文藝春秋社の『現地報告』などが列挙されている。これらは、共同出版社編集部編『日本出版年鑑 昭和18年版』では「綜合雑誌」と「時局雑誌」に分けられた。また、戦後刊行の『出版年鑑』でも「時局雑誌」の分類は五四年版まで存続した。この占領期の「時局雑誌」には、『アサヒグラフ』『雄鶏通信』『サンデー毎日』『週刊朝日』『日本週報』などが挙げられ、新聞社発行の週刊誌を除けば、雑誌の顔ぶれは一新されている。では、これら占領期の「時局雑誌」とはどのような存在だったのか。

戦時期の「時局雑誌」についてはは少ないながら言及がある一方、占領期についてのまとまった論考は残念ながらほとんどない(14)。例えば、戦時期の『文藝春秋』や占領期の『真相』『政界ジープ』など、個別の雑誌についての先行研究はいくつかあるが、占領期の「時局雑誌」というカテゴリーの総体について論じたものはみられない。

占領期の「時局雑誌」とはいったい何を意味していたのか。その内実はどうだったのか。本章では、占領期の時局雑誌の位置づけを明らかにしながら、日本の雑誌というメディアが戦中から戦後にかけてどのように変転していったのかについて切り込んでみたい。

1 「時局雑誌」の来歴

最初に、現在では使われなくなった「時局雑誌」という言葉の由来を確かめてみよう。問題なのは「時局」という語である。これは、そのときの情勢、時勢の成り行き、時世のありさまを意味し、国家や社会が当面している時世の局面を指すことばで、「時局を解決」「時局の大観」などのように用いられてきた。そのときどきの出来事や社会現象の総体を指す「時事」「事局」「時勢」「時世」「世局」「時流」などの類義語とともに明治初期から使われてきたが、「時局」は特に戦争の局面に関して用いられることが多い。

筆者はかつて、一八七四年の佐賀の乱に関するニュースをまとめた『佐賀電信録』(神奈垣魯文編)以降、西南戦争に関して発行された冊子態の出版物について「ニュース冊子」と呼んでまとめたことがある。[15] これは新聞記事による報道とは別に、それらを時系列にまとめて挿絵も入れるなど、わかりやすくした際物出版物だった。この流れを汲む出版物が日清戦争と日露戦争の時期にも発行された。例えば、西南戦争当時は木版和綴じ本で、浮世絵師による挿絵が入っていたが、日清戦争時の『日清戦争実記』、また日露戦争時の『戦時画報』や『日露戦争実記』などは、写真や写実的な石版画などが入り、彩色の美しい表紙がついた堂々たる雑誌だった。とはいえ、これらは戦争という特別の事象に対し一時的に発行された際物の「ニュース冊子」であることにかわりはなく、明治期の「時局雑誌」とも呼べるだろう。しかし、これらの出版物では、「時局」という語が用いられることはほとんどなく、前面には出てこない。

「時局」という語が題名に使われる出版物が目立つようになるのは、日露戦争のときからである。文部省官房による『時局ノ教育ニ及セル影響取調』(一九〇四年)という報告書が刊行されたほか、瀬川疎山編『戦争俳句附・時局川柳』(一九〇四年)なども編まれている。しかし、「時局」という言葉が広く使われ始めるのは、第一次世界大戦のときからである。文部省普通学務局編『時局に関する教育資料』(一九一五―二〇年)など官公庁の出版物ばかりではなく、高桑駒吉による『時局叢書』[16](一九一四―一五年)や帰一協会の『時局論叢』(一九一五―一六年)、大日本文明協会の『時局の研究』(一九一八―一九年)など多くの時局本のシリーズが刊行されている。[17] これらはドイツ・フランスの戦争、アメリカの中立、ロシア国内のアナーキズム、イギリス・フランスの植民地政策など、主として第一次世界大戦やロシア革命をめぐる国際政治の変動について論じているが、このほかにもそれらが日本の産業や経済に及ぼす影響に関する「時局」ものが多数発行された。

本格的に「時局雑誌」が発行されるのは、満洲事変後からである。『満洲時局大観』(中外商業新報社、一九三一年)や三浦悦郎『極東新時局――満洲事変の展望』(日本書院、一九三一年)、『時局と海軍』(海軍省、一九三三年）などの書籍や、『満洲時局地図』（大阪毎日新聞社、一九三一年）といった地図だけでなく、時局社[18]が発行する『時局』（一九三一年―）、サラリーマン社が創刊した『時局新聞』[19]（一九三二―三六年）が登場した。

さらに大量に「時局」ものが出版されるようになるのは、当時は支那事変と呼んでいた日中戦争開始後である。このとき登場したのが、「時局雑誌」の代表格と目される文藝春秋社『現地報告』である。この『現地報告』は、最初は『文藝春秋』の臨時増刊号として一九三七年九月から刊行された。その副題は「日支の全面激突」で、陸軍皇道派だった荒木貞夫による「蔣介石に与ふるの書」、元『朝日新聞』記者・岡上守道が黒田礼二の筆名で書いた「支那膺懲論」が巻頭を飾り、陸軍省新聞班の少佐や外務省情報部、中国事情に詳しい議員と新聞記者などによる「北支事変」座談会、そして吉岡文六、太田宇之助、田中香苗など当時の大手新聞社の「支那通」記者たちが論文を並べている。軍官民が勢ぞろいした感があるこの増刊号は好評でよく売れたらしく、菊池寛はこう述べている。「これまで三回の臨時増刊は、読者各位の支持に依って飛ぶが如き売れ行きを示したので、その利益は私すべきものではないと思ったので、総計金七千円を、各新聞社を通じて、国防恤兵費として献金した[20]」

同じ時期に、同盟通信社『同盟旬報』（一九三七年）、改造社『大陸』（一九三八年）、革新社『革新』（一九三八年）、東京日日新聞社『時局情報』（一九四〇年）などの時局雑誌が創刊された。これらはみな「事変」に伴う思想、外交、経済上の変動を論じているが、日中両国が当初は宣戦布告をおこなわず「戦争」と称さなかったため、「戦争」の語を避けて「時局」の語をもっぱら用いている。その点で「時局」とは、宣戦布告はしていないが、戦闘が生じて実質的に交戦に関与している状態で、思想的にも政治的にも経済的にも通常とは異なる変革が必要な状況を指すと考えられる。したがって、時局雑誌は中国大陸での戦況を中心にしながら、外交政策や経済問題、農業政策から小説や詩歌まで幅広い話題を含む総合雑誌といえる。

ところで、この「総（綜）合雑誌」というカテゴリーが成立したのも一九三〇年代半ばである。すでにふれたように、東京堂編の『出版年鑑』では、昭和九年版から「政治・社会・評論（綜合雑誌）」という分類が登場し、『中央公論』『改造』『文藝春秋』の三誌が代表として挙げられた[21]。「綜合雑誌」の語は三〇年ごろから使用がみられ、新居格の「総合雑誌論」（『日本評論』一九三五年十一月号）が出たのが一つの目印である。ただ、英文学者で戦後に評論家としても活躍した中野好夫は、「綜合雑誌という言葉だが、（略）戦前はこんな言葉はなかった。（略）先の戦争中、用紙割当てと並行して出版統制を行った際、雑誌の部類分けをして、綜合雑誌という部門がつくられたのである。新語であった」と指摘し、『中央公論』『改造』などは「戦前はただ評論誌とか高級誌とかの名前で呼ばれていた」[22]と述べている。たしかにこの時期には「高級誌」「高級雑誌」という語が用いられることも多く、戦前には「綜合雑誌」はまだ安定した用語ではなかったことをさしあたり確認しておこう。時局雑誌は、この「綜合雑誌」を母体として枝分かれしたものといえる。

太平洋戦争（当時は大東亜戦争）が開戦したあとは、これらの時局雑誌は完全に国策プロパガンダ雑誌になった。例えば、改造社の『大陸』は一九四二年一月から『時局雑誌』と題号を改め、「畏くも宣戦の大詔渙発せられたり（略）謹て聖旨を奉礼し、聖戦の本義に徹し、誓つて皇軍将兵の忠誠勇武に応へ、鉄石の意志を以て言論国防制の完璧を期す」という日本編集者協会の決議を掲げた。その内容はすべて戦争に関するものであり、戦局に関する短歌などを除けば、娯楽的な要素は消え失せている。

一九四三年版の『日本出版年鑑』では、雑誌を二十三のカテゴリーに分類し、その最初に「綜合雑誌」と「時局雑誌」が初めて別々に分類されている。ちなみに、ほかの分類項目は読者層による区分（対外宣伝雑誌、大衆雑誌、婦人雑誌など）が五つ、内容の専門性による区分（教育、経済、理学、医学、文芸など）が十六だった。「綜合雑誌」には、改造社の『改造』、大日本雄弁会講談社の『現代』、『中央公論』『日本評論』『文藝春秋』など計九誌が挙げられていたのに対し、「時局雑誌」には百三十以上の雑誌が列挙されていた。

同年鑑に掲載されている「部門別雑誌出版界一年史」では、「「時局雑誌」といふ名称は非常に混乱を招き易い。実は現在の雑誌で、時局に関係の無い雑誌といふものは一種類も無いからである。概念的にはすべての雑誌が時局雑誌であるべき筈だ」と述べながら、時局雑誌がほかの一般雑誌と異なるのは「全力を時局関係の記事に集中しなければならない使命を持っている」ことだと定義し、さらに五つの下位区分を次のように説明している。[23]

①「綜合編集誌」：総合的な編集をおこなっている雑誌で、『週刊朝日』『週刊毎日』『時局情報』『時局月報』など、新聞社が発行しているものが多い。
②「報道専門誌」：ほかのメディアによる報道をまとめた雑誌で、日本放送出版協会『国策放送』、日本電報通信社の『宣伝』、『朝日新聞』や『毎日新聞』の縮刷版などがこれに含まれている。
③「国際関係誌」：主としてアジアに関する内容の雑誌で、対外宣伝雑誌と重なる要素がある。東亜共栄圏に関する『揚子江』『東亜問題』『東洋』『開拓』『蒙古』、支那大陸関係の『満洲グラフ』『北支』『呉楚春秋』、南方関係の『南洋』『南方』『比律賓情報』、国際報道社による『NIPPON』も入っている。
④「画報」：「視覚に訴へる普及性と記録性」を発揮した写真による雑誌で『アサヒグラフ』や『大東亜戦争画報』、『国際写真情報』などが挙げられている。
⑤「地方綜合誌」：地方で発行された総合雑誌で、『あいち地方文化』『月刊東奥』『大大阪』『月刊文化沖縄』などが挙げられている。

こうみると、時局雑誌にはかなり幅広い雑誌が含まれていたといえるだろう。つまり、内容的には時事的なものを中心にした総合性や、性別や年齢によって読者層を特定することなく、帝国内外の人々を、地域的な区分はあるが、全体として対象にする包括性が特徴といえる。同年鑑ではこれら時局雑誌の問題点として、新聞に対する関係を指摘していた。すなわち、「新聞の場合と異って、与へられる紙面は相当広い」ので、「新聞記事との間に自ら雑誌としての領分を発見しなければならない筈」だが、その考究が不十分で新聞記事に対する独自性が十分に見いだされていないというのである。(24)

しかし、これらの時局・総合雑誌も一九四三年十二月から四四年四月にかけておこなわれた企業整備によって統廃合され削減される。総合雑誌は『中央公論』『現代』『公論』『改造』『日本評論』『文藝春秋』の六誌だったが、統廃合後に総合雑誌として残されたのは『中央公論』『現代』『公論』の三誌で、『改造』は時局雑誌に、『文藝春秋』は文芸雑誌、『日本評論』は経済雑誌に変更された。そして、『改造』と『中央公論』はいわゆる横浜事件によって弾圧を受け、四四年六月に廃刊された。[25] 時局雑誌に区分されていた二十六誌のうち残されたのは、『週刊朝日』『週刊毎日』『放送』『時局情報』『青年読売』『週刊少国民』『改造』である。このうち『改造』廃刊後は『時局日本』が取って代わり、『放送』『青年読売』は四五年初めに休刊した。また、画報雑誌は十四誌から九誌に減り、月刊誌では『漫画』『大東亜戦争画報』『国際写真情報』、週刊誌では『アサヒグラフ』と『読売ニュース』、外地に関する情報誌として『朝鮮画報』『満洲』『華北』『呉楚春秋』が残された。これらのうち発行部数が多かったのは、『週刊朝日』二十万部から二十五万部、『週刊毎日』十五万部から二十万部、『週刊少国民』八万部から十万部、『漫画』約十万部、『現代』六万部から八万部、『公論』三万部から五万部、『アサヒグラフ』約五万部で、ほかは一、二万部だったという。[26]

これらの雑誌は政府の国策宣伝を強制された。特に一九四四年四月の政府による出版物指導三原則「敵愾心の高揚、生産増強、国民生活の明朗化」が指示されてからは、毎月一回の検閲打合会に出席した内務省、情報局、陸・海軍報道部長からの協力要請によって、「軍官強制による記事が充満し、雑誌としての魅力は殆ど失われていた」と『出版年鑑』では振り返り、「真の意味に於て輿論を指導する言論機関たり得なかった」と結論づけている。[27]

2　占領期の時局雑誌

敗戦後、国策のくびきから解き放たれて自由になった出版活動のなかで、雑誌の刊行数は急速に増大した。新聞が用紙割り当て制限のなかで一九五〇年ごろまで表裏二ページの貧弱な紙面にとどまっていたのに対し、出版社は配給用紙のほかにセンカ紙などの配給外用紙、いわゆる闇紙を使用して多数の雑誌を発行した。そのなかで、総合・時局雑誌は特に数多く刊行され、四七年七月には総発行部数が二百万部に達し、戦時中の二十倍まで膨れ上がり、「識者間に雑誌が多すぎるといふ声が高い」[28]と記されるほどだった。

敗戦まで刊行されていた総合・時局雑誌には、「綜合雑誌」「時局雑誌」「画報雑誌」の三部門が含まれる。そのうち戦後も継続したのは『週刊朝日』『アサヒグラフ』『漫画』で、このほか『週刊毎日』は創刊当初の『サンデー毎日』の旧名に復し、『時局日本』は『新生日本』と改題して続けられた。一時途切れたあとに復刊したのは『文藝春秋』[29]『中央公論』『改造』[30]『現代』などで、『青年読売』は『月刊読売』と改題して復刊した。これらに対し、早くも敗戦後の一九四五年の十月から十二月には、『新日本』『新生』『人民評論』『自由公論』『雄鶏通信』『民主評論』『日本週報』などの総合・時局雑誌が創刊された。さらに四六年に入ると『世界』『自由』『潮流』『解放』『日本評論』[31]など続々と新雑誌が誕生した。四六年四月末の『日本出版年鑑』の調査によれば、「綜合・時局雑誌」に分類されているのは八十一誌、『ソヴィエト通信』『新中国』など「外国事情研究雑誌」は四十七誌、「地方一般雑誌」は、戦中のカテゴリーでは「地方綜合雑誌」に分類されていた『月刊東奥』などを含めて百誌だった。[32]

このような戦後二年間ほどの状況を、「全国大小合わせて数百の綜合雑誌がこの狭き文化市場、日本に生まれたのであるから、互いに相競うが如く、相失墜するが如く、浮かんでは消え、消えては浮かんだ」[33]と『出版年鑑』では形容した。興味深いのは、一九四八年に発行された年鑑で再び「綜合雑誌」と「時局雑誌」が別カテゴリーとして分けられていることである。それによれば、「綜合雑誌」は九十二誌、「時局雑誌」は四十一誌になっている。合わせて百三十三誌なので、前の時期の八十一誌と比べて一・五倍ほど誌数が増えているが、「綜合雑誌」では『解放』『革命時代』などの左翼系雑誌がいくつか姿を消している。「時局雑誌」には、週刊誌では『読売ウイークリー』『サンデー毎日』などの新聞社系のほか、時事通信社の『世界週報』、日本通信社の『文化通信』など通信社によるもの、月刊誌では『漫画』『漫画民主ニッポン』『世界画報』などの画報、『雄鶏通信』などの新しい雑誌が含まれ、戦中期の「報道専門誌」と「画報」が一緒になったような分類になっている。一方、「外国事情雑誌」が三十二誌とやや減少し、「地方綜合雑誌」が二百五誌と倍増しているのが目を引く。大日本帝国が解体されて海外との自由な往来ができなくなり、他方で、空襲で破壊された大都市に対し、都会から疎開した人々を受け入れて相対的に活気があった地方の状況が、背景として想像される。

こうしたなかで、占領期に特徴的な時局雑誌として注目すべきは、戦中期にはなかった暴露系ともいうべき雑誌である。例えば、『真相』『旋風』『政界ジープ』『日本週報』『政界往来』『クマンバチ』『バクロ』など、単なるニュースではなく実話と政治的な議論や人物評論、裏話などを組み合わせ、事件や事象の裏事情を暴き出し、ときには皮肉たっぷりな風刺とともに真相に迫ろうとする雑誌である。自由な言論が許されなかった戦時中の鬱屈の反動のように、過激に、そして扇情的に実名を堂々と出して事実を直裁にえぐり出そうとする熱気には、戦前の『道楽世界』『うきよ』、あるいは『実話雑誌』『サラリーマン』などゴシップ中心の暴露雑誌の系譜を引きながら、戦中期の「時局雑誌」とどこか似た、敵を叩くような気合いが感じられる。もちろん戦中期の「時局雑誌」とは全く異なる内容だが、読者の感情をかき立てるような強度をもつ語彙、例えば「インチキ」「マユツバ」「デタラメ」「横暴」「アブク銭」「デマ工作」「でっち上げ」「うまい汁」などの俗な言葉が遠慮なく使われ、社会の裏面をすっぱ抜こうとする意気を高じさせている。ではこれらの暴露系時局雑誌は、占領期の何をいったいどう扱い、論じたのか。以下では代表的な暴露系雑誌を取り上げて、その概要をみることによって、占領期の時局雑誌の特徴を探ってみたい。

3　暴露系時局雑誌のさまざま

「時局雑誌を洗う」という特集が、一九四九年十二月発行の『レポート』（第四巻第十二号、時事通信社）に掲載されている。それによれば、筆頭は『真相』で、次いで『旋風』『政界ジープ』『日本週報』の四つが代表として論じられている。[34]そこでこの四誌の実態について、占領軍側の資料も交えながら詳しくみてみよう。

『真相』――暴露系の先駆

『真相』は、一九四六年三月に人民社から創刊され、五七年三月まで百八号刊行された、占領期で最も有名な雑誌の一つである。八一年に三一書房から復刻版が出版されているほか、多数の文献がある。[35]これらを踏まえて、その概要を描き出してみよう。

『真相』を創刊した人民社の社長・佐和慶太郎は、一九一〇年生まれで最初に新聞記者として勤め、三五年には『労働雑誌』に関係して三八年に検挙された。懲役二年、執行猶予五年の判決を受けて出版社勤務に転じ、戦時中に「東部軍情報」という防空用の小型地図を作って儲け、敗戦時には多少の資金を貯めていた。四五年九月、政治運動のために人民社を創立し、雑誌『人民』を発行、次いで『真相』を創刊した。その「創刊のことば」は、当初二カ月ほど人民社に勤めていた伊藤律が書いたものに佐和が加筆した文だという。

『民は寄らしむべし、知らしむべからず』。これは封建大政治家徳川家康の為政訓である。（略）今、わが国に真の民主主義を確立するに当たって、われわれの第一にやらなければならない仕事は、この封建政治思想から人民を解放することである。生れて初めて耳の栓を抜かれた国民に、目隠しを外された人民に、昔から今におよぶ一切のデタラメを暴露し、すべての真実を伝える時、七千万の同胞は初めて満洲事変以来の戦争が、果たして聖戦であったかどうか？天皇制政府の本質は何であるか？を明らかにし得るのである。

これなくしては、人民は正しい批判、明日の誤りなき建設を求めることはできない。われわれはかかる観点に立って、理屈でなしに事実により、天皇制、資本主義稀覯の徹底的解剖を行い、人民諸君に対する民主主義教育の一助たらんとする次第である。

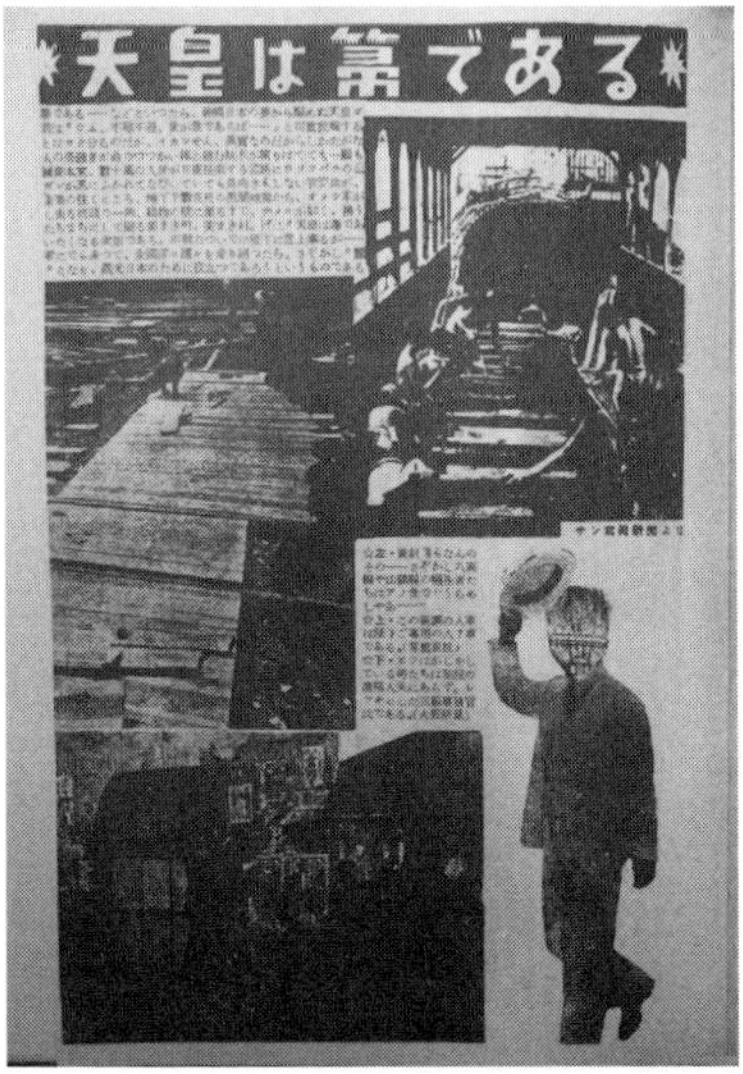

図1-1 『真相』第11号（人民社、1947年9月）、1ページ

ここで述べられている考え方は、占領軍がラジオ放送番組『真相はこうだ』（一九四五年十二月九日放送開始）で示した方針と合致している。だが佐和本人は、ラジオ番組とは関係なく一九四五年十月ごろに『真相』という題名を思いついて、すぐに『東京新聞』に題名だけの小さな広告を出したところ、その広告で申し込みの「振替がジャンジャンくる」ようになったと語っている。[36] 基本的に月刊で、最初は二十ページ程度の薄い雑誌だったが、まもなく五十ページ以上になった。政治主体の〝人民〟に対して、隠された事実と真実を伝えるというモットーは一貫していて、副題は創刊号では「実話読物」、次いで「バクロ雑誌」、次に「民衆の雑誌」、そして「常に真実のみを語る」と変化した。[37]『真相』は、虎ノ門事件など戦前の出来事から、旧軍人、吉田茂首相をはじめとする政治家、当時の各政党や右翼、労働争議、中国共産党や金日成、フェルナンド・マルコス将軍など海外の人物まで幅広く取り上げたが、特に「読みもの天皇記」の連載と「天皇ヒロヒト」ものがいわゆるドル箱だったといわれる。例えば、不敬罪で告発されたが不敬罪自体の廃止によって免訴になった記事「天皇は箒である」（一九四七年九月号）（図1―1）では、昭和天皇の写真の頭部を箒の写真に入れ替える合成写真を用いたり、あるいは連載コマ漫画「人間天皇日記」などで、昭和天皇の聖性を視覚的な風刺で剝ぎ取ってみせたりした。万世一系の皇室の神話と戦中の現人神としての凝り固まったイメージを突き崩す衝撃と爽快さが、そのような記事にはあったにちがいない。それは天皇制の問題を論じた高尚な理論的論文よりも庶民にはよくわかる、「『真相』は当時の天皇制問題に関する教科書だった」と松浦総三は回想している。[38]

天皇巡行に際して行くところすべてきれいに掃き清められるさまを皮肉った「天皇は箒である」という記事については、占領軍は全く口を差し挟まなかったが、「右翼ゴロと思われる人々からは、毎日のように脅迫状がまいこみ、なかには期限付暗殺宣告状までまじっていた」[39]と佐和自身がのちに述べている。このころが『真相』の評判が高かった時期で、「バクロ雑誌「真相」編輯諸君へ」と題した次のような新聞の投書にその様子がうかがえる。『真相』を毎号読んでいるというその読者は雑誌を称賛して、「今まで陽の目を見なかった事実が次々と明るみに出され、今更ながら唖然とするのである。日本を今日の惨めな状態に導いた軍閥、財閥、官僚等の醜態は目をおおうものがある」、また「各界の追放者に対する調査も実に丁寧懇切を極め根ほり葉ほり追及している努力には頭の下るものがある」と述べたあとに、しかしなぜ「共産党及びそれをとりまく連中の世に伝えらるる疑問の行動の真相についてふれないのか[40]」と疑問を呈している。

これは『真相』の痛いところを突いていた。さっそく佐和慶太郎は応答し、共産党を擁護する論陣を張り、共産党の資金源や『アカハタ』用紙の闇流しなどについてはデマだと弁護している[41]。しかし同時に別の読者による、『真相』は「共産党員の編輯している雑誌」なのだから党員が紙上で共産党を批判するわけがない、という意見も合わせて掲載された。このあと『真相』は共産党に関する記事をいくつか掲載するが、同誌編集陣の多くが共産党員であることは公然の秘密であり、そのため占領軍も「極左」雑誌として最後まで事前検閲の対象にした。

実際、佐和慶太郎は戦前からの共産主義者だったが、戦前には共産党に入らず、敗戦後すぐに人民社という出版社を立ち上げたのち、一九四五年の暮れに人民社の仲間とともに日本共産党に入った[42]。人民社は、四九年ごろには社員が三十人ほどになっていたが、占領軍はこれら人民社のメンバーと共産党との関係に関心を抱き、当初『真相』の編集局に二年間いた車田金吾に聞き取りをした記録を残している[43]。これと日本側の記述とを合わせてみると、人民社の人的構成は以下のようだった。

『真相』の編集は編集局長の松原宏遠が中心だった。彼は秋月俊一郎という筆名をもち、『真相』では「よみもの天皇紀」を連載していたが、戦前は雑誌『サラリーマン』や『時局新聞』を編集したり、『科学教室』（一九四二年）などの本を出版したりする科学評論家でもあった。彼の父親は僧侶である。戦前、日本共産党が地下に潜ったとき、彼は『赤旗』の編集長で、占領期も共産党員だった。当時は三重農業会で地位を得ていた。松本健二は社会党左派のメンバーで、人民社の創立メンバーの一人である。[44]彼は政治問題に関する記事すべての見出し部分を書く役であり、彼の主導のもとに調査して記事を書くレポーターが、各党と各省庁に決められた。斑目栄二は日本大学を卒業、戦時中は『青年』という雑誌の編集スタッフであり、佐和慶太郎もそこで一緒に働いていた。彼も日本共産党員である。占領軍との検閲のやりとりは、ほとんど彼が担当していた。特集版の編集を担当していた国吉増三は、早稲田大学を卒業したのち『読売新聞』に入ったが読売争議で辞め、一時は共産党本部で『大衆クラブ』の編集をしていたという。国吉は人民社の共同経営者で、経営関係すべてを引き受けていた。このほかに、佐和の義理の弟である林良治、同盟通信にいた左翼人・佐々木一郎、吉田弘、ゾルゲ事件で逮捕された中西功もいたという。このほかの社員もほとんど共産党員だったようだ。各社員の給与の一％は引かれて日本共産党に寄付され、年二回のボーナスでは五％が引かれたという。

また、社員のほかに〝社会情報員〟と呼ばれる寄稿者が三十人ほどいて、月一万五千円から八万円ほど支払っていた。これらの人々は、「ほとんどがペンネームです。それは大部分の人が朝日、毎日、読売の記者ですから。だいたい共産党員、ないしはシンパというふうな、左翼の記者[45]」だったという。占領軍の民間検閲支隊（CCD）の記録には、『日本経済新聞』の内田ジョウキチ、時事通信の山崎、『世界経済新聞』のイザキ・トシオ、『毎日新聞』の矢加部、『赤旗』のオマガリなどの名前が常連の寄稿者として挙げられている。このように左翼の人々が編集陣で内容も左派だったが、共産党との資金関係はなかったという。[46]

しかし、『真相』の評判は一九四七年末ごろから落ちてくる。戦中に転向した元共産党幹部・鍋山貞親が嘘を書かれた被害者として抗議する投書[47]が新聞に掲載されたほか、『真相』を名誉毀損で告訴する人々が相次ぐようになったのである。これに対して、「雑誌「真相」の叩かれるあまり、この種のジャーナリズムが一層貧困になって所謂保守反動の諸君に胸をなで下ろさせる結果になるをおそれる[48]」という意見も表明された。だが批判の声は高まり、坂口安吾も自分の文章の抜粋が勝手に使われたと腹を立て、「かかる品性下劣なる輩に、新しき秩序や社会正義を説かれてたまるものではない」[49]と批判した。

こうして一九四九年には佐和の自宅が家宅捜索されたり、松原が警視庁に留置されたりする事態が発生し、裁判が続くなか、五〇年一月のコミンフォルム（共産党・労働者党情報局）による批判がきっかけで日本共産党の分裂騒動が起きた。『真相』はさっそく五月発売の第四十二号で「危機に立つ共産党」を特集し、共産党の内紛について怪文書を織り交ぜて暴露した。これに対し党機関紙『アカハタ』は、分派活動を助長するものとして、従来提供していた党機関・販売網での取り扱いを禁止した。[50]編集陣が党本部に自由に出入りできるような『真相』と共産党との友好的関係はここで途切れた。『真相』は直接注文は多くなく、鉄道弘済会などを通じた駅売りが多かった。そのため通勤の会社員や学生の読者が多いと推測されていたので、影響は小さくはなかっただろう。[51]同時に人民社内部でも反乱が起き、『真相』は五一年一月に第五十六号で休刊した。ここまでが第一期である。[52]

「イデオロギーと金儲けをカクテルにした」といわれる『真相』の手法には、左右問わず斬る切り口の面白さ、風刺やユーモアでひねった文章、下卑た表現やセンセーショナルな取り上げ方だけでなく、虚実ない交ぜの側面があったとはいえ、情報を積み重ねるジャーナリズムの基本があった。そのためほかの暴露系雑誌の手本にもなり、当初は一万部から二万部程度だった発行部数が、一九四九年ごろには七万部から十万部ほどに増加した。四九年九月付のCCDの報告書によれば、地域別の部数の概数が、北海道（二千五百部）、東北（二千五百部）、関東（四万千五百部）、中部（七千部）、近畿（二万部）、四国（二千部）、中国（二千部）、九州（二千五百部）で、合計八万部だったという。[53]また、第一期の休刊時にも五万部はあったという。[54]

第二期の『真相』は一九五三年十一月に真相社から復刊し、五七年三月に第百八号で廃刊になった。二年九カ月のブランクのあとの復刊に、「今度こそ休刊するな」「どうぞドシドシ戦ってほしい」という読者の励ましがあったようだ。[55]復刊から第七十号までは文字だけの簡素な表紙だったが、第七十一号から写真と絵を用いた派手な表紙になったのは、おそらくある程度は発行部数が伸びたからだろう。しかしその復刊の辞では、日本の旧体制に対する追及が中心の第一期とは打って変わって、アメリカ軍による占領に対する意識が次のようにあらわにされた。

「真相」を復刊するにあたり、わたしたちは、当面の編集方針をつぎのごとく宣言する。端的に言えば、「アメリカに帰ってもらう世論をつくる雑誌」をつくるのである。（略）そのためには売国的なパンパン政治家、資本家、高級官僚、労働ボスはもちろんのこと、これをあやつるアメリカ魔王のカラクリまで、普通の新聞雑誌ではとても書けない真実を、手のとどくかぎり斬って斬って斬りまくりたい。

この第五十七号から佐和自身が十三回にわたって「「真相」鋏厄史」を連載し、実際に受けた占領軍の検閲による言論弾圧について、最初の「読売争議の真相」（第五号）から孫悟空に見立てた蔣介石の表紙絵（第三十一号）まで実例を紹介している。[56] さらに原爆被害の報道にも果敢に挑み、朝鮮戦争に際しては反戦平和を掲げた。こうして『真相』は占領期とそれ以降もあらゆる事象に疑問符を投げ付け、大衆的左翼ジャーナリズムを日本で初めて開拓し、暴露系時局雑誌の代表になった。

『日本週報』――中道右派の時局雑誌

一九四五年十二月に日本週報社から発刊された週刊誌『日本週報』（図1―2）は、七七年の第六百十四号まで刊行されたようだが、最終号は未確認である。特に副題はないが、当初は「The Japanese Weekly」、次いで「NIPPON SHUHO」というアルファベット表記が添えられている。最初の社長・山田長司は数カ月で湯川洋蔵（図1―3）に交替した。この湯川洋蔵は、衆議院の速記者から『報知新聞』の記者になった人物で、日中戦争期には内閣情報局の嘱託を務め、「近代戦と防諜」（『警防』第七巻第七号、警防社、一九四一年七月）や『新しい南方の姿――ビルマ』（翼賛図書刊行会、一九四四年）という本を著している。敗戦直前に情報官に昇格し、敗戦後は戦中に内閣情報局が刊行し百五十万部出ていた『週報』に代わるものを「官配（官報配売網）」側から要望され、当時四十万円という資金と『官報』の販売網や印刷・用紙の便宜を得て、敗戦直後としては信じられない好条件で『日本週報』を創刊したのだという。また、『改造』の記者を経て『写真週報』の編集に携わっていた橘谷次郎や、元『週報』嘱託だった志田石高などの人々が編集にあたっていた。こうした素性からみると、戦中の内閣情報局の『週報』の正統な後継といってもよい(57)。

『日本週報』の表紙は、内閣情報局の『週報』と同様に、見出しの文字をレイアウトしただけの簡素なもので、『真相』をはじめとしたほかの時局雑誌がイラストや写真を用いた派手な表紙なのと対照的である。本文にも挿絵や写真は、占領期には全くない。そうした地味な誌面ながら、官報の販売網に乗せられて発行当初は三十万部と好調で、発刊後三カ月で資金を返済したという。その後、四万部から十万部程度に落ち着いたといわれる(58)。一九四九年九月のＣＣＤの記録によれば、当時ザラ紙三十二ページ建てで隔週刊、発行部数は八万部だった。またそのときまでに検閲に提出された全八十一号分については、掲載禁止記事二件、削除記事二十九件、不承認六件

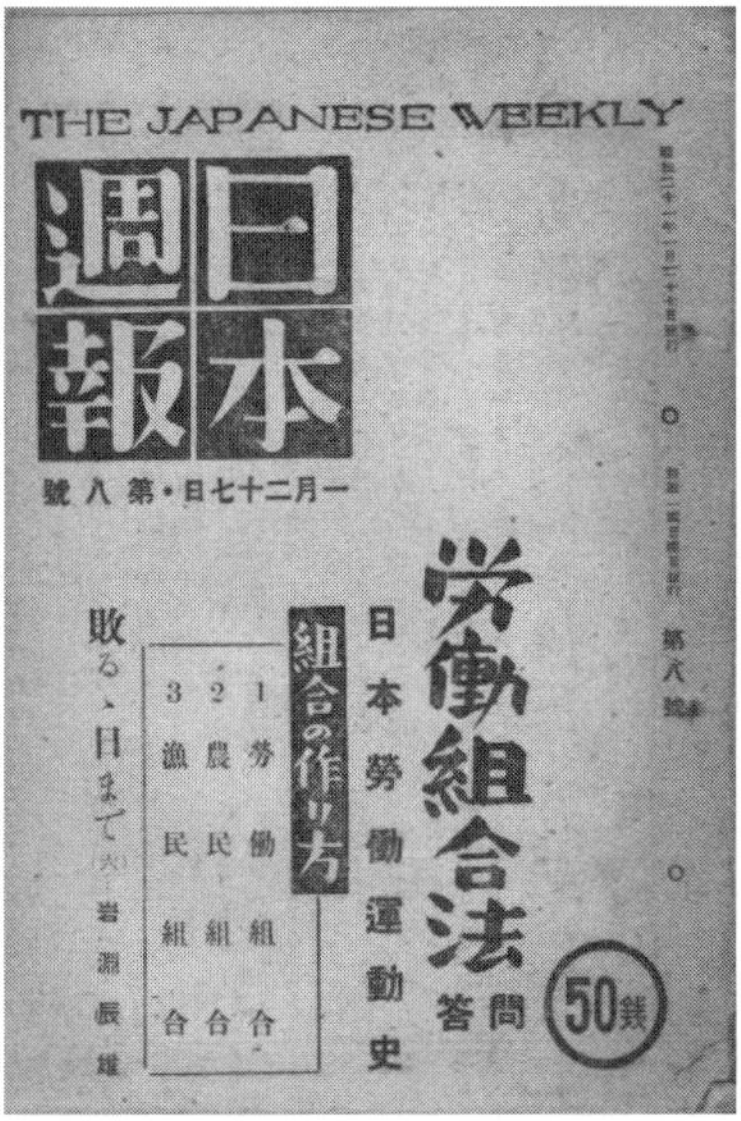

図1-2　『日本週報』第8号（日本週報社、1946年1月）表紙

図1-3　湯川洋蔵
（出典：『レポート』第4巻第12号、時事通信社、1949年12月）

があったという[59]。また、占領軍の民間情報教育局（ＣＩＥ）が毎週提供していたアメリカ関係の記事の翻訳もしばしば掲載していた。そのためか、雑誌の傾向は左翼でも右翼でもなく中道と捉えられ、最初からずっと事後検閲の扱いであり、『真相』とは全く異なって占領軍とは良好な関係だった。

この雑誌の魅力は、官庁による法令やその解説などの情報が掲載される一方で、右から左までの幅広い論者による、さまざまな政治的課題についての論を掲載している点である。例えば、「新選挙法問答」（第五号、内務省）、「労働組合法問答」（第八号、厚生省）といった記事や「新民法読本」（創刊二周年記念号）、「税制改革の全貌」（一九四九年号外、大蔵省）などの特集が出される一方で、左翼論者も頻繁に登場する。第九・十号合併号では、共産党幹部の野坂参三が「国を愛する民に」を寄稿、座談会「延安報告」と「日本人解放聯盟は何をしたか」を掲載している。しかし、右派・左派に偏ることなく、むしろその両者とも誌面に登場させてぶつけているところが特徴だろう。例えば、一九四六年十一月刊行の「特集 国民の憲法」では、内閣法制局による「新憲法（全文）と解義」、牧野英一（法学者）、金森徳次郎（国務大臣）の論とともに、安部磯雄、山川菊栄、向坂逸郎などの社会主義者の論も掲載されている。また、四九年九月の第百三十号の「暴力革命か、警察暴力か」では、国家地方警察本部長官の斉藤昇と共産党中央委員の神山茂夫を対決させている。

こうしたバランスは占領軍の方針に沿うものだったと思われるが、そうした基調を作ったのは、「週間自由討議」という、社説にあたる欄を当初書いていた岩淵辰雄だろう。岩淵は早稲田大学中退後に『国民新聞』『東京日日新聞』などで反統制派記者として活躍しながら、政治評論家としても『中央公論』『改造』に筆を執り、吉田茂・近衛文麿らの早期終戦工作に関与した。一九四六年に『読売新聞』に復帰して主筆になり、鳩山一郎のブレーンを務めるが、『日本週報』には自らの見聞をもとに「敗るゝ日まで」を連載、同年十二月に本にまとめて日本週報社から刊行した。言論の自由と自由主義経済を支持し、天皇制を擁護する反共保守という彼の立場が、この雑誌の性格に近いだろう。また、この雑誌は安定した編集陣の一方で、常連の執筆者を抱えず、それが内容の自在さをもたらしたと思われる。

『日本週報』は一九四六年に内閣官房長官・楢橋渡から名誉毀損で告訴されたことによって有名になったといわれるが、『真相』のように扇情的ではなく、左右が意見を衝突させるようなテーマ、例えば「共産党批判」「昭和大疑獄の真相」「天皇は退位なさるべきか」「現代官僚批判」などについて果敢に議論を提示するのが特徴だった。「国防軍を創設すべきか」（一九四九年四月号）というテーマでは、山川菊栄、小坂善太郎、松谷天光光、大野伴睦、中西功など各方面の論者が寄稿し、いまでも十分に興味をそそられる。四八年十一月には青少年向けの『コドモ週報』も創刊している。四九年後半からは反共の傾向が明白になり、「赤い樺太の全貌を衝く」「日本赤化の第五列」などの特集でさかんにソビエト連邦や日本共産党への警戒を書き立てるとともに、「軍備なき日本の運命」「祖国防衛に起つ警察予備隊」で日本の再軍備や「講和条約の全文と解説」などを論じている。一方で、日本週報社は『全官公庁便覧』（一九四九―五四年）も出版するなど、政府・官僚からの情報の太いパイプをもった。基本的に、『日本週報』は日本政府に密着した中道右派の時局雑誌だったといえるだろう。

『政界ジープ』――大衆の政治雑誌を掲げたが

ジープ社から一九四六年八月に創刊され、五五年第十巻第四号まで発行された月刊誌である。途中で発行が東京トリビューン社に変わり、五一年八月から五二年三月までの休刊を挟んでいる。経営者は金沢出身の医師で、七三一部隊結核班にいた二木秀雄だった。彼がこの雑誌を刊行する経緯については、加藤哲郎『「飽食した悪魔」の戦後』がすでに明らかにしていて、また『政界ジープ』の表紙や目次などの資料も加藤のウェブサイトで公開されている。(60) それらを踏まえて、この雑誌の概要をまとめてみよう。

創刊当初の表紙は地味で、第二号には「女の子にもわかる大衆の政治誌 小粒でピリット《（ママ）》した政界裏面誌」というキャッチフレーズが付けられているが、一九四七年半ばから表紙が近藤日出造などによる風刺漫画になって以降、表紙の雰囲気も編集手法も『真相』に似るようになった。四八年五月の第二十号からは「大衆の政治雑誌」という副題を掲げ、政官財界の裏話に重点を置いた内容になった。当初は『毎日新聞』の記者を中心に『朝日新聞』や『読売新聞』などの記者も交じって編集スタッフを組み、社外編集で刊行していた[61]。左右の政治家を登場させ無党派を標榜していたが、四八年十月に「尾崎ゾルゲ赤色スパイ事件の真相」と題した特別号を刊行したことで、反共保守の立場が明らかになった[62]。

おそらくその影響もあって、編集メンバーの一部が離脱し、「旧政界ジープ同人」と称して『政界アサヒ』というよく似た作りの雑誌を一九四八年十二月に創刊した。編集長は笠原真太郎で、こちらは中国共産軍勝利を称賛する左翼雑誌だった。少なくとも翌四九年六月までは刊行されたようだ。

その後、『政界ジープ』は左派の『真相』に対抗するように、占領軍の「逆コース」に乗じた右派的時局雑誌として、「極東コミンフォルムの地下組織」「武装共産党壊滅の歴史」「恐るべきソ連の拷問技術」などの記事を掲げ、四、五万部ほどの発行部数に達した。一九五二年四月の復刊のときにも「大衆政治誌」の看板を掛け続け、吉田内閣・鳩山内閣をめぐる政局や経済界の内幕や事件を暴き続けたが、五〇年一月以降は、表紙のデザインが頻繁に変わったことに表れているように、編集陣の交替がめまぐるしく雑誌の運営は安定しなかったと思われる。

『旋風』——反共路線を貫く

『旋風』(図1—4)は白文社から一九四八年六月に創刊され、五二年三月に第四十三号まで発行されたのが確認できる。社長兼編集長の水島毅は、一五年岡山県津山市生まれで当時は三十代半ばだった。彼は中央大学在学中に兵隊に取られ、中国・フィリピンなどへ七年間派兵され、戦後復員して新興の出版社である新生社で編集記者を務めたあと自由党の機関誌『再建』の編集をしていたが、白文社を創立し『旋風』を創刊した。なお、彼はその後五二年に全貌社を創立して、共産主義批判・共産党情報の雑誌として有名になる『全貌』を創刊し、九〇年代まで共産党批判の文筆活動をおこなった[63]。

しかし、この『旋風』創刊に際して資金を提供したのは、戦後に石炭と用紙の交換ブローカーで辣腕を振るって得た巨利で大地書房を始めたという秋田康雄で、秋田と水島を結び付けたのが、当時大地書房にいた、元『改造』編集者の鍜代利通だったという。鍜代を含めてスタッフ六人が編集にあたり、統制外の用紙を使って約七万から八万部の発行部数に達していたという。水島社長は、外務省調査第三課長・曾野明と密接な関係があり、この雑誌も「民自党の機関誌」と噂された。また、『読売新聞』写真部にいた深田富哉が編集に加わり、彼のツテで『読売新聞』関係者が協力しているとされた。(64)

「問題の核心を衝く」と副題がついた『旋風』の誌面内容をみると、「共産党の地下戦術を衝く」(第一号)、「暗躍する国際共産党」(第二号)、「赤化に狂奔する労組の内幕」(第三号)という具合で、この雑誌が掲げる主義が反共であるのは明らかだ。「公然と共産主義を攻撃した最初の雑誌」ということを水島社長は誇っていたらしい。創刊早々にCCDに呼び出されてプレスコードを守らなければならない責任があると言われたが、具体的な説明や指示は得られず、事後検閲になっている雑誌なのだから自分で判断せよ、と言い渡されたという。(65)

実は『旋風』第一号に掲載された、高倉徹「ソ連の内幕(その一)——血の粛清の巻」ほか一件の記事がソ連に対して批判的だと解釈された結果、対日理事会のソ連代表アレクセイ・パヴロヴィチ・キスレンコ将軍が、「日本において、敵対的で中傷的な反ソビエト・プロパガンダが行われている」ことについてダグラス・マッカーサー将軍に対し書面で強く抗議し、「このようなプロパガンダを止め、将来繰り返さないようにする措置をただちに取るように」と要求した。そしてそれが英字紙『ニッポン・タイムズ』(一九四八年七月一日付)に掲載され、UP電で世界に喧伝された。(66)

図1-4 『旋風』第4号(白文社、1948年9月)表紙

水島は占領軍に対して、この「反ソ」記事の情報源は外務省に勤務する十人ほどの卓越した書き手たちで、彼らの記事は共産主義と闘うために外務省が注力して

いる活動の一部だと釈明した。さっそく対策を話し合うための会合に水島も出席したが、関係を表に出したくない外務省関係者はみなペンネームを使い、水島も彼らの本名を知らなかった。表立って反共活動ができるのは自分だけなのでCCDも協力してほしい、と水島は訴えたらしいが、担当官は何も返答しなかった。[67] この水島の発言がどこまで信頼できるかは不明だが、キスレンコの反応がCCDを動かしたことはまちがいない。占領軍内部では、当該記事の内容は欧米では比較的よく知られている一九三〇年代の粛正に関する事実を論じたにすぎないと考えられたようだが、結局『旋風』第二号は発売差し止めを受け、反ソ的記事二件が不許可になった。[68]

このことが関係したのかどうかは不明だが、一九四八年末に『旋風』は一時経営危機に陥ったらしい。一九四九年一月号の『真相』は「『旋風』《はんきょうざっし》よ去らば《グッドバイ》…」という記事で、「〔共産党の暴露記事は：引用者注〕はじめはモノめずらしいので、（略）共産党あたりでも「オレのコトが書いてありやしないか」とツイ釣り込まれて買った連中が相当いたという」と『旋風』に対する初期の反響を述べ、実際は「脱党組の知る範囲のスッパぬきと空想でデッチあげたデマ情報ばかり」と批判し、第三号以降は返品の山で、最近は「社員の月給も一度には支払いかねる有様[69]」だと伝えた。実際、第六号が四八年十二月に出たあと、間隔があいて第七号（第二巻第一号）は四九年の二月に刊行された。そこで、『真相』は再び、同月の編集後記で『旋風』を『真相』の尻馬に乗った「カストリ雑誌のくせに」、信頼に足る情報網をもっていないから嘘ばかり書いていると批判した。[70]

反共雑誌『旋風』と左派雑誌『真相』のこうした批判の応酬は読者の注目を引いたが、「『真相』にケンカを売る」立場の『旋風』がグラビア写真に肌を露出した女性の姿を多用したり、スターの裏話や川島芳子の処刑写真を載せたりと、『真相』と同様の派手なセンセーショナリズムで売っていたのは確かで、同類の「カストリ時局雑誌」同士のけんか[71]だと面白がられても無理はない。また、『旋風』は『真相』と同じように特集版と銘打った号も出版した。一九四九年当時のCCDの記録によると、『旋風』の発行部数は六万部と公称していたが、実際は『真相』の半分程度で、四九年九月当時の発行部数は四万部弱、うち二千三百五十六部が日配（日本出版配給）を通じて東京で販売されていた。[72] また、九州では西日本新聞社が『旋風』の販売を引き受けていたという。[73]

『旋風』の反共路線は揺るがなかったが、占領軍は一九四九年二月からの変化を感じていた。それは吉田茂と民自党を反動右翼として批判する傾向で、吉田の顔と猿の体を合成した写真を「代議士は猿である」と銘打って掲載するなど、極端な反共から少し中道寄りに風向きが変わっていると、CCDは雑誌の内容から分析した。[74]実際、吉田批判に絡んで検閲で反米だと指摘されることが出てきた。例えば、『旋風』第十号（一九四九年五月号）では表紙の吉田首相の風刺画が問題にされた。額や頬に星のような白い絆創膏を貼り付けて松葉杖をつく彼が着ているのは、青い上着と赤と白の縞のズボンで、暗にアメリカを批判しており、プレスコード違反にあたると検閲官に指摘された。水島編集長は偶然だと弁解したが、CCD側は納得せず、また問題が起きたら事前検閲に移すと脅した。結局、水島はプレスコード違反に対する陳述書を提出した。[75]

こうした占領軍との軋轢を経て、一九五〇年六月に朝鮮戦争が始まると『旋風』は反共の声を一段と高くした。特に特集版第四集「惨！京城の悲劇」（一九五一年四月）は、時局雑誌による反共プロパガンダの極といってもいい。他方、『旋風』編集部は「共産党の院外的存在としてハブリをきかした」『真相』が内輪もめと経営難で身売りするかもしれないと指摘、[76]『旋風』創刊時には「真っ正面からの日共批判など、当時としてはバカ者の仕業」と考えられていたが、最近では大新聞の論調も変わり、『旋風』は「常にその先兵的地位を歩き」続けてきたと自負を述べた。[77]そして、五一年半ばから副題を「時事雑誌」に変更し、表紙もそれまでの派手な見出しや風刺絵が消えて写実的な人物の肖像が主になり、センセーショナリズムを抑えた編集に転じた。反共の立場は変わらなかったが、日本共産党の武装闘争路線が失敗し、一般国民の民心が離れ、他方で経済が復興してきたので、より落ち着いたアプローチに切り替えたのだと思われる。

以上の雑誌に比べて発行期間は短いが、興味深い時局雑誌をいくつか検討しておこう。

『レポート』――通信社による時局雑誌

時事通信社が一九四八年一月から五〇年九月、第五巻第九号まで発行した。この雑誌は、もとは四六年二月に創刊された経済誌『商工』が翌年六月に『商工人』と改題し、さらに巻号は引き継ぎながら政治的話題に転換して、第三巻第一号から全面的にリニューアルした月刊誌である。しかし、不思議なことに時事通信社の社史には『太平』(一九四五年十二月創刊)と『商工』だけが言及されている。[78] 編集長は最初は高田傳、次いで田島昌夫、発行人には当時出版部次長の松尾精吉、印刷人は北川武之輔が名を記している。

「日本の内幕・世界の真相」という副題で、表紙には話題の人物の顔写真または写実的な肖像画を大きく載せている。グラビアや写真は少なめだが、風刺画やコマ漫画を毎号載せている。また、裏表紙・内表紙を製薬会社、銀行、保険会社、三菱鉛筆など多くの企業広告が埋めているのは時事通信社ならではだろう。特集は「右翼を洗う」「日本警察力の現状」「共産党が政権を握ったら」「学者は何をしているか」など幅広いが、「ルポルタージュ全逓」「NHKの内情録音」などメディア関係の内幕を探る記事が目立つ。海外関係の記事はこぼれ話程度で意外に少なく、迫水久常による回顧談「永田町の頃」や新居格の小説、新宿や歌舞伎町のルポルタージュ、文壇・画壇の裏話や人物評など多様な読み物が、現在の週刊誌を思わせる構成で並んでいる。また、『レポート別冊』として、特集の「ボス」では各界・各地のボスを取り上げ、「女――その世界とその問題」という特集では当時のあらゆる女性問題や、代表的女性たちを取り上げて発言させているのが興味深い。

「左の『真相』、右の『旋風』にたいして、中道をゆく『レポート』」といわれているが、自分たちは『タイム』や『ニューズウィーク』のようなニュース雑誌を目指しているのだと編集後記には述べられている。[79] しかし、いわゆる暴露雑誌、時局雑誌というカテゴリーで受け止められていたのは確かである。例えば、ある読者からの投書に「省線電車の中の広告を見て、(略)はじめて〝レポート〟を買ってみた。いわゆる〝時局雑誌〟という、この種の雑誌には一種のあきらめをもっていたのだが、とにかく非常に面白かった」[80]とあるように、雑誌の過激な見出しにつられて読んだら内容の薄い記事でがっかりした経験があるため、当時の時局雑誌には羊頭狗肉という印象があったのだろう。

その他の時局雑誌

このほかに、「時局雑誌の娯楽版」を副題として掲げた『バクロ』（ろまねすく社→車田書房、一九四八年十月創刊）、「社会悪を解剖する時局雑誌」と自称した『社会探訪』（社会探訪社、一九四九年四月創刊）など、多様な暴露系の時局雑誌が占領期には創刊されては消えていったが、もう一つ特筆しておかなければならない雑誌は、『漫画――見る時局雑誌』である。

この雑誌は、もとは岡本一平ら東京漫画会によって一九一七年に漫画社から創刊された『漫画』という雑誌が源だが、経営難に陥り、山下善吉が発行していた『銀座』というファッション雑誌の巻号を継ぐことで、四〇年八月に新たに結成された新日本漫画家協会の機関誌として同年十月から刊行された。同協会には、近藤日出造、杉浦幸雄、横山泰三、加藤芳郎など戦後も活躍する漫画家たちが集っていた。一九四一年七月号からは「大政翼賛会宣伝部推薦」の表記が入り、同協会の手を離れて国家宣伝の雑誌になった。「眼で見る時局雑誌」という副題が、四三年六月の第十一巻第六号から四四年二月の第十二巻第二号まで用いられた。その後、「画報雑誌」という副題に変わって敗戦を迎えたが、戦争末期でも発行部数が十万部あった。戦後四六年十一月の第十四巻第十一号から「見る時局雑誌」の副題が付き、五一年五月に実質的に終了した[81]。戦中期と同様に近藤日出造が中心で、政治家をはじめとする要人の似顔絵や風刺画だけでなく、徳田球一など時の人との対談やエッセーなどの文章も彼が筆を振るっている。漫画で時局のニュースを伝えるという点で同じだとはいえ、戦中の国策プロパガンダ雑誌が戦後も継続して占領期の世相を活写しているのを、人々はどう見たのだろうか。

以上に述べた占領期の暴露系の時局雑誌の特徴をまとめると、第一にほとんどが新興の出版社から出され、経営母体が脆弱で占領期以後も長続きした雑誌はほとんどないことが挙げられる。第二に戦前期に記者や編集者を経験した者が編集の中心になる一方で、主に社外の新聞記者や書き手が記事を寄せたり関係したりしていた点が挙げられる。第三に各誌ともイデオロギー的傾向はあるが、朝鮮戦争前は左右双方の論者が登場し、ある程度バランスを取るような編集方針が採られていたことがいえる。第四に占領軍による検閲は『真相』だけが事前検閲で、ほかは事後検閲と差があったが、時事的なトピックが扱われている雑誌の性格のためCCDによってかなり詳しく検討され、そのためきわどい挑戦を繰り返す暴露系時局雑誌は、占領期での言論の自由に関する重要な試金石になっていたと指摘できるだろう。二ページしかない当時の新聞紙面では記事を書きたくても載せる場がない記者たちと、闇紙を手に入れて儲けたいが書き手が払底していた雑誌出版社側と、日本はなぜ負けたのか、占領はいつまで続くのか、日本はこれからどう変わるのか知りたいという読者側の欲求、そして占領軍による民主化政策が相まって成立したのが、これらの時局雑誌だったといえるだろう。

実際、『真相』を非難していた坂口安吾も「現在の日本のような〔政界、官界、財界などの裏面の：引用者注〕カラクリの多いところでは、大いにバクロ雑誌があった方がよろしい。「真相」は共産党に偏しているからいけないが、もっぱら中正を旨とする暴露雑誌があってくれて、大いに暴れてくれると面白いのである(82)」と暴露系時局雑誌を擁護した。

暴露系のこれらの雑誌は時局雑誌のすべてではないが、焼け跡や復員など戦争の余燼から朝鮮戦争に続く、不安定で不透明な世の中の変化を理解し、占領軍がいう民主主義のもとで本当のことが知りたいという大衆の欲求に応え、同時に大衆を啓蒙しようとした時局雑誌の最も先端の部分に位置していたのである。

おわりに

「時局雑誌」というカテゴリーがひっそりと姿を消した一九五〇年代半ば、〝週刊誌創刊ブーム〟が起きた。五六年二月に新潮社から『週刊新潮』が創刊されたのをはじめとして、五七年三月に河出書房（のちに主婦と生活社）から『週刊女性』、五八年は四月に双葉社から『週刊大衆』、七月に集英社から『週刊明星』が発刊され、五九年には三月に講談社から『週刊現代』、四月には『週刊文春』が創刊された。日本の戦後出版史で有名な現象だが、「週刊誌」そのものは戦前から存在した。その嚆矢は、二二年四月に創刊された『週刊朝日』『サンデー毎日』であり、しばらく新聞社系の週刊誌しか出ていなかったのに対して、出版社が一斉に大衆的な週刊誌を発刊したのが注目されたのである。この現象にいち早く着目して、五八年には『週刊誌』[83]という研究書も出された。

本来「週刊誌」というのは月刊誌と同様に、発行間隔によって区別された雑誌形態を指す語にすぎない。しかし、戦後日本にあって「週刊誌」はある含意をもつ雑誌のカテゴリーとして語られるようになった。流行・スキャンダル・消費生活という大衆文化を語る媒体としての意味だけでなく、イデオロギー的な側面をもつ世論形成活動のメディアという含意である。それはこれらの週刊誌が二十万部から百万部という大規模な売り上げをもつだけでなく、その中核である『週刊新潮』『週刊文春』『週刊現代』『週刊大衆』『週刊ポスト』などの出版社系の週刊誌が、権力・金・色にからむ裏話やスキャンダルを暴く、ゲリラ的ジャーナリズム、いわば暴露的「時局雑誌」の性格を有しているからである。現に週刊誌が書き立てることで政治家や有名人が失脚したり、また原水爆、諜報機関、北朝鮮（朝鮮民主主義人民共和国）など政治的問題に関して世論が動いたりする「雑誌政局」がしばしば生じてきた。

このような記事の内容のほかに、いわゆる出版社系の週刊誌は、占領期の時局雑誌と次の二点で共通している。すなわち、第一にそのトピックの多くを新聞記者からの情報、または読者からのいわゆるタレコミに負っている点である。そして第二に、読者はサラリーマン層が中心で、通勤時間などに広告を見て購読している点である。しかしながら、占領期の時局雑誌が新興の出版社から創刊されたのに対し、戦後の週刊誌は老舗出版社から発行されている点が異なっている。こうしてみると、「週刊誌」という名称が覆い隠してきた系譜が浮かんでくる。

例えば、「時局雑誌」だった『月刊読売』（一九四三年）が、戦後復刊して一九五一年に『旬刊読売』、五二年に『週刊読売』と変化したケース、また『週刊サンケイ』（一九五二年創刊）や『週刊東京』（一九五五年創刊）のように戦後創刊された新聞社系の週刊誌も含めた流れを、占領期の時局雑誌を間に置くことで、戦中から戦後の大衆的なニュース雑誌の変転として、より長期的な展望のもとに把握することが可能なのではないだろうか。

一方、戦中には時局雑誌と隣接し、ときには一緒に束ねられていた総合雑誌は、占領期には「知識人の機関」として「綜合雑誌の任務は時代の知性となること」を強調し、「つねに時代のエリイトを代表するもの」でなければならないと主張された[84]。しかし、総合雑誌という呼称は、戦中に官僚が雑誌の整理統合をするときに「いわば時局雑誌そのほかと区別する必要から、『中公』や『改造』（略）を便宜的に呼んだことにはじまり」、それを受け継いでいるだけという発言[85]にみられるように、もとは用紙統制のための便宜的な分類だった。それが占領期における時局雑誌の大衆化に対して、あらためて総合雑誌は高級誌としての積極的な意味を求められるようになっていたといえるだろう。しかし、アメリカの『リーダーズ・ダイジェスト』や『タイム』などを意識した当時の総合雑誌論からは、戦中期の時局雑誌とのつながりはみえにくい。占領期の総合雑誌については松浦総三が、一九五〇年六月に朝鮮戦争が起きてからおこなわれた、いわゆるレッドパージよりも前にあった総合雑誌に対する弾圧を告発するように書いている[86]。そのなかで、戦後に誕生した岩波書店の総合雑誌『世界』が講和特集号を刊行し、新たな大衆運動の支柱になっていった経緯は戦後雑誌の大きな潮流として知られているが、では総合雑誌というカテゴリーは戦後どのように認識されていったのか。それを考えるためにも、これまでの戦後出版史を超えていく視点としても「時局雑誌」の再検討が必要なのである。

注

（1）カストリ雑誌については、以下の文献を参照。山本明『カストリ雑誌研究――シンボルにみる風俗史』出版ニュース社、一九七六年（〔中公文庫〕、中央公論社、一九九八年）、斎藤夜居『カストリ雑誌考』『続・カストリ雑誌考』此見亭書屋、一九六五年（大尾侑子編・解題『カストリ雑誌考 完全版』〔文圃文献類従〕、金沢文圃閣、二〇一八年）、長谷川卓也『《カストリ文化》考』（さんいちぶっくす）、三一書房、一九六九年、山岡明『カストリ雑誌にみる戦後史――戦後青春のある軌跡』オリオン出版、一九七〇年、石川巧編集代表、カストリ雑誌編集委員会編『戦後出版文化史のなかのカストリ雑誌』勉誠社、二〇二四年

（2）福島鑄郎は、占領期の雑誌約六千冊を収集し、その大半が現在、早稲田大学中央図書館に所蔵されている。筆者は、自身が代表を務める早稲田大学20世紀メディア研究所の主催で、二〇一六年九月一日から二十一日までの間、「雑誌に見る占領期――福島鑄郎コレクションをひらく」という展覧会を早稲田大学で催し、この福島コレクションの雑誌の一部を展示した。福島鑄郎コレクションについては、宗像和重「福島鑄郎コレクション――その背景と概要」（20世紀メディア研究所編『Intelligence』第十七号、20世紀メディア研究所、二〇一七年三月）を参照のこと。

（3）占領期の雑誌に関する総合目録としておそらく最初に刊行されたのは、紅野敏郎／栗坪良樹／保昌正夫／小野寺凡『展望 戦後雑誌』（河出書房新社、一九七七年）で、これは六五年八月『群像』に掲載した「戦後雑誌一覧」がもとになっている。また、『思想の科学』第六次、第九十八号（思想の科学社、一九七八年十一月）の巻頭では、鶴見俊輔が「なくなった雑誌」と題して、『黄蜂』『民主朝鮮』『季刊 理論』などを回想とともに論じている。

（4）山本武利編『占領期文化をひらく――雑誌の諸相』（早稲田大学現代政治経済研究所研究叢書）、早稲田大学出版部、二〇〇六年、山本武利編者代表『占領期雑誌資料大系 大衆文化編』全五巻、岩波書店、二〇〇八―〇九年、同『占領期雑誌資料大系 文学編』全五巻、岩波書店、二〇〇九―一〇年

（5）例えば、近代女性文化史研究会『占領下女性と雑誌』ドメス出版、二〇一〇年、「占領期の女性雑誌シリーズ」（復刻『婦人』全七巻＋別冊、復刻『働く婦人』全九巻＋別冊）皓星社、一九九七―九八年、吉田健二編著『占領期女性雑誌事典――解題目次総索引』全九巻（文圃文献類従）、金沢文圃閣、二〇〇三―〇八年。

（6）例えば、石川巧／大原祐治編『占領期の地方総合文芸雑誌事典』上・下・別冊（文圃文献類従）、金沢文圃閣、二〇二二年。

（7）例えば、谷暎子『占領下の児童出版物とGHQの検閲――ゴードン・W・プランゲ文庫に探る』共同文化社、二〇

一六年、谷暎子監修・解題『『北の子供』――占領期の地域児童文化雑誌1946~50』全五巻・別冊（現代社会・文化史資料）、金沢文圃閣、二〇二三―二四年。

（8）近年の雑誌史の試みとしては、吉田則昭／岡田章子編『雑誌メディアの文化史――変貌する戦後パラダイム』（森話社、二〇一二年）が挙げられる。

（9）大澤聡「「編輯」と「綜合」――研究領域としての雑誌メディア」（同書所収）、および、大澤聡『定本 批評メディア論――戦前期日本の論壇と文壇』（〔岩波現代文庫〕、岩波書店、二〇二四年）。松浦総三は占領期に『改造』の編集者を務め、一九五五年の改造社解散以降はフリージャーナリストとして、『占領下の言論弾圧』（現代ジャーナリズム出版会、一九六九年）などを著している。

（10）「大衆向雑誌の軽視に抗議 用紙割当問題で〝時局部門〟憤慨」『読売新聞』一九四七年十月六日付

（11）高崎隆治「十五年戦争と雑誌の犯罪（番外編）――時局を見通せなかった時局雑誌」（『文化評論』第二百九十八号、新日本出版社、一九八六年一月）。なお、同著者の『戦時下の雑誌――その光と影』（風媒社、一九七六年）も参照。

（12）福島鑄郎「戦時雑誌を再発掘する」『新版 戦後雑誌発掘――焦土時代の精神』洋泉社、一九八五年

（13）同書三二七ページ

（14）戦中期の「時局雑誌」に関しては、掛野剛史「戦時期メディアの編成と展開――文藝春秋社発行『現地報告』総目次」上・下（『埼玉学園大学紀要 人間学部篇』埼玉学園大学、二〇一〇・一一年）や、鈴木貞美『『文藝春秋』の戦争――戦前期リベラリズムの帰趨』（〔筑摩選書〕、筑摩書房、二〇一六年）、黒田大河「重層化する〈声〉の記憶――時局雑誌『放送』と戦時放送」（『文学』二〇〇四年三・四月号、岩波書店）などがある。占領期の個別の「時局雑誌」に関する研究は、本章の以下で述べる。

（15）土屋礼子「明治初期のニュース冊子にみる絵と報道」『ことばと社会――多言語社会研究』第四号、三元社、二〇〇〇年

（16）高桑駒吉『時局叢書』（時局問題研究会、一九一四―一五年）は第六編まで刊行された。

（17）『時局論叢』（帰一協会、一九一五―一六年）は第七編まで刊行されている。大日本文明協会『時局の研究』（一九一八―一九年）は、「大隈侯爵邸時局問題茶話会編」とされ、大隈邸での講演がもとになっている。このほかにも、

辛亥革命後の『支那時局の真相を披瀝して我邦の識者に訴ふ』(一九一三年)、憲政擁護会が出した政治運動パンフレット『時局の真相――国民の覚悟』(一九一三年)や、下田歌子『時局に就て婦人の心得――下田歌子女史講演』(一九一四年)、森御蔭『東露ニ於ケル時局ノ真相』(一九一八年)など、さまざまなものがあるが、多くは二十ページから五十ページ程度の冊子である。

(18)時局社は「時局パンフレット」という冊子も発行していた。

(19)『時局新聞』第十二号からサラリーマン社は時局新聞社と改称した。「時局新聞パンフレット」と題するシリーズも発行していた。

(20)「時局雑感」『文藝春秋 事変・第四増刊』文藝春秋社、一九三七年十二月、一七一ページ

(21)東京堂年鑑編集部編『出版年鑑 昭和九年版』(東京堂、一九三四年)の「出版界一年史(昭和八年度)」八ページを参照。植田康夫「総合雑誌の盛衰と編集者の活動」(『岩波講座「帝国」日本の学知 第4巻 メディアのなかの「帝国」』岩波書店、二〇〇六年)では、「総合雑誌の先駆は、『国民之友』である」という、西田長寿『明治時代の新聞と雑誌』(〔日本歴史新書〕、至文堂、一九六一年)や松浦総三『松浦総三の仕事3 ジャーナリストとマスコミ』(大月書店、一九八五年)の説を踏襲しているが、ここでは遡及的に「総合雑誌」の由来を問題にするのではなく、同時代の「総合雑誌」というカテゴリーの成立を論じる。よって、前掲「「編輯」と「綜合」」(四〇―六八ページ)を参照した。なお、竹内洋/佐藤卓己/稲垣恭子編『日本の論壇雑誌――教養メディアの盛衰』(創元社、二〇一四年)では、「論壇雑誌」の名称で、『中央公論』『文藝春秋』『世界』、『暮しの手帖』(暮しの手帖社)、『朝日ジャーナル』(朝日新聞社)などを扱っている。

(22)中野好夫「徳富蘇峰と『国民之友』――『国民之友』雑感」『中央公論』第九十巻第十一号、中央公論社、一九七五年十一月、四六三ページ

(23)「部門別雑誌出版界一年史」、協同出版社編纂部編『日本出版年鑑 昭和十八年版』協同出版社、一九四三年、八四ページ

(24)同書八五ページ

(25)横浜事件は、一九四二年『改造』に掲載された細川嘉六の論文をきっかけに改造社や中央公論社をはじめとする出

版社の編集者や新聞記者など六十人以上が治安維持法違反の容疑で逮捕され、拷問などで四人が獄死した事件。神奈川県警察部によるでっち上げ事件だと関係者遺族が訴え、二〇〇五年に再審が開始され、一〇年横浜地裁で事実上事件の冤罪が認められた。参考文献としては、美作太郎／藤田親昌／渡辺潔『言論の敗北――横浜事件の真実』(〔三一新書〕、三一書房、一九五九年)、小野貞／大川隆司『横浜事件・三つの裁判――十五年戦争下最大の言論・思想弾圧事件』(高文研、一九九五年)など。

(26)「雑誌部門別三年史」、日本出版協同編『日本出版年鑑 昭和19―21年版』日本出版協同社、一九四七年

(27)同書三〇―三一ページ

(28)同書三二ページ

(29)『文藝春秋』は一九四四年四月までに文芸雑誌に変更されたが、四六年三月に文藝春秋社は解散。同年六月に文藝春秋新社が設立され『文藝春秋』を再び刊行、その際に「綜合雑誌」部門に登録された。

(30)『改造』は一九四四年六月廃刊、同年七月に出版元の改造社は解散させられた。戦後、再建された改造社から四六年一月『改造』は復刊された。

(31)『日本評論』は、一九四六年四月に「綜合雑誌」部門に復帰した。

(32)「雑誌目録」、前掲『日本出版年鑑 昭和19―21年版』五一七―五二二ページを参照。

(33)「雑誌部門別一年史」、協同出版社編『日本出版年鑑 昭和22―23年版』協同出版社、一九四八年、二二ページ

(34)一九四九年九月三日付の占領軍の民間検閲支隊(CCD)の通信文では、『真相』『旋風』『バクロ』『レポート』の四誌が暴露雑誌(expose publications)と認識されていたようだ。Truth (Shinso), GHQ/SCAP〔RG331 Box8602 Folder41〕.

(35)同時代の記事では、「雑誌『真相』一代記」(『経済往来』第一巻第一号、経済往来社、一九四九年三月)、金子勝昭「天皇制とバクロ雑誌――『真相』」(『思想の科学』第六次、第九十八号、思想の科学社、一九七八年十一月)、原田健司「雑誌『真相』検閲の事例紹介」(20世紀メディア研究所編『Intelligence』第十二号、20世紀メディア研究所、二〇一二年三月)。さらに、保科義英『暴力のペン――雑誌「真相」の真相』(『不正な言論から人権を守る会』創立準備会、一九五〇年)という冊子も出されているが、未見。

（36）佐和慶太郎／松浦総三「『真相』の周辺――不可視の戦後史」『現代の眼』第十八巻第三号、現代評論社、一九七七年三月、一三三ページ
（37）ただし、『読売新聞』（一九四六年三月十日付）掲載の創刊号の広告では、すでに「バクロ雑誌」と銘打たれていた。なお、検閲のために隔月刊になってしまったときもあった。
（38）前掲「天皇制とバクロ雑誌」参照。なお、「読みもの天皇記」に対する読者の反応について、編集陣の斑目栄二が提供した読者からの手紙三百二十通の分析をＣＣＤは記録している。それによれば、三百二十通のうち二百四十通が好意的で八十通が批判的であり、年代による違いはあまり大きくなかった。Public Reaction to SHINSO's Series of Articles Entitled "Accounts of the Emperors," 2 June 1948, Memorandum for record, PPB Division, GHQ/SCAP〔RG331 Box8635 Folder19〕.
（39）佐和慶太郎「「真相」鋏厄史（四）」『真相』第六十一号、真相社、一九五四年三月、五五ページ
（40）「バクロ雑誌「真相」編輯諸君へ」『読売新聞』一九四七年八月三十日付
（41）「「真相」編集部より」『読売新聞』一九四七年十月四日付
（42）前掲「天皇制とバクロ雑誌」
（43）Special Information Report, Publications: Leftwing Activities of Jinmin-sha, Publisher of the Truth (SHINSO) Magazine, 19 May 1949, PPB, CCD, GHQ/SCAP〔RG331 Box8635 Folder20〕. なお、車田金吾（本名：吉沢ミツオ）も最初は日本共産党員だったという。
（44）中北浩爾『日本共産党――「革命」を夢見た１００年』（〔中公新書〕、中央公論新社、二〇二二年、一六三―一六四ページ）では、亀山幸三『戦後日本共産党の二重帳簿』（現代評論社、一九七八年）に基づいて、松本健二は伊藤律が社会党に潜入させた秘密党員だったと述べている。
（45）前掲「『真相』の周辺」一四一ページ
（46）「時局雑誌を洗う」『レポート』第四巻第十二号、時事通信社、一九四九年十二月
（47）「「真相」の良心」『読売新聞』一九四七年十月二十一日付
（48）長谷川国雄（自由国民主筆）「「真相」を弁護す」『読売新聞』一九四七年十月三十一日付

(49) 坂口安吾「真相かくの如し」『読売新聞』一九四八年十一月一日付

(50)「日共、「真相」追放の真相」『読売新聞』一九五〇年五月十五日付

(51) 前掲「時局雑誌を洗う」

(52) なお、本書では特にふれないが、『真相』本誌と並行して発行された『真相 特集版』は一九四八年四月の第一集から五〇年七月の第二十一集まで発行された。

(53) CCD, PPB, Special Information Report: Publications: Distribution of Truth (SHINSO) and Whirlwind (SEMPU) Magazines, 12 Sept. 1949, GHQ/SCAP〔RG331 Box8634 Folder69〕.

(54) 前掲「『真相』の周辺」

(55)「読者の窓」『真相』第六十七号、真相社、一九五四年七月、六七ページ

(56)『真相』と占領軍の検閲をめぐる攻防については、前掲「雑誌『真相』検閲の事例紹介」を参照。

(57) 前掲「時局雑誌を洗う」

(58) 同記事

(59) CCD, PPB, Memorandum for Record: Background Information of JAPAN WEEKLY (NIPPON SHUHO), 13 Sept. 1949, GHQ/SCAP〔RG331 Box8634 Folder26〕.

(60) 加藤哲郎『「飽食した悪魔」の戦後――731部隊と二木秀雄『政界ジープ』』(花伝社、二〇一七年)、および、「加藤哲郎のネチズン・カレッジ」(http://netizen.html.xdomain.jp/home.html)〔二〇二四年十月一日アクセス〕参照。

(61) 前掲「時局雑誌を洗う」

(62) ゾルゲ事件の裁判所資料が公開されていない当時としては、それまで知られていなかった事実を暴露した画期的な内容の特集であり、これは占領軍参謀第二部(G-2)からのリークによるのではないかと加藤哲郎は指摘している。前掲『「飽食した悪魔」の戦後』二五四―二六八ページ

(63) 秋田三郎「『旋風《はんきょうざっし》』よ去らば《グッドバイ》…」(『真相』第二十五号、真相社、一九四九年一月)、前掲「時局雑誌を洗う」

(64) 同誌。CCDの情報メモには、「読売新聞社が発行している『旋風』」という語句が見られるが、おそらく読売関係者が寄稿したり協力したりしているから、そう書いたのだろう。CCD, PPB, Information Slip, 7 July 1949, GHQ/

SCAP〔RG331 Box8634 F68〕

（65）CCD, PPB, Memorandum for Record, Instruction given to the Editor of the Magazine Sempu (Whir lwind), 30 June 1948, GHQ/SCAP〔RG331 Box8634 Folder68〕. なお、この呼び出しのときに、親会社の第1書房の山下コウザブロウが一緒に来ていたと記されている。

（66）CCD, PPB, Memorandum for Record: Self-censorship by Magazine Resulting From Russian Protest About Anti-Russian Article in SEMPU, GHQ/SCAP〔RG331 Box8634 Folder68〕. アレクセイ・パヴロヴィチ・キスレンコからマッカーサー宛てに出された手紙の写しは、CCDのファイル〔RG331 Box8602 Folder45〕にも収められている。なお、「「旋風」三十号を超えて」（『旋風』第三巻第十二号、白文社、一九五〇年十二月）によれば、この事件で、中国共産党系の『華商報』でも『旋風』が取り上げられて非難されたという。

（67）CCD, PPB, Memorandum for Record: Interview with Mr. Tsuyochi Mizushima, Managing Editor of the Magazine Sempu, GHQ/SCAP〔RG331 Box8634 Folder68〕.

（68）CCD, PPB, Memorandum for Record: Background Information of Postcensored Magazine WHIRLWIND (SEMPU), GHQ/SCAP〔RG331 Box8602 Folder45〕.

（69）前掲「『旋風《はんきょうざっし》』よ去らば《グッドバイ》…」三七ページ

（70）「編集後記」『真相』第二十六号、真相社、一九四九年二月、四七ページ

（71）例えば、「真実は何処に――雑誌〝真相〟〝旋風〟ケンカ物語」（『叫び』第二十二号、東京機器工業労働組合宣伝部、一九四九年一月、四ページ）

（72）CCD, PPB, Special Information Report: Publications: Distribution of Truth (SHINSO) and Whirlwind (SEMPU) Magazines, 12 Sept. 1949, GHQ/SCAP〔RG331 Box8634 Folder69〕.

（73）CCD, PPB, Information Slip: The West Japan Newspaper Company (Nishi Nihon Shimbun Sha) undertakes sale of Magazine 'SEMPU,' 7 July 1949, GHQ/SCAP〔RG331 Box8634 Folder69〕.

（74）CCD, PPB, Memorandum for Record: WHIRLWIND (SEMPU) Magazine – A New Departure in Its Editorial Policy, 14 March 1949, GHQ/SCAP〔RG331 Box8634 Folder69〕.

（75）CCD, PPB, Memorandum for Record: Publisher of SEMPU Reprimannded, 13 June 1949, GHQ/SCAP〔RG331 Box8634 Folder69〕.

（76）「編集後記」『旋風』第三巻第十号、読売新聞社、一九五〇年十月、六六ページ

（77）前掲「「旋風」三十号を超えて」六六ページ

（78）時事通信社社史編さん委員会編『時事通信社70年史』時事通信社、二〇一五年、時事通信社社史編纂委員会『建業弐十年』時事通信社、一九六五年十一月。年表（「渋沢社史データベース」〔https://shashi.shibusawa.or.jp〕〔二〇二四年九月三十日アクセス〕掲載）には、そっけなく『レポート』の創刊と、元編集長の異動が記されている。

（79）「編集室メモ」『レポート』第四巻第三号、時事通信社、一九四九年四月、四八ページ

（80）「レポートへ一言」のうち「杉並・田沢勉」の投書。『レポート』第五巻第四号、時事通信社、一九五〇年四月、六六ページ

（81）正確には一九六八年十二月に第二十巻第十二号、通巻二百四十五号が出たのが最後だが、五一年六月から六七年十二月の間は休刊していたので、実質的には五一年で雑誌の命脈は尽きていたといえるだろう。

（82）坂口安吾「巷談師退場――安吾巷談その十二」『文藝春秋』第二十八巻第十六号、文藝春秋新社、一九五〇年十二月、一六一―一六二ページ

（83）週刊誌研究会編『週刊誌――その新しい知識形態』（〔三一新書〕、三一書房、一九五八年）は、加藤秀俊、永井道雄など当時二十代の若手研究者が調査・分析してまとめた研究書である。

（84）室伏高信「総合雑誌の使命」『改造』第三十二巻第十三号、改造社、一九五一年、一五二ページ

（85）畑中繁雄（元『中央公論』編集者）の発言、池島信平／佐藤観次郎／畑中繁雄／吉野源三郎「座談会 綜合雑誌をめぐって」『中央公論』第七十巻第五号、中央公論社、一九五五年五月、一三六ページ

（86）松浦総三『松浦総三の仕事2 戦中・占領下のマスコミ』（大月書店、一九八四年）のうち、特に第五章と第六章。

第2章　占領期の大学生新聞

1　「大学生新聞」というメディア

「学生新聞」あるいは「大学新聞」と呼ばれる、大学を拠点として大学生が制作し大学生を主な読者とする新聞がある。二〇二三年末現在、日本には八百以上の大学があり、大学生は全国で約二百九十万人いるといわれている。各大学では、大学当局による宣伝・広報のために雑誌やウェブサイトなどが制作・発行されている一方、学生のサークルや団体が発行するメディアが多数あるなかに埋もれて、現在では「学生新聞」の存在感は薄れている。しかし、「学生新聞」はその起源が大正時代にさかのぼる長い歴史をもち、敗戦後から一九七〇年代ごろまで大学の自治会活動とともに学生運動の一端を担った。授業期間だけに週刊で四ページ建てという発行形態が標準で、発行部数も数千部という、規模は一般紙に比べて小さなメディアだが、それは大学生にとって大学生の立場からの意見を表明するという民主主義的な言論活動の場であり、新聞発行というメディア制作の実践の場であり、同時に大学生という学歴エリート集団に影響を与える手段でもあった。また、そこから職業的ジャーナリストへと歩む人々も多く生み出してきた。

しかし、この学生新聞に関する論考はきわめて少ない。管見では、最も早い学術的論考は小山栄三『新聞学』(一九三五年)である。東京帝国大学法学部政治学科を卒業し、当時三十六歳で、小野秀雄が奮闘して同大学に設けられたばかりの新聞学研究室の第一期研究員だった小山は、その大著のなかで「特殊新聞」の一つとして「学生新聞」を四ページほど論じている。また彼は戦後、占領軍の民間情報教育局(CIE)から呼び出されて世論調査課の顧問を務め、一九四九年には新設の国立世論調査所の初代所長に就任して世論調査を日本で推進していった人物だが、戦後の『新聞学原理』(一九六九年)でも「学生新聞」を取り上げて、「大学新聞」と「学生新聞(高校新聞)」の二種類に分けて「大学新聞」は約三百七紙あると述べている。しかし、このような学生新聞の紙名や数や変遷も正確に把握されているわけではない。また、個人的な回想記は多少あるものの、「大学新聞」の紙面自体の保存や復刻、あるいは年史などの記録も、『帝国大学新聞』や『三田新聞』『早稲田大学新聞』『日本大学新聞』などの一部を除いて、あまり整備されていない。

本章では、この「大学新聞」の歴史的経緯を明らかにすべく、特に占領期に日本の民主化を進めようとした占領軍が、このメディアをどのように考え、分析し、扱ったのかを、主として占領軍の文書から検討したい。ところで、「学生新聞」および「大学新聞」という呼称には、以下のような意味の混乱を招く問題点がある。「学生新聞」には、学生が作る新聞という意味と、学生を読者とする新聞という意味の二つがあり、高校生や中学生が作成する学校新聞を指す場合と、小・中学生向けに制作・販売される『毎日小学生新聞』のような商業紙を指す場合がある。また「大学新聞」には、大学当局や同窓会が発行する広報紙や、あるいは昨今の大学事情を報道し解説する新聞を意味する場合がある。そこで本章では、大学当局や同窓会などが発行した広報紙や機関紙などを除外し、通常は一つの大学を拠点として大学生が記者・編集者になって制作し、大学生と大学関係者を主要読者として大学に関わる事柄を掲載し、定期的に刊行する新聞を「大学生新聞」と呼び、考察の対象とする。

2　敗戦までの大学生新聞の概略

占領期の大学生新聞について論じる前に、まず戦前にさかのぼり、その成立と経緯を概観しておきたい。大学生新聞はヨーロッパでは十八世紀後半に誕生し、アメリカでは一九〇八年にミズーリ大学新聞学部が最初に発行したという。(1) 日本では一七年に慶應義塾で創刊された『三田新聞』が先駆けである。一八年の大学令で帝国大学のほかに高等専門学校が大学に昇格したこともあり、二〇年代に主要な大学で次々と大学生新聞が創刊された。例えば、東京帝国大学の『帝国大学新聞』(一九二〇年)をはじめ、『日本大学新聞』(一九二一年)、『早稲田大学新聞』(一九二二年)、東京商科大学の『一橋新聞』(一九二四年)、『京都帝国大学新聞』(一九二五年)、『東洋大学新聞』(一九二五年)、『北海道帝国大学新聞』(一九二五年)、『九州大学新聞』(一九二七年)、『中央大学新聞』(一九二八年)、『法政大学新聞』(一九三〇年)などである。三一年ごろには大学生新聞は約三十ほどあり、そのほかに高等商業学校などの新聞が二十余紙発行されていた(2)(表2―1)。

これらの大学生新聞は、創刊当初は学長以下の教員や同窓会などが協力し、美濃部達吉や河合栄治郎などをはじめ、各大学の教授の評論を掲載するほか、ブックレビューやスポーツ欄もあり、広告も載せ、若き知識人たる大学生のための質の高い総合的な内容だったといえる。その制作には卒業生の新聞記者などが関わり、印刷はだいたい新聞社に依頼していた。当時は月二回刊行が一般的だったが、『帝国大学新聞』は週刊で約三万四千部、『三田新聞』は旬刊で約一万五千部発行されていた。(3) また、これらのうち『三田新聞』『帝国大学新聞』『日本大学新聞』『早稲田大学新聞』『明治大学駿台新報』の五紙は、一九二三年に五大新聞連盟を結成し、普選問題についての世論喚起を申し合わせ、やがて都下八大学新聞連盟に拡大した。(4)

このような大学生新聞が国家官僚に危険視されるようになったのは、一九二四年、中等学校以上に現役将校を

	題名	発行部数	発行回数	発行母体
29	関東学院学報	1,150	年4回	
30	日本体育新報	3,000	月1回	
31	千曲時報	1,500	月1回	上田蚕糸専門学校
32	京都帝国大学新聞	15,000	月2回	
33	京都府立医科大学		月1回	
34	立命館大学新聞			
35	大谷大学新聞			
36	大阪工大学新聞	1,500	月1回	
37	関西学院新聞		月1回	
38	龍谷大学新聞		月2回	
39	神戸高工新聞	2,000	月1回	
40	神戸商大新聞		月1回	
41	関西大学新聞	3,000	年8回	
42	松山高商新聞		月1回	
43	山口高商新聞		月1回	
44	彦根高商新聞	1,900	月1回	
45	九州大学新聞		月2回	
46	江南事報	1,000	月1回	東西同文書院
47	京城医専有部学			
48	平安時報		年6回	平安中学
49	七高学友会会報			
50	台北高商ヘラルド	1,700	月1回	
51	駒澤大学新聞			
52	我等の獨乙語部		年6回	大阪外国語校獨乙語部
53	千葉医大学友会会報		月1回	

（出典：早稲田大学新聞研究会調、斎藤昌武『大学新聞街』〔早稲田大学新聞研究会、1931年〕から筆者作成）

発行母体の欄の記載は、新聞の題名から学校が明らかな場合には省略。『早稲田大学新聞』は調査主体であるため記載がなく、表にはない。なお、実際に刊行された題名と異なっている場合がある（＊印）が、もとになっている出典の資料の表記のままとした。

表2-1　戦前期の全国各大学・専門学校新聞の一覧（1931年2月現在）

	題名	発行部数	発行回数	発行母体
1	帝国大学新聞	34,000	週刊	
2	三田大学新聞＊	15,000	旬刊	慶應義塾大学
3	一橋大学新聞＊	16,000	月2回刊、年22回	東京商科大学
4	立教大学新聞	5,000	月2回、1回	
5	東洋大学新聞	12,000	月2回	
6	法政大学新聞		月2回	
7	中央大学新聞		月2回	
8	日本大学新聞		月1回	
9	専修大学新聞		月1回	
10	農大大学新聞＊		週刊	東京農業大学
11	明治大学駿台大学新聞＊		週刊	
12	大倉高商新聞	7,000	月1回	
13	工業大学蔵前学友会新聞	7,500	月1回	東京工業大学
14	立正大学新聞		年10回	
15	東歯学生会報	1,000	月1回	東京歯科大学
16	國學院大學新聞			
17	向陵時報	1,300	月2回	第一高等学校寄宿寮
18	成城学園時報			成城高校
19	慈大愛宕新聞		月1回	
20	東高時報		月2回	東京高等学校校友会
21	府立高校時報			
22	家庭週報		週刊	日本女子大学
23	東北帝大法文時報		月2回	
24	北海道帝国大学新聞		月2回	
25	緑丘		月1回	小樽高商
26	横浜高工時報	2,200	月2回	
27	横浜高商学報		月1回	
28	桐生高工時報	1,300	月1回	

配属し軍事教練を本格化する軍事教育実施案が浮上したときからである。その年、東京帝国大学を中心に全国学生軍事教育反対同盟が結成されて演説会などがおこなわれ、二五年一月にはデモ隊が警察と衝突して検束者を出した。さらに同年十月に小樽高商軍教事件が起きて活発化した軍事教練反対運動に、大学生新聞も加担したのである。反軍運動は左翼運動と同一視され、大学生新聞も内務省による検閲で精査を受けると同時に大学当局との対立が激しくなり、その結果、『北海道帝国大学新聞』は発行停止、『早稲田大学新聞』と『同志社学生新聞』は、二九年二月に解散に追い込まれた[5]。

こうした大学生新聞の状況についてまとまった報告を最初に提出したのは、内務省警保局による「大学新聞に就いて[6]」である。そこでは一九二八年五月当時に二十三紙あった大学生新聞と、その連合である大学新聞連盟と全日本学生新聞連盟（全学新）について詳しく論じている。それによれば、大学生新聞のほとんどは大学内の監督教官による検閲、文部省当局の監視、内務省による検閲という三種の規制を受けていた。当時、これらの大学生新聞が問題にしていたのは、学生の思想調査、いわゆる「左傾学生」の入学拒否や放校処分、さらに学生の自主的言論機関としての新聞への介入だったが、当局はそうした大学生新聞の連携が左翼戦闘機関としての「インタースクールプレス」に発展するのを危惧していた。特に解散した『早稲田大学新聞』に代わって創刊された『早稲田学生新聞』を〝左翼学生運動機関紙〟と断じ、その会計報告まで分析して部数三千と割り出している。また、〝左翼に同情的態度を示す大学新聞〟として『京都帝国大学新聞[7]』『九州大学新聞』『帝国大学新聞』『龍谷大学新聞』の四紙を挙げ、その動向を注視していたのである。

一方、近代社会の教育手段としての民主的な新聞のあり方を広めようとする考えから、大学生新聞に注目したのは若月一歩である。彼は新聞記者の経験をもとに、『新聞を造る人・記者になる人・読む人の学』（至誠堂、一九一九年）を出版、次いで『村の新聞及び其の建設、経営法』を刊行し、そのなかで新聞紙法に定める保証金制度を廃止して、誰でもどこでも「日本全国至る処の村にも町にも新聞紙」が出されるようになれば「凡ての人々は精神的に目醒める」と説き、一般人に対する「新聞教育」を唱えた[8]。その延長で著した『教材としての新聞記事とその取扱ひ方』のなかでは、「おすすめしたい学校新聞」として、『三田新聞』と『小石川高等女学校新聞』を挙げて、その自主的な編集方法や販売の仕方などを詳しく解説している。[9]

このように自ら考え学び発表し経営する教育の一環として大学生新聞の価値は認められつつあったが、他方では管理される必要もあると認識されるようになった。一九三〇年代に入っても大学生新聞は、三三年の京大滝川事件では瀧川（滝川）幸辰教授を支援したほか、自由主義的思想や左翼の学生運動に好意的な姿勢を取り続けたものの、次第に左翼運動・学生運動から切り離されて穏健化した。[10] 同時期（一九三五年）に小山栄三は『新聞学』で、「学生新聞は今や確立された教育上の一つの制度」であり、「決して大学当局と闘ふ言論機関ではない。学生新聞の政策は常に学校当局の政策と一致していなければならないのである」と述べ、「学生新聞が一般政論新聞の如く独自の政治的主義、傾向をもった刹那それはもはや学生新聞ではないのである」[11]と断じた。

まもなく日中戦争、続いて太平洋戦争に入ると、大学生新聞は一般の新聞と同様に戦争に同調する記事を掲げた。そのなかで注目すべきは、大学生新聞の代表十人を日中戦争の前線へ従軍記者として特派するという企画を読売新聞社が一九三九年におこなったことである。これはその前年三八年九月に内閣情報局の要請によって、中国の漢口攻略戦に際して林芙美子など計二十四人の作家・作詞家などの文学者が派遣された「ペン部隊」に倣って、「学生ペン部隊」と称された。[12]『帝国大学新聞』の内田孝一、『工業大学蔵前学友会新聞』の影山尚義、『早稲田大学新聞』の西井泰三、『國學院大學新聞』の檜橋静信、『農業大学新聞』の中村宏の五人は、「中支班」として上海から南京、南昌を巡り、東京商科大学『一橋新聞』の横溝芳雄、『文理科大学新聞』の徳山正人、慶應義塾大学『三田新聞』の遠藤謙、明治大学『駿河台新報』の繪内正久、『法政大学新聞』の海老原光義の五人は「南洋班」として、サイパン、テニアン、パラオなどの南洋諸島を回った。[13] 派遣先では座談会や講演会が催され、ニュース映画が上映されて多くの観衆を集め、そうした動向がまた写真入り記事として紙面に華々しく掲載された。彼らはまた帰国後には、読売新聞社の時局講演会で「本社特派大学新聞代表」による「帰還報告」を述べた。[14]

この大学生新聞の代表による「学生ペン部隊」は、前年の文士たちの「ペン部隊」の際に毎日新聞社と陸軍部隊、朝日新聞社と海軍部隊が協力して報道がおこなわれ、作家たちが連載して評判が高かったのに対抗して、読売新聞社が企画したと考えられる。こうした活動は、朝日・毎日両社に追いつこうとしていた読売新聞社側からは将来の記者の卵をリクルートする意味合いもあったかもしれないが、作家たちのように有名ではないものの、大学生新聞という羨望と期待を集めるエリート・メディアの存在に注目し、新聞社の戦地報道イベントに繰り入れることによって、戦争協力の幅を広げることになった。実際、四〇年以降、大政翼賛会青年部は大学生新聞に対して指導をおこない、満洲や天津などの前線に学生記者を派遣した大学生新聞もあった(15)。

しかしながら、用紙が逼迫してくると大学生新聞の紙面は縮小され、『帝国大学新聞』も一九三五年に十二ページ建てを達成したのち、四〇年には八ページ、翌年六ページ、四三年には四ページに減った。四三年十月には学徒出陣が始まり、それ以降は大学生新聞は実質的な活動が困難になり、翌四四年五月に用紙配給が停止されて休刊した。同年七月に『帝国大学新聞』と『京都帝国大学新聞』など官立大学を統合した『大学新聞』が発刊され、それ以外の大学生新聞はすべて停刊に処された。この『大学新聞』は、文部省の監督のもと、財団法人の大学新聞社から旬刊で、四六年四月に第五十八号で廃刊するまで発行された(16)。

3　占領期の大学生新聞と学生運動

一九四五年九月に占領軍が進駐したときには大学生新聞は、官製の『大学新聞』を除き、すべて途絶えていた。占領軍総司令部からプレスコードなどの指令が出され、民主化の方向性が打ち出されると、メディアでも大学でも民主化闘争が始まった。同年十月八日、上野女学校（現・上野学園）の女子学生約百五十人が学校の不正に対して戦後初のストライキといわれる同盟休校を敢行、ほかの大学でも反動的教員の罷免や良心的教員の復職などを要求する学園民主化闘争が開始された。また同年十月には、東京大学社会科学研究会が再結成され、共産党や社会主義系の諸団体の活動が復活した。しかし、大学生新聞の復刊が始まるのは、翌四六年になってからである。一般の新聞さえ二ページ建てで、用紙と印刷機の確保に苦慮していた時分だったが、戦中まで刊行していた大学の新聞が復刊するのに加え、新たな大学生新聞が次々と誕生し、四六年から五〇年までは大学生新聞の再刊・創刊が相次いだ。

これらの大学生新聞はいずれも、敗戦後の物資の欠乏のなかで生活の困難と学業の困難に直面する大学生らが日本で最高水準の知性による新たな日本の建設という期待を背負って、占領軍のもとで手にした言論の自由を噛み締めながら社会への使命を果たそうと奮闘して作る熱気に満ちていた。例えば、『早稲田大学新聞』は、理事会が再刊を許可して補助金の支給を決定したことで、一九四六年二月二十五日に『早大新聞』の題名で復刊した。その「発刊の辞」で中嶋正信会長は「真に早大を代表する言論機関として、新生日本に於て全国大学新聞の模範的存在たらんとするものである。それを通じて新日本建設、世界文化のために貢献せんとする」[17]と抱負を述べた。同年五月十五日の第六号から『早稲田大学新聞』の旧名に復し、ＣＩＥの要人の講演をもとに「学生自治は民主主義の実際を会得するにある」という記事を掲載するとともに、「早大学生運動史」の連載で戦前の学生運動を振り返るなどした[18]。

このようにかつての大学生新聞を復刊し継承しようとする一方で、『同志社学生新聞』『日本女子大学新聞』のように新たに創刊される大学生新聞もあった。東京大学では、『大学新聞』が廃刊されたあとに『帝国大学新聞』が復刊したものの、一九四七年の帝国大学の名称廃止によって『東京大学新聞』と改称後、四八年末に休刊し、その間に『東京大学学生新聞』が別の団体から創刊されるという複雑な経緯をたどった。この当時の大学生新聞は、旧制大学から新制大学への移行という、占領軍による教育改革の変動にもさらされた大学のあり方を大学の内側から問う言論機関でもあった。つまり、単なる教育活動の一環ではなく、日本のジャーナリズムの一角を占めるという意気込みが当時の大学生新聞にはあり、また新聞界や社会の側にも若きエリートによる言論機関に対する期待があった[19]。

このような大学生新聞に、占領軍総司令部のCIEは早い時期から注目した。CIEが大学生新聞について作成した最初の報告書[20]は、一九四六年二月十一日発行の『大学新聞』第五十一号の記事に関するものである。そのなかでは、東京大学社会科学研究所がおこなった「浮浪人実態調査」「壕舎生活者実態調査」や、東京帝国大学文学部社会学研究室が実施した学生の世論調査、また学生部が実施した学生生活の調査など五つの調査を取り上げて実際の調査票の例や質問項目が翻訳されている。同じ紙面には、東大教授に復職してまもないマルクス主義経済学者の大内兵衛による「民主革命途上の天皇制」や『朝日新聞』記者の松浦健三による「日本学生運動史」なども掲載されていたが、そうした左翼的記事に留意した形跡はなく、これらを問題に対して多くの情報を引き出すよう設計された非常に詳細にわたる調査だとしながら、インタビューやコーディングの経験がなく、科学的な世論調査の知識が欠けていると評価している[21]。当時の日本の社会状況を知るための最新の実証的な調査が占領軍には必要であり、最高学府による調査の有用性に注目したのだろう。

こうした関心から、CIEは『大学新聞』の内容に着目する一方、その組織も調べている。一九四六年二月初旬にCIEに『大学新聞』側から提出されたと思われる文書によれば、大学新聞社は本郷の東京帝国大学構内に事務所を構え、四ページ建ての『大学新聞』を月三回の旬刊で約四万五千部発行、印刷は東京の朝日新聞社でおこなっていた。「学生文化ノ向上」が創刊の目的であり、「戦時・平時ヲ不問、我々ノ合理的批判精神ノ涵養ヲ図ルベク戦時中全ユル支障ヲ克服シ我国ノ文化ヲ戦時中最後マデ最大限ニ護リ抜イテ来タ」と述べ、「終戦後編集陣ノ改革ヲ行ヒ合理主義・民主主義精神ノ基本的涵養、真ノ学術文化ノ昂上、学生ニ対スル社会政治掲載ノ啓蒙ニ一意努力シテ居ル」と当時の方針を示している。代表理事は社会学者で当時帝国大学教授の戸田貞三で、先の各種の調査は彼の指導下でおこなわれたとみていい。常務理事は桜井恒次、編集長はのちの文学研究者・長谷川泉で当時二十七歳、四二年東大文学部卒だが、在学時から大学生新聞に携わっていた。当時は監督を務めていたが、編集方針などには直接関わっていないと報告されている。編集者としては卒業生の瓜生忠夫ら二人、現役学生は井出洋ほか三人、調査部が二人、全国大学に学生通信員が約六十人いた。読者層には、①全国の大学・高等学校の学生生徒、②「日本の若いインテリゲンジャ層」、③全国大学高等学校の教員を想定していたという。[22]

一九四六年も半ばを過ぎるころ、ＣＩＥは日本を改造しジャーナリズムを改革するために、大学でのジャーナリズム教育と大学生新聞を吟味するようになった。ＣＩＥ調査分析課新聞出版調査班はまず、アメリカの大学にあるようなジャーナリズムのコースが日本では四つの大学にしかないことを確認する。当時ジャーナリズムを教える常設カリキュラムがあったのは、東京帝国大学文学部新聞研究室、上智大学専門学校、明治大学の夜学部、そして東京の二十世紀研究所で同年秋から開講予定だったカリキュラムである。[23]つまり、アメリカのようなジャーナリズム教育が整備されていない現状では、「大学生による独立した出版活動の復活は、教室の営みから離れて、日本の新聞の将来における活動に重要な影響を与えるだろう」とＣＩＥは判断した。民主主義を支えるためのジャーナリズム教育を大学でおこない、記者になるにはその学士号を必須とするアメリカの常識からすれば、日本のジャーナリズムの改革と大学でのジャーナリズム教育と大学生新聞とは必然的に一連なりの問題だった。

調査班はまた、『毎日新聞』や『朝日新聞』の記者たちからジャーナリストの地位や採用方法、教育方法などについて話を聞き、次のように結論を出した。すなわち、日本では記者という仕事への評価は高くないが、有名大学の法学部か経済学部の卒業生が記者として多く成功していて、公務員より収入もいい。つまりジャーナリズムの世界では少数の大学の卒業生が最良の地位を占めているので、学士号は重要である。そのような長期的展望と、記事によって自らの知識を述べ広めたいという欲望もあって、大学生の記者は新聞活動に加わっている。大学生新聞をある程度は学問的な出版物にするという方針のために、記事は威厳があり、長く注意深く書かれている。また、大学構内で読まれるばかりでなく、多くの同窓生に送付され、書店でも販売されて学外でも知識人に読まれている。現在の最大の問題は、第一に紙不足、第二に大学当局による監督と検閲である。[24]

以上のように状況を把握したＣＩＥの調査班は、当時発行されていた大学生新聞を、各担当編集者に面談して調査した。対象の大学生新聞は『中央大学新聞』『上智大学新聞』『明治大学新聞』『三田新聞』『日本大学新聞』『立教大学新聞』『早稲田大学新聞』および『帝国大学新聞』の八紙であった。各紙のページ数、刊行間隔、発行部数、印刷の委託先、収支、スタッフの人数、学生たちのジャーナリストへの志向などを主として調べている。それに基づくと、各紙の概況は次のようであった。[25]

まず『中央大学新聞』が、一九四六年三月に復刊。月刊で四ページ建て五千部を発行。印刷は下野新聞社に委託し、一部の定価は三十銭で購読収入が号あたり千五百円、広告収入が千円で、大学の補助金が年二万円だった。学生七人のほか女子事務員が二人で、年間で印刷経費を除いた二万三千五百円の残余金で運営していた。『上智大学新聞』は、四六年五月創刊。月刊四ページ建てで二千部を印刷し、購読収入が号あたり一万二千円と学生団体補助金千二百円を合わせた一万三千二百円でなんとか刊行していた。『明治大学新聞』は、月刊四ページ建てで五千部を刊行。約三十人の学生が編集し、定価三十銭で購読収入が年間二万千六百円で、うち一万八千円が印刷経費に充てられていた。広告収入は年間三千六百円。学生三十人のうち、経営に関心があるのが五人、編集に関心があるのが五人、残り二十人が記者やライターに関心があるという。『三田新聞』は四六年五月に復刊。四ページ建てで月二回刊行し、浜松町にあった『新夕刊』と契約して印刷していた。[26]発行部数二万部のうち七割を卒業生が購読し、その収入だけで年間二十四万円あった。さらに同窓会からも補助金があり、三十人のスタッフがいて、全員が新聞学会のメンバーである。このように『三田新聞』は戦前から同窓会の支援が厚く、部数も多く経営も安定していた。『日本大学新聞』は、四六年五月に復刊。八人の学生が二ページの紙面を編集し、半月刊で約一万部を発行していた。収支は不明だが、大学の新聞研究会からの寄付を受けていた。『立教大学新聞』は、四六年十月復刊。二ページ建てで月三回、五千部を発行していた。年間五万四千円の購読収入があり、二十人の学生が活動している。『早稲田大学新聞』は四六年二月に復刊し、復刊当初は定価三十銭で、千部を『中外新報』で印刷した[27]というが、この報告書の時点では、二ページ建て週刊で一万部を発行し、日本経済新聞社に委託印刷していたという。年間四万一千円の収入のうち、二万五千円が印刷費に充てられていた。二十人の学生スタッフが活動し、共同通信社やソビエト通信社からときどき配信をもらっていた。他方、英字紙『ワセダ・ガーディアン（*Waseda Guardian*）』は全く別個の英字紙で、やはり四六年三月に復刊していた。東京帝国大学では、

『大学新聞』の廃刊後、四六年五月に『帝国大学新聞』が復刊し、帝国大学新聞社から発行され、二ページか四ページ建てで四万部を月三回刊行、月五万円の購読収入と一万五千円の広告収入があり、OB団体の銀杏クラブが支援し、十三人の学生スタッフと二十五人の事務がいて、十七人の教授が理事に名を連ねる法人として運営されていた。部数では当時最大だった。

この八大学の新聞が選ばれたのは、ジャーナリズム教育のコースを設置する下調べだったと思われる。占領軍司令部は各大学に新聞学科の開設を奨励したといわれるが[28]、小野秀雄によれば、正確には四年制の新聞学部(school of journalism)が必要だという意見書だった[29]。実際、ミズーリ大学のスクール・オブ・ジャーナリズムの責任者だったフランク・ルーサー・モットが、一九四七年三月から四月にかけてCIEジャーナリズム担当特別顧問として来日した際には、小野秀雄(東大)・米山桂三(慶大)・佐々木吉郎(明大)の三人が約十回、座談会の形式で新聞学部の組織運営について学んだ[30]。全米新聞学科学部連盟の規約などを参照しながら、モットはジャーナリズム教育の推進を指導した。四七年末には「新聞学部基準委員会」が設けられ、小野秀雄をはじめとする東京の六大学で新聞学部の設立に向けた検討が始められた[31]。

しかし、新聞学科の設立を補助金の支給という方法で直接的に支援したのは、一九四六年七月に設立された日本新聞協会だった。『日本新聞協会十年史』によれば、四六年九月に東京帝国大学、早稲田大学、慶應義塾大学の三大学にそれぞれ年額十二万円の支給を決定し、翌年にはこれに加えて新聞学講座を開設した京都大学、日本大学、東北大学などの大学にも援助金が支給された[32]。四八年九月のCIE調査分析課による「日本におけるジャーナリズム教育」という報告書によれば、早稲田大学、慶應義塾大学、日本大学、東京大学、京都大学、同志社大学、神戸経済大学(現・神戸大学)、東北大学、東北学院専門学校(現・東北学院大学)の九校に合計五十六万円の助成金が出されたという[33]。このうち新聞学科の新設が最も早かったのは早稲田大学で、四六年九月に認可され、四七年四月に政治経済学部新聞学科が発足した。次いで、同年九月に日本大学法文学部に新聞学科が創設された。同年十月、同志社大学では文学部に新聞学講座が設けられた。一方、慶應義塾大学では新聞研究室を前身として四六年十月に新聞研究所が設置された。また東京大学の新聞研究室も四九年四月に新聞研究所になった。CIEの資料によると、この二つの新聞研究所には、日本新聞協会からそれぞれ十二万円の助成金が四七年に与えられたという(34)。

このように新聞学科が各大学に誕生すると、授業の一環として学生たちが新聞を作成する実習があり、そこで実習紙が作られることになった。例えば、慶應義塾大学では、新聞研究室実習紙として『慶應ジャーナル』が一九四七年六月から発行され、翌年三月の第七号から『慶應義塾大学新聞』と改題された。早稲田大学でも『稲門新聞』という実習紙が四八年十二月から刊行された。戦前からの伝統を踏まえて学生が自主的に作成する『三田新聞』や『早稲田大学新聞』などの大学生新聞と新聞学科の実習紙の並存は、用紙事情が厳しいなかで大学を代表する大学生新聞は一つあればいいと考える立場からは奇異に思われただろうが、両大学では特に大きな摩擦は起こらなかった。

しかし日本大学では、元『国民新聞』記者で『やまと新聞』政治部長なども務め、新聞学科創設の中心人物だった長谷川了が、『日本大学新聞』を新聞学科の実習紙にしたいと言いだして問題化し、大学当局と学生の対立が始まった。一九四八年に理事会の一方的な決定で半年間休刊した同紙は、結局実習紙としては機能せずに学生側に返還され、四九年に発行が再開された(35)。この問題が発生したのは、まさに大学生新聞が急速に左傾化し、学生運動の機関として大学生新聞が、新聞学科での教育と交じり合うことなく分離していった時期だった。

4　占領軍による大学生新聞の分析と評価

占領期に出版物の検閲をおこなっていた民間諜報局（CIS）の民間検閲支隊（CCD）が、共産党系メディア全般の掌握に本腰を入れ、左翼メディアの弾圧へと転じていったのは、一九四七年の二・一ストのあとから四八年初めにかけての時期だった。特に四七年九月にコミンフォルムが設立された直後から、検閲のために配布されたキーログ（チェック項目を意味する）に共産党関係の項目が登場する。また、同時期からさまざまな共産党系出版物のリストが精力的に作成された。[36]この時期にどのようにして各出版物のイデオロギー的な判断をおこなっていたのかを明らかにする、興味深い項目リストがある。これはCCDのプレス映画放送課（Press Pictorial Broadcasting Division：PPB）による四七年十一月四日付の覚書に示されたチェックリストである。

共産主義出版物：
1. 国内外の問題について、常に共産党の方針に従っているか。
2. 共産党の政策を支持しているか。
3. ソ連および東欧の衛星国をたたえているか。
4. 補償を伴わない私有財産の没収を主張しているか。
5. マーシャル・プランを攻撃しているか。
6. 資本主義を攻撃しているか。
7. 政治目的の達成のためにストライキの実施を主張しているか。
8. 日本の農地改革をしばしば批判しているか。
9. 千八百円の平均最低賃金を攻撃しているか。
10. 労働者の指導下での経済復興を好んでいるか。

社会主義出版物：
1. 高所得者層に対する高い課税を支持しているか。
2. 石炭、鉄、肥料産業に対する国有化を主張しているか。
3. 医療の国有化を主張しているか。

4．中央労働委員会の権限強化による労働争議の除去を主張しているか。
5．社会民主党をほかの政治政党よりも好ましいと常に表明しているか。
6．内閣における社会民主党以外の党に対して批判的か。
7．日本共産党を批判しているか。
8．日本共産党の政策を批判しているか。
9．補償を伴わない農地の没収と、小作農に対する無償分配を並置しているか。
10．資本主義制度を批判しているか。

右翼出版物：

1．共産党を批判しているか。
2．共産党の政策を批判しているか。
3．被占領国民との性的親交（Fratanization）をしばしば批判しているか。
4．西洋の習慣を無批判に適用することに対して警告しているか。
5．ナショナリスティックな感情を表明しているか。
6．ヨーロッパの制度をたたえているか。
7．天皇に対して非常に敬虔な態度を示しているか。
8．新憲法に対してしばしば批判的であるか。
9．女性の平等な権利に対して批判的であるか。
10．日本の警察権力の逮捕と捜査に対する抑制に批判的か。[37]

差し止めや削除の対象になる問題の箇所を見いだすのとは別に、検閲の段階でイデオロギー的な分類を、各出版物の具体的な内容によっておこなおうとしていたのがわかる。このような分類を大学生新聞を対象におこなうようになったのは、一九四八年初頭から始まった学費値上げ反対運動が拡大し、同年六月に全国の国公私立大学百十四校から約二十万人が参加する学生ストライキが起きたあとからだった。このストライキを契機に、同年九月には全日本学生自治会総連合（全学連）が結成され、学生運動に対する共産党の指導力が急速に強まった。[38] 占領軍司令部は、各大学にみられる共産党細胞の活発化を懸念し、左翼系の大学生新聞と高校・専門学校の新聞を調査したのである。

「学生新聞における共産主義者の影響」と題したCCDのプレス映画放送課の報告書（一九四八年九月二十四日付）によれば、関東・中部・東北・北海道を含む第一地区（PPBI）内では、当時五十五紙の大学生新聞が発行され、そのうち十七紙が左翼的傾向があるとして詳しい分析の対象になった。[39] この十七紙のうち、『新しき歩み』（二百部、慶應義塾大学医学部）、『東大戦線』（二百部、東京大学）、『中大フロント』（部数不明、中央大学）の三紙は共産主義学生細胞の新聞であり、当然のことながら公式の用紙配給は受けていなかった。

国立大学の新聞は六紙が対象になった。まず『帝国大学新聞』から一九四七年十月に改称した『東京大学新聞』（五万部）は、卒業生の長谷川泉が帝国大学新聞社に入社して以来十年のキャリアをもつプロ記者として編集にあたり、東京大学の教員も執筆していたが、社説とニュースは学生が執筆し、その内容はあからさまではないが左翼的な政治傾向を有していると判断された。『工業大学新聞』（千五百部、東京工業大学）は、一九四七年三月一日付の号における当時の共産党指導者・伊藤律の「アジアにおける欧米帝国主義」を弾劾する演説のニュース記事の掲載をめぐって、取り下げを求めた助教授がこれを差し押さえて焼いてしまうという事件が起こるなどして、編集陣が共産党細胞に影響されているとされた。『一橋新聞』（一万部、東京商科大学）は、四六年六月に復刊したが、一九四八年五月十五日付の号以来、明らかに共産党の方針に沿った見解を示していた。『文理科大学新聞』（六千部）は、書評以外は左翼的内容だと評された。『北海道大学新聞』（一万部）は、控えめな革新主義で、ときどき左翼的傾向を追うことがあると分析された。一紙だけ、『東北学生新聞』（九千九百八十部、東北大学）は、共産党の主張にあまり従属していないので、左翼紙ではないと判断された。

私立大学では、『早稲田大学新聞』（一万部）、『慶應義塾大学新聞』（四千部）、『三田新聞』（二万部）、『法政大学新聞』（部数不明）、『立教大学新聞』（五千部）、『日本女子大学生新聞』（二千部）、『中央大学新聞』（五千部）、『明治大学新聞』（五千部）が調査対象になったが、このうち、『慶應義塾大学新聞』『日本女子大学生新聞』『中央大学新聞』『明治大学新聞』は記事内容の分析の結果、左翼紙ではないと判断されている。

この左翼紙リストは、一九四八年十一月には『東京大学新聞』『慶應義塾大学新聞』『日本女子大学生新聞』を除き、かわりに『カガリビ』（日本共産党津田塾細胞）、『慶応ヒューマニティ』『明治学院新聞』を加えて、やはり十七紙に改訂されている。また同時に、非左翼系の大学生新聞も三十八紙リストアップされた。(40)

さらに同年十一月十八日の指令により、大学生新聞は以下の左派的傾向を判断するための八項目によってふるいにかけられた。

①一九四八年六月二十三―二十六日の文部省による学費値上げに反対する学生ストライキ。
②現行予算での教育配分金額が不適正だという文部省への批判。
③国立大学に対する公選制評議委員会への反対。
④高校までの地方自治体の教育機関における公選制教育委員会への反対。
⑤特に政府によって配分された教育予算の貧弱さに関連して、外資導入への批判。
⑥占領以来進められた教育制度の変更を外国の輸入または模倣だとする批判。
⑦学費の引き下げと文部省による評議委員会および教育委員会の計画の排除を狙った、全国産別組合会議が支援する「教育復興運動」への支持。
⑧民族文化を守るという名目で参加者を擁護している、東宝ストライキに対するコメント。(41)

ここに列挙されているのは、当時の教育界と労働運動の時事的問題であり、日教組（日本教職員組合）が支援し拡大している「教育復興運動」のもとで、学生たちの出版物が表明しているのは全般的に共産党の議論を反映したものになっていると考えられていた。こうしたかなり具体的な内容の精査によって、ＰＰＢの第二地区（ＰＰＢⅡ）である関西地方の大学生新聞も分類された。その結果、『大薬新聞』（千部、大阪薬科大学）、『同志社学生新聞』（四千部）、『岐阜農専新聞』（五千部、岐阜農林専門学校）、『大阪商大新聞』（一万二千部、大阪商科大学）、『ダビデ』（二百部、京都三高細胞機関紙）の五紙が左翼紙だと判断された[42]。またＰＰＢの第三地区（ＰＰＢⅢ）である九州地方では、『別府女専新聞』（千部、別府女子専門学校）、『九州大学新聞』（五千部）、『社研ニュース』（百部、明治工業専門学校）が左派の新聞だとみなされた[43]。

占領軍によるこのような大学生新聞の分類は、戦前の内務省警保局による左翼的傾向の色分けと酷似している。もちろん内務省の検閲は天皇制中心の国体を破壊する危険思想の芽を摘み、取り締まるためであり、占領軍の検閲は東西冷戦の始まりに際して共産主義思想との闘いを目的にしていたという差異はあるが、大学生新聞の側からみると、両者のまなざしは等しく言論と思想の自由に対する監視と抑圧として感じられたにちがいない。

5　検閲と用紙割り当てを通じたコントロール

占領軍は左傾化する大学生新聞を苦々しく見つめながら、各紙のイデオロギー的色分けを進めて、どのように対処したのか。方法の一つは検閲によるコントロールだが、大学生新聞に対して占領軍総司令部が発禁を命じた記録は見当たらない。新聞編集側の回想では、記事の削除や注意はあったという証言がある。まず、『学園新聞』（京都大学）の例である。

新聞発行のつど、事前検閲があり、四条烏丸の大建産業のビルにあったＣＩＥ（民間情報教育部）へいちいち届けに行かなくてはならなかった。占領軍を批判、誹謗したものは、沖縄で重労働と脅されていたので、（略）学園新聞もこの例外ではありえなかった。私が書いた〈東京ルポ〉の囲み記事のなかで〈かつて恋人同士の待ち合わせ場所であった銀座の服部時計店の前は、軍人とパンパンガールのデートの場所となっている…〉の部分にクレームがつき、「広島に原爆を落とした元飛行士が戦後、後悔して牧師になった」というリーダーズダイジェスト誌の紹介記事がボツにされるということもあった。[44]

京都では、大学生新聞の検閲の届け出窓口はCIEだったようだが、次の『同志社学生新聞』（同志社大学）の証言は、大阪のCCDでの検閲に出頭した体験談である。

同志社学生新聞も二回ひっかかった。初めは四六年十一月一日号（三号）の論説『死を甘んずるの決意』で、「学生自治の実行は如何」は死を甘んずるの決意の有無に懸かっていると言った論調に対し、生命を軽んずるような表現は不可ということで注意されたとのことであった。その次は三吉久雄さんが編集発行人名義の四九年一月十五日号（二十七号）だった。出頭通知が来たので三吉さんに同行して朝日新聞大阪本社の二階にあった米軍の検閲部へ行った。大学法を改正し、私立も文部省の管理下に入れる案に対しこの号では「教育の買弁化狙う」という大見出しで（略）学生新聞連盟共同配信の反対記事と、そのほか共産党支持を表すような記事で埋められていたこと。部屋には白人の将校と二世の下士官らしい米兵などがいた。「買弁」とはどういう意味ですか」とか「こういう記事は新島先生の御意志にそぐわないのではないか」といった説諭を受け、米兵二人がヒソヒソ相談した後解放された。[45]

東京での証言は少ないが、『帝国大学新聞』では、ほかの週刊紙と同様に事後検閲だったという。[46]これ以外の証言とさらに照らし合わせて検閲の実態を確かめる必要があるが、ほかのメディアに比べて大学生新聞に対する占領軍の検閲は特に厳しいものではなかった。そのかわりに、大学当局による発行停止あるいは禁止処分がしばしば下された。

CCDの資料によれば、第一地区では一九四八年に六紙が発行停止になった[47]。このなかで左翼的な記事が引き金になって停刊の憂き目にあったのは、『日本女子大学生新聞』である。四七年九月に創刊された、「日本女子大学自治会編集部」による四ページ建て月刊紙の一九四八年五月二十日刊行号のなかに、東宝スタジオ訪問記事があり、その労働争議に同情を示していた。また、大学当局に不問でおこなわれた世論調査の記事に授業料値上げ反対や具体的な政党支持などが記されていたことなどが、学校の教育方針に沿わないとして発売禁止にされた。同紙は次の七月十日刊行号で大学の態度と処分を批判、結局同年七月十四日、発行停止になった[48]。問題の記事自体は左翼的だと断じられるほど共産主義に染まった内容ではなかったが、大学当局の抑圧的なやり方は言論の自由と民主主義を踏みにじるものだとして学生側が反抗し、対立した結果だったようだ[49]。なお、四九年三月に『日本女子大学新聞』が創刊されると、そこに小山栄三が「学生新聞の在り方」を寄稿しているのは象徴的である。そこでは「学生新聞は全学の教育施設の一部」という、戦前から変わらぬ彼の持論が述べられている。この新聞の編集に対しても、大学側は教員のアドバイザーを置いて検閲をおこない干渉したらしい[50]。同様の事態がほかの大学生新聞でも発生したと推測される。

占領軍は左傾化する大学生新聞の状況に対し、検閲よりも用紙割り当てを通じたコントロールを試みた。当時の大学生新聞の最大の悩みは用紙の確保だった。そのために一九四六年に『三田新聞』『早稲田大学新聞』『文理科大学新聞』を中心に金曜会が結成され、さらにそれを基盤に四七年には約二十紙が参加して関東大学新聞連盟を結成、その後に大学新聞連盟として発展、また西では関西大学新聞連盟も生まれた[51]。当時の大学生新聞への用紙割り当て量は月に百八十一連で、うち東大が百二連、京大と名大が二十四連、東北大十七連、慶大が三連、中大、関西大学、関西学院などが二連、合わせて十三大学に配給されただけで、早大、法政大、明大などには配給がないという、東大に著しく偏重した配分だった。よって不足する用紙を「共産主義者の闇市場」から調達することになり、共産主義者が大学生新聞に入り込む隙を与えていると占領軍側は考えていた。そこで四八年七月の大学新聞連盟の陳情に対し、在学生数二千以上の官公私立大学を対象に、在籍学生数を基準に、週刊四ページを四人に一人の割合で配給するという指令が出された。その結果、合計三十五の大学に用紙が配分されることになった。加えて東大は十六連に減らし、慶大は九連に増やすなど、配分の調整もおこなわれた。(52) これは新制大学への移行に伴う大学生新聞の民主化政策だった。

このときドン・ブラウン民間情報局局長は、用紙割当委員会に対して、「政策及内容の非政治的であることに同意する大学専門学校新聞に対してのみ割当を行うこと」および「この約束に違背したる場合には割当を取消す

部数 ***	加盟 ****	備考
14,500	◎20,000	
6,000		
5,300	◎10,000/15,000	
—	◎500/8,500	
8,000	5,000	
—		
8,600		1948年まで『帝国大学新聞』
—	◎18,500/35,000	
—		
5,000	◎15,000/25,000	
—		
2,700	◎12,000	
10,800	◎10,000	
2,400	◎6,000/2,000	
—		
3,600	5,000/6,000	
19,000	◎38,963/36,000	
—		
2,400	◎	
—		
10,000	◎12,000	
—	5,500/4,500	
8,000	◎35,000	
—	◎10,000	
11,000		
—		
5,400	◎	
3,600		
—		
—		
1,800	◎	
—		
—		

表2-2　占領期大学生新聞一覧
（プランゲ文庫所蔵資料などから筆者作成）

	新聞名	大学および発行主体名＊	創刊年月＊＊
1	早稲田大学新聞	早稲田大学新聞会	1922年11月
2	The Waseda Guardian	早稲田大学英字新聞会	1936年
3	三田新聞	慶應義塾大学三田新聞学会	1917年7月
4	慶應義塾大学新聞	慶應義塾大学新聞研究室	1947年6月
5	The Mita Campus	慶應義塾大学英字新聞学会「三田キャムパス」	1946年8月
6	新しき歩み	日本共産党慶應医学部細胞	1947年
7	東京大学新聞	東京大学新聞社	1923年4月
8	東京大学学生新聞	東京大学学生新聞会	1949年1月
9	東大戦線	日本共産党東大細胞	1948年12月
10	学園新聞	京都大学新聞社	1946年4月
11	ダビデ	日本青年共産同盟三高班	1948年11月
12	一橋新聞	一橋大学新聞部	1924年6月
13	北海道大学新聞	北海道大学新聞会	1926年5月
14	東北大学新聞	東北大学新聞会、東北大学新聞社	1936年6月
15	東北学生新聞	東北大学新聞社	1946年6月
15	東北学院新聞	東北学院大学新聞部	1947年7月
16	日本大学新聞	日本大学新聞社	1921年10月
17	文理科大学新聞	文理科大学新聞会	1930年10月？
18	教育大学新聞	東京教育大学新聞会	1949年7月
19	学生教育新聞	文理科大学新聞会	1948年4月
20	法政大学新聞	法政大学新聞学会	1928年10月
21	上智大学新聞（The Sophia）	上智大学新聞編集室	1946年10月復刊
22	明治大学新聞	明治大学新聞学会	1919年7月
23	明治大学学生新聞	明治大学学友会	1948年
24	The Meiji Bulletin	Meiji University	1946年？
25	明大新聞	明治大学新聞高等研究科	1949年4月
26	立教大学新聞	立教大学新聞学会	1925年5月
27	日本女子大学新聞	日本女子大学学生新聞部	1949年3月
28	日本女子大学生新聞	日本女子大学自治会編集部	1947年9月
29	目白新聞	日本女子大学	1949年1月
30	東京女子大学生新聞	東京女子大学学友会新聞部	1946年4月
31	津田塾大学学生新聞	津田塾専門学校学友会学芸部内新聞部	1948年6月
32	大倉高商新聞	大倉経済専門学校新聞部	1928年4月

こと[53]」という勧告を出した。これに対する措置について、一年後に回答を求められた小松美幸委員長は、一九四九年七月二十三日付で局長に対し以下のように報告した。

一九四八年九月に学生新聞に用紙割り当てをおこなった際に、学生新聞用紙申請者に対して次の六条件を示した。①学生が自主的に編集発行すること、②用紙割り当て量は週刊四ページ分で、その限度内で発行回数・ページ数を変更することは自由だがあらかじめ報告すること、③発行にあたっては学校当局の承認を要すること、④編集方針は非政治的であること（またこれに反した場合には割り当てを停止することがあること）、⑤発行ごとに二部納本すること、⑥所定様式による「用紙使用状況報告書」を提出すること。特に第四の「非政治的であるこ

部数 ***	加盟 ****	備考
3,600	◎	
3,600	◎3,000	
1,800		芝浦学園→芝浦工大
3,600	◎10,000/7,000	
8,000		
—		
3,600	◎	
—		
7,200	◎7,000	
—	3,000/5,000	
—		
—	◎	
9,000	◎	
—		
1,800		
—		
3,600		
—	◎5,000	
3,600		
2,700		
—	◎	
—		『横浜経専時報』の後身
—	◎	『横浜専門学校新聞』を継承
—	◎	
—	◎	
1,800	1,500	
—	◎	
—		
—		
3,600	6,000	
300	◎7,000	
1,800		
—		
—	◎	

	新聞名	大学および発行主体名*	創刊年月**
33	東京経済大学新聞	東京経済大学新聞部	1949年4月
34	工業大学新聞	東京工業大学新聞部	1913年11月
35	芝浦学園新聞	芝浦学園新聞部	
36	東洋大学新聞	東洋大学新聞学会	1925年11月
37	中央大学新聞	中央大学新聞社	1928年
38	中大フロント	日本共産党中央大学細胞	1948年6月
39	東外新聞	東京外事専門学校新聞部	1947年3月
40	成蹊大学新聞	成蹊大学	1950年7月
41	農大新聞	東京農業大学農友会新聞部	1916年9月創刊、再刊1946年10月
42	拓殖大学新聞	拓殖大学新聞会	1946年10月復刊
43	日本体育新聞	日本体育大学	
44	立正大学新聞	立正大学新聞部	1928年
45	専修大学新聞	専修大学新聞部	1947年？
46	東京医科歯科大学新聞	東京医科歯科大学新聞部	1946年11月
47	國學院大學新聞	國學院大學新聞学会	1928年5月
48	関東学院新聞	関東学院新聞編集室	
49	青山学院新聞	青山学院新聞編集局	再刊1946年7月
50	千葉大学新聞	千葉大学新聞会	
51	千葉医科大学新聞	千葉医科大学新聞部	1948年6月創刊
52	明治学院時報	明治学院新聞局	1946年12月
53	横浜国立大学新聞	横浜国立大学	1949年7月
54	横浜市大新聞	横浜市立大学新聞部	1949年8月
55	神奈川大学新聞	神奈川大学新聞学会	1949年
56	緑丘	小樽商科大学緑丘新聞会	1925年6月
57	福島大学学芸学部新聞	福島大学学芸学部新聞部	1947年
58	信陵新聞	福島経済大学新聞部	1943年5月
59	新潟大学新聞	新潟大学新聞会	1950年2月
60	岐阜大学新聞農学部版	岐阜農林専門学校新聞部	1946年？
61	岐阜大学新聞学芸学部版	岐大学芸新聞部	1949年5月
62	名古屋大学新聞	名古屋大学新聞社	1949年1月
63	愛知大学新聞	愛知大学新聞部・新聞会	1949年5月
64	北陸学生新聞	金沢学生連盟、金沢医大全学生会新聞部	1946年9月
65	大動脈	日本共産党金沢大学医科大学細胞	1948年10月
66	滋賀学園新聞	滋賀大学経済学部滋賀学園新聞連盟	1949年6月

と」という条件に関して、不同意の意思は表明されなかった。なお、「編集方針において非政治的であるや否や」については、基準を「⑴特定的、一方的思想、立場、意見を編集の基本的態度としていないこと、⑵特定的、一方的思想、立場を説いてもそれが単に理論的批判の域を超えないこと（この域を超えて具体的実践的となれば政治的であると解する）」の二点として紙面を検討したが、該当する事例はなかった。[54]

用紙割り当てを受けていた大学生新聞が、「非政治的」ということをどのように受け止めたのかは不明だが、彼らが占領軍の方針に従順だったとは言い切れない。用紙割り当て交渉で異を唱えなかった大学新聞連盟は、一方では左派的な言論活動を活発に展開しだしていた。例えば、一九四八年四月から月刊紙『クロニクル』を発行、

部数 ***	加盟 ****	備考
3,600	500	
10,000	◎10,000	
—	◎2,000/15,000	
10,000	◎	
5,400	◎	
—		
—		
3,600		
—	◎	
3,600	◎15,000	
6,700	◎10,000/15,000	
—		
5,400	◎6,000	
7,200	◎5,000/8,000	
7,200	◎5,000	
—	◎	
—		
8,200	◎5,000/8,000	

	新聞名	大学および発行主体名*	創刊年月**
67	京都府立医科大学新聞	京都府立医科大学新聞部	
68	同志社学生新聞	同志社学生新聞局	1922年創刊、1946年9月復刊
69	立命館学園新聞	立命館大学新聞社	1945年10月
70	立命館大学新聞	立命館大学新聞部	1945年11月
71	大谷学園新聞	大谷大学新聞部	1948年12月
72	大阪大学新聞	大阪大学新聞会	1947年4月
73	大薬新聞	大阪大学附属薬専新聞部	
74	大阪商大新聞	大阪商科大学新聞部	1946年10月
75	大阪外専新聞	大阪外事専門学校新聞部	1948年4月
76	大阪経済大学新聞	大阪経済大学新聞会	
77	大阪市大新聞	大阪市大新聞会	1949年4月
78	関西大学新聞	関西大学新聞社	1946年10月復刊
79	関西大学新報	関西大学新聞部	1948年12月
80	神戸大学新聞	神戸大学神戸学生新聞会	再刊1949年6月
81	関西学院新聞	関西学院新聞部	1922年6月
82	龍谷大学新聞	龍谷大学新聞社	
83	広島大学新聞	広島文理科大学新聞部	1947年
84	鳥取師範新聞	鳥取師範学校新聞部	1946年？
85	九州大学新聞	九州大学新聞部	1927年6月

*　師範学校、共産党細胞機関紙の多くは省略した。

**　刊行年月が空白になっているのは、創刊年月が不明のもの。「?」を付したのは、残された資料からの推測によるもの。

***　総理府新聞出版用紙割当局新聞課「昭和26年1~4月 新聞用紙割当表」(『新聞出版用紙割当制度の概要とその業務実績』所収、総理府新聞出版用紙割当局、1951年）による学生紙への割当部数。

****　◎印は、1954年1月現在で全日本学生新聞連盟に加盟していた新聞。「全日本学生新聞連盟関連史料」(注（55）参照）所収の名簿による。なお、『日本新聞年鑑』1954年版と1955年版（日本新聞協会編集、日本電報通信社発行）に記載された発行部数を参考に挙げた。

高倉テルや羽仁五郎、大河内一男などの左派知識人が執筆した。また、先に述べた『日本女子大学生新聞』発売禁止問題に対しても連盟は、学生の自治と大学生新聞の言論を不当に弾圧するものだという声明書を同年五月に発表した。七月には、大学新聞連盟出版部から『野呂栄太郎の回想』を、さらに同年のうちに『新日本資本主義論争』『大塚史学批判』を出版し、同年十一月には大学生新聞へ向けて専門にニュースを配信する大学新聞連盟共同通信部を設立し、『大学新聞連盟通信』という五日ごと発行の通信誌によって、各大学の学生大会や授業料値上げなどの動向、同年九月に結成されたばかりの全学連に関する記事や、大学法案に関する解説、海外の学生運動の状況などを伝えた。四九年三月には、『時事新報』の副主筆や大学教授を審査員として第一回学生新聞コンクールを実施し、新聞の質の向上と振興を推進した。そして同年九月には、関東三十七紙、関西三十一紙を含めた全国八十三紙が参加して、全日本学生新聞連盟が「闘う学生新聞」を標榜して結成され、全学連との共闘が採択された。(55)なお、表2―2「占領期大学生新聞一覧」には、発行部数とともに全学新への加盟の有無を示した。

6　インボデンによる大学生新聞論

全学連結成直後の一九四八年十月に文部省は、次官通達「学生の政治運動について」で学生運動の政治的偏向を戒めた。しかし、CIE高等教育顧問のW・C・イールズが起草したといわれる大学法試案要綱は、全学連や日教組、学術団体などが反対運動を展開し、翌年五月には全国統一ストライキが前年の値上げ反対ストライキを上回る規模で展開された。警戒感を強めた占領軍は、対処を迫られた文部省と各大学に対し、各大学の教員と学生に方針を説諭して回るという方策を取った。まずイールズが四九年七月に新潟大学で、共産主義者の教授を大学から追放し、学生ストライキを排撃してスト学生を追放するという趣旨の、のちに「イールズ声明」と呼ばれる講演をおこない、同年十一月から半年間、全国の大学三十カ所で同様の講演をして回った。これに対して全学連は反イールズ闘争を展開、翌年五月に東北大学では講演が中止され、北海道大学では討論後に学生が十人処分される騒動が起きた。[56]

この反イールズ闘争が展開される前の一九四九年十月六日に、CIE新聞出版課長ダニエル・インボデン少佐が、早稲田大学の大隈記念講堂で学生新聞に関する演説をおこなった。アメリカで地方紙に勤めた経験がある彼は、大学生新聞は大学当局が学生に発行を許可し、顧問の指導下で制作されるべきものであり、学生は大学に関する問題を「客観的かつ正確に報道するニュースの書き方を勉強すべきである」と述べ、大学生新聞が「党派的政治宣伝を行うことは不穏当であり、非合法」で、体験して学ぶことは重要だが、「労働運動者の役割を演ずることを避けねばならない」と明言した。また彼は日本の共産主義を「全体主義的独裁制のもとに、日本国民を奴隷化する」とし、「テロと殺人を信条とし、うそとコジッケを賛美し、悪口と誹謗を支持するもの」だと非難した。彼は、「日本の新聞の使命は全日本国民の精神的更生に援助を与えること」だと述べ、そのために大学生新聞を「将来の記者の養成所にせよ」と主張した。[57] 彼にとって大学生新聞は、学生の主張の場ではなく大学のローカル・ニュース・メディアであり、学生たちの訓練の場であるべきだった。

「ローカル・ニュースは民主主義の本質的要素」と語るインボデンの演説は、軍国主義のもとで長期にわたる戦争の遂行を支援した日本の新聞を改造し民主化するという占領軍の意図のもとで、大学生新聞をその基礎に位置づけようとした。したがって大学生新聞も民主化し改造されなければならなかった。しかし、大正期以来の大学生新聞の伝統を引き継ぐ大学生たちには、抑圧されてきた民主主義の担い手としての知識人の自負とともに、アメリカ流のジャーナリズムを移植しようとする占領軍の意向を、支配権力の抑圧的な介入と受け止める側面があった。実際、占領軍の指導で早稲田大学に設立された新聞学科の教育課程は、ミズーリ大学のカリキュラムを引き写したものだった。[58]

結局、反イールズ闘争に続き、全学連は反レッドパージ闘争を開始し、一九五〇年秋には早大、東大、中大、法政大の学生デモに対して警官隊が導入され、衝突による流血と逮捕を伴う激しい闘争と化した。こうした学生運動の高揚に大学生新聞も伴走し、反米闘争、破防法（破壊活動防止法）反対闘争、基地反対闘争と続く学生運動を、その多くが支援していった。それにつれて一般の商業ジャーナリズムとの関係も変化した。占領初期には、大手新聞社が大学生新聞の印刷を引き受け支援していたが、四八年七月に毎日新聞社は「イデオロギー的理由」で『一橋新聞』などの大学生新聞の印刷をやめた。(59) 一方、反共的立場を明確にしていった大手商業紙を大学生新聞は「ブルジョア新聞（ブル新）」と呼び、批判した。

左傾化していく大学生新聞に対して占領軍は綿密な調査や検閲をおこなったが、厳しい処分を直接下すことはせず、大学当局に対処を任せた。知識人エリートのメディアだとはいえ、大学生新聞の勢力は相対的に小さかったこともあり、占領軍はそれらに影響を与えている源の『アカハタ』など共産党の基幹メディアの弾圧に力を注いだ。一方で、占領軍は用紙割り当てを通じて大学生新聞の脱政治化を図った。しかし、用紙割り当てを受けたのは全国で四十紙程度であり、全学新の加盟紙だけでもその倍以上の新聞が存在していたため、占領軍のコントロールは限定的だった。結局、ジャーナリズム教育のために導入された新聞学科の実習紙も一九六〇年代までしか続かず、他方の全学新による運動も六〇年代後半に破綻し、大学生新聞も大学のジャーナリズム教育も、占領軍が思い描いたジャーナリズムの改革とは別の道を歩んだのである。

注

（1）小山栄三『新聞学』三省堂、一九三五年、四三五―四四〇ページ

（2）斎藤昌武『大学新聞街』早稲田大学新聞研究会、一九三一年、一七―二七ページ。一九三一年二月現在の早稲田大学新聞研究会の調べによるもの。

（3）同書

（4）殿木圭一「帝国大学新聞の歴史」、復刻版『帝国大学新聞』第十七巻所収、不二出版、一九八五年。「大学新聞聯

いう。

盟」（『東京朝日新聞』一九二三年十二月十七日付）の記事によれば、発会式は十二月十五日に大隈会館で開かれたと

（5）「学生新聞と学校新聞について」（『出版警察報』第二十一号、内務省警保局、一九三〇年六月）を参照。
（6）「大学新聞に就いて――左翼運動との関聯」『出版警察報』第八号、内務省警保局、一九二九年五月
（7）なお、『京都帝国大学新聞』の編集に関わったあとで朝日新聞社記者になり、戦後は成城大学などでマス・コミュニケーション研究を講じた堀川直義による「『京大新聞』の宿命」（『セルパン』第六十二号、第一書房、一九三六年四月）によれば、『京大新聞』の始まりは、東西の帝大が覇を争う競技会に向けて士気を鼓舞するための〝官製スポーツ新聞〟であり、その後、性格が変化するいくつかの周期を経てきたと述べている。ほかの大学生新聞も、時期によって性格がかなり変化したと考えられる。
（8）若月一歩『村の新聞及び其の建設、経営法』春秋社、一九二〇年、「序」二―三ページ
（9）若月一歩『教材としての新聞記事とその取扱ひ方』新聞文学社、一九三〇年、四七―六二ページ
（10）「四大学新聞班コンクール」（『新青年』第十五巻第五号、博文館、一九三四年四月）には、『明治大学駿台新報』『帝国大学新聞』『法政大学新聞』『三田新聞』が記事を寄せているが、全く穏健な内容である。
（11）前掲『新聞学』四三五―四四〇ページ。なお、小山は勤務先の立教大学で『立教大学新聞』の部長を戦時中に務めていた。廣濱浩三「大学新聞論」（『時局雑誌』第二巻第四号、改造社、一九四三年四月）を参照。
（12）「学生ペン部隊出発」（『読売新聞』一九三九年七月十六日付）、「学生ペン部隊 サイパン着」（『読売新聞』一九三九年八月二日付）など。
（13）「都下大学新聞代表十名を中支南洋へ特派」『読売新聞』一九三九年七月十五日付、「中支班は南京入り」『読売新聞』一九三九年八月二日付、「学生ペン部隊 南昌入り」『読売新聞』一九三九年八月十三日付、「学生ペン部隊使命果し帰京」『読売新聞』一九三九年九月七日付、「事変献金は全国一 学生ペン部隊の南洋土産話」『読売新聞』一九三九年九月十二日付
（14）「読売時局講演会」『読売新聞』一九三九年九月十六日付
（15）「学生新聞に新役割」『読売新聞』一九四〇年十一月二十三日付。なお、この「学生ペン部隊」として派遣された大

学生新聞代表十人のうち、明治大学の繪内正久は召集されて近衛歩兵第二連隊に入り、復員後に朝日新聞社に入社し、のちにNHKの証言記録の番組『昭和二十年八月十五日 玉音放送を阻止せよ――陸軍・近衛師団』(二〇一〇年五月放送)で終戦時の体験を語っている。また、法政大学の海老原光義は『中央公論』(中央公論社)や『世界』(岩波書店)の編集を務め、横浜事件に関する著書を出版している。

(16)前掲「帝国大学新聞の歴史」によれば、『大学新聞』とそれ以前の『帝国大学新聞』との関連ははっきりしないという。

(17)「『早稲田大学新聞』の復刊」、早稲田大学大学史編集所編『早稲田大学百年史』第四巻所収、早稲田大学出版部、一九九二年、五九〇—五九三ページ

(18)『早稲田大学新聞』第十一号、一九四六年十月一日付から連載。

(19)例えば、後述するように日本新聞協会は大学生新聞に補助金を支給し、そこで新時代の指導的ジャーナリストになる学生記者を育成しようと考えていたと思われる。

(20)民間情報教育局(CIE)の文書では、特別報告書にはシリアルナンバーが付いているので〔 〕内に示した。University Newspaper – Actual Survey on the Life of Barrak Dwellers Nov. 1945 - April 1946〔RG331 Box5898 Folder9〕. なお、当時の大学生新聞の原紙がメリーランド大学所蔵のゴードン・W・プランゲ文庫に相当数収められていて、本章ではそれも参照している。

(21)University Newspaper (Daigaku Shimbun) Imperial University 15 April 1946〔RI-144-PO-E-1 RG331 Box5878 Folder16〕.

(22)注(20)のCIEの文書の終わりに添付された日本語の文書「大学新聞概要」(四ページ)による。

(23)Jouranlism in Universities 24 July 1946〔AR-236-PP-E-17 RG331 Box5238 Folder11〕. なお、ここに挙げられている二十世紀研究所とは、清水幾太郎が一九四六年初めに設立した財団法人で、港区芝公園の中央労働会館内に置かれ、大小三つの部屋を借りて研究会や講演、出版などの活動をしていたという(竹内洋『メディアと知識人――清水幾太郎の覇権と忘却』中央公論新社、二〇一二年、一八〇—一八二ページ)。CIEの報告書には、四セメスターにわたるジャーナリズム・コースの大学院カリキュラムが紹介されているが、実際このコースが開講されたのかは定かでな

い。この研究所には所長の清水ほか、副所長に宮城音弥、所員に大河内一男や林健太郎らが名を連ねていた。また、四八年には『二十世紀研究所紀要』第一集（清水幾太郎ほか、白日書院）を「唯物史観研究「物」の概念」というテーマで刊行しているほか、この研究所の編で四九年まで『社会主義社会の構造』『かくソ連を見た――ソ連帰還学徒の報告』『革命――理論・史論』などを出版しているが、この研究所自体がいつまで存続したのかは不詳。

（24）注（20）のＣＩＥ文書、および、University Student News Papers, June 1946〔RG331 Box5239 Folder23〕.

（25）同文書による。なお、調査当時の一般紙の価格を比較のために記しておくと、一九四六年八月から四七年四月の間の『朝日新聞』は一部二ページ建てで二十五銭、一カ月の購読料は八円だった。

（26）慶應義塾大学三田新聞学会編『大学新聞の思想と目的』慶應義塾大学三田新聞会、一九六四年

（27）前掲「『早稲田大学新聞』の復刊」

（28）江尻進「大学の新聞教育と記者の養成――早稲田大学新聞学科廃止に思う」、日本新聞協会編『新聞研究』第百七十号、日本新聞協会、一九六五年九月

（29）小野秀雄『新聞研究五十年』毎日新聞社、一九七一年、二八〇ページ

（30）同書二八一―二八三ページを参照。

（31）「第一回新聞学部基準委員会議事抄録」（一九四七年十二月五日）がＣＩＥ資料に残されている。それによれば、委員長は当時法文学部長だった加藤一雄（日本大学）、そして小野秀雄（東京大学）、佐々木吉郎（明治大学）、粕谷源蔵（上智大学）、杉山清（早稲田大学）、長谷川了（日本大学）、生田正輝（慶應義塾大学）がメンバーで、稲垣正明（日本大学）が幹事だった。RG331 Box5640 Folder (10).

（32）『日本新聞協会十年史』日本新聞協会、一九五六年、一六九―一七五ページ

（33）CI&E Research Report, Journalism in Japan, 22 September 1948〔AR-312-IM-104-PP-E-28 RG331 Box3078 Folder (8)〕.

（34）Ibid. 二つの新聞研究所と新聞学科には助成金が多く配分され、ほかの新聞講座には数万円程度の助成だったようだ。なお、京都大学の新聞研究室は一九四八年四月に設立されたが、それには新大阪新聞社から五万円の寄付があったという。

（35）日本大学新聞社編『日本大学新聞五十年の歩み』（日本大学新聞社、一九七一年）、および、原孝夫編『実録日本大学新聞1000号の軌跡』（日本大学新聞社、一九八七年）四六―六一ページ。
（36）山本武利「左翼メディアの弾圧」（『占領期メディア分析』法政大学出版局、一九九六年）を参照。
（37）覚書によると、これ以外に「保守主義出版物」というカテゴリーがあり、それは準備中だと述べられている。Censorship policy, Sept.1945-June 1949〔RG331 Box8604 Folder10〕.
（38）高桑末秀『日本学生社会運動史』（〔青木文庫〕、青木書店、一九五五年）、山中明『戦後学生運動史』（〔青木新書〕、青木書店、一九六一年）、手島繁一「学生運動の再出発とその展開――全学連結成前史」（五十嵐仁編『「戦後革新勢力」の源流――占領前期政治・社会運動史論1945-1948』〔法政大学大原社会問題研究所叢書〕所収、大月書店、二〇〇七年）を参照。
（39）Communist Influence in Student Newspaper, Sept. 1948〔RG331 Box8620 Folder4〕.
（40）University and College Publications, 2 November 1948〔RG331 Box8620 Folder12〕.
（41）Leftist School Publications〔RG331 Box8620 Folder12〕.
（42）Revised Report of Leftist School Newspapers, 29 November 1948〔RG331 Box8620 Folder12〕.
（43）Supplementary Information on Leftist School Newspaper of College Level, 29 November 1948〔RG331 Box8620 Folder12〕. なお、第二地区と第三地区の報告書には、高校の新聞も左翼紙として挙げてあるが、本章では除外した。
（44）小林萬里夫「リマークド」、京大新聞史編集委員会編『権力にアカンベエ！――京都大学新聞の六五年』所収、草思社、一九九〇年、八四―八五ページ
（45）木村嘉和「2回くらった米軍の検閲」、50年誌編集委員会編『わが青春の新聞局――同志社学生新聞の50年』所収、同志社学生新聞局友会、一九九六年、三六ページ
（46）河内光治『戦後帝大新聞の歴史』不二出版、一九八八年、四四ページ
（47）注（40）に同じ。
（48）前掲『日本学生社会運動史』、前掲『戦後学生運動史』、前掲「学生運動の再出発とその展開」。および、『クロニクル』第三号（大学新聞連盟、一九四八年六月五日）、またプランゲ文庫所蔵『日本女子大学生新聞』第一号―第六号

を参照。

(49) 日本女子大学編『日本女子大学学園事典――創立100年の軌跡』(日本女子大学、二〇〇一年) には、『日本女子大学新聞』が一九四九年三月二十日に創刊された旨の記載があるだけで、それ以前の記述が全くない。

(50) 岡ちえ子「日本女子大学新聞のこと」(日本文学協会編『日本文学』第一巻第二号、日本文学協会、一九五二年十二月) によれば、破防法 (破壊活動防止法) 論議を扱ったことや、お茶の水大学のストに関する記事の掲載などで、大学基準協会の資格審査に関する誤報を理由に、『日本女子大学新聞』の編集者に圧迫が加えられ、新聞部が閉鎖されたという。

(51) 前掲『早稲田大学百年史』(第四巻) 五九二ページによれば、一九四七年一月に結成されて三月に発会式をおこなった関東大学新聞連盟だが、前掲『大学新聞の思想と目的』八〇―八一ページによれば、全関東大学新聞連盟になっている。どちらが正しいのか不明だが、四八年以降は一般に「大学新聞連盟」とだけ称されている。

(52) Student Publication〔RG331 Box5636 Folder19〕、前掲『大学新聞の思想と目的』、および、前掲『戦後帝大新聞の歴史』三二五―三六三ページを参照。なお、この用紙割り当ての改革問題を発端に、『東京大学新聞』は大学新聞連盟を脱退。用紙確保の問題と南原繁総長のユニバーシティ・プレス構想への移行とが絡み合い、職員と学生の組合によるストライキに発展し、結局一九四八年十二月から無期休刊になった。翌四九年一月に『東京大学学生新聞』が創刊されたが、これは以前の新聞とは無関係の学内団体・学生新聞会によるもので、小野秀雄が会長に就任した。この新聞が八年間続いたあとの五七年にOB団体・銀杏会に譲渡され、改題して『東京大学新聞』を復刊した。

(53)「学生新聞に関する件」(一九四九年七月二十三日)『昭和二十三年十二月起 司令部関係文書綴』

(54) 同文書

(55) 大学新聞連盟が発行した『クロニクル』第一号―第三号、『大学新聞連盟通信』第一号―第三十九号、および、「全日本学生新聞連盟関連史料」(二〇二四年五月十一日最終更新〔http://tue.news.coocan.jp/upu/zengaku.htm〕[二〇二四年十一月二日アクセス]) を参照。これは、全日本学生新聞連盟 (http://tue.news.coocan.jp/upu/main.htm)[二〇二四年十一月二日アクセス]」のウェブサイトの一部として東京教育大学新聞会OB会によって提供されている。

(56) 手島繁一「占領後期の学生運動」(五十嵐仁編『「戦後革新勢力」の奔流――占領後期政治・社会運動史論1948-

1950』〔法政大学大原社会問題研究所叢書〕所収、大月書店、二〇一一年）を参照。

（57）プレスリリースとして発表された英文原稿には表題はないが、日本語訳文には「学生新聞の使命」という表題が付けられている。University Newspaper〔RG331 Box5956 Folder12〕.

（58）「岩倉誠一氏に聞く 回想・早稲田大学の新聞学科と新聞学会」（メディア史研究会編『メディア史研究』第十九号、ゆまに書房、二〇〇五年十二月）を参照。アメリカのスクール・オブ・ジャーナリズムにならって作られたこの新聞学科は、当時の高いマスコミ人気にもかかわらず、一九六九年に最後の学生が卒業して廃止された。

（59）注（39）に同じ。朝日新聞社も同じ時期、業務量が増えたという理由で大学生新聞の印刷を断っている。なお、日本新聞協会編集・日本電報通信社発行の『日本新聞年鑑』は、一九五六年版まで日本新聞協会に非加盟の主要紙の一区分として「学校紙」あるいは「学生紙」という欄を設けて、大学生新聞の概要を記載していた。

第3章　創刊期のスポーツ紙と野球イベント

1　第二の「野球狂時代」とメディア

スタンドにありて野球を見る時、わが目は輝き
家にありて野球放送を聞く時、わが胸はおどる[1]

戦前から戦後にかけて野球評論で活躍した詩人のサトウ・ハチローが、一九五〇年に『ホームラン』という野球雑誌に書いた詩のこの一節は、当時の日本にみられる野球ファンの気分を素直に表している。「虚脱」という言葉が流行し、食糧難と猛烈なインフレのなかで明日を模索していた人々が、敗戦後の混迷する世相に明るい希望を見いだそうと求めたのは、スポーツだった。四七年には復活した箱根駅伝や、競泳で世界新を記録した古橋広之進の活躍が大きな励ましを与えたが、なんといっても人々が愛好したのは野球だった。道具が手に入らない貧しい子どもたちは、木ぎれでバットを、古布で球を作り、手製のミットやグローブでキャッチボールや三角べ

ースを野原で楽しみ、少し余裕がある大人たちは職場や地域で野球チームをこしらえて草野球の試合に興じる一方で、野球場での観戦に足を運び、また街頭や家でラジオの実況放送に熱中した。

戦後の野球の公式試合は、空襲で焼けたあとに占領軍が接収してステートサイド・パークと改称して占領軍専用球場として使われていた神宮球場を借用して、一九四五年十一月十八日におこなわれた全早慶野球試合で再開した。翌年五月には東京六大学野球が復活し、夏の中等学校野球大会も開催された。しかし、最も人気が高まったのはプロ野球である。四六年に再開されたプロ野球のリーグ戦は四九年まで一リーグ制だったが、以前とは桁違いの観客を集めた。例えば、戦中期の四〇年に記録された四百六十九試合で約八十七万人というのがそれまでの最高動員数だったが、四六年には四百二十試合で約百五十六万人、翌年には四百七十六試合で約二百三十七万人の観客を集め、さらに四九年には五百四十二試合で約四百六十万人に達する飛躍的な伸びをみせた[2]。概算すれば、戦前・戦中期のプロ野球は一試合あたり平均二千人程度の観客数しかなかったが、戦後は平均でおよそ四千人から八千人の観客を集めるようになったのである。

このような野球人気の高まりは、一九三〇年代の「野球狂時代」の再来ともいえた。高津勝は戦前期の「野球狂時代」を分析し、その要素として次の五つを掲げた。①マスメディアを媒介にした人気チームや全国レベルの野球試合のビッグイベント化、②ラジオの出現による「聴く野球」という新しい野球の楽しみ方の成立、③野球用具の簡易化・産業化による大衆的普及のための技術的条件の成立、④野球用品の市場化と結び付いた野球チームの組織化、⑤「見る野球」「聴く野球」「する野球（軟式野球）」の相互浸透による大衆的な関心の高まり[3]。これらの要素は戦後の野球人気にもすべてあてはまり、基本的には戦前期の野球人気の延長上に第二の「野球狂時代」が展開したといえるだろう。

しかし、この第二の「野球狂時代」が戦前と決定的に異なるのは、それがプロ野球を中心とする点だった。戦前のいわば第一の「野球狂時代」には、その中心は早慶戦に代表される大学野球であり、またそれを基盤に形成された社会人野球だった。プロ野球は、一九二〇年代に日本運動協会（通称・芝浦協会）の先駆的な試みがあったとはいえ、リーグ戦がおこなわれたのは三六年からであり、それに参加した七球団のうち五球団はその年に創設されたばかりだった。それ以後も、アマチュア野球を尊ぶ気風のなかで、プロ野球は堕落した野球として蔑まれ、経営的にも赤字続きで、「伝統と歴史を誇る六大学野球の人気には到底及びもつかなかった」(4)という。ところが戦後には一転して、関係者も驚くほど急激にプロ野球人気が高まったのである。

野球はもはや都市の新中間層に限られない幅広い支持層を獲得し、大衆の娯楽として定着しつつあった。プロ野球はその頂点に立ち、野球の裾野をさらに押し広げようとしていた。メディアがその人気に乗じ、加担し、積極的にそれをあおったのはいうまでもない。ラジオ放送は一九五一年までNHKが独占し、名アナウンサーが野球放送を熱くした。笠置シズ子が「ホームラン・ブギ」を歌い、喜劇王エノケン（榎本健一）と巨人軍の選手が銀幕に登場し、『蘇る熱球』などの野球映画が公開され、野球小説も流行した。『ベースボールニュース』『野球日本』『ホームラン』『野球倶楽部』『野球世界』『野球ファン』『野球時代』『ベースボールマガジン』『野球界』『野球少年』など十種類以上の野球雑誌が誕生し、頰に薄紅をさしたプロ野球選手の笑顔がそれらの表紙を飾った。また大手新聞社も新聞本紙だけでなく、『読売スポーツ』『アサヒスポーツ』『スポーツ毎日』などグラビアページ入りの雑誌を発行し、野球を中心にスポーツ・ニュースを報じた。

こうしたプロ野球人気と過熱するメディアを背景に、スポーツ紙が生まれた。一九四六年三月に東京で『日刊スポーツ』、四八年八月に神戸で『デイリースポーツ』が創刊された。四九年にプロ野球が二リーグ制に分裂する際、毎日オリオンズを所有する毎日新聞社によって二月に大阪で『スポーツニッポン』が創刊、翌年三月にはその東京版が発行された。また五〇年一月には『報知新聞』がスポーツ紙へ転換した(5)。これらのスポーツ紙は、野球人気に乗じて部数を伸ばすだけでなく、自ら積極的に野球のイベント化に関わり、野球ブームを演出した。本章では、そうした野球イベントの興味深い例として女子野球と映画人野球に焦点を当て、占領期のスポーツ紙と野球のイベント化との関係を描き出したい。

2　女子野球チームの誕生

占領期に誕生した女子プロ野球は、男性中心の野球ブームのなかで特異な光彩を放った。だが、その存在はプロ野球史に記録をとどめず、一九九二年にマドンナが出演してヒットした映画『プリティ・リーグ』でアメリカの女子プロ野球が話題になり、桑原稲敏『女たちのプレーボール』[6]などの著作で日本にもあった女子プロ野球の全体像がまとめられるまでほとんど知られていなかった。また、『日刊スポーツ』をはじめとするスポーツ紙も、この女子プロ野球を後援したにもかかわらず、社史にもわずかしかその事実を記していない。しかし、男子プロ野球の繁栄の陰で忘れられた女子プロ野球には、有山輝雄が指摘しているような勝利至上主義・精神主義・集団主義を柱にした武道的野球観から離れて、アメリカ的な合理的で華やかなショーとしての野球を展開しようとする、当時の野球イベントをめぐるさまざまな思惑が反射してみえる。[7]そこで、当時の資料をもとに、女子プロ野球の展開にスポーツ紙をはじめとするメディアがどう関わったのかを中心にみていこう。

そもそも女性が野球を楽しむことそれ自体は目新しい現象ではなく、戦前に始まった。高嶋航によれば、日本での女子野球は、女性や少年がやりやすいようなルールや道具の改変を加えた、京都発祥のゴムマリベースボール、アメリカから来たインドアベースボールとキッツンボール、そして軟式野球という三系統が入り交じって、一九一〇年代から始まり広まった。[8]一九一七年には愛媛県の今治高等女学校で日本最初の女子野球部が創設され、同県内のほかの高等女学校にも広がった。また、一八年六月には新愛知新聞社運動部主催で第一回「インドア・ベースボール大会」が開催され、二二年には最初のキッツンボール大会が名古屋で開かれた。愛媛県、和歌山県、愛知県などを中心に女子野球ブームが起きた。二三年十二月には大阪毎日新聞社主催で第一回女子軟式野球大会が大阪で開催された。批判も強かったが、ひそかにキャッチボールに興じる女性たちは少なくなかったという。三八年十月にはアメリカから女子軟式野球チームが来日し、東京・横浜・大阪などで十八試合をおこなった。[9]

戦後まもなく、女子野球は身近な娯楽の一つとして復活した。例えば、女性の参政権が初めて認められた衆議院議員選挙が一九四六年四月十日におこなわれ、三十九人の女性議員が誕生した半年後、四六年十月十一日に浅草復興まつりの催し物の一つとして女子野球が開催された。このときは、浅草区役所女子職員と精華国民学校アパートのチームが試合をした。[10]これが戦後初の女子野球の試合かどうかは不明だが、その写真ではちまきを締め、トレパンと思われる長ズボンをはいた女性たちの姿は、はつらつとして見える。のちに女子プロ野球チームのレッドド・ソックスの選手になった宮根静子は栃木県今市の出身で、地元の女学校を卒業し商社のタイピストとして勤めたが、「終戦後ソフトボールがはやったので」[11]やっていたと証言している。おそらく、青年男子や少年たちがキャッチボールを楽しむ脇で野球を始めた女性たちが日本のあちこちにいたのだろう。

女子野球復活後、最初の公式試合は、一九四七年八月二十九日に横浜公園ゲーリック球場（現在の横浜スタジアム）で開催された、第一回オール横浜女子野球大会である。これは横浜での貿易再開を記念した横浜文化祭の一環として、横浜市と横浜民主文化連盟および神奈川新聞社の共催でおこなわれた。[12]「日本最初の女子野球」と銘打ったこの大会には、日本ビクター戸塚、日本ビクター横浜、オハイオ靴店、日産自動車、印刷会社の文寿堂、横浜女子商業の六チームが参加した。『神奈川新聞』連載の「女子野球チームの横顔」によれば、唯一の女学生チームである横浜女子商業とオハイオ靴店を除けば、これらは大会のために呼び集められたメンバーからなる即席チームで、球歴は半年にも満たなかった。[13]にもかかわらず、利益金を戦災孤児援護資金に充てるという趣旨で、通常のプロ野球外野席が十五円だったときに、二十五円という高額に設定された前売り券は飛ぶように売れ、二万余の観衆がスタンドを埋めた。十八歳から二十代前半の若い女性による野球に対する物珍しさのうえに、余興におこなわれた松竹対新東宝という映画俳優軍対抗の特別試合も人気に拍車をかけた。[14]ニュース映画や『アサヒグラフ』などの雑誌も、撮影や取材に繰り出した。[15]

「珍プレーにスタンド沸く[16]」と記事の見出しが示すように、女子野球の技量は低いものだった。エラーや四球が続出し、フライをとってダブルプレーのところを、「球をしっかり持ったまま、うれしそうな顔をするお嬢さんや、ベンチの命令で慌てて塁に帰る走者など」、爆笑ものの珍プレーに観客はどよめいた。しかし、たとえ拙い女子野球であっても、人々はそこに新しい戦後日本の未来を感じたのである――封建的な因習や国家の抑圧から解き放たれて、女性も男性と同じく野球を楽しむ自由で民主的な新しい社会という未来を！

法のもとでの男女の平等をうたった日本国憲法が前年の一九四六年十一月三日に公布され、この年の五月三日に施行されたばかりだった。女子野球の背後には、新時代における女性の解放と地位向上への人々の願いと期待があったのである。例えば、「女子野球のことども」と題する記事で『神奈川新聞』の冨田記者は、この女子野球大会を次のように評した。「各選手の真摯なプレイ振りには感心させられた。たとい技術は拙くとも、ひたすらにプレイに打込んだ選手の真剣さには観る人の心をゆさぶるものがあった。（略）特に優勝戦における延長の熱戦は本格的な球技の数々をも織りまぜて、観衆の野次馬的騒音を封じ、立派に緊張の場面を醸し出した。このあたりスタートを切ったばかりの女子野球としては望み得る最高の出来栄えであったと言える[17]」。そして技術の向上やルールの調整による女子野球の発展の可能性についてふれ、「野球が公正心を養い、友愛、犠牲、協力の精神を培う社交的競技であることに異論はない。女子野球が日本婦人の社会的覚醒、向上に相当大きな役割を演ずるだろうとの期待は少なくない。（略）学校、職場を問わず家庭婦人まで気軽に野球を楽しむ将来も必ず来ることと思う」と述べた。だがそれには、「婦人を育児と家政の切り盛りで金縛りにする」という根本問題が解決される必要がある。「マネージャーもコーチャーもアンパイヤーも婦人ばかりで運営される女子野球のあすを考えるのは早すぎるかもしれない。しかしこの女子野球成長の時期が、わが国文化の高さを実証する一つの有力な手がかりには違いない。全国に先鞭を付けたこの女子野球が、健康的な成長を遂げることを期待する次第である[18]」と記事は結ばれた。

こうした女性の地位向上と新しい戦後社会への期待を伴って、女子野球はまず「ハマの女子野球」として喧伝された。パーマをかけた長い髪に野球帽をかぶり、男性と同様の野球用のユニフォームを着た彼女らの姿が絵や写真で伝えられた。オハイオ靴店のチームは地方へも遠征したという。[19]公園でのキャッチボールを見ても、どのグループにも女子が三、四人交じっている、と新聞記事が伝えたように、野球熱は女学生を中心に女性にも広がっていた。[20]しかし、女子野球チームの結成を積極的に支援しようとするメディアはまだなかった。

翌年一九四八年に東京で結成された二つの女子野球チームも、メディアとは関係なく誕生した。最初に結成されたメリーゴールドというチームは、銀座三丁目の文具店・伊東屋の上階にあったダンスホール、メリー・ゴールドのダンサーたちが選手だった。横浜高商のＯＢで都市対抗野球の強豪・満州倶楽部の投手だった荒木八郎が、ダンス教師のかたわらダンサーたちに野球を教えて四八年春に結成した。このメリーゴールドと横浜のオハイオが同年五月に後楽園球場で対戦したのが、東京での最初の女子野球試合だった。[21]同年九月五日に神宮球場で、サン写真新聞社主催の関東都市対抗野球大会が開かれると、その前座で両チームは再度対戦した。「女軍神宮で戦う！」と選手たちのグラビア写真に添えられたキャプションが示すように、学生野球の舞台として尊ばれてきた神宮球場に「女の子の野球」が進出したことへの驚きが当時の多くの男性観客にはあったようだ。[22]

次いで編成された東京ブルーバードは、満洲から引き揚げてきた小泉吾郎が結成した。小泉は満洲映画協会制作部に勤めたあとに関東州興行の宣伝部長として手腕を振るい、芸能人や野球関係者に広い人脈をもっていたが、知人である荒木の女子野球チームに魅せられ、その興行で商売することを思いついた。彼は旧知の徳川無声が会長を務めている日本漫談協会の片隅に事務所を設け、横浜女子商業の野球部員などをスカウトし、一九四八年七月に日本初の女子プロ野球チームを創設した。[23]

その夏、この二チームはともに約一カ月の北海道遠征に出かけて二十試合ほど戦った。地元の興行師との契約によって、旅費宿泊料などの雑費は地元側の負担で、一試合二万円から三万円のギャラを得た。百円均一の入場料で札幌では観客八千人、ほかの中小都市でも三千人は下らなかったという。選手たちの月給は五千円が相場で、

図3-1　表紙に描かれた福島日東紡の女子野球選手
（出典：『青年ふくしま』第2巻第7号、福島県連合青年会、1948年7月〔プランゲ文庫所蔵〕）

当時の高卒女性の初任給三千円を上回っていた。選手たちは試合の開催地に着くとパレードを繰り広げ、映画館や公民館で開かれた歓迎会で宣伝を兼ねて紹介された。対戦相手は市議会議員や医師会などの四十歳以上の地元名士の男性チームで、試合後には彼らと交歓パーティーが催された。十代後半が中心の選手たちは酒類が禁じられていたが、なかには踊ったり酌をしたりとホステス役を務める者もいた。

この遠征は成功を収め、女子野球は「アプレゲール女子スポーツ」の先端として注目を集めた。選手たちは、東横映画の『野球狂時代』や『ホームラン狂時代』にも出演し、翌一九四九年三月には中国・九州地方へ約一カ月の遠征に出かけた[24]。各地とも超満員の盛況で、一時は二千万円もの儲けがあったという。例えば、佐賀市では『佐賀新聞』の主催によって市民グラウンドで、女子東京選抜球団（解散したメリーゴールドと横浜女子商業の選手によって結成）が地元商店街の白山倶楽部という男性チームと対戦した。法務省少年矯正局や日本通運佐賀支店、佐賀トヨタ自動車、三菱商事などの協賛で広告も出され、女子選手十二人の顔写真も掲載された。試合は結局、七対六で女子球団が勝利し、その模様も写真入りで記事になった[25]。

しかし、地元興行師とのトラブルが発生して最後は逃げるように東京へ戻った小泉は荒木とたもとを分かち、一九四九年五月にあらためて一般から選手を募集して、ロマンス・ブルーバードというチームを編成する。小泉自らが設立した映画製作会社スクリーン・スポーツ社と日本漫談協会がスポンサーで、月刊誌を発行していたロマンス社が二十万円の資金を提供した。新聞広告とＮＨＫラジオの職業案内によって約五百人の女性が入団テストに集まり、約三十人が合格した。大半は東京生まれの比較的恵まれた家庭に育った女学生で、そのなかには女子プロ野球の花形として活躍する大島雅子、小川アエなどがいた。初代監督には、戦前のプロ野球で活躍した山本栄一郎が迎えられた[26]。しかし、女子プロ野球団が一つしかない状態では試合日程もままならず、経営基盤は脆弱で、同年末ごろには百万円近い赤字を出していたという。

一方でこの時期、各地で女子野球は活況を呈しつつあった。一九四九年四月には全日本女子ソフトボール大会が甲子園で開催され、一般社会人十六チームが参加した[27]。例えば、福島で発行された『青年ふくしま』の表紙には、福島日東紡の女子野球選手の写真が登場した[28]（図3―1）。また、『九州タイムズ』の「新語ダイジェスト」というコラム（一九四九年六月二十五日付）には「女子野球」が掲げられ、「新制中学の女生徒間にすこぶる盛んになってきた、東京、横浜などではダンサーや女工員のチームがリーグ戦などをやっている、主としてソフトボールを使っているが、（略）女子大学ではまだ一チームもない」と状況をまとめ、比べてアメリカでは十数チームがあって夜間試合もおこなっていると紹介した。さらにＮＨＫラジオでも、「女子野球の是非」が討論の議題になっていた[29]。自らもボールを握って野球を楽しむ中学生や職場の若い女性たちが増えるとともに、その現象に意見を唱える人も増えたのである。

3　女子プロ野球リーグと『日刊スポーツ』

こうした女子野球に転機が訪れたのは、一九五〇年一月である。第二の女子球団レッド・ソックスが創設され、それに続いて雨後の筍のように女子球団が誕生したのである。レッド・ソックス球団代表・関浦信一は元『満洲新聞』の事業部長で小泉と親交があり、女子野球の状況と可能性を知り、「女子の解放はスポーツから」と唱えていた参議院議員・桜井康雄の資金援助を仰いで球団を設立した。一月におこなわれた第一次選考には十八歳から二十二歳までの女性二百五十人が集まり、十五人が採用された[30]。翌二月にはホーマー製菓の後援でホーマー女

図3-2　連載小説「鉄腕麗人投手」の標題と挿絵
(出典：『日刊スポーツ』1950年1月26日付)

子球団が、国際観光社の後援でパールスが結成された。

このような女子野球団の設立の背後には、すでに女子野球連盟の結成を目指していた日刊スポーツ社の秋山慶幸社長の動きがあったものと思われる。桑原の著書によれば、女子四球団の代表者たちが女子野球連盟の結成を協議し、日刊スポーツ社にその後援を依頼したというが、すでに二月二十五日のパールスの結成式で秋山社長が祝辞を述べている。[31] それまでにも『日刊スポーツ』紙面は相次いで誕生した女子球団を記事に大きく取り上げていて、秋山はこれら女子球団の結成そのものにも寄与していた可能性が高い。[32]

スポーツ紙にとって何よりの飯の種である野球だが、高校野球・社会人野球・プロ野球という本流はすでに『朝日新聞』『毎日新聞』『読売新聞』などの全国紙を中心に組織され、スポーツ紙が仕掛けに入る余地はない。だが、女子プロ野球なら、未知数ながら育てていけば面白いかもしれない。一九四六年の創刊号(三月六日)で「さあ明るく朗かにスポーツだ」と呼びかけ、戦前のスポーツ界が「スポーツ独自の社会を形成し大衆の世界と遊離した存在」であり、ジャーナリズムもスポーツ評論と技術的批判に偏った「高踏的なもの」だったと批判した『日刊スポーツ』にとって、女子プロ野球は野球狂時代にアピールし、かつ自らの「スポーツの大衆化」路線に沿うものだと映ったにちがいない。

『日刊スポーツ』による協力は、一九五〇年一月から紙上に登場する女子プロ野球に関する記事や企画に現れている。まず「鉄腕麗人投手」と題する小説が一月二十五日から五回連載された(図3―2)。これは「スポーツ記録文学入選作品」と銘打たれていたが、その筆者はスポーツ漫談で知られた藤野城行だった。彼は当時、女子プロ野球の専属アナウンサーとして遠征に同行し、ユーモアあふれる放送でややスピード感に欠ける女子野球の試合を盛り上げていた。その藤野がブルーバードの主力投手・大島雅子の十試合連投を描いたのが、この小説なのである。その最後を彼は、「全米女子野球団を向こうに回して、フジヤマのアイアン・ビューティ（鉄腕麗人投手）として、シールズの仇は女子野球で（略）男子では茲十数年間絶対勝ち得ない野球も、女子の場合世界制覇の公算有りと観るのは僕だけが抱く、身ビイキの夢であろうか」[33]と、冗談めかした本音で締めくくっている。「シールズの仇」とは、前年十一月に来日したサンフランシスコ・シールズとの日米野球対戦全六試合が日本側の全敗に終わった結果を指している。占領軍の招きで敗戦後初めて、そして十五年ぶりに来日したアメリカの野球チームであるシールズは、当時の日本社会に一大旋風を巻き起こした。シールズのパレードで銀座は戦後最多の人出に沸き、試合の入場券を求める行列が二日前からできるという騒ぎだった。なによりも、シールズが展開した試合は、無安打に終わった川上哲治をはじめとした選手、野球関係者、野球ファンに衝撃を与え、日本野球連盟の職業野球とは全くちがうプロ野球があると思い知らせた。俊敏で合理的で礼儀正しいシールズの野球は、そのときに球場で販売されたコーラの味とともに、自由の国アメリカを印象づけたのである。

そのアメリカでは、一九四三年に全米女子プロ野球連盟（The All American Girls Professional Baseball League：ＡＡＧＰＢＬ）が結成され、女子プロ野球は、絶頂期の四八年には年間百万人近い観客を動員、人気になっていた。その活躍ぶりは野球雑誌などで早くから日本にも紹介され、女子野球の関係者の念頭には、このアメリカ女子プロ野球リーグに対抗する女子野球を日本にも、という意識があったにちがいない。日本の女子野球には、男女平等の夢とともに、戦争に敗れ日米野球でも惨敗した男たちの夢が込められていたのかもしれない[34]。

日刊スポーツ社は、女子球団の宣伝アトラクションを積極的におこなった。まず三月七日に日刊スポーツ社の主催で創刊五周年記念として、映画『放浪の王子』『美人野球団』『プロ野球の回顧』の三作の特別試写会が日比谷公会堂で開催された。そのなかの『美人野球団』はアメリカの女子野球団を紹介した実写映画で、パールス、ホーマー、ブルーバード、三共レッドソックスの四球団が協賛した。当日は戦災孤児と『日刊スポーツ』の愛読者が招待され、女子野球団の選手が舞台上からサイン入りのボールを観客席に投げ込んで進呈した。同じく三月二十三日には、新橋駅前広場で開催された「アメリカ映画祭四周年野外ステージ・ショウ」に、レコード会社の歌手たちと並んで日刊スポーツ社は女子野球四球団の選手を提供し、サインボールを観覧者に投げ込ませた[35]。このような宣伝方法は当時の男子プロ野球も同様であり、これらは戦前のアマチュアリズムを尊ぶ日本的野球道ではなく、明るく華やかなショービジネスとしての野球を意識した演出だった。さらに紙上の「ファンの声」という投書欄では、「女子野球に望む」という女子プロ野球に関する投書が積極的に取り上げられた。

　こうして『日刊スポーツ』が女子プロ野球を盛り立てるなか、日本女子野球連盟が結成された。日刊スポーツ社がその後援を引き受け、関東軍の元将校で一時占領軍司令部にも勤めたことがある井上弘夫事業部長が日本女子野球連盟の初代事務局長になった。三月二日に準備委員会が開かれ、連盟の名称、規約、硬式野球に準じるルールなどが審議された。連盟の結成披露は三月二十八日におこなわれ、秋山の縁故で当時公職追放中だった元東京市長の大久保留次郎が会長に就任し、「今後女子の健全なるスポーツとして技術向上に専念、野球を通じて近代女性美を発露、将来は国際的進出も希望すると抱負[36]」を述べた。この席には、前年末に二リーグに分裂したばかりのプロ野球のセ・パ両リーグの代表も列し、後援者代表として主婦と生活社の角田保が祝辞を述べた。

　この席上で、翌月の四月七日に連盟と主婦の生活社との共催で、後楽園球場で日本女子野球連盟結成記念試合を加盟の四球団がおこなう旨が発表された[37]。この試合は雨で順延し四月十日・月曜日に開催されたが、一万七千余という「男子プロ野球顔負けの大観衆」を集めた。アメリカ軍兵用のGI席にも「婦人士官を交えて二、三十人、好奇の眼を耀かせていた[38]」という。新聞と雑誌はこの女子プロ野球最初の公式試合を一斉に報じたが、その取り上げ方は大きく二つに分かれた。一つはまともな女性のスポーツとして、まじめな女性の職業として、女子プロ野球を真剣に論じて育成しようという態度であり、他方は、女子野球は所詮「腕より顔」であり、「お色気六分技量四分」の見せ物だとする見方である[39]。

　主催側の『主婦と生活』や『日刊スポーツ』は真剣なスポーツとして女子野球を取り上げた。戦後いくつかあった女子球団は、「勝敗は別問題、顔の綺麗な人だけを集めてやっていた見世物」だったが、今度の女子プロ野球は技量第一のまじめで健全なスポーツだと強調した。だが、ほとんどのメディアはショー的な興味から女子野球を扱った。特に『日刊スポーツ』のライバル紙である『スポーツニッポン』は女子野球を露骨に皮肉った。後楽園球場での試合を「女の職業戦後版〝女子プロ野球〟のお披露目試合」と紹介し、選手は「全部高女卒だからまあインテリ級職業」だけれども、「観衆は男ばっかり」で「その九割までが中年、学生の『男』とあってはその人気推して知る」と報じ、「グラウンド間近のイス席が目白押しだったのはやはりストリップ・ショウをみる心理と同じらしい(40)」と悪口をたたいた。四月二十九日に藤井寺球場で関西初試合がおこなわれたときも「勇敢なる尻餅プレー(41)」という見出しを付けた。多くの雑誌記事も、女子選手のお尻を強調したり化粧風景を捉えたり、あるいはおしゃべりのやかましさや涙の場面を取り上げ、女らしさと野球という配合の妙を好奇の目で書き立てた。

そのなかで比較的冷静な提言をしたのは『読売新聞』のコラム「編集手帖(42)」である。それによれば、女子野球はプロフェッショナル・スポーツとは断じがたい、なぜなら男と同じボールを使い、男と同じユニフォームを着用しているのでは「女角力的ショウ」にならざるをえない。女子の学校で用いているソフトボールを使い、アメリカの女子野球チームのようなショートパンツに白い靴を履くべきだ、そうすれば「中高等学校出身の清新な選手をすぐに使うこともできる」と主張した。これは女子野球のルールと方法に関する重要な提言だった。女子プロ野球連盟では実際、男子の使用する硬球ではなく準硬球の使用、イニング数やバッテリーの間隔も短めにした女子特有のルールが定められていた。

こうした女子野球のあり方に関する議論を巻き込み、女子野球団が各地に相次いで誕生した。東京では、エーワンポマード本舗という化粧品会社によるエーワン・ブリアンツ（のちにエーワン・ドラゴンズと改称）、運動具店ニュースポーツ社の後援によるローズ球団（のちにわかもと製薬の後援で、わかもとフラビンスと改称）、クロス・スターズ、京浜ジャイアンツ、名古屋ではレインボーズ、滋賀ではレーク・クイン、京都ではラーミス、ヴィナス、マルエイ・イーグルス、大阪では山田産業がスポンサーのダイヤモンド、大阪日日シスターズ、神戸ではタイガース、ダークホースなど、最盛期には二十五チームを数えるほどになった。女子選手たちは雑誌の座談会に呼ばれて野球選手になった理由などを尋ねられたりしたが、ストリップ・ショーと比べられるなどして閉口することも多かった。(43) 生理のときはどうしているのか、結婚したら辞めるのかなどといったぶしつけな質問をメディアから受けたが、試合後には町を回って宣伝に努めた彼女らはしかし、本当に野球が好きで、将来はアメリカの女子チームと対戦したいという夢も抱いていた。真剣に野球に取り組む彼女らには、激励する多くのファンレターが届いた。特に中学生の少年からが多かったという。(44)

図3-3　広告に描かれた女子野球選手
(出典:『野球界』第41巻第10号、野球界社、1951年10月)

　にわかに巻き起こった女子プロ野球ブームのなか、連盟加盟の四球団は二組に分かれて約二カ月間地方を遠征した。初物の珍しさで平均三千人の観客を集めたというが、同じ場所での二回目以降の客足はがた落ちだった。遠征から戻った四球団が後楽園球場に再び集い、七月二十三・二十四日に初のナイト・ゲーム読売杯争奪戦が開催されたときには、女子プロ野球は早くも危機を迎えた。連盟が主催し読売新聞社が後援したこの試合は、不評だった長ズボンのユニフォームを白いショートパンツとブラウスに改めたお披露目の機会でもあった(45)(図3—3)が、この直前、ブルーバードの大島雅子投手がオーナーの小泉吾郎と対立して退団したことが発端で、ブルーバードはこの試合を最後に連盟を脱退したのである。脱退の主な原因は、女子野球を健全なスポーツとして育成するのか、それとも華やかなショービジネスとして発展させるのか、という基本路線の違いだった。小泉は、ピンチに陥ったマウンドの投手にタイムを取らせ、コンパクトを出して化粧を直す演出を指示するなど女子野球のショーアップを狙い、ほかの健全スポーツ派と対立したのである。(46)

脱退したブルーバードは、九月に中京・関西地域の女子球団とともに全日本女子野球連盟を結成し、九月二十八・二十九日に後楽園球場で、九月三十日および十月一日には大阪球場で、四都市対抗優勝大会を開催した。面白いことにこの大会では、それまで女子野球を揶揄する皮肉たっぷりの記事を載せていた『スポーツニッポン』と『ベースボールニュース』という大阪発のメディアが支援に乗り出した。後楽園での試合は、全日本女子野球連盟とスポーツニッポン新聞社の共催でスポーツニッポン優勝旗争奪女子野球都市対抗優勝大会と名付けられ、東京ブルーバード、大阪ダイヤモンド、京都ラーミス、名古屋レインボーの四チームが戦い、約三千人の観客を集めた。大阪球場での四都市対抗優勝大会は、全日本女子野球連盟とベースボールニュース社の共催で、大阪ダイヤモンド、京都ラーミス、東京ブルーバード、滋賀レーク・クインの四球団が対戦した。その二日目には、第三位決定戦と優勝戦の間に女子選手のど自慢という余興が漫談家の司会でおこなわれた(47)。

一方、本家の日本女子野球連盟では、八月二十八・二十九日に後楽園で第一回東西対抗優勝戦をナイト・ゲームで開催した。八チームが対戦し、八千人から一万人の観衆が集まった。さらに十月九日にも後楽園で「サヨナラ・ナイター」と銘打って、関東の六チームが試合をおこない、これも約七千人の観客を集めた(48)。十一月二十五・二十六日には後楽園で関東女子野球大会が開かれ、女子プロ野球初年度最後の公式試合を飾った。『日刊スポーツ』は大晦日の記事に、「本年度の女子プロ野球を振り返って」という講評を載せ、女子プロ野球の今後を展望した。

こうして二リーグに分裂した女子プロ野球だったが、この年の十一月にブルーバードは主力選手が移籍してしまったために解散を余儀なくされ、小泉は女子野球から身を引き、結局、彼が結成した全日本女子野球連盟も消滅してしまった。しかし、残った日本女子野球連盟も安泰ではなかった。女子球団の経営事情は悪く、資金難などで半年とたたないうちに消滅する球団が続出した。例えば、一九五一年一月には富国ホーマーが資金を断たれて解散した。同年六月にはパールスが日産の後援が切れたあと、岡田乾電池の支援を得て岡田バッテリーズと改称して苦境を脱した。このような状況で、選手を社員として雇って企業宣伝として野球をするノンプロ野球への移行が検討され始めたのだ。

それに拍車をかけたのが、後援の日刊スポーツ社の社内事情である。『日刊スポーツ』は、連盟発足後も藤野城行による「女子野球の旅」「麗人投手の悩み」「女子野球美談」などの女子野球小説を次々連載し、女子野球に関する論評を載せ、女子プロ野球を一貫して支援した。だが、女子プロ野球がスタートを切った直後の一九五〇年四月に秋山慶幸が多角経営の失敗によって社長を退任し、川田源一が経営権を引き継いで建て直しにあたった。その際、販売が伸びていた本紙発行以外の事業は整理する方針を立て、五一年四月に朝日新聞社の後援で株式会社に改組した。[49] しかし、朝日新聞社側は女子プロ野球の支援を続けるつもりはなかったため、井上連盟事務局長は各球団にノンプロ化の方向を説得したのである。

実際、女子プロ野球の人気は低落しつつあった。一九五一年四月九日に第二回オール関東トーナメント戦で公式試合が開幕する前から、『日刊スポーツ』紙上では「女子野球のホープ」という記事が連載されるなどしていたにもかかわらず、当日後楽園に集まった観衆は三千人にすぎなかった。[50] 五月からは女子プロ野球のホームグラウンドとして完成した新宿西口十二社の東京生命球場で前期リーグ戦が始まったが、観客は初日で二千人を超える程度だった。七月十七日には後楽園でオールスター紅白戦がおこなわれ、七月二十一日からは後期リーグが始まり、十一月一日に優勝決定戦がおこなわれた。このときも『日刊スポーツ』は「恋は青空の下で」と題する女子野球の小説を長期連載[51]して支援したが、観客数はいまひとつだったらしい。十二月一日には、前期優勝の岡田バッテリーズと後期優勝のわかもとフラビンスが争う日本選手権試合が後楽園で開催され、約四千人のファンが詰めかけたというが、グラビア写真[52]で見るスタンドは、外野はガラガラで内野も前列が埋まっているだけで閑散としていた。翌十二月二日には「女子野球サヨナラゲーム」と題して、東京都知事杯を四チームで争った。この試合は連盟の主催だったが、日刊スポーツ新聞社、スポーツニッポン新聞社、報知新聞社の三社が協同で後援し、東京都庁が協賛した。おそらくこの時点で、観客動員だけをあてにした女子野球の経営は無理だという認識がメディアにも広まっていたのだろう。メディアにもてはやされた女子野球は、あっという間に見捨てられていった。

一九五二年に日本女子野球連盟は規約を変更して、社会人野球すなわちノンプロ野球へと移行した。企業宣伝に専念することで女子野球の運営はひとまず安定したが、メディアはもはや女子野球を熱心に取り上げはしなかった。技量では男子のプロ野球にはとうてい及ばず、かといって若い女性というだけでは見せ物としての面白みは少ない、まして女性の野球ファン層が薄い状況ではプロ・リーグを支えるにはほど遠く、メディアにとっては魅力が薄いイベントと判断されたのだろう。日刊スポーツ新聞社による支援についてみれば、五三年十一月十四日に後楽園でおこなわれた女子野球日本選手権を後援したのが最後と思われる。しかし不思議なことに日刊スポーツ新聞社の社史には、この項目以外、女子野球との関わりは一切記述されていない[53]。秋山慶幸社長が手を伸ばした放漫経営による負の遺産の一端というわけなのか、連盟事務局長になった井上弘夫とホーマーの選手との不倫関係というスキャンダルがあったためなのか、理由はわからない。しかし、命短かった女子プロ野球とはいえ、新たな野球イベントを試みたスポーツ紙の役割はもっと正当に評価されるべきだろう。

4　映画人野球と『スポーツニッポン』

女子野球が健全なスポーツとしての魅力とショー的見せ物としての魅力の間を揺れ動いたのとは対照的に、全くの見せ物・ショー的娯楽として開催され人気を博したのが映画人野球である。ちょうど女子プロ野球と入れ違うように一九五一年から始まり六一年まで十回続いた「映画人オールスター野球祭」は、スポーツニッポン新聞大阪本社が主催した野球イベントである。女子プロ野球が関東を中心に人気があったのに対し、映画人野球は京都に映画の撮影所が集中していたのを背景にした、関西ならではの年中行事になったイベントだった。

『スポーツニッポン』は一九四九年二月一日に、毎日新聞社の別動隊として大阪で創刊された。その創刊三年目に、「文化面の充実と広告収入、販売業績の増大」を狙って、当時セ・パ両リーグに分かれたプロ野球の人気と娯楽の王者だった映画産業を結び付ける企画として立てられたのが、「映画人オールスター野球祭」である。すなわち、松竹・大映・東宝・東映の四大映画会社の撮影所メンバーで野球チームを結成して対抗試合をおこない、それに映画スターたちの応援合戦を華やかに加えて楽しませようという趣向だ。それ以前にも芸能人野球はおこなわれていたし、当時、撮影所で俳優や監督などが自分のチームを作り、レクリエーションとして野球を楽しむことは珍しくなかった。まして松竹ロビンス（一九五〇―五二年）や大映スターズ（一九四九―五六年）、東映フライヤーズ（一九五四―七二年）など映画会社が所有するプロ野球チームが存在した当時は、映画会社と野球の間は現在よりも近かった。

　そこで、当時事業部がなかったスポーツニッポン新聞社は、まず協力推進団体として全日本映画人スポーツ連盟を設立し、「製作の撮影所から配給の映画各社の関西支社、さらに興行の各社系列の封切館の末端まで網羅する大サークルを形成[54]」した。この連盟を主催母体として、西日本ヘレンケラー財団とスポーツニッポン新聞社の共催や、大阪市と日本映画俳優協会の後援を得て、会場は前年に竣工したばかりの難波の大阪球場に定められた。『スポーツニッポン』紙上で一九五一年十月二十七日に、第一回映画人オールスター野球祭の開催予定が十一月三日と発表されると、連日「どんちゃん野球祭《カーニバル》前奏曲」と題した記事を載せて、各映画撮影所の準備状況を面白おかしく伝え、前景気をあおった[55]。娯楽の王者だった映画が、新たな娯楽としての野球イベントに取り組んだのである。

「野球祭」に「カーニバル」とルビをふってあるように、この映画人野球は、スポーツ試合の勝敗が主眼ではなく、はめをはずした楽しいお祭りとして構成された。その最大の呼び物は、各チーム応援団が仮装しておこなう入場式でのデモンストレーションであり、各映画会社は四、五百人の応援団を組織して秘策を練った。当日、一番手の東映は得意のチャンバラで敵チームの御用提灯をなぎ倒し、そのあとに「敗戦院松竹居士」などと記した敵チームの大きな位牌を掲げて弔う坊主の行列を繰り出した。続く松竹は、男優による大江戸五人男と女優三十数人による元禄花見踊りが白い豪華船の打ち出す花火とともに行進、三番目の東宝がダンシングチームの脚線美とフクちゃんに扮した初音麗子の滑稽さで笑わせれば、最後の大映は牛車に引かれた源氏の君と姫たちの行列で驚かす、という具合だった。もちろんトーナメント方式で開催された対抗試合の間も、俳優たちによる趣向を凝らした応援が繰り広げられ、それらを対象にした応援団のコンクールもおこなわれた。したがって『スポーツニッポン』の記事にも写真入りで大きく応援の趣向が解説されていた[56]。

こうした野球の応援は、会社の運動会や地域の野球大会などでおこなわれていた応援の楽しみを、仮装・扮装のプロたちが徹底的に追求し、「一大ページェント」に仕立て上げたものだった。つまり単にスポーツとして観て楽しむ野球ではなく、非日常空間に観客も参加して喜ぶ祝祭としての野球という側面を大きく引き出したのである。現在でも、プロ野球の観戦スタンドなどでみられる太鼓を叩いて旗を振り、派手な衣裳や化粧、小道具を用いた応援は、非日常を積極的に楽しもうとする観客たちの祝祭参加の表現である。ただ映画人野球では、会社の上司や町内の知り合いがいつもとは違う身なりや表情を見せるのではなく、普段スクリーンでしか目にしたことがない長谷川一夫や京マチ子などの俳優たちが、撮影所仲間の応援のために仮装していつもと違う生の姿を直接見せるのが、観客にとって最大の魅力だった。実をいえば、映画人による野球大会自体はこれ以前にも散発的におこなわれていたらしい[57]。それを組織的に定期的な人気イベントに仕立て上げたのがこの映画人オールスター野球祭という企画だった。

第一回に約一万五千人だった観衆は、翌年四月二十七日に開催された第二回には三万人に膨れ上がり、一九五三年四月二十九日の第三回では前売り券が数日前に売り切れるほどになった。五四年四月にはスポーツニッポン新聞東京本社主催で、東京でも映画人野球大会が開催され、川崎球場はかつてない二万人あまりの観衆を集めた。このときは東宝・松竹・大映・新東宝の四チームが対戦し、応援コンクールがおこなわれたが、大阪の野球祭のように派手な入場式はないかわりに、男優たちで構成されたスター軍の試合があり、佐田啓二や池辺良などの人気若手スターのユニフォーム姿が見られるのが人気だった。

一九五五年に撮影所の都合で休止された翌年の第五回からは、東京でのやり方に倣ったのか、撮影所の対抗戦だけでなく、俳優たちによるオールスター紅白戦が加わった。紅軍の総監督は山本富士子、助監督は上原謙に花菱アチャコ、選手には中村賀津雄、益田キートン、市川雷蔵、勝新太郎、伴淳三郎など、一方の白軍総監督は月形龍之介、助監督は灰田勝彦、選手には中村錦之助、宝田明、大友柳太朗という顔ぶれだった。こうしたスターの顔を見ようと詰めかけた観客のうち約八割が女性で、そのなかには野球のルールさえよく知らない人も多くいたが、和歌山や徳島などから泊まりがけで見にくる熱心な観客も少なくなかった。また、各スターの後援会がスタンドに陣取って声援を張り合ったりもした。

『スポーツニッポン』にとってこのイベントは、「映画と野球のスポニチ」という評価を確立した画期的なものだった。発行部数で競争紙に水をあけられていた当紙の営業拡大ばかりでなく、イメージ・アップにも貢献した。[58]さらに映画人野球を核として、「映画スターのドリームナイター」などの企画をヒットさせた。そうした関連企画のなかには、松竹のスター・チームと女子プロ野球団の大阪ダイヤモンドが対戦する「コメディ・ベースボール」というのもあった。これは一九五一年十一月二十三日に大阪球場でおこなわれ、斎藤寅次郎監督、鶴田浩二、柳家金語楼、田端義夫、清川虹子、伴淳三郎というメンバーが、あの手この手で笑いを取りながら、女子プロ野球チームと対戦するというものだった。[59]

これらの企画をみると、映画人オールスター野球祭には二つの要素が重ね合わせられていたことがわかる。すなわち、見せ物のプロではあるが野球は素人の映画人たちが、スポーツという共通の土台で楽しみながら素顔を見せるという魅力である。銀幕を離れたスターたちが、観衆にも手が届く野球という遊びのなかで生身をさらしながら、競技そのものの技量ではなくショー的な娯楽として野球を見せる面白さだ。もう一つは、日頃は裏方の撮影所関係者が野球チームの主役を務め、いつもは主役の俳優たちが応援に回るという逆転であり、さらにそれを観客たちが応援するという構造である。映画人野球は、映画人たちが年一回一斉に集う、いわば映画業界のお祭りであり、同業者仲間の野球大会を観客たちが見物するという格好になるのである。

この二つの要素は、普通の人々が楽しむ素人野球の延長上にある。日頃の地位やしがらみから離れ、勝負や技術の向上は二の次にして、球を打ちグラウンドを走って汗をかく爽快さを仲間と分かち合う、日常のなかの小さなハレの場の喜びが素人野球の楽しみだとすれば、それを映画人というメディアの向こうのマレビトたちと同じように分かち合うのがこの映画人野球の醍醐味だったといえるだろう。しかし、一九五九年の第八回になると、撮影所スタッフによる試合がなくなり、松竹・東映・大映三社代表スター・チームによる対抗試合だけになり、撮影所のスタッフを含めた全映画人のレクリエーションとしての野球大会という側面が落ちて、純粋にファン向けの見せ物としての野球になってしまう。

また、この映画人オールスター野球祭は、初回から新日本放送によるラジオ放送が録音でおこなわれていたが、この回から毎日テレビによる実況中継が放送された。「素顔のスターが見られてテレビはすばらしいわ」とファンは喜んだが、映画スターがテレビで素顔をさらすという事態のなかにすでに時代の曲がり角はきていた。一九五八年に年間観客動員数十一億人を超えた映画は、これを絶頂として以後、斜陽産業としての坂を転げ落ちていくのである。娯楽の王者として映画が最も繁栄した時代の撮影所の余裕と銀幕でのスターの輝きあってこその映画人野球の命運も、結局、六一年の第十回で尽きたのである。

女子野球も映画人野球も野球史の傍流である。野球の技術やスピードの面で、プロ野球や大学野球に比肩しうるようなものでは全くなかった。しかしそこには、娯楽としての野球が、プロ選手の美技を一方的に観賞する見せ物興行として消費される野球に完全に覆われてしまう前の野球の楽しみ、あるいは打率などの数字や記録に武装されてしまう以前の野球の楽しみが、おおらかに息づいていたように思われる。それは、ただ球を投げたり、打ったり、捕ったりして体を動かし汗をかき、その喜びを仲間と呼吸を合わせて分かち合う、遊技としての野球の純粋な楽しみであり、敗戦の青空とともに人々が共有していた空虚さを、明るくのびやかなスポーツが打ち消してくれる幸福だったのではないだろうか。横町や空き地でキャッチボールをするような地域や職場の中間集団に基づいた、社交としての野球を人々が楽しんでいたからこそ、スポーツ紙はそうした人々の心情をすくいとるべく、女子野球や映画人野球などの娯楽的な野球イベントに取り組んだのである。しかし、スポーツ紙が目指した「スポーツの大衆化」の裾野を広げるにふさわしいこれらのイベントは、テレビという新たなメディアを得て巨大化していくプロ野球の陰で、過去のメディア・イベントとなっていったのである。

注

(1) サトウハチロー「プロ野球にもの申す」『ホームラン』第五巻第五号、ホームラン社、一九五〇年五月、五七ページ

(2) 宇佐美徹也『プロ野球記録大鑑――昭和11年→平成4年』講談社、一九九三年、一八二ページ

(3) 高津勝『日本近代スポーツ史の底流』創文企画、一九九四年

(4) 小西得郎「随想 野球の大衆性」『野球ファン』第三巻第九号、野球ファン社、一九四九年九月、四四ページ

(5) 日刊スポーツ新聞社社史編修室編『日刊スポーツ五十年史』(日刊スポーツ新聞社、一九九六年)、『スポーツニッポン新聞50年史』(スポーツニッポン新聞社、一九九九年)を参照。また、『報知新聞』のスポーツ紙への転換については、白石潔『秘録・スポーツ紙誕生』(〔東潮新書〕、東潮社、一九六四年)を参照。

(6) 桑原稲敏『女たちのプレーボール――幻の女子プロ野球青春物語』風人社、一九九三年。なお、一九九九年に初めて第一期女子硬式野球の全日本チームが結成され、二〇〇三年に女子野球世界大会で優勝するなど、国際大会に参加して活躍すると注目が集まり、〇九年には日本女子プロ野球機構も作られた。残念ながらこの機構には二一年、無期限活動休止の判断が下ったが、女子野球と女子プロ野球の歴史に関する書籍がいくつか出版されるようになった。例えば、谷岡雅樹『女子プロ野球青春譜1950――戦後を駆け抜けた乙女たち』(講談社、二〇〇七年)、竹内通夫『女学生たちのプレーボール――戦前期わが国女子野球小史』(あるむ、二〇二一年)など。

(7) 有山輝雄『甲子園野球と日本人――メディアのつくったイベント』(歴史文化ライブラリー)、吉川弘文館、一九九七年

(8) 高嶋航「女子野球の歴史を再考する――極東・YMCA・ジェンダー」『京都大学文学部研究紀要』第五十八号、

京都大学大学院文学研究科、二〇一九年三月。なお、ゴムマリを用いるゴムマリベースボール、屋内でラケットで打つインドアベースボール（塁球）、キッツンボール（寵球）、軟式野球（ソフトボール）の細かい違いについての説明は本稿では省略する。本章では、一般の人々の間での「女子野球」の広がりを論じる意図で硬式野球だけでなく、それらを含めて女子野球として取り上げた。

（9）前掲『女たちのプレーボール』、前掲『女子プロ野球青春譜1950』、前掲『女学生たちのプレーボール』

（10）「浅草復興まつり」『読売新聞』一九四六年九月二十九日付、「復興へ乙女の熱球」『読売新聞』一九四六年十月十二日付

（11）「トンチ教室青木先生 女子選手と語る」『野球倶楽部』一九五〇年六月号、尚文館、一三ページ

（12）『日刊スポーツ』一九四七年八月三十日付

（13）『神奈川新聞』には一九四七年八月二十一日から八月三十一日までほぼ毎日、女子野球大会の記事が掲載された。

（14）『朝日新聞』（東京版）一九四七年八月三十日付には、「フレーフレー・おんな」というキャプションでこの試合の写真が載っている。また、『読売新聞』一九四七年八月三十日付にも「カッ飛ばすわよ！」という題名で、写真入り記事が掲載されている。両記事の写真とも、スタンドにはほぼ満員の内野席の観客が映っている。

（15）珍しいところでは、日本消防文化協会発行の『火：家庭雑誌 =Fire』（第一巻第四号、一九四七年十二月）に「女ばかりの野球試合」と題して田中比左良による絵と文章が載っている。

（16）『神奈川新聞』一九四七年八月三十日付

（17）『神奈川新聞』一九四七年八月三十一日付

（18）同記事。また、この女子野球への期待を示す次のような応援歌も作られた。「乙女ごころの　ひとすじに／燃ゆる芝生の　夢のせて／希望果てなき　空のもと／みなぎる力　このちから／鍛えよハマの　新歴史／あゝ待望の　女子野球」。前掲『女たちのプレーボール』三四―三五ページを参照。

（19）小川武「神宮球場初の女子野球戦」（『ベースボールマガジン』第三巻第十一号、ベースボール・マガジン社、一九四八年十月十日）によれば、オハイオのチームは、この年に大宮、宇都宮、川崎を回ったという。また、『神奈川新聞』一九四七年十一月五日付の記事によれば、オハイオ、ビクター横浜、ビクター戸塚の三チームが静岡市草薙球場

で、静岡理研チーム、オール静岡チームと対戦したという。こうした試合の収益は、戦災孤児への寄付金に送られたという。

(20)「女子野球時代来る」(『ベースボールニュース』第五百九十号、日本体育週報社、一九四七年十一月一日)で、横浜女子野球大会で優勝した文寿堂のキャプテン奥山静枝も「小さいときからゴロベースをやっていました」と述べている。

(21)前掲『女たちのプレーボール』九―四〇ページを参照。

(22)前掲「神宮球場初の女子野球戦」を参照。

(23)前掲『女たちのプレーボール』四三―五一ページを参照。

(24)同書五一―五四ページを参照。

(25)『佐賀新聞』には、「シーズンの劈頭を飾る東京女子野球団来る」の広告のほかに、「女子東京野球球団来る」(一九四九年三月十八日付)、「あすに迫る女子野球の熱戦」(同年三月十九日付)、「きょう女子野球の熱戦」(同年三月二十日付)、「女子〔7―6〕白山」(同年三月二十一日付)という記事が掲載された。

(26)前掲『女たちのプレーボール』五七―六七ページを参照。

(27)『日刊スポーツ』一九四九年四月二十八日付

(28)『青年ふくしま』第二巻第七号、福島県連合青年会、一九四八年七月

(29)一九四八年十月三日付の『読売新聞』のラジオ番組欄によれば、NHK第一放送の夕方五時半からの討論番組で議題になっていた。

(30)『読売新聞』一九五〇年一月十三日付には、「鮮かな球さばき　女子プロ選手採用試験」と題する写真入りの記事が掲載された。

(31)『日刊スポーツ』一九五〇年二月二十六日付

(32)例えば、「女子プロ野球チーム誕生」(『日刊スポーツ』一九四九年十二月十二日付)など。

(33)「鉄腕麗人投手 5完」『日刊スポーツ』一九五〇年一月二十九日付

(34)当時、アメリカの女子プロ野球は雑誌記事などで紹介されていた。例えば、「アメリカの女子プロチーム」(『ベー

スボールマガジン』第四巻第一号、ベースボール・マガジン社、一九四九年一月）。
(35)『日刊スポーツ』一九五〇年三月二十三日付
(36)「女子野球連盟結成披露」『日刊スポーツ』一九五〇年三月二十九日付
(37)『読売新聞』一九五〇年四月五日付には、「日本女子野球連盟結成記念試合 女子野球第一戦」と題した広告が掲載されている。
(38)秋山如水「ナデシコ野球拝見記」『スポーツニッポン』〔大阪版〕一九五〇年四月十五日付
(39)例えば、「腕より顔の女子野球」および竹中顯「女子プロ野球観戦記」（『野球ニュース』第五十号、野球ニュース社、一九五〇年五月）、小川武「美女と野球 女子プロ第一戦」（『ベースボールニュース』第六百五十一号、日本体育週報社、一九五〇年五月）、小野佐世男「日本女子野球漫描」（『ホームラン』一九五〇年六月号、ホームラン社）。
(40)「パーマ球を追う」（『スポーツニッポン』〔東京版〕一九五〇年四月十一日付）、および、「女子プロ野球の内幕」（『スポーツニッポン』〔大阪版〕一九五〇年四月十四日付）。
(41)「勇敢なる尻餅プレー 女子プロ藤井寺戦」『スポーツニッポン』〔大阪版〕一九五〇年四月三十日付
(42)「編集手帖」『読売新聞』一九五〇年四月六日付
(43)例えば、「座談会 男女プロ野球選手交歓の夕」（『ベースボールニュース』第六百五十三号、日本体育週報社、一九五〇年六月）や前掲「トンチ教室青木先生 女子選手と語る」。「女子野球とストリップ・ショウの論争」（『読売新聞』一九五〇年八月五日付）という記事では、男性の「見物の野次がひどい」こと、女子野球は「健全なスポーツ」であり、男性向けに作られたエロチシズムを売りにするショーとは同一視されるものではない、と女子野球の選手が発言している。
(44)前掲「トンチ教室青木先生 女子選手と語る」を参照。
(45)『読売新聞』一九五〇年七月二十四日付の「今夜第一戦 女子プロ野球本社杯争奪」には、新しいユニフォームを着た女子チームの写真が載っている。なお、当時のポスターには「読売優勝旗争奪戦」とあるが、『読売新聞』には「本社後援、日本女子野球連盟主催の読売杯争奪女子野球」と繰り返し出てくるので、これが正式名称だろう。また、同年八月二十八・二十九日に「第一回読売旗争奪東西対抗優勝戦」と題した女子野球の東西対抗戦が後楽園で開催されている。「読売旗争奪女子野球東西対抗」(『読売新聞』一九五〇年八月二十三日付)、および、同年八月二十九日付の同紙記事を参照。

(46) 前掲『女たちのプレーボール』一三四―一四二ページを参照。

(47)『スポーツニッポン』(東京版)一九五〇年九月二十六日―十月十日付記事、および、同紙大阪版、一九五〇年九月二十九日―十月一日付の記事を参照。

(48)「女子野球サヨナラ・ナイター」『日刊スポーツ』一九五〇年十月十日付

(49) なお、『日刊スポーツ』は、一九四八年五月二十七日に、CIEの演劇課長がアメリカの裸体ショーを日本に導入するという記事を掲載してプレスコード違反に問われ、軍事裁判にかけられた。罰金七万五千円と六カ月発行停止を執行猶予付きで言い渡されたが、六月五日に記事を取り消し、新聞協会からも六カ月発行停止では新聞がつぶれてしまう旨の請願が出されて、結局発行停止は撤回された。軽罪に終わったが、占領期の新聞でプレスコード違反で有罪になった稀有な事例だった。そのときの民間検閲支隊(CCD)の報告書によれば、『日刊スポーツ』の発行部数は一九四八年九月当時、東京で約三万四千部、全体で約五万千部で、うち一万部が占領軍関係者に購買されていたという。Nikkan Sports〔RG331 Box8627 File56〕

(50)『日刊スポーツ』一九五一年三月四日付で「明るい女子野球へ」、三月二十四日付から三十日付で「女子野球のホープ」と題して、一人ずつ計五人の選手が紹介された。四月八日付「花開く女子野球」、四月十日付「女子野球関東大会ひらく」など、各記事を参照。

(51)『日刊スポーツ』一九五一年七月六日付から「恋は青空の下で」の連載が始められた。

(52)「女子野球日本選手権試合」『野球界』一九五二年新年号、博文館、グラビア三八―四一ページ

(53) 日刊スポーツ三十年史編集委員会編『日刊スポーツ三十年史』(日刊スポーツ新聞社、一九七八年)、前掲『日刊スポーツ五十年史』二七二ページを参照。

(54) スポーツニッポン新聞大阪本社編『スポーツニッポン新聞50年史 改訂版』スポーツニッポン新聞大阪本社、一九九九年、二一一―二二ページ。担当者の回想も三〇ページにある。

(55)『スポーツニッポン』(大阪版)一九五一年十月二十九日付の「どんちゃん野球祭《カーニバル》前奏曲 松竹撮影所の巻」から始

まって、東映撮影所、大映撮影所、東宝応援団と、それぞれの舞台裏をスターたちの横顔を折り込んで紹介した。

(56) 例えば、「狂喜乱舞のカーニバル 第一回映画人オール・スター野球祭ひらく」(『スポーツニッポン』〔大阪版〕一九五一年十一月四日付)。

(57) 日活映画機関雑誌『日活』第十一巻第七号(豊國社、一九四〇年七月)には、「映画人野球大会誌上実況公開」と題してスナップ写真が掲載されている。また、「多摩川女子野球チーム誕生」(『大映ファン』第一巻第五号、一九四七年十二月号、大映ファン社)によれば、大映の多摩川撮影所に誕生した女子野球チームの各選手が写真で紹介され、同じページには映画人野球大会と関西映画芸能人野球大会のスナップ写真が掲載されている。さらに「珍無類の映画人野球」(『北日本新聞』一九四八年十一月十六日付)という記事によれば、一九四八年十一月十四日には後楽園で第二回全映画人野球大会が開催された。

(58) 前掲『スポーツニッポン新聞50年史 改訂版』

(59) 「てんやワンヤの一勝一敗」『スポーツニッポン』(大阪版)一九五一年十一月二十五日付

第4章　占領期のＣＩＥ図書館というメディア

はじめに

占領期に連合国軍総司令部民間情報教育局（SCAP Civil Information and Education Section：ＣＩＥ）が設置した、一般にＣＩＥ図書館として知られた機関があった。最初に東京で開設され、当初は CIE Information Library と称していたので、日本語ではＣＩＥ図書館と呼ばれるようになった。だが、正式には一九四八年八月からＣＩＥインフォメーションセンター（CIE Information Center）と名称が改められた[1]。その後、五一年までの間に、人口二十万以上の主要都市二十三カ所に同様の機関が開設されたが、五二年四月に占領が終了すると、これらはアメリカの陸軍省から国務省に管轄が変更され、翌五月にはアメリカ文化センター（American Cultural Center：ＡＣＣ）と改称された。さらに五三年七月にアメリカ広報庁（United States Information Agency：ＵＳＩＡ）に移管された。このような経緯を踏まえたうえで、本章では、占領期および朝鮮戦争の休戦協定が調印される五三年までの間のこの機関の統一的な呼称として、当時日本人の間で一般的に使われていたＣＩＥ図書館という名称を使用する。そしてこのＣＩＥ図書館が、日本人の再教育が目的だったＣＩＥによる草の根レベルのメディアとして、どのように日本人に利用され日本社会に受け入れられたのかを考察したい。

これまでＣＩＥ図書館に関する研究は、大きく二つの分野で重ねられてきた。

一つは図書館史と図書館学の分野である。今まど子の「ＣＩＥインフォメーション・センターの活動」をはじめとした論文など、主に図書館としての面から研究が進められきた。[2]そこでは主として、ＣＩＥ図書館のあり方が日本の図書館に与えた影響について論じられてきた。すなわち、一九四八年に国立国会図書館が開館し、五〇年に図書館法が成立するまでの日本の公共図書館は、利用するためにはかなり面倒な手続きが必要だった。まず、有料なので閲覧券を買って入らなければならなかった。例えば、占領初期の帝国図書館の閲覧料は五十銭だった。[3]書架は基本的に閉架式で、目録室で希望する書籍の書名や番号などを閲覧券と引き換えにもらった閲覧証に記入し、出納係に提出し、目当ての書籍が書庫から出されてくるのを、ときには一時間以上待つ必要があった。図書の貸し出しはほとんどの図書館でおこなわれておらず、レファレンスサービスもなかった。これに対してＣＩＥ図書館は無料で、面倒な手続きもなく誰でも開架式の書架から自由に書籍を手に取ることができた。図書の貸し出しやレファレンスサービス、図書館相互での貸し借り（ＩＬＬ）など、現在の日本の公共図書館で普通におこなわれているサービスがすでに、アメリカの中小都市の公共図書館をモデルにしたＣＩＥ図書館では提供されていた。つまりＣＩＥ図書館は、それまでの日本人の図書館に対する認識を一新するようなインパクトをもっていたことが明らかにされてきた。

他方、占領軍とアメリカの対外政策の一環として、ＣＩＥ図書館を論じる研究も進められてきた。マイケル・Ｋ・バックランド『イデオロギーと図書館』や渡辺靖『アメリカン・センター』など[4]をその代表として挙げることができる。すなわち、ＣＩＥ図書館は、第二次世界大戦時にアメリカの戦時情報局（Office of War Information：ＯＷＩ）がロンドンやメルボルンなど海外に設けた図書館の延長として位置づけられると同時に、やがて冷戦下でアメリカの広報外交の一翼を担う機関として、日本を反共主義の砦とすべく多面的な啓蒙活動を展開したことが論じられてきた。

前者の先行研究は、ＣＩＥ図書館に勤務した人々の回想や図書館関係者を中心におこない、後者は主に占領軍とアメリカ側の資料に基づいて論じている。占領地のメディア研究の枠組みで考えるならば、前者は占領統治に協力した人々の側に立ち、後者は占領統治側の視点に立脚しているといえるだろう。しかし、この二つをつなぐだけでは不十分であり、ＣＩＥ図書館を利用した人々の様相が明らかにされてはじめて占領期の日本でのＣＩＥ図書館の位相が立体的に浮かび上がるだろう。

そこで本章では、ＣＩＥの各課が週ごとに提出していたウイークリーレポート（Weekly Report）を資料とし、主にその利用者に関するデータをもとに、それに当時の新聞・雑誌の記事や回想記などを加えて考察したい。ＣＩＥ図書館についての研究では、各地のＣＩＥ図書館がＣＩＥの情報課（Information Division）に提出した週報（Weekly Report）や活動報告（Bulletin）が用いられることが多いが、各課によるウイークリーレポートは、各地の情報センターからの詳細な報告に基づき、それらをまとめてＣＩＥ局長に提出した報告なので、日本本土でのＣＩＥ図書館の全体的な動向を把握するのに適当と考えられるからである。以下の記述で特に注を付けないものはこの資料に基づく。[5] 利用者の分析を通じて、占領期のＣＩＥ図書館の位置づけと意味を考察したい。

1　初期のＣＩＥ図書館と利用者

占領期での各ＣＩＥ図書館の設立経緯を整理すると、三つの時期に分けられる。第一期は、唯一のＣＩＥ図書館が東京に存在した一九四五年十一月から四七年八月までの二年弱の期間である。第二期は四七年九月から五〇年七月まで、広島を始め合計十七カ所の都市にＣＩＥ図書館が開設された時期である。第三期は五〇年八月から、五二年四月に占領が終わり閉鎖されるまでの時期である。

まず第一期の経緯をみてみよう。CIEは四五年九月に東京・内幸町にあった放送会館の建物の一部を接収し、その一階の一〇八号室に小規模の図書室を設け、同年十一月に日本人向けに開館した。当初は兵隊文庫と呼ばれる数セットのペーパーバックだけだったというが、四六年二月には蔵書は三百二十冊に増えた(6)。翌年三月には、日比谷にあった日東紅茶の喫茶室を接収して改装し、ここにCIE図書館（CIE Library）として図書室を移転させた。注意すべきは、この時期の文書では、CI&E American Library あるいは CIE Library と称していて、それを担当する課も図書館課（Library Division）だった――つまり図書館として認識されていたということである(7)。実際、一万冊以上の図書や新聞・雑誌、パンフレットが閲覧できる開架式の図書室と読書室、タイプライターを使用できる調査用の部屋のほか、国連の活動やアメリカの様子を伝える写真などを展示するコーナーがあり、ノースウェスタン大学で修士号を取得して大学図書館で司書を経験したポール・J・バーネット中尉が館長で、その下で七人のスタッフが働く本格的な図書館だった。

開館を伝える当時の新聞記事は、「国際文化の贈物」と題して、CIE図書館を占領軍司令部の「温かい贈物」であり「日本の一般民衆が戦時中誤った超国家主義のために国際的知識を一切封じられていたのを開放し、自由に諸外国の文化に接触できるやうマ元帥の命令で新設されたもの。戦前の一九三四年には二二六万余書の外国書籍を輸入した日本も今は読みたい外国書籍も買へない、そこでこの民間情報教育図書館（C・I・Eライヴラリー）が代って読書家の要望を充たしてくれるわけだ(8)」と報じた。

このCIE図書館は、英語で書かれた書籍だけ、それもほとんどがアメリカで出版された雑誌と図書を扱っていたが、占領軍の軍人の利用は認められず、全く日本人向けの施設だった。その利用者に関する記録がCIE図書館課によって残されている。

その記録によれば、一九四六年の二月九―十五日の週、二月二十四―二十八日の週、三月十―十六日の週、および三月十六―二十二日の週について、利用した日本人が職業別に整理されている（最後の週は合計人数だけだが、それ以外は日本人の名前のリストがある）。二月九日からの週では八十二人、二月二十四日からの週では九十七人、三月十日からの週では四百四十人の日本人の名前が挙がっているが、これがそのまま当該の週に来館した日本人利用者の数を示すのかどうかは確実ではない。ただ、三月十六日からの週については、日本人利用者の数が各日ごとに示されていて、三月十六日が三百七十六人、十八日が二百四十二人、十九日が三百十三人、二十日が二百四十七人、二十一日が二百四十八人、二十二日が三百十九人、合計千七百四十五人で、一日平均は約二百九十人になっているので、それ以前のデータも実際に利用した日本人の数と近いものではないかと推測される。

これらの利用者をＣＩＥは、教育関係、出版関係、官庁・諸団体関係、商業関係などに分類している。それによれば、四〇％弱が教育関係で、東京帝国大学、早稲田大学、慶應義塾大学、東京工業大学、立教大学、東京文理科大学、日本大学など東京の大学の教授や学生が多く来ていた。なかには、広島文理科大学や京都帝国大学、名古屋帝国大学、大阪帝国大学の教員もいた。次に多いのが商業関係、つまり企業・会社に属する人々で、二割強を占めた。三菱重工、日立、日本鉄鋼、大阪商船、東急電鉄、王子製紙、三菱化学、東京芝浦電気、古河電気などが目につく。出版関係では、朝日新聞社、読売新聞社、時事通信社、共同通信社などの大手新聞社・通信社のほかに、機械や科学関係の雑誌の出版社などがみられる。これは技術系の資料がよく利用されたという館員の証言を裏付ける(9)。政府官庁では通産省、大蔵省、外務省、文部省、農林水産省、内務省など、諸団体では世論研究所、日本生活問題研究所、ラジオ東京、日本交通公社、三菱経済調査研究所など、そのほかには音楽家、漫画家、作家、役者、医者、工業デザイナー、建築家、通訳、家具屋、主婦など多様な人々が利用していることがわかる。しかし、女性の利用者は圧倒的に少なく、全体の三％にも達していなかった。

ＣＩＥ図書館で英語の文献を利用したのは、英語をある程度学んだ、日本人のなかで知識人と呼べるような人々だったとまず考えられる。例えば、次の記事には、東京のＣＩＥ図書館の常連の名前が挙げられている。

ここの定連の知名士としては、坂西志保女史、推理小説家木々高太郎、英文学者の福原麟太郎、エンサイクロペディストの春山行夫。時々現れるのは評論家の小林秀雄、英文学者の中野好夫の諸氏。羽仁もと子、説子、恵子さんの親子三人といったところ。このほかCIE図書館開設以来の名物男として明治四十二年メッカ巡礼により〝ハッジ〟の称号をもつ回教圏文化の研究家山岡光太郎（七二）がおり、この館内で膨大な研究『パレスティナのアラブとユダヤ』を完成、毎日のように館内の一角で読書にふけっており、その顔がみえないと館員もさびしいといっている。(10)

しかし、有名な知識人ばかりがCIE図書館を利用したわけではない。具体的には誰がどんな書籍を利用していたのか、占領期の記述からさらに拾ってみよう。まず、最も利用されたのは、物理・化学・医学などの理系・技術系の専門雑誌だった。

外国雑誌というと、ドレメ嬢のスタイルブックあたりを先ず想像するが、実は外国雑誌の主たるものは技術書なんである。

電気・機械・土木・医学に拠る人々には、外国雑誌がないと闇夜を提灯なしで歩くようなもの。

殊に、メーカーと称する連中は、例の形式盗用の目的のために、ますます外国雑誌を必要とする。

終戦直後、貿易がなかった頃は、CIE図書館に弁当持参で日参したり、苦心したものだそうである。(11)

〔CIE図書館は：引用者注〕終戦後は文化人のオアシスであった。今日だって英文の雑誌一冊買うのも容易ではない私たちにとっては、かけがえのないものである。物理、化学その他の専門雑誌は手アカがつき、ボロボロになっている。(12)

どちらも一九五二年の記述だが、次の短歌は四九年に、安倍義人という科学者自身によって発表された「CIE図書館」と題する作品群の一部である。

図4-1　「おしゃれシーズン」（『朝日新聞』1949年4月27日付）

工場の技手らしき人は多く義務的にアメリカの文献写す
アメリカの学術誌写す熱心は真理求むる情熱でなく
透写紙に図まで悉く写しいる工場技手をあはれむとなく
人々がいがみあふやうで向うにはスタイルブック写す一団
色刷の漫画紙見ている一人のみがこの図書館に人間味あり
アメリカの文献見つつ科学者のはしくれにして虚勢に自慰す
所持品の検査すなほに受けて出ず日本人根性の応報なりき(13)

先進的な技術を学ぶために、コピー機などない当時は薄紙をあてたりしてひたすら書き写すことが必要で、そのために派遣された学生アルバイトもいたらしい。欧米の最新知識にふれる喜びよりも、それを得るために早朝から通わなければならない一種の敗北感・屈辱感のようなものがこれらの短歌からは感じられる。こうした技術専門書の読者には、占領軍のためのDH住宅の建設や家具・什器・電灯などの電気設備の大量発注に応じなければならない技術職の人々も多くいただろう。

他方、技術書の次によく利用されたのが、先にも「スタイルブック」としてふれられたファッション関係の雑誌だった。次は一九四九年の「おしゃれシーズン」という記事である（図4―1）。

日比谷のC・I・E図書館にはアチラのファッション・ブックがいっぱいある、集まって来るのは洋裁学校の生徒を第一に、タイピストやダンサーから買物帰りの奥さんたち、ジーッとながめたり紙へうつしとったり冬の洋裁はできない人たちも手軽な洋裁のシーズンになって来たので来館者はこのごろぐっとふえて「一日百五十人ぐらいです」とフィンキン館長の話(14)

当時はミシンで簡単なスカートやワンピースなどを縫う洋裁がブームだった。前述の「ドレメ嬢」とは「ドレスメーキング」をする若い女性を指し、型紙作りなど洋裁の基礎を教えてくれる雑誌が人気だった。こうしたファッション雑誌や、あるいは漫画雑誌などを見にきた女性や青年たちがみな英語に堪能だったわけではないだろう。しかし、欧米の最新事情に関心を寄せ、新たな情報にふれる機会を得ようとする人々こそは、占領軍が戦後日本の復興と民主化のためにまずはたらきかけたい対象だったことはまちがいない。

2　ＣＩＥ図書館のネットワーク形成

第二期は、一九四七年九月に名古屋にＣＩＥ図書館が開設されたあと、四八年十月に広島にＣＩＥ図書館が開設されて、全部で十七カ所のＣＩＥ図書館が設立され、その体制が続く五〇年七月までの約二年間である。京都に進駐した第六軍の司令官ウォルター・クルーガー中将が寄贈した出版物をもとに、四六年一月に開設されたクルーガー図書館を継承し、京都にＣＩＥ図書館が開館したのは四七年十月だった。その前月には名古屋でＣＩＥ図書館が開館した。これは四七年八月の指令（SCAPIN4401-A）によって日本政府に通達された。さらに同年十二月の指令（SCAPIN5083-A）で、大阪（一九四八年一月開設）、福岡（同年四月開設）、新潟、札幌、仙台（以上は同年五月開設）、金沢、神戸（以上は同年六月開設）、長崎、静岡（以上は同年七月開設）、高松、横浜（以上は同年八月開設）、函館（同年九月開設）、熊本、広島（同年十月開設）の十三の都市に設置する旨が命じられた。このときにＣＩＥは明らかに、単なる図書館ではなく、「情報センター」としてのネットワーク形成を構想したのである。

この背景には、四八年一月に成立したいわゆるスミス・ムント法による予算の保証があった(15)。

そしてこれらの施設を中央で統轄する部署も、CIE情報課（Information Division）の図書館係（Library Branch）から、一九四九年一月に情報課情報センター係（Information Centers Branch）に名称が変更された。四六年秋から情報課図書館班（Library Unit）の主任だったローランド・A・マルハウザーが情報センター係の主任に着任して継続する形態ではあったが、単なる図書館の枠を超える方向へ活動は歩みだした。当時、長崎の情報センターに勤務した女性の回想に記された次のエピソードは、こうした方向性を担当者がどのように感じていたかを示唆して興味深い。

七月二十七日の開館日を前に、「情報提供所」でどうでしょうか、と副館長の岩さんが頭をかかえていた。「インフォメーション・センター」の訳である。彼がひっかかったのは、今ではごくふつうに使われる「情報」という言葉が、戦争の記憶が新しい当時の人々に「諜報」を連想させることを案じたからだろう。新聞報道では「CIE図書館」とされていた(16)。

実際、日本人の間では、「CIE図書館」「スキャップ図書館」と呼ばれて親しまれ、さらに多くの地方自治体から開設の要望が寄せられるようになる。ただ、アメリカ政府と占領軍の側からは、それは単なる図書館ではなく、アメリカの地域奉仕型の施設のモデルを提示し、アメリカの制度・思想・生活について日本人が知り学ぶことができるよう、図書や新聞・雑誌、パンフレットによって情報を提供するだけでなく、映画や音楽、討論会、英会話などさまざまな企画を通じた機会を与える機関として位置づけられていた。したがってCIE図書館は、図書をはじめとする印刷物の閲覧・貸し出し・レファレンスなどの図書館サービスだけではなく、多くの企画や催事をおこなった。

それらの企画や催事は主に五種類あった。

一つ目は映画の上映である。娯楽的な劇映画ではなく、ＣＩＥ映画と呼ばれた教育的なドキュメンタリー映画がナトコと呼ばれた映写機によって上映された。「ソ連の強制労働」というような政策的な作品もあったが、科学的なものや芸術に関する文化的な作品も多かった。(17)

二つ目は、レコードによる音楽鑑賞、コンサートである。札幌では一九四八年十一月十日に、九十二の座席しかない会場に二百六十人が押しかけたという。

三つ目は講演会である。情報センターの司書が図書館の役割やアメリカのスラングや最近のアメリカ映画の傾向など、さまざまな話題で話をしたほか、民政局の情報官やアメリカの宣教師が自国での学生生活について話したり、アメリカ帰りの日本人が講演したりした。

四つ目は、さまざまな種類の会合である。福岡や神戸では読書クラブが組織されて定期的な会合がおこなわれ、英会話教室も開かれた。「お話の時間」（Story Hour）と称して、子ども向けに英語と日本語訳でお話を語って聞かせる会が長崎などで開催された。紙芝居を用いた話の会や、合唱団、ペンパルの会、映画同好会、ボーイスカウト、ＹＭＣＡなどの会合もおこなわれた。スクエアダンスの会も開催され、名古屋では一九四八年十一月、知事の舞踏会（Governor's Ball）に、県知事、市長、商工会議所会長、教育委員会の委員や主要新聞三紙の編集者や役人とその妻たちが集まったという。また、横浜では四八年十一月にファッション・ショーを催し、二百八十人が集まった。それはピアノや歌、日本の踊りなどで始まり、ＰＸの美容室長が二人の日本人女性のヘアメイクと化粧を実際におこないながら話し、またファッション学校の教師三人が日本女性のモデルが身につけた服を批評し、図書館の司書が最後にセンターの施設について話したという。

五つ目は展示である。書籍やそのカバーの展示、ＣＩＥ展示係による展示（「民主的な地域生活におけるリーダーシップのための訓練」「英国の国土」「サウスハンプトンと収穫」、国連などのテーマ）、フラワーアレンジメント、地元の写真家による写真、あるいは地元の商工業、アメリカの女性団体、公衆衛生と医療の進歩など、多様なテーマの展示がおこなわれた。

こうした企画や催事はCIE図書館の館外にも拡大した。各地の占領軍の民事官に協力して各種の資料を提供するだけではなく、CIE図書館が保有するCIE映画やレコード、写真などを学校や公共図書館、劇場あるいは百貨店などに貸し出して人を集めることもよくおこなわれた。例えば福岡では、一九四九年八月に東公園で屋外レコード・コンサートを催し、百八十人が集まった。また、地元の放送局にレコードを貸し出し、ラジオでそれをかけて聞かせるとともに、CIE図書館の活動に関するお知らせを流したりもした。各地でCIE図書館は、ポスターやラジオ、新聞、ビラを用いて積極的に自らの活動を宣伝した。高松では四九年九月に地元の百貨店でCIE図書館に関する展覧会を催した。

さらにCIE図書館の司書たちは、学校やほかの図書館などに出向いて講演などをおこなった。ときには司書が、民政局が後援している地域での演説コンテストの審査員になるなどして、各地域の啓蒙と民主化に協力した。また、「アメリカについて学ぼう」という企画(Let's Learn About America program)が、前述のさまざまな種類の活動を通じて展開された。CIE図書館の館長はほとんどが女性であり、日本人女性のスタッフも多かったから、彼女たちが語るアメリカの音楽や絵画、学校や生活などは、占領軍の男性兵士たちから受けるのとは別の印象を一般の人々にもたらしただろう[18]。

しかし、このような催事や企画には、各館でばらつきが大きかった。表4―1は、各CIE図書館の来館者数の推移を、各年三月・七月・十一月の数値で示したものだ。表4―2は、十七カ所のCIE図書館がそろってから各所でおこなわれた催事の件数とその参加人数を同様の月の数値で示したものだ。催事の件数は、前記五種類のうち展示を除いた、映画、レコード・コンサート、講演、会合の件数を合計したものである(ただし、一九四九年八月までの参加人数には、CIE図書館に来た人ばかりでなく、館外の催事に集まった人の数も含まれている[19])。この二つの表からは、各館ごとに催事の数や参加者数にかなりのばらつきがあり、CIE図書館の運営が各館長の自由な裁量に任せられていたことがうかがえる。全体としてみると、来館者が漸増するとともに催事の参加人数も増加しているが、その割合は、一九五〇年の半ばごろまでは全体の二割前後だったことがわかる。

W・C・イールズがまとめた『日本における教育の進展』（一九五一年）によれば、一九四九年末のデータでは、職業別にみると利用者の五四％が学生で、九％が事務職、七％が技術職、六％が教師、五％が役人だったという。[20]初期に比べ、学生と教員の割合が増加していることがわかる。冷暖房や照明が整ったセンターは、住宅事情が悪かった学生たちにとって勉強の場所として貴重だったことは想像にかたくない。また年齢構成では、二十歳未満が二八％、二十代が四三％、三十歳以上が二九％だった。全体に占める女性の割合は一〇％で、初期に比べると

縣民の利用を熱望
きのうCIE圖書館店開き
ニュージェント中佐メッセージ
デルノア中佐祝辞

図4-2　長崎でのCIE図書館開館を告げる記事（『長崎民友』1948年7月28日付〔プランゲ文庫所蔵〕）

増加しているものの依然として低かった。

以上の記録を、特に地方のCIE図書館について当時の新聞記事で確認してみよう。例えば、一九四八年七月二十八日に開館した長崎（図4―2）では、「繁盛するCIE図書館 近く音楽室も出来ます[21]」という記事が『長崎民友』一九四八年十月二十九日付に出ている。それには「先週の一日平均利用者は四五〇～五〇〇名にのぼる」とあり、表4―1の四八年十一月の数字から概算する値とほぼ同じである。また、「スタイルブックを書き写す娘さん、漫画雑誌に見入る小中学生も英語を楽しんで覚えようと、分からぬ個所は先生にでも尋ねる気か熱心にノートしているのが目立っている」と当時の利用者の様子を伝えている一方、「トウロンソン館長談」として「娯楽場に出入りする人の数に比べて図書館利用者の少ないのが不思議な現象です」という発言も載せられていて、CIE側の期待したほどの人数ではなかったようだ。

また、この時期には十七カ所の拠点図書館のほかに、分室あ

るいは図書室のような小規模な施設が各地に作られた。それらも「ＣＩＥ図書館」と呼ばれていた。例えば、一九四九年十月一日に開室した佐世保分室について、『佐世保時事新聞』には、「一日に賑やかに店開きした佐世保市図書館内ＣＩＥ図書館」[22]と題した記事が出ている。それによれば、雑誌の「お客さんは中学生が八割」で、単行本は「利用者はほとんど学校の先生方」「トップは伝記物（ジェファーソン、ディケンズなど）と教育関係のも

11月	1950年3月	7月	11月	1951年3月	7月	11月	1952年3月
25,671	35,566	23,998	27,419	31,886	25,813	24,682	28,641
7,598	8,350	6,910	7,241	8,744	7,876	8,690	9,594
14,481	17,486	14,549	12,798	13,806	14,989	16,511	16,386
10,211	14,262	10,582	10,524	12,115	12,636	13,768	14,806
11,724	10,161	11,682	10,998	14,710	13,000	13,308	4,494
5,898	6,425	3,894	2,498	11,801	7,531	8,704	15,245
10,813	9,258	5,366	8,869	13,228	8,258	8,717	10,354
10,648	15,265	11,058	13,037	17,397	15,808	16,773	20,967
5,025	8,792	6,003	5,878	18,111	14,454	12,383	20,918
7,640	12,081	9,862	9,487	14,688	11,943	13,962	15,527
11,659	14,278	9,107	9,647	13,888	11,141	9,214	8,736
3,608	2,432	4,662	5,118	7,250	4,032	6,196	7,305
5,583	7,075	6,879	5,638	9,091	9,178	10,043	7,886
11,700	13,811	11,831	15,352	16,950	13,337	17,583	13,933
6,501	20,443	6,672	13,684	15,167	9,945	11,984	13,199
7,057	10,001	5,648	6,001	28,658	11,790	16,237	15,046
3,959	4,485	3,650	9,261	7,409	8,882	9,447	8,858
			7,309	7,822	6,726	8,362	12,548
			12,240	10,181	12,417	13,256	12,810
			8,837	12,378	11,790	13,900	14,563
				14,116	16,086	16,943	18,871
					7,835	12,261	13,955
					20,423	16,697	14,505
159,776	210,171	152,353	201,836	299,396	275,890	299,621	319,147
		173,450	254,899	200,613	218,202	231,895	

表4-1　各CIE図書館来館者数の推移

	所在地名	開館年月	1947年11月	1948年1月	3月	7月	11月	1949年3月	7月
1	日比谷	1946年3月	21,841	24,352	26,941	24,188	26,373	36,907	37,319
2	名古屋	1947年9月	4,386	3,803	3,703	5,023	5,463	7,249	8,246
3	京都	1947年10月	4,482	6,301	10,149	12,511	12,814	15,497	13,504
4	大阪	1948年1月		7,732	7,984	7,636	9,633	15,437	10,909
5	福岡	1948年4月				3,128	5,442	5,885	9,240
6	新潟	1948年5月				6,290	4,595	5,765	5,567
7	札幌	1948年5月				7,825	7,661	9,626	8,107
8	仙台	1948年5月				5,785	7,449	7,391	8,684
9	金沢	1948年6月				3,642	3,114	2,780	3,551
10	神戸	1948年6月				4,739	5,716	6,317	6,747
11	長崎	1948年7月					11,133	8,730	11,681
12	静岡	1948年7月					4,003	3,914	4,881
13	高松	1948年8月					9,270	6,417	6,280
14	横浜	1948年8月					6,304	11,104	11,986
15	函館	1948年9月					5,863	6,238	5,118
16	熊本	1948年10月					4,018	4,250	4,207
17	広島	1948年10月					4,867	2,690	2,553
18	新宿	1950年8月							
19	長野	1950年10月							
20	松山	1950年10月							
21	岡山	1950年							
22	秋田	1951年							
23	北九州	1951年6月							
合計			30,709	42,188	48,777	80,767	133,718	156,197	158,580
(※17カ所の合計)									

(出典：CIE ウイークリーレポートをもとに筆者作成)

1950年7月		1950年11月		1951年3月		1951年7月		1951年11月		1952年3月	
催事数	参加者数	催事数	参加者数	催事数	参加者数	催事数	参加者数	催事数	参加者数	催事数	参加者数
13	4,298	20	3,179	31	4,414	26	3,024	28	3,733	30	4,606
31	1,415	32	1,733	57	2,781	44	1,819	39	3,990	71	3,456
35	749	44	748	51	1,170	33	781	57	2,915	46	2,965
67	2,144	60	2,216	0	0	67	3,212	67	3,938	90	6,383
41	1,908	49	4,355	49	3,644	63	2,870	69	3,311	26	2,081
19	414	24	330	53	2,984	30	1,940	35	1,981	37	2,913
31	1,240	43	3,407	60	5,272	50	2,926	38	2,135	47	3,714
37	2,611	31	2,011	27	2,067	40	2,757	39	2,081	33	2,540
41	963	33	807	41	3,314	50	3,886	52	3,983	54	7,089
66	2,589	65	2,204	65	3,036	59	2,970	67	3,848	76	3,489
70	5,066	130	16,028	68	4,787	78	6,432	73	7,559	59	5,517
21	1,359	31	2,238	30	2,749	16	774	32	2,538	21	1,977
46	2,684	57	1,779	38	1,802	38	3,866	26	1,223	27	1,117
42	3,847	59	6,517	75	6,180	31	2,107	55	5,386	76	6,302
86	1,443	143	4,257	112	4,760	110	3,702	124	5,688	112	4,764
42	1,106	43	1,496	79	6,564	94	3,643	74	3,836	99	4,770
12	1,026	39	4,839	42	1,604	55	3,191	34	4,771	26	1,797
		14	1,396	15	2,075	33	3,084	32	3,071	49	6,726
		63	3,573	81	4,742	68	7,186	92	5,251	115	6,578
		49	2,666	69	6,733	64	6,538	62	6,219	77	7,141
				58	3,645	51	3,687	77	5,742	75	5,909
						25	1,586	30	2,969	58	5,927
						16	749	71	3,260	91	2,309
700	34,862	1,029	65,779	1,101	74,323	1,141	72,730	1,273	89,428	1,395	100,070
		903	58,144	878	57,128	884	49,900	909	62,916	930	65,480

表4-2　CIE情報センター月別催事件数および参加者数

			1948年11月		1949年3月		1949年7月		1949年11月		1950年3月	
	所在地名	開館年月	催事数	参加者数	催事数	参加者数	催事数	参加者数	催事数	参加者数	催事数	参加者数
1	日比谷	1946年3月	5	931	8	1,722	14	3,665	4	1,663	13	5,186
2	名古屋	1947年9月	15	1,060	19	2,087	37	1,271	27	1,066	37	2,049
3	京都	1947年10月	7	1,449	0	0	37	2,108	58	1,734	55	820
4	大阪	1948年1月	2	400	7	521	18	1,337	46	1,193	58	2,226
5	福岡	1948年4月	10	945	42	21,525	26	2,494	47	3,577	31	2,351
6	新潟	1948年5月	23	2,110	17	623	12	431	14	693	25	863
7	札幌	1948年5月	17	1,039	14	521	16	790	13	746	25	898
8	仙台	1948年5月	15	1,741	17	1,326	26	1,603	49	2,985	28	2,079
9	金沢	1948年6月	2	10	2	267	0	0	52	1,613	34	1,200
10	神戸	1948年6月	35	1,724	38	1,746	34	1,578	57	1,885	69	3,141
11	長崎	1948年7月	28	4,534	49	3,401	85	4,786	80	4,830	90	6,912
12	静岡	1948年7月	8	840	9	635	13	945	19	1,152	9	611
13	高松	1948年8月	30	3,565	31	2,396	35	2,019	44	1,312	37	1,410
14	横浜	1948年8月	26	5,723	26	4,670	23	5,612	37	6,556	71	4,501
15	函館	1948年9月	20	3,072	10	4,575	36	1,462	28	1,503	105	4,058
16	熊本	1948年10月	9	355	8	353	27	853	47	1,928	49	1,758
17	広島	1948年10月	4	386	20	573	11	251	16	1,311	13	781
18	新宿	1950年8月										
19	長野	1950年10月										
20	松山	1950年10月										
21	岡山	1950年12月										
22	秋田	1951年6月										
23	北九州	1951年6月										
合計			256	29,884	317	46,941	450	31,205	638	35,747	749	40,844
（※17カ所の合計）												

（出典：CIEウイークリーレポートをもとに筆者作成）

のが九割」で、「一日平均百十名程度の来館者」だという。「お前そんなものがワカルもんか」部厚い洋書をめくっている中高校生同士が書棚を前に話している」という様子も目に浮かぶようだ。

ところで、こうした小規模のＣＩＥ図書館の認知度に関する調査が当時おこなわれた記録が見いだせる。一つは、愛媛県の新居浜市弘報係が七千百三十人を対象にした調査で、『愛媛新聞』の記事によれば、「ＣＩＥ図書館を知っていますか」という問いに対して、「知っている」五六％、「知らない」四三％という回答で、また「利用したことがありますか」という問いには、「ある」四一％、「ない」五八％だった。[23] 詳しい調査方法がわからないので何とも言えないが、同様の調査が同じころに同県の今治市でもおこなわれている。その結果を『今治市弘報』は次のように発表した。

まず、一九四九年四月現在の今治市の人口は五万六千四十三人であり、そのうちの約三万三千四百六十七人を対象として調査をおこなったらしいが、それは明記されていない。そして結果の概要として以下の報告がある。

Ａ．ＣＩＥ図書館とは何か、又どこにあるかを知っている市民は比較的多い。
一万八千四百七人、全調査人員の五五％

Ｂ．ＣＩＥ図書館の図書は英語で書かれているので、これが自力で読める市民は少ないのであるが、「たとえ英語は読めなくとも素晴らしい印刷物であるから一度は見ておかれたい。必ず参考になるであろう」と三月十日発行の「今治市弘報（第三号）」に弘報してからは閲覧を希望する者が相当数に上って来た。
読んだ者　千二十五人（全調査人員の三・一％）
読めないが見た者　一万一千八百四人（同上　三五・八％）

Ｃ．閲覧した者はその図書の美しい装幀や挿絵写真および優秀な印刷技術ならびに高級な用紙に接し、印刷文化の極致に驚嘆したと言っている。[24]

このほかに、「D．広報委員のなかには借りた図書を、人を集めて見せている人がいて、実際はその何倍かの人が見ている」「E．今治市の学校職員は全員CIE図書館を知っており、読んだ者は九十四人（全体の二四%）で、読めない者も全員見たことがある」と報告している。

この調査で興味深いのは二点ある。第一に、CIE図書館を知っている割合が新居浜市の調査結果とほぼ同じなことである。およそ半分強の人々がCIE図書館について聞いたことがあり、知っている。しかし、それを利用して図書を読んだことがある人は圧倒的に少ない。第二に、読むのではなく印刷物を見るだけの人が三割ほどいて、それを含めた利用者を自治体が奨励していることである。これは占領軍に協力して利用者を増やそうとしているのだといえるかもしれないが、新時代の素晴らしい文物にふれさせようという啓蒙への熱意も感じられる。

以上の文献から推測されるのは、地方の小都市では、技術系の専門雑誌をCIE図書館に読みにくる人々は東京・大阪などの大都市ほど多くなく、学校の教員や学生が利用者の中心だったらしいということだ。彼らを除けば地元住民のほとんどは英語がわからないので、英語が読めなくてもCIE図書館に来館する者を増やすには、先に挙げたようなさまざまな催事をおこなって新規利用者を増やすのが当時選ばれた方針だった。なぜならCIEにとってCIE図書館は、単に書籍を提供するだけの図書館ではなく、ラジオや新聞などと同様に、日本人の思想や思考、感情にはたらきかけるメディアの一つであり、より多くの人々が利用して何らかのアメリカにふれることが重要だったからである。

したがってCIE図書館の利用者の裾野は、新規の利用者あるいは催事などで一時的にやってくる人々にあったと考えられる。例えば、一九五〇年三月の名古屋の報告によれば、頻繁にCIE図書館を利用する人は利用者全体のうち四九%で、新規利用者は二五%だったという。これがすべてのCIE図書館にあてはまるかはわからないが、来館者のうち四〇%程度の人が常連の利用者で、約二〇%から三〇%が新規の利用者、約二〇%が催事での来館者だったという推測が成り立つだろう。また、館外の催事への参加者数も、表4―2にみるように増減の幅が大きいが平均すれば館内での参加者と同じぐらいと推測でき、来館者のほかに、さらに約二〇%の人々が

CIE図書館の影響範囲にあったのではないかと考えられる。

3　朝鮮戦争以降のCIE図書館

ところで、表4―1をみると、順調に伸びたと思われる来館者数が一九五〇年三月のあとにいったん減少しているのに気づく。この減少している期間の統計を表4―3で詳しくみると、五〇年三月をピークに四月から六月まで徐々に落ち、七月で大きく減っている。五〇年八月以降は、新たに新宿（一九五〇年八月開館）、長野（同十月開館）、松山（同十月開館）、岡山（同十二月開館）、秋田（一九五一年五月開館）、小倉（同六月開館）の六カ所のCIE図書館が開設される第三期に入る(25)のだが、ちょうどその時期に入る数カ月前から来館者数が減少している。新規に開設したCIE図書館の分を除いた十七カ所のCIE図書館の合計で推移をみると、この減少は同年末の十二月になってようやく回復したことがわかる。

9月	10月	11月	12月
27,787	27,768	27,419	29,481
6,159	7,445	7,241	8,021
13,591	15,361	12,798	12,579
10,118	14,195	10,524	12,560
10,670	11,845	10,998	11,564
3,630	2,859	2,498	6,593
4,620	6,401	8,869	8,931
9,895	14,007	13,037	18,099
5,556	6,134	5,878	9,388
8,611	10,753	9,487	13,054
9,330	9,065	9,647	12,580
4,249	4,653	5,118	4,194
7,435	8,274	5,638	6,552
12,232	14,103	15,352	14,968
10,576	9,968	13,684	13,848
5,377	7,088	6,001	9,268
7,139	7,163	9,261	9,673
4,974	6,621	7,309	7,688
	10,324	12,240	6,771
	3,984	8,837	8,966
			8,657
161,949	198,011	201,836	233,435
156,975	177,082	173,450	201,353

表4-3　1950年の月別来館者数

	所在地名	開館年月	1950年2月	3月	4月	5月	6月	7月	8月
1	日比谷	1946年3月	34,982	35,566	31,419	25,651	28,968	23,998	26,224
2	名古屋	1947年9月	8,970	8,350	8,356	9,224	8,328	6,910	6,218
3	京都	1947年10月	13,932	17,486	17,992	16,616	15,695	14,549	13,218
4	大阪	1948年1月	13,030	14,262	13,528	12,377	13,602	10,582	9,167
5	福岡	1948年4月	10,658	10,161	8,827	10,967	10,921	11,682	11,686
6	新潟	1948年5月	6,505	6,425	5,218	3,998	3,676	3,894	3,305
7	札幌	1948年5月	12,136	9,258	8,079	9,559	6,890	5,366	4,512
8	仙台	1948年5月	15,011	15,265	11,766	12,091	12,124	11,058	8,044
9	金沢	1948年6月	8,426	8,792	8,689	6,843	6,350	6,003	6,516
10	神戸	1948年6月	13,525	12,081	9,647	9,696	10,087	9,862	9,040
11	長崎	1948年7月	14,775	14,278	7,687	9,214	9,502	9,107	7,600
12	静岡	1948年7月	3,841	2,432	5,521	7,303	5,987	4,662	4,480
13	高松	1948年8月	6,210	7,075	7,647	7,429	6,580	6,879	8,970
14	横浜	1948年8月	12,553	13,811	13,042	15,102	16,907	11,831	11,620
15	函館	1948年9月	11,525	20,443	14,545	10,601	10,614	6,672	7,554
16	熊本	1948年10月	12,239	10,001	8,670	7,149	6,231	5,648	6,037
17	広島	1948年10月	5,461	4,485	4,408	7,541	4,313	3,650	3,662
18	新宿	1950年8月							3,512
19	長野	1950年10月							
20	松山	1950年10月							
21	岡山	1950年							
22	秋田	1951年							
23	北九州	1951年6月							
合計			203,779	210,171	185,041	181,361	176,775	152,353	151,365
（※17カ所の合計）									147,853

（出典：CIEウイークリーレポートをもとに筆者作成）

この年の春、三月十六日から六月十一日まで兵庫県西宮でアメリカ博覧会（American Fair）が開催され、二百万人以上の来場者を集めた。ＣＩＥはそこに書店や映画上映場を設け、延べ百十六万人の来場者があったという。アメリカに関心をもつ人々がこの博覧会へ出かけたと考えられ、神戸や大阪などのＣＩＥ図書館利用者の減少はそれに由来するのかもしれない。しかし、利用者の減少は全国的であり、やはり学生主導の反米・「反帝」闘争、五月の人民広場事件に続く共産党幹部の公職追放、六月に勃発した朝鮮戦争と左翼知識人に対する抑圧としてのレッドパージが影響したのではないかと考えられる。レッドパージは、マスコミ関係者のほか教員などの知識人に大きな衝撃を与えたが、ＣＩＥ図書館の利用者がレッドパージの対象者になって減少したという直接的な影響よりも、レッドパージへの反対運動が大学生の間に広まったように、占領軍やアメリカに対する反感が強まり、友好的な関心が低下したという間接的な影響ではなかったかと思われる。また、この時期には外国からの雑誌や図書の購入が取次店を通してできるようになったことも影響しているのかもしれない。

朝鮮戦争が始まっても、ＣＩＥ図書館の活動は基本的には変化しなかった。ただし、一九五〇年八月からは各館で朝鮮や国連に関するニュース写真や地図を展示するようになり、非常に人気が高かったという。日本人の報道陣がまだ現地での従軍取材ができない時期だったため価値が高かったのだろう。また横浜では「朝鮮における我々の立場」というパンフレットを使って講演をおこない、朝鮮で撮影したニュース映画を上映するなどした。同年九月末ごろからは、国連の活動に関する紹介に力点を置くようになり、例えば、国連に関する本や新聞・雑誌、パンフレット、国連の活動の写真や旗、ユネスコ（国際連合教育科学文化機関）憲章などを展示したりした。そこには、朝鮮戦争をアメリカは国連軍の一員として戦っているのであり、日本もいずれ独立してその国連に加盟させるというアメリカの政策方針が反映されていた。

しかし、政治的な宣伝が与えた影響は、さほど大きくはなかったと思われる。むしろ野球やハリウッド映画など大衆娯楽を通じて、日本の人々はアメリカ文化になじんでいた。例えば、広島のＣＩＥ図書館では、一九五〇年十一月にアメリカ将兵を慰問するために韓国（大韓民国）と日本を回っていた野球選手ジョー・ディマジオを迎えてデモンストレーションをおこなう予定だったが、二千を超える群衆が大リーガーを一目見ようと押しかけたため、計画は中止になったという。

このころには表4―2にみるように、CIE図書館の催事の総計は毎月千件を上回り、催事参加者が占める割合は約三割に達するようになった。これは、各館が読書以外のさまざまなイベント活動によって日本人の関心を高めようと努力した結果だと考えられる。こうしてCIE図書館は広報機関としての機能を強め、一九五一年六月に北九州のCIE図書館が開館して計二十三館になったころには月平均三十万人弱の日本人が利用するようになっていた。

だが、一九五二年四月の日米講和条約発行後、CIE図書館はほかの占領軍の組織とともに閉鎖されることが予想されていた。そのため占領が終わるころから、CIE図書館の存続を望む人々と継続に反対する側の意見が出されるようになった。CIE図書館を「文化人のオアシスであった」と評価する坂西志保は、「講和後に閉鎖されるのではないかと心配していた私は、国務省の管理に移り継続されると聞いてほっとした。ところが、反対が日本側から出た。経費が多すぎる、公会堂など接収している、アメリカの文献だけだからいけないとか、いうことらしい(26)」と簡単に整理して述べているが、少し詳しくみてみよう。

占領が終わってまもなくの一九五二年六月、『図書館雑誌』という図書館関係者向けの雑誌に「占領は日本の館界にプラスであったか(27)」というテーマの座談会が掲載されている。発言者はみんな図書館関係者だが、そこでCIE図書館への批判が噴出している。占領下ではなかなか表明できなかったと思われる意見を整理すると以下のようになる。

まず、CIE図書館の運営費負担の問題である。CIE図書館は、当初は占領軍が費用をすべて賄っていたのだが、一九四七年に各地に増設するよう決められたときに、占領軍は日本政府に費用負担を求めた。それで図書・雑誌などの資料と館長になるアメリカ人の司書の人件費は占領軍が、施設・設備、日本人職員の給与は地方自治体が責任をもつことになった(28)。各館の建物にしても「地方の銀行やデパートなどの一番いいところを接収されたので大分問題をおこし」たという。だから、「大変な金を使って、あれだけなら府県図書館を充実した方がよい」というわけである。

しかも、CIE図書館は結局のところアメリカの宣伝広報機関である。「今後彼らの金で宣伝するならばよいが、日本の金でやるのなら御免蒙りたい」、占領下では受け入れていたものの、「教育的な治外法権を勝手に持ち込まれたことになるので、日本人の民主化の度合や生活感情の上から云って大変困る」と批判された。

また、CIE映画を上映するために持ち込まれた通称ナトコと呼ばれた映写機についても「厄介もの」だと批判の声が上がった。「社会教育の花形として占領政策宣伝の為に登場したナトコ映画[29]」の上映のために、映写機は無償で貸してくれるものの、そのための職員を置けとか、補修や修繕をしなければならないなどの要求が占領軍側から出されるので、「要するに視聴覚ライブラリーの職員は、向かうからコントロールされる」。つまり旧来の図書館の関係者からすれば、視聴覚ライブラリー自体が受け入れにくい概念というだけでなく、アメリカ側の支配を受けることになると感じられたのである。

もちろん、「戦争中、海外の文献から遮断されていたものが、あれが出来たために学者などから非常に喜ばれたのです」とその功績をたたえ、明るく開放的なCIE図書館の雰囲気を評価して「ああいう気持ちのいい部屋にしなければならない」と認める意見も出された。CIE図書館という存在に対するこのようなさまざまな声は、戦争後の占領という政治的な空間のなかで当然存在する、統治支配する側に向けた被支配者側の抵抗と協力の一端であり、それがようやく占領終了後に出されてきているといえる。

しかし、このあと同誌で「図書館の中立について」というテーマで投稿を募集すると、「軍国調図書資料」の購入や『赤旗』の購入などの具体的な問題をめぐって左翼的な議論が鋭さを増していく。例えば「米国の植民地行政は、(略)日本全体を米のコミュニケーション帝国の範囲内におくことを中心政策とする[30]」のであり、CIE図書館はその一環であるという批判がなされた。それに対してCIE図書館に関する謬見を解くとした応答があり、さらにそれに対して、アメリカ式のやり方に倣うばかりの言説に対して「半植民地的図書館学[31]」という批難が投げ付けられ、マッカーシズムのなかでアメリカの図書館に対して政治的介入がおこなわれている事情にも言及する論戦が展開されるにいたった。実際、マッカーシー旋風による書物の廃棄処分はCIE図書館でもおこなわれ、それに従わざるをえなかったと日本人の元職員が記している。(32)

興味深いのは、冷戦を背景にしたこのような議論のなかで、図書館が「マス・コミュニケーション」という新語のもとで新たに認識し直されていることである。例えば、「日本図書館はこれらの政治的条件のなかで、新聞、学校、放送等とともにマス・コミュニケーションの一端としての文化的役割を演ずる地位にある(33)」、あるいは「マス・コミュニケーションの一端にたずさわるものとして(34)」と図書館関係者自らが述べているのだ。一九五一年に清水幾太郎の『マス・コミュニケーション講座――マス・コミュニケーションの原理1』、そして井口一郎の『マス・コミュニケイション』（一九五四年）が出版されたばかりだったこの時期に、アメリカでのラジオ放送研究が基礎にある「マス・コミュニケーション」という概念を早くも受け入れて、メッセージを媒介するメディアとして図書館をほかのメディアと並ぶ存在として自覚するようになっているのである。蔵書を収集・整理し、保存し、読書人に供するだけではない、世論の形成にもあずかる機関として図書館を考えるという、まさに占領政策のなかで示された方向性が図書館関係者の思考のなかに根を下ろすようになっていたといえるだろう。

このようにCIE図書館に対するさまざまな意見が飛び交うなかで、占領軍の退去とともにCIE図書館はいったん閉鎖されたのちに国務省の管轄に移り、一九五二年五月にアメリカ文化センターと改称して存続した。ただし、接収した建物の返還などの関係で移転や閉鎖した場合もあり、東京では日比谷から東京芝公園十二号地の女子会館に場所を移して活動を継続した。(35)これらのアメリカ文化センターは六〇年代から次第に閉鎖され、七〇年代にはアメリカン・センターと改称して、レファレンスだけのサービスとして、札幌、東京、名古屋、関西、福岡の五カ所だけに縮小されて大使館のなかに置かれるようになった。(36)

4 記憶のなかのCIE図書館

CIE図書館に職員として勤務した人の回想録は、豊後レイコの著書をはじめとして少なくない。[37] しかし、一般の利用者の回想というのは、簡単な言及にとどまっているようだ。例えば、作家で図書館にも詳しい評論家の紀田順一郎は、二〇〇二年に国立国会図書館関西館が開館した際に新聞記者と訪れ、自らの図書館への関心の原点は「中学生のときに体験した本への飢え」だと述べ、「終戦直後で自宅近くの横浜市立図書館の書棚はガラガラ。窓の外に焼け跡だけがむなしく広がる風景に衝撃を受けた。ところが占領軍が設置した横浜CIE図書館を見学すると、色鮮やかな本がずらり。早く日本もこうならないかと思いましたね[38]」と語っている。

このような短い回想しか述べていないほとんどの利用者とは異なり、CIE図書館を忘れがたい体験として作品に書き残しているのは大江健三郎である。彼は回想録『あいまいな日本の私』のなかで、「敗戦後、村からバスと汽車で三時間の地方都市に、アメリカ文化センターが開設されました。十六歳の時、私はその市の高校へ転校して行って、センターの開架式の図書室で原文の『ハックルベリー・フィンの冒険』を発見しました[39]」と記している。彼が読んでいたのは一九四一年発行の岩波文庫の中村為治訳で、彼は暗記していたそれを思い出しながら「書棚の前に立ったまま、祈るように声にだして読んだ[40]」と回想している。四十年後、その蔵書が県立図書館の地下に未整理で保管されていたのを見いだして、「貸し出しカードに私の名が書き込まれているハックルベリー・フィンが残っていた」と述べている。

この実体験を下敷きにして、彼の小説には二度、愛媛県松山市のCIE図書館が登場する。一九八七年発表の『懐かしい年への手紙』では、主人公が受験勉強のために通う「市の中央にある城山のふもとのCIEセンター」が次のように描写される。

一階がこまかに分れた集会室、二階が大きい図書室となっている広い建物の、油を塗った板床の匂いはあきらかにひとつのアメリカ体験だった[41]

松山のCIE図書館は、一九五〇年十月に二十番目に開館した。適した建物がなかったために松山市と愛媛県の負担で新築された。ほとんどのCIE図書館が既存の建物を利用していたのに対して、珍しく新築の「二階建ての白亜の建物[42]」だった。郡司良夫の記述によれば、一階の雑誌読書室、二階の書籍読書室、一階にはさらに子ども用の部屋と約百五十人が収容できる講堂兼映写室、二階には音楽室があるというのが、当時の建物の主な構成だった。五一年に松山東高校に転校してきた大江は、前年に開館したばかりのこの建物を利用した。そこで彼は英文学に親しむだけでなく、図書館に勤務するアメリカ人女性にも遭遇する。それは彼の記憶に強く残る体験として刻まれた。小説では、次のように記されている。

醜いほど大きい造作の目鼻立ちのアメリカ人女性の顔が、金色の産毛と白く粉をふいた皮膚でありながら透きとおるようであったこと、それをいまも思い出す。僕の人種的な自己発見は、はじめて進駐軍のジープが谷間の村に入ってきた時に始まり、このCIE図書館のオフィスで、完成されたことになる[43]

大江は中学三年のときに、アメリカ軍が募集した英作文に応募して入賞し、松山のGHQを訪ねたというから、CIE図書館に来る以前にもアメリカ人女性を見かけることがあったかもしれない[44]。しかし、大江健三郎の小説は、全くのフィクションというより、実際の体験や事件を材料にして変形させた「疑似私小説[45]」だといわれるように、この主人公の感慨自体は作家自身の思いと考えて差し支えないだろう。

さらに二〇〇〇年に刊行された『取り替え子《チェンジリング》』では、「もと練兵場だった堀之内」に立っているCIE図書館の周りの状景を、「堀と電車道を隔てて、正面左寄りに、空襲に焼け残った銀行の建物が淡い西陽を受けていた」と描いている。そして小説の主人公・古義人は十七歳の高校生で、「転校してきてすぐCIEの開架式の図書室で見つけた立派な英語版」すなわち『ハックルベリー・フィンの冒険』の良い匂いのするハードカヴァー」を「記憶している日本語にあてはめるようにして、読み始めた」[46]ところ、高校生が英語の本一冊を正確に読み上げたという報告を受けた女性所長によってアメリカ文化情報局の表彰を受け、それが地方紙の記事になった。[47]

この表彰の景品として与えられた招待券を持ってCIE図書館でおこなわれるコンサートに出向いたとき、主人公は吾良という友人がCIEの日本人職員とバスケットボールをして楽しんでいる場面を目撃する。日本人職員たちは貴重な革製のボールをCIE職員から借りていて、英語で声を掛け合って運動をおしまいにした。「土地の利用者には差別的なほど無愛想な日本人職員に吾良が受け入れられて、バスケットボール練習の仲間になっているのが驚きだった」と主人公の思いが語られる。

吾良のモデルは、実際に松山で大江健三郎と高校時代に同級生だった伊丹十三だといわれる。実際、戦時中に京都の特別学級で早期英語教育を受けた伊丹は、この吾良のように英語での会話には不自由しなかったと思われる。[48]占領軍とともに働く日本人職員たちと英語で会話する日本人の友人――彼らと自分との境界線のようなものが英語という言語によって認識されるだけでなく、微妙な陰影を伴って描き出されている。マイク・モラスキーが「大江は読者を占領者と被占領者の次元から引き離し、占領された内部の微細な支配の形式を精査させようとする」[49]とほかの作品について分析しているが、ここでも同じ指摘ができるだろう。すなわち大江は、ジープに乗った占領軍兵士の男性とパンパンの女性という人物像で一般的な占領期を象徴させる語りに対し、CIE図書館に勤務する成熟したアメリカ人女性[50]と田舎出の日本人青年を対置させただけでなく、CIE図書館に勤務する日本人職員、また彼らと気安く英会話を交わす日本人という、占領支配する側に協力する従属者としての日本人の姿を浮かび上がらせている。それは占領期のCIE図書館という、アメリカの世界を体験させる空間が日本人の間でどのように受け入れられたのかを立体的に描き出している。つまり、大江はまさにアメリカの自由と民主主義を象徴するヒーローの物語である『ハックルベリー・フィンの冒険』を美しい印刷本の英語で読み理解する[51]一方で、アメリカ人と英語で直接会話することに懸隔を感じるという言語的なズレとともに、単なる占領の被害者でも服従でも賛美でもなく、あるいは反発や屈辱というのでもなく、占領地や植民地で常につきまとう被支配者たちの微妙な分断と違和感が、このCIE図書館をめぐってもひそかに生じていたことを記憶として語っているのである。

おわりに

以上にみたように、CIE図書館はアメリカ軍の方針、すなわち日本人を軍国主義的思想から引き離し、民主主義的な国を作り支えていくように再教育するという占領統治の目的を果たすための一機関として設立されたが、やがてソ連を中心にした共産主義国の宣伝に対抗するため、反共思想とアメリカ文化の宣伝広報の機関として拡大していった。その方針の変化に伴って、知識人向けの書籍の閲覧と貸し出しというサービスにとどまらず、英語の理解力がない大衆向けに映画上映やレコード・コンサートなどさまざまなイベントをおこなう拠点として活動を拡大していった。

その活動を支えたのは、アメリカから派遣された、大学で司書教育を受けたベテランの館長をはじめとするスタッフであり、そして現地採用された英語を話せる日本人職員だった。経済的にも、CIE図書館はアメリカ軍側の支出と日本政府および自治体の支出の両方で成り立っていたのであり、日米が協力した合作であった。そして利用者である日本人はその恩恵を享受し、何年も途絶していた外国語の図書から先進的な技術や思想、あるいはファッションを摂取し、戦争で荒廃した国と社会を再建するための糧にしていった。

しかし、朝鮮戦争の勃発と独立の回復とともに、CIE図書館が提供していたような英語の書籍を購入できる販売ルートが確立し、購入できる人が増え、また日本国内の図書館も少しずつ復興すると、利用者の欲求は以前ほどではなくなり、他方でアメリカが支配する組織への反感も現れるようになった。

ＣＩＥ図書館は、軍事的に制圧された占領下の日本本土にあって、非軍事的な文化的基地だった。人的にも経済的にも日米合作の存在のようではあったが、アメリカ軍とアメリカが支配する組織であり、アメリカ人と日本人は明確に区別されていた。例えば、ＣＩＥ情報課の日本人職員として働いた伊藤和子は、「アメリカ人は個人的には親切だったが、例えば部署の報告書などは日本人には見せず、アメリカ人と日本人はまったく違う世界にいた。占領とはそういうものだ。日本の占領は、占領としてはひじょうに優れていたと思うが、被占領者の立場にある者にとってはほとんど生理的に嫌なものだったし、今でも嫌だという気持ちに変わりはない」[52]と回顧している。

しかし、ＣＩＥ図書館は、占領軍施設のなかで例外的に日本人のために開かれた施設であり、特に資格や許可がなくても誰でも訪れることができるアメリカの空間だった。英語が読める者は雑誌や図書を通じて、英語がわからない者もレコードや映画を通じて、アメリカの世界にふれ、アメリカを感じ、アメリカを知る機会を得た。それは、外国に憧れ学ぶ対象として受け入れるという、旧来の日本人の学習の仕方を踏襲しながら、多くの日本人にアメリカと出会い、アメリカのイメージを植え付けるメディアになった。それとともに、ＣＩＥ図書館が与えた公共図書館の概念は、戦後日本の図書館のあり方を変える転轍機になった。その変革の結果を、現代日本の公共図書館で私たちはそれとは知らず享受している。

占領が終わると、アメリカ軍は金網のフェンスに囲われた基地のなかで存続することになったが、それとは対照的にＣＩＥ図書館は閉鎖され、日本社会のなかに溶けて姿を消した。その蔵書は各地の図書館などに寄贈され、書棚のなかに紛れて忘れられた。しかし、「ギフト（GIFT）」のスタンプが押されたそれらの図書はいまも残されて、その来歴を私たちに告げている。[53]

注

（1）本章は、拙論「占領軍CIE情報センターの利用者に関する一考察」（20世紀メディア研究所編『Intelligence』第十三号、20世紀メディア研究所、二〇一三年三月）をもとに加筆・改稿したものだが、「CIE情報センター」ではなく、「CIE図書館」の名称に改めた。旧稿よりも、日本人の利用者の視点のほうに力点を置きたいからである。なお、CIE図書館の名称の変遷については、注（2）の文献を参照。

（2）今まど子「CIEインフォメーション・センターの活動」、今まど子／高山正也編著『現代日本の図書館構想――戦後改革とその展開』所収、勉誠出版、二〇一三年、同「SCAP／CIEインフォメーション・センター――横浜」、中央大学文学部編『中央大学文学部紀要』第二百四十三号、中央大学文学部、二〇一二年三月、同「SCAP／CIEインフォメーション・センター――金沢」、中央大学文学部編『中央大学文学部紀要』第百八十八号、中央大学文学部、二〇〇一年五月、同「CIEインフォメーション・センターの図書館サービスについて――デポジット編」『図書館学会年報』第四十二巻第一号、日本図書館情報学会、一九九六年三月、同「CIE〔民間情報教育局〕インフォメーション・センターの図書館サービスについて――九州編」『図書館学会年報』第四十一巻第二号、日本図書館情報学会、一九九五年六月、同「アメリカの情報交流と図書館――CIE図書館との係わりにおいて」、中央大学文学部編『中央大学文学部紀要』第百五十六号、中央大学文学部、一九九四年六月、山本礼子「対日占領期アメリカの「民主主義」啓蒙政策――横浜CIE情報センターの設立と運営」、横浜国際関係史研究会／横浜開港資料館編『GHQ情報課長ドン・ブラウンとその時代――昭和の日本とアメリカ』所収、日本経済評論社、二〇〇九年

（3）長尾宗典『帝国図書館――近代日本の「知」の物語』（中公新書）、中央公論新社、二〇二三年、二五一ページ

（4）マイケル・K・バックランド、髙山正也監訳・著作協力『イデオロギーと図書館――日本の図書館再興を期して』現代図書館史研究会訳、樹村房、二〇二一年（Michael K. Buckland with the assistance of Masaya Takayama, *Ideology and libraries: California, diplomacy, and occupied Japan, 1945-1952*, Rowman & Littlefield, 2020）、渡辺靖『アメリカン・センター――アメリカの国際文化戦略』岩波書店、二〇〇八年。CIE図書館での図書選定などについては、Hiromi Ochi, "Democratic Bookshelf: American Libraries in Occupied Japan," in Greg Barnhisel and

Catherine Turner ed., *Pressing the Fight: Print, Propaganda and the Cold War*, University of Massachusetts Press, 2010、石原眞理「アメリカ文化センター設置のねらい――神奈川県立図書館所蔵アメリカ文化センター資料の分析を通して」、『三田図書館・情報学会研究大会発表論文集２００８年度』三田図書館・情報学会、二〇〇八年。また、根本彰／三浦太郎／中村百合子／古賀崇「政策文書に見るＧＨＱ／ＳＣＡＰ民間情報教育局の図書館政策」（『東京大学大学院教育学研究科紀要』第三十九巻、東京大学大学院教育学研究科、二〇〇〇年）、鳥居祐介「戦後日本における米国の広報文化活動とジャズ――大阪ＣＩＥ図書館／アメリカ文化センターの事例を中心に」（『SJEE：Setsunan journal of English education』第四号、Division of English, Faculty of Foreign Studies, Setsunan University、二〇一〇年）も参照。なお、同様の施設は韓国にも設けられ、ドイツではアメリカハウス、台湾では美国公報院と称して開設された。

（５）アメリカ国立公文書館 RG331に納められている CIE Weekly Report は、一九四五年十二月から五二年四月まである。なお、五一年六月からは隔週の報告書である。

（６）前掲『イデオロギーと図書館』七五ページ、および、Ochi, op. cit., p. 102を参照。

（７）金子量重／福田利春／田中梓／林杲之介「座談会 在日外国図書館（２）ＣＩＥ図書館」（『びぶろす――支部図書館・専門図書館連絡誌』第三十三巻第八号、国立国会図書館図書館協力部、一九八二年八月）によれば、CIE Information Library と称されていたと元館員が証言している。なお、日比谷のＣＩＥ図書館については、横浜国際関係史研究会／横浜開港資料館編『図説 ドン・ブラウンと昭和の日本――コレクションで見る戦時・占領政策』（有隣堂、二〇〇五年）九四―九五ページに外観と内部の写真が掲載されている。

（８）「国際文化の贈物 民間情報教育図書館ひらく」『朝日新聞』一九四六年三月十六日付

（９）同記事を参照。また、当時の回想としては、回顧録編集委員会編『ＣＩＥ図書館を回顧して』（回顧録編集委員会、二〇〇三年）、豊後レイコ、田口瑛子／深井耀子企画・編集『あるライブラリアンの記録・補遺――写真と資料で綴る長崎・大阪ＣＩＥ図書館から大阪ＡＣＣ図書館初期まで』（［シリーズ私と図書館］、女性図書館職研究会・日図研図書館職の記録研究グループ、二〇一〇年）も参照。

（10）「坂西女史も定連 ＣＩＥ図書館 二十六日が開館六周年」『毎日新聞』一九五一年十一月二十一日付

(11)「外国雑誌」『文藝春秋』第三十巻第八号、文藝春秋、一九五二年六月号、六九ページ
(12) 坂西志保「CIE図書館」『朝日新聞』一九五二年三月一日付
(13) 安倍義人「作品4 CIE図書館」『川波』第一号、川波短歌会、一九四九年四月、三〇ページ。作者は有機化学者だったと思われる。三鷹駅付近で発行されたこの雑誌には、彼の短歌十四首が掲載されている。
(14)「おしゃれシーズン」『朝日新聞』一九四九年四月二十七日付。この記事には、和洋装の女性たちがファッション誌を広げている写真が大きく掲載されている。
(15) 吉本秀子「米国スミス・ムント法と沖縄CIEの情報教育プログラム1948-1952」、日本マス・コミュニケーション学会編『マス・コミュニケーション研究』第八十八号、日本マス・コミュニケーション学会、二〇一六年一月
(16) 豊後レイコ『八八歳レイコの軌跡――原子野・図書館・エルダーホステル』ドメス出版、二〇〇八年、一一四ページ
(17) 前掲『イデオロギーと図書館』七五ページ、および、Ochi, op. cit., p. 102を参照。また、ナトコ映画とも呼ばれたCIE映画については多数の研究があるが、近年の研究では、土屋由香／吉見俊哉編『占領する眼・占領する声――CIE／USIS映画とVOAラジオ』(東京大学出版会、二〇一二年)を参照。
(18) 大島真理「CIE図書館の女性図書館員たち」(『図書館界』第五十六巻第四号、日本図書館研究会、二〇〇四年十一月)を参照。
(19) 表4―1から表4―3は、報告書に週ごとに集計されている数値を四週分ずつ合計して作成したもので、暦の月日と若干ずれている部分がある。また、報告書に記載された数値の合計が計算上誤っている場合もあり、その場合には、各情報センターの数値をそのまま採用し、合計の数値だけを修正した。
(20) Educational Progress in Japan to January 1951. この文書はマイクロフィルムになっているThe Occupation of Japan, Educational Reform in Japan, 1954-52. Part II. Information Service and Maruzen 1990の2-B-8に所収。
(21)「繁盛するCIE図書館 近く音楽室も出来ます」『長崎民友』一九四八年十月二十九日付
(22)「雑誌は中高校生 CIE図書館一週間景況」『佐世保時事新聞』一九四九年十月十三日付
(23)「CIE図書館の世論調査」『愛媛新聞』一九四九年四月二十八日付

(24)「CIE図書館利用しらべ」『今治市弘報』第一巻第五号、今治市、一九四九年五月十日、一三ページ。なお、このCIE図書館は、もとは今治第一高等学校のなかに置かれていたのが、今治市明徳図書館（現・今治市立図書館）に一九四八年十一月に移転したものらしい。『愛媛新聞』一九四八年十一月七日付の記事によれば、このCIE今治分室には、「ライフ、ポストほか月刊誌、英語教科書、専門書など進駐軍提供の米国図書六十冊を揃え」ていたという（今治市立図書館の武田氏のご教示による）。今まで子の論文には、今治市に設置された分室や読書室についての記述は見られないので、CIEが大学や高校などの学校図書館に委託した図書類によるものかもしれない。

(25) 朝鮮戦争勃発以降に開館したこれら六つのCIE図書館は、新宿以外は各自治体からの設置を要望する陳情書によっていたという。前掲「CIEインフォメーション・センターの活動」一四一ページ

(26) 坂西志保「CIE図書館」『朝日新聞』一九五二年三月一日付

(27) 有山崧／雨宮祐政／武田虎之助／加藤宗厚「座談会 占領は日本の館界にプラスであったか」、日本図書館協会図書館雑誌編集委員会編『図書館雑誌』第四十六巻第六号、日本図書館協会、一九五二年六月。以下に引用する発言は、注記がない場合にはすべてこの座談会の記録からである。

(28) 前掲『イデオロギーと図書館』七五ページ、および、前掲「CIEインフォメーション・センターの活動」九九ページを参照。

(29) 山本行男「今こそ全図書館人の抵抗を」、日本図書館協会図書館雑誌編集委員会編『図書館雑誌』第四十六巻第十二号、日本図書館協会、一九五二年十二月、一七ページ

(30) 長谷川清三「日本資本主義の発達と公共図書館」、日本図書館協会図書館雑誌編集委員会編『図書館雑誌』第四十七巻第四号、日本図書館協会、一九五三年四月、七ページ

(31) 安藤金治「アメリカ文化センターに関する謬見」（日本図書館協会図書館雑誌編集委員会編『図書館雑誌』第四十七巻第十号、日本図書館協会、一九五三年十月）二―五ページ、および、長谷川清三「誰が羊毛をまとう獅子を羊と呼ぼう――戦後の日本図書館とアメリカ図書館」（日本図書館協会図書館雑誌編集委員会編『図書館雑誌』第四十七巻第十一号、日本図書館協会、一九五三年十一月）一五ページ。

(32)「CIE・ACC元スタッフは職場をどう見ていたか」という、元スタッフの日本人四十九人に対するアンケート

のまとめのなかで、「在職中最も嫌だったこと」として、この図書廃棄処分のことが挙げられている。前掲『あるライブラリアンの記録・補遺』三七ページ。なお、「マッカーシズム」「マッカーシー旋風」とは、アメリカ上院議員ジョセフ・マッカーシーが推進した〝赤狩り〟のことを指す。非米活動委員会による親共産主義者の告発と裁判が強化され、一九五四年十二月に議会でマッカーシー議員に対する批難決議が出されるまで猛威を振るった。

(33) 池口勝三「中立について――図書館の抵抗線」、日本図書館協会図書館雑誌編集委員会編『図書館雑誌』第四十七巻第三号、日本図書館協会、一九五三年三月、二〇ページ

(34) 前掲「今こそ全図書館人の抵抗を」二〇ページ

(35)『読売新聞』一九五三年十一月十日付

(36) 前掲「CIEインフォメーション・センターの活動」

(37) 当時の回想としては、前掲『CIE図書館を回顧して』、前掲『あるライブラリアンの記録・補遺』、前掲『八八歳レイコの軌跡』などがある。

(38)『読売新聞』(東京版)二〇〇二年十二月十八日付

(39) 大江健三郎『あいまいな日本の私』(岩波新書)、岩波書店、一九九五年、一四七―一四八ページ

(40) 小谷野敦『江藤淳と大江健三郎――戦後日本の政治と文学』(ちくま文庫)、筑摩書房、二〇一八年、五五ページ。大江は、黒人奴隷のジムとハックルベリー・フィンが奴隷解放について交わした会話の場面に感動したという。

(41) ここでの引用は、大江健三郎「懐かしい年への手紙」(『大江健三郎全小説11』講談社、二〇一九年、三二五―三三九ページ)による。

(42) 郡司良夫「松山CIE図書館蔵書の行方」『松山大学論集』第二十二巻第二号、松山大学総合研究所、二〇一〇年六月、一八一ページ

(43) 前掲「懐かしい年への手紙」三二七ページ

(44) 前掲『江藤淳と大江健三郎』五八ページ

(45) 同書三七五ページ

(46) 大江健三郎『取り替え子《チェンジリング》』講談社、二〇〇〇年、一三五―一六二ページ

(47) これが大江自身に起きた事実なのかは不明。小説上のフィクションかもしれない。なお、前掲『江藤淳と大江健三郎』九四―九六ページによれば、一九五二年一月三十日付『愛媛新聞』に「おおえ・けん」の筆名で大江が投稿した詩が掲載されている。

(48) 伊丹十三の履歴については、「考える人」編集部編、伊丹十三『伊丹十三の本』(新潮社、二〇〇五年)の「伊丹十三年譜」を参照。

(49) マイク・モラスキー「内なる占領者」『新版 占領の記憶 記憶の占領――戦後沖縄・日本とアメリカ』鈴木直子訳(岩波現代文庫)、岩波書店、二〇一八年、三三一ページ。マイク・モラスキーがここで直接分析しているのは、大江の「人間の羊」という作品である。

(50) 実際にCIE図書館の館長には四十歳から五十歳代の女性ライブラリアンが多く採用された。前掲「CIE図書館の女性図書館員たち」を参照。

(51) Ochi, op. cit., p. 106、および、Tsuyoshi Ishihara, *Mark Twain in Japan: The Cultural Reception of an American Icon*, University of Missouri Press, 2005.

(52) 伊藤和子「CIE情報課の日本人スタッフとしての日々」、前掲『図説 ドン・ブラウンと昭和の日本』所収、八五ページ

(53) 県立長野図書館では、長野CIE図書館が閉館したときの蔵書の一部が寄贈されていたが、忘れ去られていた。二〇一五年に職員が蔵書整理中に「GIFT」のスタンプが押された児童書などを発見し、占領期の遺物として展示した。「県立長野図書館 終戦直後「子どもの世界が変わった」進駐軍からの寄贈本中心に四百点、二十八日まで展示」『毎日新聞』二〇一六年一月九日付

第2部　占領期のインテリジェンスとプロパガンダ

第5章　占領軍G－2歴史課と旧日本軍人グループ

はじめに

第2部では、日本を占領した連合国軍総司令部（GHQ／SCAP）および占領軍の中心であるアメリカ軍の資料から、占領期のメディアの背後にあって一般の日本人には見えなかった裏面を探る。そのうち第5章と続く第6章では、日本人が直接関わった占領軍のインテリジェンス活動の断面を明らかにする。「インテリジェンス（intelligence）」は、諜報あるいは情報と訳される語だが、政治的権力者あるいは軍事的有力者が自らの政策や行動を判断し決定する際に必要な情報を集めて分析させ、その結果を提供させる行為を指す。

敵や外国の情報をひそかに集めるスパイは古代から存在したが、専門機関ができて暗号解読などの技術を発達させるようになったのは、十六世紀以降のヨーロッパでのことである。近代国家では外交や軍事、国内の治安などに関する情報を組織的に入手する必要が高まったため、二十世紀に入ると、アメリカは連邦捜査局（Federal Bureau of Investigation：FBI）、イギリスは秘密情報サービス（Secret Intelligence Service：SIS、またはMI

6）と称する諜報機関を設立し、写真や、電波の傍受など、さまざまな情報収集手段を駆使するようになった。日本では特に陸軍が諜報活動を組織的におこなった。

第二次世界大戦後には、諜報機関は新たな段階に入った。すなわち、一九四七年にアメリカの中央情報局（CIA）、四九年にイスラエルのモサド、五二年には日本の内閣情報調査室、五四年にはソ連の国家保安委員会（KGB）などが誕生し、冷戦構造という新たな舞台のなかでこれらの組織が活動することになる。

冷戦期への移行のなか、戦後日本でどのようなインテリジェンス活動がおこなわれたのか、とりわけ戦時期に成立したアメリカの戦略情報局（Office of Strategic Services：OSS）が廃止されたあと、CIAがその後身として組織されたときに、日本の有力者がアメリカの諜報機関にどのように協力し関わったのかについては、大きな関心が寄せられ検討されてきた。[1] 一方、敗戦後の日本を占領したアメリカ軍を主とする占領軍のインテリジェンスも、シベリア抑留やゾルゲ事件などをめぐって、主に対敵諜報部隊（Counter Intelligence Corps：CIC）を軸にさまざまに研究されている。しかし、占領軍のインテリジェンス機関は一つではなく、多数の部局から構成されていた。それらは、現在でいうところのインテリジェンス・コミュニティーと呼ばれるような集合体を成していたようにみえるが、その内実は詳しくは解明されていない。

こうした占領軍インテリジェンス機関を知るための基本資料としては、全十巻の『総合インテリジェンス叢書』（*The General Intelligence Series*：以下、『叢書』）、およびその導入篇の『西南太平洋戦域軍総司令部参謀第二部（G－2）と関連組織の略史』（*A Brief History of the G-2 Section, GHQ, SWPA and Affiliated Units: Introduction to the Intelligence Series*：以下、『G－2略史』）がある。この『叢書』は、一九四七年に出されたアメリカ陸軍省からの求めによって、諜報教育の訓練用教材として、アメリカ極東軍（FEC）参謀第二部（G－2）が四八年から五一年に編纂・刊行したものである。ダグラス・マッカーサー麾下の諸地域軍の諜報部門に関する四二年から五〇年の歴史がまとめられていて、百部ほど刷って軍関係の学校に配布された。この『叢書』の巻構成は、次のようになっている。

第一巻：フィリピンにおけるゲリラの抵抗運動
第二巻：フィリピンにおける諜報活動・日本占領
第三巻：西南太平洋戦域軍総司令部（GHQ／SWPA）軍事情報部（MIS）
第四巻：西南太平洋戦域軍総司令部（GHQ／SWPA）連合国軍諜報局（AIB）
第五巻：西南太平洋戦域軍総司令部（GHQ／SWPA）連合国軍翻訳通訳局（ATIS）
第六巻：西南太平洋戦域軍総司令部（GHQ／SWPA）連合国軍地理部（AGS）
第七巻：西南太平洋戦域軍（SWPA）技術インテリジェンス部隊（TIU）
第八巻：西南太平洋戦域軍（SWPA）対敵諜報部隊（CIC）
第九巻：連合国軍総司令部（GHQ／SCAP）および極東軍（FEC）民間諜報局（CIS）
第十巻：軍事および民事検閲(2)

これら十巻の『叢書』は、太平洋戦争初期から日本占領の半ばまでの間における、連合国軍の西南太平洋戦域軍総司令部（GHQ／SWPA）を中心にしたインテリジェンス活動を、ほぼ時系列に記した正史といえるものである。『G－2略史』は、同じくアメリカ極東軍総司令部が一九四八年七月八日付で東京で発行したもので、太平洋戦争の開始前から占領期までの、多様で複雑な情報機関の概略史である。マッカーサー将軍による序文が付され、年表や地図などの資料が多数織り込まれているこの略史は、本文百二十六ページにまとめられた『叢書』のダイジェスト版という趣で、最後にはチャールズ・ウィロビー少将の履歴と写真がある。つまりは太平洋でのインテリジェンス活動を総まとめして、その中心人物だった彼の業績を顕彰する意味合いがあったと思われる。

この『叢書』と『G－2略史』を編纂したのが、参謀第二部（G－2）歴史課である。このG－2歴史課には、プランゲ文庫を残したことで知られるゴードン・W・プランゲ博士と、日本の新聞史研究者で『東京旋風』を著したハリー・エマーソン・ワイルズ博士が歴史の専門家として勤務していた。彼らは太平洋戦争史の編纂もおこない、旧日本軍の将校などがそれに協力していた。G－2歴史課は、日本では「戦史班」あるいは「戦史室」などと呼ばれていた。例えば、一九五六年に邦訳が刊行された『マッカーサー戦記Ⅰ』のチャールズ・ウィロビーによる「はしがき」の訳文では次のように、G－2歴史課は「戦史班」、『叢書』は「一般情報叢書」、という呼称でふれられている。

戦史班ではまた、陸軍の諸学校で使うため、六千頁以上にものぼる「一般情報叢書」も完成してあった。(略)「一般情報叢書」に関しては、陸軍省情報部は次のように述べた。…マッカーサー作戦地域で行われたことは、他の作戦地域の模範となるような数多くの諜者の使い方や諜報技術を生んだ。(略)このたびマッカーサー司令部から提出された情報叢書は、ただに作戦の背景になる情報を与えてくれたばかりでなく、極東で学び取った貴重な教訓を、学生に示してくれている。[3]

つまり、真珠湾攻撃以降、アメリカ軍が太平洋で日本軍に対するインテリジェンスをどのように進めてきたか、具体的な作戦例を挙げて説明しているこの『叢書』は、ウィロビーらによる自己称賛的な側面はあるものの、アメリカ軍と占領軍のインテリジェンス活動を体系的に知る基本的な文献である。その編纂をおこなったG－2歴史課もまた占領軍のインテリジェンス機関の一つだった。しかし、このG－2歴史課がどのような組織で何をしたのかについては、そこに関係した旧軍人の証言や、それをめぐる、いわゆる「服部機関」などに関する言及があるが、田中広巳の著書『消されたマッカーサーの戦い』以外に体系的に検討した論考は少ない。[4]その著書のうち「Ⅲ G2歴史課が編纂した戦史」で、田中はワイルズの著書と『G－2略史』『マッカーサー・レポート』と彼が呼ぶ二巻の戦史[5]、および日本側の資料をもとに、マッカーサーによる太平洋戦史編纂の過程とその戦史の内容を吟味している。本章ではこれを踏まえつつ、メリーランド大学図書館所蔵のゴードン・W・プランゲ・ペーパーズ（後述）で新たに発見した資料に基づき、G－2歴史課の実態に迫ってみたい。ただし、田中が服部卓四郎らによる『大東亜戦争全史』や民間情報教育局（CIE）が資料提供した『太平洋戦争史』との相違とその歴史的価値を追求しているのに対し、筆者の関心は、インテリジェンス機関であるG－2の歴史課が、旧日本軍人のグループをどのように戦史の編纂過程に関わらせていたのかという点にある。この点を中心に、当時の占領軍G－2のなかで歴史課が果たした役割を通じて、G－2の実態を明らかにしたい。

1 参謀第二部（G－2）歴史課の成立と戦史記録調査研究所

参謀第二部（G－2）歴史課がいつどのように成立したのかについてはさまざまな説[6]があるが、ここでは『G－2略史』の「第五章 占領インテリジェンス 45/47」[7]の記述に則して整理したうえで、そのほかの記録や証言と突き合わせてみることにしよう。

『G－2略史』によれば、G－2歴史課の業務は大きく分けて二つあった。一つは日本の戦争記録に関する仕事であり、もう一つは西南太平洋軍（Southwest Pacific Area：SWPA）とアメリカ太平洋陸軍（US Army Forces, Pacific：AFPAC）の正史編纂である。

まず、日本の戦争記録については、一九四五年十月二日付の連合国軍総司令部（GHQ／SCAP）の一般命令第九号によって、日本の軍事史記録、陸・海軍の公的報告書の収集と利用が命じられた。占領期における日本側の記録の収集やそれに基づく戦史編纂は、この一般命令を起点として始まったのである。この命令に基づき、担当部署を設立するようにという旨のSCAPIN126号が、日本帝国陸・海軍に対する連絡委員会に下された。これに従って、戦史記録調査研究所（Institute for War Records Investigation）が日本人たちによって組織されたという。四五年十二月十五日付のG－2指令で、この調査研究所に、旧日本陸軍すべての戦史記録を提出するように命じ、さらに四六年二月二十一日付のG－2指令で、戦時中の旧日本海軍の作戦に関する記録の提出を要求した。

ついで一九四六年三月にアメリカ太平洋軍参謀本部内の陸軍省情報部（War Department Intelligence：WDI）のなかにあった翻訳通訳局（Translator and Interpreter Service：TIS）が、日本の戦争記録の収集と、それに基づく最初の歴史研究の準備の責任を負うことになった。当時のG－2歴史課は、陸軍省情報部の下にある、小さく付随的な部署でしかなかった。しかし、四六年三月二十七日にSCAPIN826-Aの指令によって、戦史記録調査研究所の調査に、選んだ旧日本軍将校を（復員させたうえで）任命することが求められた、と『G－2略史』は記す。

では、この戦史記録調査研究所とは何だろうか。前述の経緯を日本側の動きと対応させてみると、二つの組織が浮上する。一つは陸軍省の流れを汲む史実部であり、もう一つは幣原喜重郎内閣が設立した大東亜戦争調査会である。

一九四五年十月末に日本軍の参謀本部が廃止され、翌十一月末に陸軍省と海軍省が廃されて、それぞれ第一復員省、第二復員省と変更されるが、各省廃止の前に占領軍の命令で陸軍省軍務局に史実部が設けられ、その史実部は第一復員省の部局になった。この史実部には作戦部長だった宮崎周一中将が部長を務めたのをはじめとして、作戦課の人員が多く集まった。陸軍の頭脳が集まったともいえるし、軍が解体された時点で無用になってしまった作戦計画にあたっていた参謀たちの行き場だったともいえるだろう(8)。

これと並行して、一九四五年十月三十日に幣原喜重郎内閣のもとで、「大東亜戦争」の調査をおこなう部局の設置が閣議決定され、同年十一月二十四日付で大東亜戦争調査会が内閣に設置された。この戦争調査会は、戦争の原因と実相を明らかにすることを目的としていて、政治外交、軍事、財政経済、思想文化、科学技術の五つの部会が置かれ、翌年三月に各部委員として学識経験者や各省次官級の官僚、元軍人などが合計三十人以上任命された。四六年八月には調査方針と調査項目が議論され内定したが、同じ時期に対日理事会でソ連とイギリス連邦から強い疑念が示され、結局同年九月末日付で戦争調査会は廃止された。戦争調査会の総裁でもあった幣原は、調査会廃止後には新たに民間団体として平和建設研究所の設立を計画し、そこで戦争の調査事業を継続しようと考えたが、占領軍はその法人自体の設立も承認しなかった。(9)

疑念の焦点の一つは、元軍人がこの戦争調査会に「臨時委員」という身分であったが、参加したことだった。すなわち、飯村穣陸軍中将（元憲兵司令官）、戸塚道太郎海軍中将（元横須賀鎮守府長官）、矢野志加三海軍中将（元海軍総隊参謀長）、宮崎周一陸軍中将（元参謀本部第一部長）をはじめとした旧軍人たちが、内閣の公的組織に関わることに差し障りがあるだけでなく、戦争の原因や経緯を旧日本軍の指導者たちが総括すること自体が問題だと考えられたのである。しかも極東国際軍事裁判所で戦争責任者を追及している時期にである。

しかし、アメリカ軍は連合国全体の意向とは別に、自らのインテリジェンス活動の一環として歴史課を通じて旧日本軍の資料と証言を集めた。その拠点だった第一復員省史実部は、翌一九四六年六月に第一復員省と第二復員省が統合されて復員庁が発足すると、第一復員局史実調査部と名称が変更された。当初は引き続き宮崎周一が部長だった。

再び『G－2略史』の記述に戻ると、一九四六年六月時点でG－2歴史課の組織は非常に小さく、三人の武官と情報部の司書がパートタイムで手伝うという状態だった。日本語の歴史資料の翻訳は、第五二五〇技術情報中隊の主要な仕事として回され、成果の印刷は翻訳通訳局の施設を通じて臨時に扱うよう手配されていた。日本人による戦史記録調査研究所の監督は、少なくとも週二回、アメリカ陸軍省情報部のメンバーが連絡のために訪ねておこなっていたという。史実調査部はかつて大本営が置かれた市ヶ谷台にあり、そこに勤務していた人々も、ときどきアメリカ兵が突然やってくることがあったと証言している。(10)

さて、この戦史記録調査研究所からは、一九四六年三月から六月までの間に戦争記録に関する約二百編の報告書がアメリカ陸軍省情報部に提出され、その大部分が翻訳の価値がある文書としてG－2歴史課に送られた。四六年七月の歴史課の進捗報告によれば、日本語のページ数にして、陸軍関係千三百六十八ページ、海軍関係四千四十ページが整理保管され、未整理の文書は陸軍関係で五千七百三十ページ、海軍関係で一万ページあったという。[11]『G－2略史』が記すこの戦争記録調査研究所が復員省の史実調査部であるならば、これらの文書は何を意味するのか。

後述するように、G－2歴史課に旧軍人などが雇用されて戦史執筆の仕事に関わるのは一九四七年六月以降である。しかし、それ以前にも史実調査部から提出された文書があったということは、G－2歴史課に勤務したメンバーの多くが史実調査部の職員でもあったことを踏まえると、史実調査部とG－2歴史課との密接な関係があったと考えられる。約五十人いたといわれる史実調査部の最も重要な任務は、アメリカ軍側からの要請に応じて調査し、報告書を提出することだった。田中宏巳によれば、史実調査部は、前身の史実部だった四五年から、四八年六月に復員庁が改組されて引揚援護庁の資料整理課になったあとの五三年まで、約四百件の報告書をアメリカ軍に提出している。[12]『G－2略史』に記された約二百編がその一部なのかは内容も不明で定かではないが、占領軍側は旧軍人などが集ったこの組織を、名称が変わったあとも一貫して、G－2歴史課に対する日本側のカウンターパートとして捉えていたことになる。その間、史実調査部長だったのは、四六年十二月から五二年十二月まで宮崎の後任の服部卓四郎であり、彼はまた同時に四七年からG－2歴史課のメンバーとしても働いていた。

一方、アメリカ軍自らの正史編纂の事業については、『G－2略史』によれば、太平洋戦争中の一九四三年八月にアメリカ陸軍省が各地の軍司令部に対し、軍事史編纂の覚書を通達していた。したがってアメリカ軍の戦史編纂作業は戦争中から進められていたが、西南太平洋軍が四二年三月にオーストラリアで発足したとき、それを担当する歴史課は参謀第三部（G－3）に属していた。そこでは西南太平洋軍の作戦に関する歴史的モノグラフが四編作成されたが、四六年十二月にこの歴史課はG－2に移され、西南太平洋戦域の歴史記述に関する監督と調整という職務と責任を負うことになった。将校一人、文官二人、および事務兼タイピストの兵二人がこのときG－2歴史課に加わったという。また、同時に陸軍省から要請されていた八つのプロジェクトも移され、G－2歴史課は合計二十二のプロジェクトを抱えることになった。[13]

つまり、G－2の歴史課は、最初は陸軍省情報部の小さな下位組織として軍事諜報という目的で日本軍の記録の収集を始め、他方でG－3歴史課が、アメリカ軍自身の戦史編纂を進めていた。この二つの歴史課が、アメリカ太平洋陸軍が廃止され四七年一月にアメリカ極東軍が創設されるのに際して、合体して参謀第二部（G－2）の一部局として独立し、G－2のトップだったチャールズ・ウィロビー准将の直接の指揮下に置かれたわけである。この移管の理由を田中宏巳は、マッカーサー最高司令官のG－3歴史課への不満と非協力が原因だったと、ワイルズの著書などに基づいて分析している。田中の主張によれば、そのようなマッカーサーの態度は、占領後まもなく日本のラジオや新聞を通じてCIEが広めた、太平洋戦争史での島嶼戦の記述などをめぐるアメリカ本国の陸軍省との対立を背景としている、というが、ここではそれには深入りしない(14)。

ここで注目したいのは、このとき新たに加わった文官二名である。これが、ゴードン・W・プランゲ博士とハリー・エマーソン・ワイルズ博士だったのはまちがいない。プランゲ博士は一九一〇年生まれで、三七年からメリーランド大学で歴史学の教鞭を執っていたが、四二年から海軍士官として海外での軍務に就き、四五年に駐留軍の一員として日本に赴任したといわれる。四六年から五一年までG－2歴史課に勤務し、その間の四九年十二月、民間検閲支隊（CCD）が収集した図書・新聞・雑誌などのコレクションをまとめてメリーランド大学に送ることを決定した。五〇年一月から五一年にかけて五百箱以上が搬送され、それが現在のプランゲ文庫として残されることになったのだが、実は彼が歴史課に加わった正確な時期は明らかではない。

管見では、プランゲ博士の経歴を最も詳しく論じているのは、奥泉栄三郎『『トラ・トラ・トラ』の行方とその周辺』である。そのなかで、奥泉自身が生前のプランゲ博士から一九七五年に入手した書類に基づき、占領期の日本におけるプランゲ博士の経歴を次のように記している。すなわち「一九四五年十二月から一九四九年六月にかけて、米国極東軍G－2戦史室歴史主任兼太平洋方面戦史主任」として、「『マッカーサー戦史』の執筆と編纂・準備に当たる」、次いで、「一九四九年六月から一九五一年六月にかけて、米国極東軍G－2戦史室室長」として、「『マッカーサー戦史』等の編纂事務を監督」、そして、「一九五一年六月から七月にかけて、米国極東軍歴史部門の部長代理」になり、「朝鮮半島にて、米軍・北鮮・中共軍間の初期停戦関係文書・資料の収集」にあったという。[15]

しかし、すでに述べたようにG－2歴史課にアメリカ軍戦史編纂の任務が課されたのは一九四七年になってからであり、プランゲ博士の名はそれ以前のG－2の文書のなかには見当たらない。例えば、四六年十月刊行の『アメリカ太平洋陸軍および連合国軍総司令部参謀第二部の機能と組織』(*Function and organization, G-2 AFPAC, SCAP*：以下、『G－2の機能と組織』[16])という文書は、当時のG－2各部署の職務内容と担当者氏名をまとめたものだが、歴史課は翻訳通訳局（ATIS）の一部として記載されている。その職務内容としては、①日本の陸・海軍の戦史調査、②翻訳に関する研究の監督、③太平洋における諜報関係部署の歴史編纂の準備、という三項目が挙げられているが、プランゲ博士もワイルズ博士も名前が見当たらない。また、ワイルズ博士の『東京旋風』での記述と突き合わせて、「プランゲの登場は、一九四六年一一月以降」だとする推測も出されている。[17] さらに、プランゲ博士が残した文書類（Gordon W. Prange Papers：以下、プランゲ・ペーパーズ）に、四七年四月十六日から七月十六日までの三カ月間の歴史課の活動をまとめた報告書[18]（以下、『歴史課活動概略』）がある。これはプランゲ博士が歴史課に着任してから作成された内部文書と考えられる。これらから推定すると、四六年十二月から遅くとも四七年三月までの間にプランゲ博士は歴史課に着任したと考えるのが妥当だろう。[19]

2　G－2歴史課に集められた旧軍人たち

一九四六年十二月の組織改編の際に歴史課は拡大され、調査編集部、制作部、資料部という下部組織が置かれたと『G－2略史』は記している。これが四七年の『歴史課活動概略』では、調査編集部が太平洋戦域史部、総合史シリーズ部、SCAP占領史部、統計調査部の四つに分かれている。調査編集部の業務内容がより具体化し

図5-1　G-2歴史課の公式写真
（出典：*A Brief History of the G-2 Section, GHQ, SWPA and Affiliated Units: Introduction to the Intelligence Series*）

たためだろう。『歴史課活動概略』によれば、四七年七月当時で人員は総計三十四人に拡大していたが、『G－2略史』によれば、実際にはG－2の各組織から〝借りた〟人員で始められ、三名のプロの歴史家を除いては、書き手としても調査官としても訓練されていない者ばかりだったという。

この三名のプロの歴史家とは、プランゲ博士とワイルズ博士と荒木光太郎を指すと考えられる。荒木光太郎は元東京帝国大学経済学部教授で、歴史課には一九四七年六月二日に編集長（editor in chief）として正式に採用された。『歴史課活動概略』によれば、荒木の軍事顧問だったという杉田大佐も彼とともに雇用され、戦史作成の仕事に携わるそのほかの旧陸・海軍の要人をこの二人が選んで面接したという。しかし、荒木だけが正式な歴史課のメンバーであり、ほかの日本人は現地採用の嘱託という扱いだった。『G－2略史』の写真をみても歴史課の編集陣として写っている日本人は荒木一人である（図5―1）。その結果、四七年七月半ばまでに、陸軍からは服部大佐、杉田大佐、小松少佐、曲少佐、海軍からは大前大佐、大井大佐、中村少将、書記の谷内、タイピストのイナガワ、河辺中将が戦史に関する仕事に就いたという[20]。

この記述は旧軍人たちの証言とだいたい一致するが、微妙な違いもある。まず、活動開始の時期について、初期メンバーの一人だった大井篤は「二十二年の五月」だったと証言している。[21] もしかしたら、初期のメンバーについては一九四七年五月に面談して、六月から正式に採用されたのかもしれない。また、誰が人選にあたったのかについても異なった証言がある。当時、陸軍連絡委員長として日本郵船ビルに一室を貰って第二部調査課長のスベンソン大佐に協力していた有末精三は、回顧録のなかで「昭和二十一年六月（略）主として日本郵船ビルに一室を貰って第二部調査課長のスベンソン大佐に協力していた」と述べ、「昭和二十二年の三月のある日、ス大佐から」マッカーサー戦史の編纂について、杉田一次大佐を主任にという申し出があり、「それに協力すべき海軍側の人選についても依頼された」[22] という。「スベンソン大佐」とは、『G－2の機能と組織』では翻訳通訳局長と記されているE・H・F・スベンソン大佐のことで、引き揚げ者の尋問などに関して有末の協力を得ていた。有末の記述では、杉田一次大佐、中村勝平少将、大井篤大佐、大前敏一大佐、服部卓四郎大佐、河辺虎四郎中将の名前が挙げられ、その人選をおこなったのは有末自身のようにも読めるが、彼自身は「いわゆる顧問、世話役といった形で編集会議＝週二、三回連続行われた＝に列席するだけで執筆作業は担任しなかった」[23] と述べているように、初期のメンバーには入っていない。

荒木光太郎がG－2歴史課の編集長に採用された理由は明確ではない。彼は日本画家の家系に生まれたが、東京帝国大学経済学部を特待生として卒業、留学してケンブリッジでジョン・メイナード・ケインズに師事したというエリートで、帰国後に農学部、のちに経済学部の教授に着任した。戦時中は企画院参与や財務省の戦時経済調査委員会の一員になったが、敗戦後はマルクス経済学者の復権に伴って一九四五年十一月に大学を追われ、四六年に日本商工会議所専務理事になっていた。歴史学者でも軍事に詳しいわけでもない荒木が採用されたのは、三菱財閥の重役の娘で英語・ドイツ語・フランス語を話し、多くの外交官や政治家・財界人を知己とする社交家だった妻の光子がウィロビーの信頼を勝ち得ていたため、その手腕によるものと一般に考えられている。[24] おそらく大東亜戦争調査会に対して起きたのと同様の非難を避けるために、また陸軍と海軍の主導権争いを回避してまとめるためにも、旧軍人でない日本人の知識人を置くことが重要だったものと思われる。

荒木と一緒に人選をおこなったという杉田一次は、陸軍大学校を一九三一年に卒業、戦前にアメリカとイギリスに駐在し、シンガポール攻略戦後の降伏交渉では山下奉文将軍の通訳を務めたほか、イギリス軍に対する降伏文書を起草したほどの英語の使い手でもある。降伏文書調印式にも大本営参謀として参列し、四六年七月には巣鴨拘置所に捕らえられ、戦犯裁判のためシンガポールに移送されたあと、四七年五月に日本に送還されたので、その直後に適任と考えられ採用されたのだろう。

一九四七年以降、G－2歴史課で働いた旧軍人は誰で、全体で何人いたのか。これに関する新資料として、プランゲ・ペーパーズのなかに残されていたG－2歴史課の名簿を紹介する。歴史課に関する名簿は同じファイルのなかに五種類あり、そのうち二種類が日本人協力者の名簿である。[25] 一つは十二月十九日の日付で、「第二巻に従事した日本人の名簿（Roster of Japanese Nationals working on Volume II）」と題されて二十人が挙げられている。後述するように、この「第二巻」とは、西南太平洋戦史シリーズのなかの、荒木光太郎が編集責任者を務めた「西南太平洋地域における日本軍の作戦」についてまとめた戦史の巻を指す。もう一つの名簿は、日付はなく、「G－2歴史課の日本人の名前」と題して、第二巻の執筆者二十人と、製作（製図）担当者二十人、および図書室（Library）担当者八人の名前が並べられている。この二つの名簿はおそらく四九年末のものではないかと推察できるが、アルファベットで書かれているので、従来の資料と照らし合わせてみる必要がある。すると、現在までのところ最も詳しいのは、「戦後史座談会 内側から見たG2」に掲載された、五〇年四月に目黒雅叙園で撮影され「G2戦史室の日本人関係者」[26] という題名が付された写真の説明である。そこに記された日本人十六人の名前をすべて名簿で確認することができた。すなわち、①荒木光太郎（アラキ・ミツタロウ）、②有末精三、③千早正隆（海軍中佐）、④藤原岩市（陸軍中佐）、⑤原四郎（陸軍中佐）、⑥服部卓四郎（陸軍大佐）、⑦加登川幸太郎（陸軍中佐）、⑧河辺虎四郎（陸軍中将）、⑨小松演（コマツ・ヒロシ、陸軍少佐）、⑩曲寿郎（陸軍少佐）、⑪中村勝平（海軍少将）、⑫大前敏一（海軍大佐）、⑬大井篤（海軍大佐）、⑭太田庄司（陸軍少佐）、⑮田中兼五郎（陸軍中佐）、⑯谷内守男（陸軍書記）である。

写真に写っておらず名簿に名前があるのは、⑰杉田一次（陸軍大佐）と⑱荒木夫人、そして⑲イナガワ・スミコと[20]コイズミ・カズコという二人の未婚女性である。この二人の女性がどのような役割をしていたのかは不明だが、作戦課の下士官で上奏書類を浄書し機密書類の保管などを仕事にしていた書記の谷内守男と同様に、原稿の清書をしていたのかもしれない。

図5-2　日本人協力者たち（日本郵船ビル3階）
（出典：SeriesIX Box1〔photographs〕, Gordom W. Prange papers）

ところで、この旧軍人からなる日本人グループを撮影した未発表の写真をプランゲ・ペーパーズのなかに発見した。G－2歴史課に関する写真が二十枚ほどあるなかに、日本人グループだけの写真が十一枚あったのである。そのうちの二枚は、前述の「戦後史座談会」に掲載された写真と同一のものと、同じ折に女性たちが加わって撮影された写真である。残りは、日本郵船ビル三階のG－2歴史課の一部で、日本人グループが勤務していた場所で撮影されたものと思われる。撮影日時は明記されていないが、写真のなかで多くの人が羽根らしきものを左胸に付けていて、これは一九四七年十月から始まった共同募金の赤い羽根だと思われる。赤い羽根自体は四八年の第二回から用いられているが、ほかの条件も考えるとこの写真は四九年か五〇年の年末に撮影されたのではないかと推測される。そのうちの四枚をここに掲げた[27]（図5―2・3・4・5）。

図5―2は、右端が切れているが、当時の日本人

グループのほぼ全員が机を囲んでそろって座っている。中央奥が荒木光太郎で、その右が有末精三、左が河辺虎四郎である。有末の右が服部卓四郎で、河辺の左隣が中村勝平、その左が大前敏一である。左のいちばん手前に座っているのが、杉田一次、その右隣が原四郎、その右が藤原岩市、その右が大井篤である。写真5―3は、仕事部屋の一角らしく、手前に座っているのは大前敏一で、その隣は大井篤だろう。写真5―4は食堂でのショットで、手前のテーブル右手前に座っているのが藤原岩市、その右手に座っているのが千早正隆かと思われる。手

図5-3　G-2歴史課で働く日本人たち
（出典：同資料）

図5-4　食卓を囲む日本人グループ
（出典：同資料）

図5-5　プランゲ博士と日本人グループ
（出典：同資料）

前左は原四郎で、その左隣でテーブルを囲んでいるのは太田庄司だろうか。写真5―5は同じく食堂のテーブルを囲んでいる、左から河辺虎四郎、プランゲ博士、服部卓四郎、有末精三の四人である。

この食堂で日本人たちは、昼は「アメリカ人が食べた後、十二時半から自由に食事ができ、アイスクリームも食べ」られたし、朝早く行くと「トーストにバターとマーマレードを塗って食べることができ」たという。配給が不十分で日本人は闇市などへの買い出しに追われていた時代に、ケアー・ボックスという「米軍兵士に支給される現物給与と同じものが月一回もらえ」、そのなかにはたばこやチョコレートや缶詰などの品物が詰められていて、ときにはウイスキーや洋服の生地なども手に入ることがあり、「殆どの日本人がこの待遇に満足してい」たという。[28] 本来このような待遇は日本人に対しては禁じられていたことで、ましてや戦争犯罪人として訴追されるべき旧軍人に対して認められるはずがない、異例の特別措置だった。しかし、現地雇用の日本人の給与は「一年目は七千円ぐらい」で復員局の仲間に比べて安く、月給を増加せよという運動の結果、二万円ほどになったとはいえ、[29] 占領軍の正式職員とは給与だけでなく健康保険などの点で明確な格差があった。

しかし、何より重要なのは、旧軍人からなる日本人グループの存在自体が秘密にされていたことである。「太平洋戦史編纂について、一切口外を禁じる」という厳重な申し渡しが日本人に対しておこなわれていた。[30] そのため、旧軍人たちがアメリカ軍とともに再軍備を画策・準備しているといった、さまざまな噂が生じることになった。アメリカ軍としては、追放されていた旧軍人の高級幹部を雇用する必要があったのとは裏腹に、占領軍としてはそれを秘匿しなければならないという二重性が存在していた。その二重性こそが、一方では連合国軍による勝利としての占領であると同時に、アメリカ軍のアジア戦略の一環としての日本占領という、アメリカ軍が主体で進められた日本占領の性格を端的に表している。

3 戦史のゆくえとインテリジェンス

こうした旧軍人グループを集めたＧ－２歴史課は、どのような任務を果たしたのだろうか。『Ｇ－２略史』によれば、歴史課で作成された文書は、大別すると三分野にわたっていた。

一つ目は、西南太平洋と日本での戦史のシリーズである。『活動の概略』によれば、これはもとは『太平洋におけるマッカーサー・シリーズ（*MacArthur in the Pacific Series*）』と題されたもので、四巻からなる。いわゆる『マッカーサー・レポート』として知られ、一九五〇年に完成するが、六六年に公刊されるまで紆余曲折を経た。(31)その第一巻は、プランゲ博士が編者を務めた「西南太平洋地域における連合国軍の作戦」で、四七年五月にウィロビーに提出され、ウィロビーが監修編者になっている。第二巻は、荒木博士が編者の「西南太平洋地域における日本軍の作戦」で、監修編者はスベンソン大佐だった。この第二巻は四八年半ばまでに完成していた。第二巻の編纂のために、旧日本軍人のグループが雇用され、多数の旧軍人たちが尋問を受けた。残りの第三巻と第四巻は連合国軍による日本占領史で、これはＧ－２の担当ではなかった。

二つ目は、『総合インテリジェンス叢書』である。これは本章の冒頭に挙げた全十巻のうち、第十巻を除いたものが『Ｇ－２略史』のリストに掲げられている。ということは、第十巻の軍事検閲、すなわちＣＣＤによる日本での検閲に関する記述は、当初この叢書に含める予定がなかったと思われる。歴史課の課長を務め、検閲文書をまとまったコレクションとして保存するため母校へ送ったプランゲ博士の意図を考えると、占領下の日本での検閲の重要性と特異性に注目して第十巻を編纂するように加えたのは、もしかするとプランゲ博士自身の提言によったのかもしれない。

三つ目は、アメリカ陸軍省から作成を命じられた歴史記録文書である。『G－2略史』には全部で七項目が掲げられていて、そのうちの二つは朝鮮（Korea）に関する軍事史と非軍事史で、G－2ではなく在韓アメリカ軍が担当だった。また一つは、第八軍が担当の「第八軍史」だった。残りの四つがG－2の担当で、そのなかの一つは、「連合国軍の日本占領（1945-1946）の軍事面」と題するもので、前述の『マッカーサー・レポート』第三巻と重なる内容だった。また二つは太平洋と極東でのアメリカ空軍（United States Air Force：USAF）の活動史だった。そして、残りの一つに挙げられているのが、「日本の公式戦争記録（Japanese Official War Records)」である。「モノグラフ№1から96」という説明が付され、ワイルズ博士が編者、スベンソン大佐が査読編者になっていて、五千枚の原稿が一九四八年半ばまでに提出されたと記録している。

これらが何を指すのか、『活動の概略』でみると、「日本の公式記録」として、フィリピン、北オーストラリア、マレー、ビルマ、東南アジア、硫黄島、琉球などでの作戦や日本軍参謀本部の概略史など、約三十項目が挙げられている。そのうち、真珠湾攻撃の記述に関しては日本人が準備し、ほかの作戦についても日本語で執筆され翻訳されていたことがわかる。したがって、おそらく「日本の公式記録」とは、旧日本軍の当事者によって認められたという意味だと思われる。つまり、日本人グループが執筆した原稿を、河上清の息子でアメリカ軍情報部にいたクラーク河上が翻訳し、さらにウィロビーが読んで点検して修正を求めるなどした。特に開戦史では日本側とアメリカ軍側の意見が割れたといわれる[32]。

ウィロビー自身は、この歴史課での仕事を次のように振り返っている。

上級の司令部では、どの司令部でも、その軍の戦史を作製するための小さな調査班（research group）を持っているものである。東京のマッカーサー司令部では一九四六年に、情報部長に対し、戦史班（such a group）

を設け、これを運営してゆく任務が与えられた。マッカーサー将軍が罷免された当時、この戦史班（they）では太平洋戦争開戦から日本占領までのマッカーサー軍の作戦について、非常に大部の資料を収集し整理してあった。また、日本占領行政の一部ならびに総司令部の運営についての歴史をも作製してあった。戦史班は日本側の公的記録を徹底的に吟味した。日本側の将軍や提督たちから、南洋方面やその他の地区での日本側の作戦について、日本側の観点から、過去をたどって書いてもらったものを英訳してもあった。（略）私は私の他の任務のほかに、戦史班の編集長を兼ね、右に述べたいろいろな仕事を総括指揮していた。そして、そのうちの比較的重要なものについては、自分みずから編集にあたった。調査をやったり、資料の出所を明らかにしたり、それを記録したりした東京での仕事の全貌は、途方もない広範囲にわたった。それは本文で約三万頁、その語数はほとんど九〇〇万語という驚くべきものとなったということで、その大きさは証明されるのである。

いわゆる「マッカーサー戦史（MacArthur Histories）」といわれるものは、（略）数量的にいえば、前記戦史班のつみ重ねた仕事の五パーセントにあたっている。[33]

英語の原文では、ウィロビーは歴史課にいたる組織を「調査班（research group）」のようなものと呼び、一度も歴史課とは明記していない。そこに実際勤務していた大井篤は、「戦史室」という訳語をあてているが、ウィロビー自身はむしろ明言を避けている。それはアメリカ陸軍省の意図を超えた戦史編纂をG－2歴史課で進めていたことを公にしたくないと同時に、G－2歴史課では、太平洋戦争史などの編纂よりも、むしろ『叢書』の仕事のほうが中心的であり、最も大きな比重を占めていたからだろう。

例えば、田中宏巳は『マッカーサー・レポート』は、同じ戦闘を日本・アメリカ双方から記述するという点で画期的な戦史だったと評価している。[34] しかし、軍事情報の収集・分析を担うG－2では、陸軍省参謀部に要請された戦史資料をまとめることは本筋ではなかった。現実的に日本の再軍備が必至だと考えていたウィロビーとG

－2にとっては、敗戦国の軍人から有用な情報を最大限引き出すことが重要だったはずである。実際に朝鮮戦争が始まると、歴史課の旧軍人たちの何人かが「終日編集室から姿を消し」、郵船ビルのどこかへ行ったと記した者は、同時に「「不法活動」を取り締まる立場にある総司令部の情報機関が自ら禁を犯して追放軍人の政治的乃至軍事的意見を諮問することがありうるであろうか[35]」と反語的に、一部の人々がアメリカ軍の情報機関に協力したことをにおわせている。おそらく旧軍人からなる日本人グループは、全体としては戦史資料を集めて記述をまとめる仕事をしていただけだが、それを一種の隠れ蓑として、アメリカ軍のインテリジェンスへの協力がひそかに個別におこなわれていたと考えられる。

残された問題の一つは、歴史課が集めた資料、特に旧軍人たちが提出した原稿を含む日本語資料やその写しなどがどこへ消えたのかということである。一九五一年初頭に『マッカーサー・レポート』は完成したが、同年四月にマッカーサーは最高司令官を解任された。五月にウィロビーが帰国したあと、六月に歴史課は軍事歴史課(Military Historical Section)に改編された。プランゲ博士は同年六月から七月、朝鮮半島に渡って文書の収集に携わったのち、八月に東京での勤務を終えて帰国し、大学に戻った。日本人グループでは、大井篤が五一年末まで、服部卓四郎が五二年八月まで残って補綴・修正作業をおこなったという。主要な英文資料はウィロビーが帰国時に持ち帰り、日本語図書を含む残りの資料をプランゲ博士がメリーランド大学に持ち帰ったのではないかというのが、田中宏巳の推測である[36]。

歴史課が集めた資料は、戦史だけでなく、ゾルゲ事件に関するものも大量にあり、旧日本軍人たちも驚くほどの質と量だった。アメリカ軍組織として収集したそれらは、個人的に持ち帰ったのではなく、基本的にはアメリカ陸軍省などの機関に送付されたと考えるべきだろう。周知のように、アメリカ軍はアメリカにとって価値ある日本の出版物や文書を接収し、アメリカに送付する活動を一九四三年からワシントン文書センター(Washington Document Center：ＷＤＣ)を中心におこなっていた。四五年十一月にはその先遣部隊が東京に到着し、四七年半ばまで日本で収集した図書や資料をアメリカの議会図書館や公文書館に送付した[37]。その後も、日本からの文書の送付業務は、翻訳通訳局（ATIS）に移されて続いた[38]。この翻訳通訳局の内部文書（一九四九年）によれば、歴史課のプランゲ博士は、アメリカのCIAの外国文書課に日本から送る接収文書を最終的にチェックし、認可を与える権限を有していた。すなわち、「〔文書の船積み：引用者注〕通知のコピーは、G－2歴史課のプランゲ博士にも回され、CIAに送られる予定の文書のリストを彼があらためるよう求められていた。G－2の接収とプランゲ博士の認可（clearance）ののちに、これらの文書はCIAに送られた」という。さらに、「どのような文書も、プランゲ博士の事前許可なくしてはこの戦域から持ち出すことはできない[39]」と明言されていた。接収文書の送付について、プランゲ博士がいつからこのような権限を有していたのか、その経緯や詳細は未解明だが、このことから考えると、歴史課が収集した資料の処分は基本的には彼が権限をもって進め、そのうちの重要文書はCIAに送られた可能性が高いと推測される。

現在、プランゲ博士は、『トラ トラ トラ――太平洋戦争はこうして始まった』（千早正隆訳、一九七〇年）や『ミッドウェーの奇跡』（千早正隆訳、一九八四年）、『真珠湾は眠っていたか』（土門周平／高橋久志訳、一九八六年）などの太平洋戦争の研究や、占領期の検閲資料を集めたプランゲ文庫で知られているが、『ゾルゲ・東京を狙え』（千早正隆訳、一九八五年）という書を著してもいる。ウィロビーのもとで彼がどのような役割を果たしたのか、占領軍G－2のインテリジェンス活動を明らかにするためにも、彼の研究の背景にある占領期の活動をさらに詳しく検討する必要があるだろう。加えて、G－2歴史課におけるもう一人の歴史家だったワイルズ博士は批判的な視点からの占領史を書き残し、そのなかで歴史課の活動を批判的に総括しているが、彼とプランゲ博士がどのような関係にあったのかも検討する必要があるだろう。これらは今後の課題としたい。

注

（1）例えば、吉田則昭『緒方竹虎とCIA――アメリカ公文書が語る保守政治家の実像』（〔平凡社新書〕、平凡社、二〇一二年）、加藤哲郎編集・解説『ＣＩＡ日本人ファイル――米国国立公文書館機密解除資料』全十二巻（現代史料出版、二〇一四年）などを参照。

（2）この第十巻では、検閲を運営した組織として、アメリカ極東陸軍（United States Army Forces in the Far East：ＵＳＡＦＦＥ）、西南太平洋戦域軍（Southwest Pacific Area：ＳＷＰＡ）、アメリカ太平洋陸軍（US Army Forces, Pacific：ＡＦＰＡＣ）、極東軍（Far East Command：ＦＥＣ）が連記されているが、ここでは省略した。また、この『叢書』は、表紙などでは「The Intelligence Series」とだけ記されていることが多いが、本文内では「The General Intelligence Series」が正式な名称として記されている。例えば、Volume IX Civil Intelligence Section, GHQ, FEC & SCAP〔RG550 E#2 Box246〕冒頭にある一九四九年十二月三十一日付の前書きを参照。

（3）Ｃ・Ａ・ウィロビー『マッカーサー戦記Ⅰ』大井篤訳、時事通信社、一九五六年、七―九ページ。原著は、Charles A. Willoughby and John Chamberlain, *MacArthur 1941-1951*, MacGraw-Hill, 1954だが、邦訳本は原著の前半部三分の二ぐらいを訳出したもの。なお、ワイルズ博士は、『東京旋風――これが占領軍だった』（井上勇訳、時事通信社、一九五四年、原著：*Typhoon in Tokyo: The Occupation and its aftermath*, Macmillan, 1954）の「喇叭は鳴り響く」の章（邦訳では第十七章、原著では第二十八章）のなかで、歴史課のオフィスがあった場所にちなんで「郵船会社班」と呼んでいる。

（4）歴史課については、田中宏巳『消されたマッカーサーの戦い――日本人に刷り込まれた〈太平洋戦争史〉』（吉川弘文館、二〇一四年）のほかに、「解説」（佐藤元英／黒沢史貴編『ＧＨＱ歴史課陳述録――終戦史資料』下〔明治百年史叢書〕所収、原書房、二〇〇二年）も参照。歴史課に関係した旧軍人たちに関しては、占領軍と旧日本軍幹部との結び付きというより広範な問題のなかで、新たに機密解除されて公開されたＣＩＡ資料に基づいてふれた論考が多数現れている。例えば、前掲『ＣＩＡ日本人ファイル』の「解説」、および、加藤哲郎編集・解説『ＣＩＡ日本問題ファイル――米国国立公文書館機密解除資料』（現代史料出版、二〇一六年）、有馬哲夫『大本営参謀は戦後何と戦ったのか』（〔新潮新書〕、新潮社、二〇一〇年）、前掲『緒方竹虎とＣＩＡ』など。

（5）田中が用いているのは、*A Brief History of the G-2 Section, GHQ, SWPA and Affiliated Units: Introduction to the Intelligence Series*、および、ＧＨＱ参謀第二部編、竹前栄治解説『マッカーサーレポート』全四巻（現代史料出版、

一九九八年）とその原典 *Reports of General MacArthur*, Vol.1-4, 1966、またそれのもとになった「太平洋におけるマッカーサー・シリーズ（MacArthur in the Pacific Series）」である。

（6）例えば、前掲「解説」『GHQ歴史課陳述録』下。

（7）*A Brief Hisotry of the G-2 Section*, pp. 103-105.

（8）阿羅健一『秘録・日本国防軍クーデター計画』（講談社、二〇一三年）四四ページの中村龍平の証言によれば、天野正一少将、細田熙大佐、秋山紋次郎、高木作之、原四郎、岩越紳六、田中耕二、舞伝男、堀場一雄大佐、橋本正勝中佐などが史実部にいたという。

（9）大東亜戦争調査会については、冨田圭一郎「敗戦直後の戦争調査会について――政策を検証する試みとその挫折」（『レファレンス』第六十三巻第一号、国立国会図書館、二〇一三年一月）を参照。

（10）前掲『秘録・日本国防軍クーデター計画』の第二章「機密資料は焼かれていなかった」を参照。

（11）*A Brief Hisotry of the G-2 Section*, Chapter V, p. 104〔RG554 E29 Box1〕.

（12）田中宏巳「日本側の資料収集態勢」（前掲『消されたマッカーサーの戦い』一四五―一六三ページ）を参照。

（13）*A Brief Hisotry of the G-2 Section*, p. 105.

（14）田中宏巳「ウィロビーの戦史編纂の動き」（前掲『消されたマッカーサーの戦い』一一九―一二九ページ）を参照。なお、ワイルズは前掲『東京旋風』で、マッカーサー将軍は軍事史には熱心だったが民事史のほうには無関心で、日本占領史を担当した民間歴史局（CHS）は完全に失敗に終わったと述べている。しかし、プランゲ博士がまとめた軍事史のほうも、全体で三百万ドル以上の費用がかけられて、精緻な内容だったにもかかわらず、それも結局は公刊されずに失敗だったと論じている。

（15）奥泉栄三郎「『トラ・トラ・トラ』の行方とその周辺――歴史家ゴードン・W・プランゲの叙述手法」『出版研究』第三十号、日本出版学会、一九九九年、一一五―一三六ページ。なお、奥泉は用心深く、「情報の出所が出所だけに、かなり正確な記録ではあるが、同時に、本人任せの情報なので、意識的に本人が削り落とした事項も多々あるだろう。また、無意識的な重要事項の欠落もあろう。この辺りは十分に注意されたい」（一一八―一一九ページ）と記している。

（16）この資料は、全七十二ページ。RG554 A1 E#35 Box1, NARA.
（17）前掲「解説」『ＧＨＱ歴史課陳述録』下、一〇七六ページを参照。
（18）General Headquarters, Far East Command, Summary of Activities, Historical Section, FEC-SCAP, 16 April 1947-16 July 1947, SectionⅣ Box8, Gordon W. Prange papers. 全二十ページの報告書である。
（19）では、プランゲ博士はそれまでの約一年間はどこに所属していたのかという問題が残る。参謀第三部（Ｇ－３）の歴史課にいた可能性もあるが、彼は一九四四年から四五年にかけて、プリンストン大学内のアメリカ海軍軍事政府要員養成学校教官として、大日本帝国圏の行政・制度・機構などについて講義をしていたという。海軍の任務を完了後に占領軍のスタッフになったという記述もあり、全く別の部署にいたのかもしれない。これは今後明らかにしていきたい。
（20）原文では、人名はアルファベットで階級と名字だけ記してあるので、それに従ってここでは該当すると推定される名字だけ記している。カタカナ表記は、漢字表記が推定できなかった人物である。
（21）児島襄／大井篤／有末精三「戦後史座談会 内側から見たＧ２――元日本軍高級参謀とＧＨＱ」（『朝日ジャーナル』第十八巻第十八号、朝日新聞社、一九七六年五月七日）を参照。
（22）有末精三『ザ・進駐軍――有末機関長の手記』芙蓉書房、一九八四年、二五一―二五五ページを参照。なお、有末機関とは、敗戦時に設置された外務省を中心とする終戦連絡事務局とは別に、日本の軍部と占領軍／アメリカ軍の間の連絡機関として、敗戦時に陸軍参謀本部第二部長を務めていた有末精三が中心になって組織したグループである。河島真「「有末機関」についての覚書」（『神戸大学文学部紀要』第四十五号、神戸大学文学部、二〇一八年）によれば、その初期は八月後半に横浜に置かれた横浜連絡委員会で、一九四五年九月十五日に占領軍司令部が東京に移動すると、海軍単独の「中村機関」と陸軍の「有末機関」に分かれたという。翌四六年三月に有末が復員省事務官の職を解かれた時点で有末機関は正式に終わったというが、有末は「Ｇ－２のウィロビー少将との接触を深め、公職追放を特別に除外され、旧軍解体後も有末機関を組織して、ウィロビーから戦史編纂の委嘱をうけながら、旧陸軍幹部の精鋭を残存させて日本再軍備に備えた」（粟屋憲太郎『東京裁判への道』〔講談社学術文庫〕、講談社、二〇一三年、二〇六ページ）とみなされている。有末精三『終戦秘史 有末機関長の手記』（芙蓉書房、一九七六年）を参照。

(23) 前掲『終戦秘史 有末機関長の手記』二五二ページ、および同著を抄した前掲『ザ・進駐軍』二五二ページでも全く同じ記述である。なお、前掲「戦後史座談会 内側から見たG2」では、有末は一九四六年六月末に、第一復員省を辞めたあとで「G2があったあの郵船ビルで」「進駐軍による調査活動に」協力することになったと述べている。

(24) 丸山一太郎「マ元帥の「太平洋戦史」編纂の内実」(『中央公論』第六十七巻第五号、中央公論社、一九五二年五月)によれば、「夫人はミセス・アラキの名で司令部関係に顔が通っており、(略)荒木夫妻の意見に異議があっても「ウィロビーの意志だから」と押しつけられると、(略)「郵船ビルの淀君」にはまったく歯が立たなかったというのが実情である」。また、「ミセス・アラキの戦史編纂における役目は図版の依頼や製作であったが、事務的な進行と財布の紐は夫人が握っていた」(二六五—二六六ページ)という。なお、参謀第二部(G-2)が陣取っていた日本郵船ビルに個別の部屋があったのは、荒木光子と有末精三だけだったといわれる。第四章「GHQを手玉にとった女帝」(前掲『秘録・日本国防軍クーデター計画』)を参照。ところで、「丸山一太郎」はペンネームであり、この文章の筆者は不明である。これが発表されるとまもなく、アメリカで"MacArthur and his vanishing war history"という記事が、クラーク河上とジェローム・フォレストの談話を編集部がまとめたうえで発表されている(*Reporter*, Oct. 14, 1952)。そこにも荒木夫人の話が出てくる。また、ワイルズの前掲書でも「東京大学経済学教授の夫人である女流彫刻家荒木ミツコを班長として、美術家・地図製作者・挿絵画家の一団が組織され、戦争の推移を明らかにするための何百枚という、極彩色の図面・図表・地図・歴史画が作製された。荒木夫人は魅力に富んだ、きわめて頭のよい社交婦人で、(略)ウィロビーは彼女の誠実さに、深い信頼をおいて、(略)歴史編纂についての面倒な技術的・財政的責任まで彼女にまかせていた」(二五九ページ)と述べられている。

(25) File "G-2 staff," SeriesIX, Box3, Gordon W. Prange papers.

(26) 注(16)に同じ。

(27) SeriesIX Box1 (photographs), Gordon W. Prange papers.

(28) 前掲『秘録・日本国防軍クーデター計画』三七八—三七九ページ。谷内守男の証言。

(29) 前掲「戦後史座談会 内側から見たG2」一九ページ。大井篤と有末精三の証言。

(30) 前掲「マ元帥の「太平洋戦史」編纂の内実」二六六—二六七ページ

(31) Report of General MacArthur 1966. 公刊の経緯などについては、前掲『消されたマッカーサーの戦い』一六四―一九五ページを参照。
(32) 前掲「マ元帥の「太平洋戦史」編纂の内実」
(33) 「はしがき」、前掲『マッカーサー戦記Ⅰ』七ページの訳文による。傍点は引用者。また、括弧内の英語はウィロビーの原文から引用者が挿入。
(34) 前掲『消されたマッカーサーの戦い』一九一―一九五ページ
(35) 前掲「マ元帥の「太平洋戦史」編纂の内実」二六七ページ
(36) 前掲『消されたマッカーサーの戦い』一六八ページ
(37) 日本からの文書接収については、以下の文献を参照。和田敦彦『書物の日米関係――リテラシー史に向けて』新曜社、二〇〇七年
(38) File: Shipment of Documents (1949 May~)〔RG554 E34 Box9〕.
(39) 同資料の内部用メモによる。

第6章　占領軍の翻訳通訳局（ATIS）によるインテリジェンス活動

はじめに

連合国軍翻訳通訳局（Allied Translater and Interpreter Section）、通称ATISは、太平洋戦争の対日戦に際しての、連合国軍での日本語に関わる翻訳・通訳・尋問などの中心部局である。一九四二年九月にマッカーサーが指揮する連合国軍西南太平洋戦域軍総司令部（GHQ／SWPA）のもとで発足し、占領期まで活動した。言語官（Linguists を本章では、軍人も民間人も含む語としてこのように訳す）が中心になったこのインテリジェンス組織では、鹵獲《ろかく》文書の収集・翻訳・尋問の通訳に務め、日系二世の兵士が多く勤務し、四五年には四千人以上が働いていたという。一般的には、戦時組織は戦争が終わると戦時情報局（OWI）のように解体されるのが普通だが、ATISは占領期も存続し、諜報機関としての活動を続けた。例えば、戦時中のATISの活動を詳細に分析した山本武利『日本兵捕虜は何をしゃべったか』では、次のように述べられている。

マッカーサーは占領政策に反発する旧権力者や左翼の行動を監視するために、ウィロビーらの諜報機関を占領後もそのまま使った。またATISも消えるどころか、人員を増やして、存続し、二世中心の情報兵を活用して、文書の翻訳や戦犯容疑者などの尋問に当たらせた。変化した点はといえば、太平洋戦争でのアメリカ軍の対日諜報システムの中核にいた二世秘密戦士が、占領期日本の表舞台に登場したことであった。(1)

一般に極東国際軍事裁判（一九四六年五月―四八年十一月）での翻訳や通訳で活躍したのがATIS所属の言語官だったことは知られている。しかし実はATISは単なる翻訳や通訳のための言語専門集団ではなく、北朝鮮やソ連およびソ連管理地域などに関する情報を引き揚げ者への尋問や没収文書から集め、整理・分析する諜報機関だった。本章では、そのような側面を中心に、占領期のATISの組織と活動を全体的に明らかにするのが目的である。

なお、戦中期のATISの活動については、前掲の『日本兵捕虜は何をしゃべったか』や、アリソン・ギルモアの研究、ATISを束ねていたシドニー・マシュバーの回想録などがあるが、占領期のATISに注目した研究は少ない。小柳順一は朝鮮戦争での占領軍の諜報の失敗を論じるなかで、ATISにふれている。また、佐藤晋も大陸からの引き揚げ者への尋問によって占領軍がどのように共産圏の情報を引き出したかを、主としてアメリカ軍が編纂した『総合インテリジェンス叢書』第三巻などの記述に基づいて、日本側の協力態勢も含めて論じている。(2)本章では、それと重なる部分もあるが、主にアメリカの極東軍（FEC）の資料（アメリカ国立公文書館〔NARA〕のRG554に収められた文書）に基づいて、ATISという組織の機能と変遷を中心に、占領政策から冷戦へと力点を移していったアメリカ軍のインテリジェンス機関が日本で何をしていたのかを明らかにしたい。

1　占領初期のＡＴＩＳ

連合国軍西南太平洋戦域軍総司令部（ＧＨＱ／ＳＷＰＡ）は日本の敗戦とともに解体され、連合国軍最高司令官総司令部（ＧＨＱ／ＳＣＡＰ）が連合国軍による対日占領管理機関として成立した。ＡＴＩＳはこの連合国軍、すなわちアメリカ軍を主体としながら、イギリス、オーストラリア、オランダ、ニュージーランドの各軍が参加する共同組織の一部だった。ところがこの集団は、これと並行して再編されたアメリカ軍の太平洋地域の軍組織、すなわちアメリカ極東陸軍（United States Army Forces in the Far East：ＵＳＡＦＦＥ、一九四一―四六年）、アメリカ太平洋陸軍（ＡＦＰＡＣ、一九四五―四六年）、および極東軍（一九四七―五一年）と変遷するアメリカ軍の軍事諜報部（Military Intelligence Section：ＭＩＳ）の下部組織として、翻訳通訳局（Translater and Interpreter Service：ＴＩＳ）と称してもいた。つまり、日本の占領軍は一方では連合国軍の組織であると同時に、他方ではアメリカ軍の組織と重なっていて、ＡＴＩＳも実態としては一つだが連合国軍とアメリカ軍という二つの所属を有していた。その両方の最高司令官としてマッカーサーが君臨していたためにその二重性がわかりにくくなっているが、正式名称は、連合国軍組織としてはＡＴＩＳ、アメリカの陸軍組織としてはＴＩＳと区別されていた。しかし、実際にはＡＴＩＳの呼称で長らく親しまれてきたために、厳密な文書以外ではＡＴＩＳのほうが広く用いられた。そこで本章でも総称としてＡＴＩＳを用いることにする。

ＡＴＩＳが日本占領のために東京にやってきたのは、一九四五年十月一日のことだった。[3]ＡＴＩＳの先遣隊であるＡＤＴＩＳがまず丸ノ内の日本郵船ビルに入り、横浜の第八軍の施設で尋問を担当する検査隊を現地に派遣した。同年十一月にはＡＴＩＳの本拠がマニラから東京に移り、日本郵船ビルの七階分を使用して拠点とした。うち上方の四階分は将官と兵士の宿舎など、下方の三階分がオフィスとして用いられた。当時のＡＴＩＳには約三千人の軍人がいたが、東京に入ったのはその一部で、ほとんどはフィリピンや朝鮮半島、沖縄あるいは日本本土の各地を含めておよそ三十カ所に駐屯し、元日本兵の尋問や鹵獲文書の翻訳にあたっていた。当時のＡＴＩＳの最大の任務は、戦争犯罪人の尋問と戦争犯罪の資料の収集と翻訳、および戦犯裁判の通訳だった。各地でおこなわれたＢＣ級の戦犯裁判支援のために、ＡＴＩＳは四五年十二月には特別班を東京とマニラに設立した。

ところが、戦争終結から半年後の一九四六年三月にＳＣＡＰ総司令部は、連合国軍の機関としてのＡＴＩＳの廃止を通告した。(4)ただし、アメリカ陸軍の機関である翻訳通訳局（ＴＩＳ）としての活動は継続され、少数ながらいたイギリスやオーストラリアの将兵も引き続いて従事することになったので、実態としてはほとんど変わらなかった。しかし、四六年の前半期に急速にＡＴＩＳの人員は削減された。ＡＴＩＳの月報によれば、四六年一月時点で、ＡＴＩＳに所属する将官は三百九人、兵士千七百七十九人で、軍人の合計は二千八十八人、民間人は二百三十一人だった。全体で言語官は千六百七十七人、うち日本人およびアメリカ以外の外国籍は二百八人だった。だが四六年五月時点では、軍人三百一人、民間人五百八人で合計八百九人になり、全体の人員が約四割に縮小されたうえ、軍人と民間人の比率が逆転した。(5)これは軍人の復員を進め、かわりに民間人を採用するという方針によるものだった。しかし、この措置がウィロビーはよほど不満だったらしく、ＡＴＩＳの歴史を叙述するなかでも、「Ｇ－２に相談もなく時期尚早の復員」で十六の言語分隊と十の諜報組織が削減されてしまった、(6)と記している。結局、しばしば増員の要求が出されたにもかかわらず、それ以降もＡＴＩＳの人員が増えることはなく、占領軍全体の縮小のなかで、七百人から八百人程度の規模にとどまった。

一九四六年十月付の「ＡＦＰＡＣおよびＳＣＡＰのＧ－２の機能と組織」(7)によれば、当時のＡＴＩＳの機能は、占領軍のために多様な文書を収集して評価し、翻訳し、ときには調査レポートを作成して公刊するとともに、通訳する言語官の派遣、配置転換、訓練などを管理することだった。特に極東国際軍事裁判の開廷に伴い、国際検事局などへの支援に力点を置いていた。当時のＡＴＩＳの組織は、人員配置課、民間人課、翻訳課、情報課、制作課、文書課、ロシア／中国課、陸軍諜報課、歴史課に分かれていた。平均的な日常業務としては、次の項目が

挙げられている。(8)

①記事の翻訳に対するウィロビーのコメントに対応した翻訳の再編集（翻訳課と情報課）。
②ＡＴＩＳ刊行物のフーバー図書館への輸送（文書課）。
③歴史的研究の準備としての、復員兵の尋問などによる草稿作成（歴史課）。
④各部署からの翻訳の受付（平均で文書五件、手紙三十二件）（翻訳課）。
⑤印刷（記事の翻訳三百部、文書二件、手紙五十件）（制作課）。
⑥民間検閲支隊（ＣＣＤ）が入手した日本語文書、あるいはＣＩＥからの要請など（平均で文書三件）（翻訳課）。
⑦戦域諜報の要請に応じて、一日あたり通訳官二人を派遣（人事配置課）。

ここにみるように翻訳・通訳はＡＴＩＳの中心的業務だが、一方で諜報活動として各課が異なる分野をカバーしていたという点に注意しなければならない。例えば、文書課（Document Section）は、一九四六年三月からワシントン文書センター（ＷＤＣ）の図書館プロジェクト業務を移管されていた。ワシントン文書センターはアメリカ陸・海軍のなかに設置された鹵獲した日本文書の収集翻訳をおこなう部署で、四三年から活動を始めた。四五年十一月末に先遣部隊が東京に到着し、その部隊がアメリカ陸軍省など各機関のために、日本政府や図書館などからアメリカにとって利用価値がある出版物や文書を収集してアメリカへ送付した。四六年三月に作業を終了し、そのあとを文書課が託されたのである。四六年十一月までに約四十七万八千点の文書が、アメリカの議会図書館や各政府機関に送られたという。(9)

この活動と並行してＡＴＩＳには、アメリカ太平洋陸軍の一九四五年八月十四日付の指令「ブラックリスト作戦（"Blacklist" Operation）」によって、軍事諜報の一環としての敵文書の捕獲についての指示が与えられていた。(10)それによれば、実務にあたるＡＴＩＳの派遣部隊は基本的には文書をそのまま動かさずに、まずリストを作成する。そのリストは司令部のATISに送られ、アメリカやアメリカ軍にとって有用な文書、および日本に残しておいてはいけない文書を選び出す。特に「軍の組織や戦争実施に関わるもの、戦争日誌やさまざまな作戦の研究」のような文書は、「そのまま日本に残しておけば、将来日本の参謀幕僚に、新たな軍事機構を創出する土台と、この戦争での戦略上の過ちを吟味するデータを与えることになる。そのような文書はすべて詳細に目録に記載し、最終的には運び出すか破壊しなければならない」[11]とある。すなわち、これらの文書の収集と送付はアメリカが利用するためだけではなく、日本の非軍事化、あるいは軍事的弱体化を意図した作戦の一環だったのである。

2　中央尋問センターと復員者の尋問

占領期のATISの活動は、一九四六年十二月以降、ソ連管理地域からの帰還が始まってから変化する。その中心は、ATISの中央尋問センター（Central Interrogation Center）である。中央尋問センターは四六年六月二日にアメリカ太平洋陸軍の一般指令二十六号によって創設された。その目的は、日本でおこなわれる日本人およびほかの外国人に対するあらゆる尋問を統括し実行することであり、組織はSCAP、参謀第二部（G－2）の指揮下に置かれた。ただし、その尋問とはアメリカ陸軍省の要請により、アメリカ軍に不足している情報、すなわちソ連軍および極東での産業活動、そしてシベリアおよび国境地域の内部情報を、ソ連管理地域からの帰還者から収集することが狙いだった[12]。実際にソ連管理区域から最初の帰還者が博多に到着したのは四六年十月だったが、当初からアメリカ太平洋陸軍は、アメリカ軍の言語官が帰還者を選別するのを補佐するために、日本人の元情報将校を雇うことを認可した。十一名の元情報将官が陸軍省情報部によって雇用され、引き揚げ港に送られた[13]。

この十一名が誰だったのかを特定する資料としては、一九四六年十二月三十日付の「元情報将官との会合記録[14]」がある。これには、ソ連管理地域からの帰還者に対する尋問がちょうど一カ月経過したところで、アメリカ軍側と日本人将官たちが打ち合わせをした内容が報告されている。アメリカ軍側にはATIS担当将校のE・H・F・スベンソン大佐、スチュワート大佐、N・グレン中佐、中央尋問センター長のR・L・ディシャルーン少佐、日本語通訳一人が出席し、また日本側は有末（精三）中将、吉積（正雄）中将、加藤（定）少将、函館から嬉野（通軌）中佐、舞鶴から萱井（斌麿）中将、佐世保から永井（八津次）少将という顔ぶれだった。[15]

この会合では、帰還者の尋問に関わっていた各機関、ATISと第八軍、対敵諜報部隊（CIC）、引き揚げ事務所、復員事務所の連携のための統一的管理が必要であることや、アメリカ人および日本人担当者の訓練などの尋問に関わる問題点が議論されたのだが、この一九四六年から四七年当時の帰還者の尋問がどのようにおこなわれていたのかを簡単に整理してみよう。[16] 帰還者の尋問過程は、大きく三段階に分けられていた。第一段階（Phase I）は帰港した港でのスクリーニングである。ソ連管理地域から帰還した者はみな個人データをカードに書き入れ、それをもとにふるいにかけられる。第二段階（Phase II）は港での尋問である。情報をもっていると思われる者は一時間ほど尋問を受ける。ここまでは、帰還者が上陸する博多、佐世保、舞鶴、函館の引き揚げ施設でおこなわれる。第三段階（Phase III）はATISの東京本部での尋問である。港での尋問の結果が中央尋問センターに回され、重要な情報をもっていると考えられる者を呼び出し、約六時間の尋問をおこなう。ATISのデータによれば、四六年十二月一日から四八年一月一日までの期間で、ソ連管理地域から港に引き揚げて登録した人数は総計六十二万四千二百九十六人、うち三十七万二千二百八十一人が男性、さらにそのうち二十四万七千二百九十四人が元将兵だった。このうち第二段階の尋問を受けた者は五万六千五百六十一人、第三段階は九千四十三人で、第一段階の人数を母数とすると、第二段階は九・五％、第三段階は一・四％である。

この過程を、各機関の関わりを含めて舞鶴の例で具体的にみてみよう。[17] 港に引き揚げ船が到着すると、舞鶴港を管理していた第八軍の港湾指揮官、医務官、言語官のチーム、そして何人かの元日本軍情報将官（“GHQ” Personnel＝GHQ関係者と呼ばれた）が乗船し、まず船長が簡単な尋問を受け、医務官が防疫のために点検する。一方で、言語官と元情報将官たちは引き揚げ者百人に対して一人ぐらいの割合でまとめ役を決めて集め、上陸の手続きを説明するとともに、名前や所属部隊など基本情報を記入するカード（第一段階での尋問に用いる）を配布して記入の指示をする。このカードは日本語で書いてあり、港に駐在している復員省と内務省の日本人担当者がともに説明して記入させ回収にあたる場合もあったが、下船の際に護衛のアメリカ兵が回収した。

帰還者が荷物検査や検疫を受け、厚生省が用意した一時的な収容所で食事や配給を得て帰郷や復員の情報などに関する説明を受けている間に、回収されたカードは内務省の担当者に渡される。それに目を通した内務省の担当者が尋問すべき帰還者を推薦する。また、破壊的傾向を見せる帰還者を探索し、尋問担当の将官に知らせ、そこから対敵諜報部隊に情報が回る。その後、日本人担当者は登録カードを尋問担当の将官に渡し、必要であれば言語官がおこなうカードの翻訳を補佐する。アメリカ軍の言語官は、日本人の元情報将官の助言を得ながら、カードに英訳を記入して完成させ、積極的インテリジェンス[18]および防諜に関する情報をもつ帰還者を選び出す。また、言語官は荷物検査所などで没収された文書や地図、特にロシア語の新聞や配給手帳などの印刷物を検査し、整理する。

第二段階の尋問は、帰還者が到着してから四十八時間以内に、各港の引き揚げ施設で（函館では例外的に船室で）おこなわれた。復員省の担当者が一時収容所から該当者を呼び出し、恐れを静めるための簡単な説明をして、尋問所まで付き添う。尋問は個別におこなわれる。部屋に帰還者が入ると、尋問担当官がたばこなどを勧めて緊張をほぐすように努め、気軽な会話で背景にある個人的情報を引き出すようにする。それから約一時間、尋問マニュアルの項目に沿って質問する。

第二段階の尋問での質問事項は当初は十六項目で、のちに二十二項目に増える。その内容は状況や対象者によって適宜変更された。まず、収容所の場所と状況、死者の数や死因、捕虜の労働の種類やノルマなどの状況、共産主義の教化の方法と範囲および結果など、ソ連管理地域での生活状況を尋ねる項目があった。そのほかに、ソ連管理地域や満洲に隠れている日本人や日本兵、関東軍の処分、地図や写真の処分に関する情報が尋ねられた。さらにソ連軍の装備、士気、訓練状況、防衛方法、ソ連の諜報組織と活動、ソ連の陸・海軍関係の施設や病院、ソ連軍高級将校など軍に関する情報など、ソ連軍に関する項目があった。また、港・鉄道・道路・飛行場に関する情報、気候・産業・農業・地理に関するデータ、ソ連国内および朝鮮の政治経済状況などが質問項目に含まれていた。そのなかでも重視されたのは、ソ連のスパイおよびソ連の諜報組織に関する情報、ソ連軍の憲兵組織と活動、秘密警察などの統括組織である内部人民委員部（NKVD）の防諜方法、ソ連管理地域での日本人の組織や会およびリーダーに関する情報だった。しかし、尋問する側が何を知っていて、どんな情報を知りたがっているかということを、被尋問者や日本人側（元情報将官は除く）に悟られないよう注意する旨、尋問官は指示されていた。

この尋問はATISから送られた言語官が第八軍の管轄下に入って実施していたが、破壊活動をおこなう傾向がある一部の者や、ソ連のスパイに関する情報をもつと思われる者に対しては、対敵諜報部隊がさらに別に防諜に関する尋問をおこなった。これらの尋問には普通、元情報将官が同席して補佐した。[19] 尋問に際しては、地図や関係文献が参照できるように準備された。この第二段階での尋問の内容は、尋問官が手書きで取ったメモをもとにまとめられ、第八軍尋問調書として記録されて、ATIS本部にもただちに送られた。しかし、第八軍と対敵諜報部隊およびATISの連携は必ずしもスムーズではなかったようだ。特に第八軍と対敵諜報部隊の尋問内容の重複や、尋問にあたる言語官の能力が問題とされた。日系二世が多数を占めていた言語官は、元情報将官によれば、日本語の水準が低く、被尋問者が彼らの日本語を理解できないこともしばしばあったという。[20]

第三段階の尋問の対象者は、第二段階の尋問調書や復員省からの名簿、G－2からの情報や没収文書などを調べたうえで、ATIS本部が選定した。ただし、第二段階の尋問終了の際すでに声をかけられた者もいたし、そのままATIS本部まで連れていかれた者もいた。第三段階の尋問対象者選定の基準としては、①捕虜団体および大隊の指揮官、②各収容所の最高位の将官、③医者、特に捕虜収容所や捕虜用の病院で勤務していた医者、④通訳、書記、および捕虜の職場主任、⑤前記以外で情報をよく知っている者、また特殊で有益な情報をもっている者が挙げられた。[21] また、尋問対象者としては、元官僚や民間の指導者、常識がある者、軍付属の警察組織の長が最も望ましく、少尉以下からは価値ある情報は得られない、と元情報将官は助言している。[22] なお、この選定が正しかったかどうか点検するために、何人かが無作為に選ばれて尋問を受け、のちにその内容が比較検討された。

選定された対象者のリストは復員省に渡され、復員省から対象者に通知された（図６―１）。対象者は通常は、引き揚げ後いったん帰郷して四カ月から六カ月たったころに東京に呼び出された。尋問当日のおよそ三週間前に呼び出しの通知が送られ、四日分の配給、および宿泊と食事の提供があることなども知らせた。対象者は関東・中部地方からが多かったが、九州など遠方からも呼び出された。仕事がある者は職場などに断って休みを取って上京した。東京に到着すると復員省で登録し、尋問終了後にはそこで再び経費の補塡の手続きがおこなわれた。一九四九、五〇年には、鉄道の二等列車の料金と宿泊代一泊六百円、および報奨金一日分百二十円が復員省から支払われた。したがって尋問対象者一人あたりの費用は平均約六千円で、これは日本政府から支出された。なお、

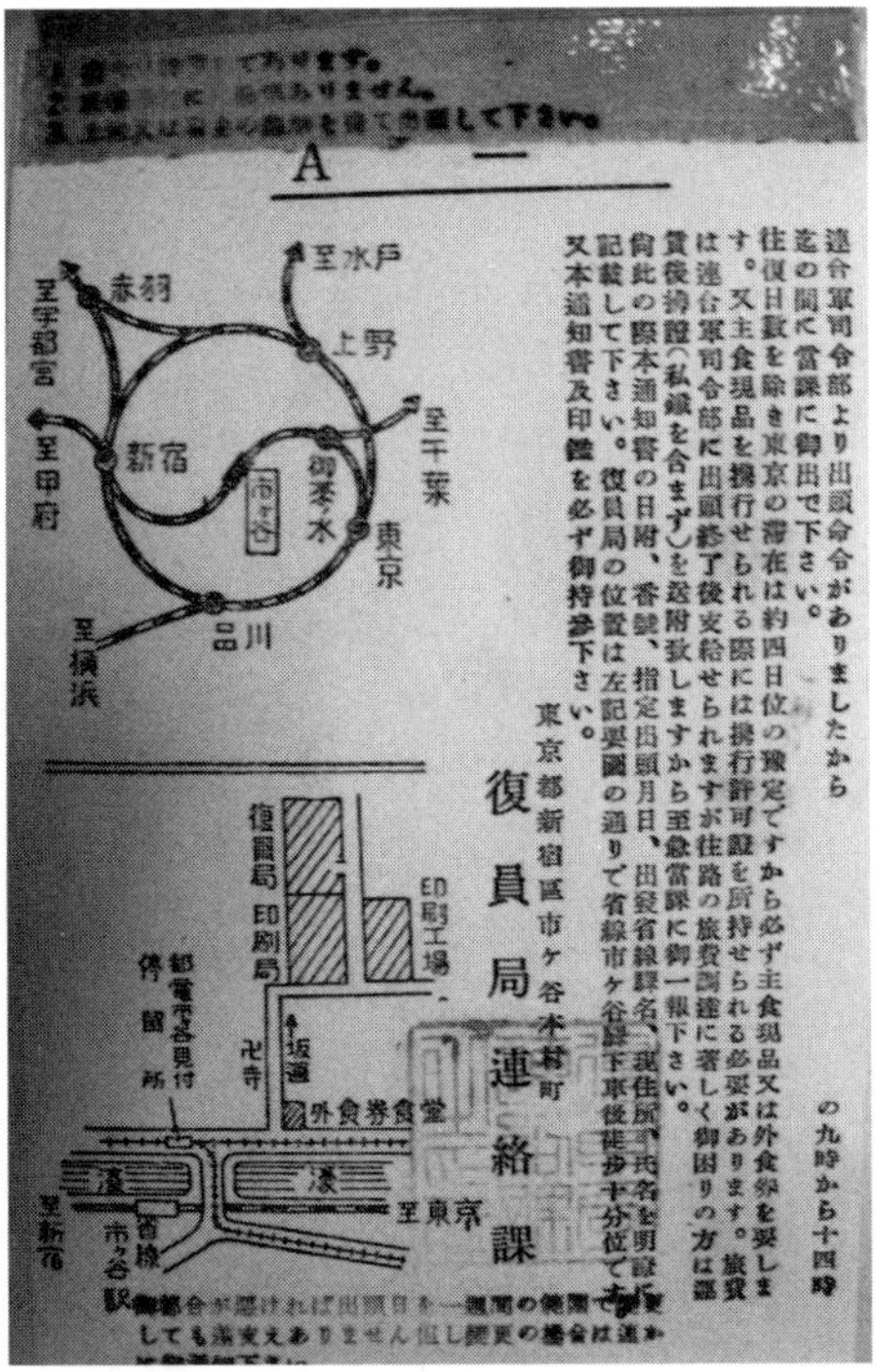

図6-1　尋問対象者への呼び出しの葉書。この裏面には「連合軍関係」と赤い印字がある
（出典：*Description of the Interrogation and Its Effect on the Indivisual Interogee*〔RG554 A1E34 Box17〕）

日本郵船ビルでの宿泊と食事の代金は合計一日二百五円で、差額が五百十五円生じるため、対象者はたいてい日本郵船ビルでの宿泊を選んだという。[23]

尋問当日は、朝の八時に中央尋問センターの将官が挨拶して簡単な説明をしたあと、対象者は尋問がおこなわれる部屋に案内される。一日平均五十人が中央尋問センターに呼ばれ、尋問は平均約六時間、短くて一日半、長くて四、五日か

かった。対象者は、下士官、会社の役員など上位者、そして軍の将校および佐官の三種類に分けられ、下士官は日本郵船ビルの一階の大部屋に案内されたが、会社役員などは四階の食堂に招かれ、言語官とともに食事をした。軍の将校と佐官は、G－2向けの食堂と宿泊所の利用を特別待遇で認められ、最初に中央尋問センター長と会って短時間話をしてから尋問に案内された。この「占領軍の敵」への厚遇によって占領軍への敬意を抱かせ、正確で十分な情報を提供させることができたという。(24)

この第三段階での尋問の質問事項は、基本的にはソ連管理地域での生活や収容所の状況を、いつどこで何をしたか、必要とあれば街や工業地帯のスケッチを描くまで詳細に尋ねる内容だった。そしてそれ以外にも対象者の特性によってさまざまな質問事項が追加された。その後、第三段階の尋問は通常尋問（Regular Phase III Interrogation）と特別尋問（Special Interrogation）とに区別された。後者はG－2の部署、すなわち、戦域諜報部（Theater Intelligence Division）、地理課、歴史課、特殊諜報班（Target intelligence）、および対敵諜報部隊、民間諜報局（ＣＩＳ）などが関心領域によって専門の尋問官を送り込んでおこなうようになり、対象の被尋問者は、場合によって上陸した港から「特別扱いの帰還者」として中央尋問センターに直接送られた。(25)

第三段階の尋問の内容は、尋問担当者による手書き文書とスケッチが調査情報課（Research & Information Section）に送られて、重要項目が整理・編集されてタイプされた。さらに地理課では地名などが確認・補正され、個人ごとにファイルされ、番号を付けて整理された。これをもとにして、以下の三種類の報告書がまとめられて印刷され、関係部署に配布された。①「ＡＴＩＳ月報（ATIS Bulletin）」は、ＡＴＩＳ中央尋問センター、第八軍などによる一連の尋問から明らかになった重要な事実を掲載するもので、およそ月一回発行された。②「ＡＴＩＳ尋問報告書（ATIS Interrogation Report）」は、被尋問者が引き揚げてきた地域別に約二十五のグループに整理され、一九四七年一月から五一年五月の間に百一冊が刊行された。③「ＡＴＩＳ調査レポート（ATIS Research Report）」は、十分なデータが入手できた場合に、特定の主題に関する全情報に基づく十分な調査研究をまとめて刊行された。例えば、第百三十四号（一九四六年六月）は「日本軍の捕虜尋問の方法」、第百四十七号（一九四七年三月）は「ソ連管理領域における日本人の降伏に関する報告」などがまとめられた。このほかに、地理課がおこなった九十人以上の特別尋問をもとにして、「地理に関する特別尋問」という報告書も別にまとめられた。

第三段階の尋問に、日本人の元情報将官がどれほど関与していたのかを明確に示す文書は見当たらないが、戦史をまとめるという仕事のために歴史課に雇われていた有末精三・河辺虎四郎をはじめとする十六名の元将官たちがこれに関与したのは、ほぼまちがいないだろう。[26]例えば、一九四六年十月にワシントンの陸軍省幕僚情報部長官がアメリカ太平洋陸軍司令官に宛てた手紙によれば、「日本人の元情報将官をアメリカに対する情報収集のために利用すること」は、ソ連管理地域での情報を得るために有効だろう、なぜなら「日本軍の参謀は関東軍の特務機関（情報部）をうまく利用していたと考えられる」と示唆しており、アメリカ本国から積極的に元日本軍情報将官を利用することが勧められていた。[27]

以上にみたように、ATISはソ連管理地域からの帰還者を中心に尋問全体を統括し、第八軍や対敵諜報部隊などと連携しながら尋問を実施し、日本人の元情報将官がそれを補佐した。舞鶴では勤務した元日本軍情報将官十名の名前が、当時使用した偽名とともに記されている。このうち同定できるのは、志位正二、山本三四郎、前田瑞穂、北川秀明、堀場安五郎の五人である。[28]これらの元将官はアメリカ軍による保安検査を受け、秘密厳守を命じられ、ほかの日本人には尋問の内容など情報が漏れないよう注意が払われていた。[29]アメリカ軍によるこのような尋問を補佐した日本人元将官は、全国で計三十人ほどいたと思われる。彼らがどのような理由で協力したのかは具体的にはつまびらかではないが、第一には経済的に収入が得られること、第二には元軍人としての経験や知識が生かせること、そして第三にはアメリカ軍に協力することで戦犯としての追及を免れたり何らかの保護や便宜が得られると判断したのではないかと思われる。戦後社会で生活しにくい立場にあった彼らにとっては、以前の敵であるアメリカ軍への複雑な思いがあったとしても、占領軍の命令に従順に従い、国は違っても同じく軍の組織に協力することは、隠密裡とはいえ、さして抵抗がなかったのかもしれない。

3　ＡＴＩＳの活動の見直しとリンガー・プロジェクト

ＡＴＩＳによる尋問活動が一九四八年の最盛期を超えたあと、四九年初めからＡＴＩＳは予算と人員の削減をめぐって組織の再検討を促された。Ｇ－２指揮下のインテリジェンス機関として対敵諜報部隊に次いで規模が大きく、七百人以上の人員を抱えていたＡＴＩＳは、そのうちの軍人の割合が次第に減らされ、かわりに日本での民間人の雇用に切り替えられた。その割合は七割を超えるほどで、この民間人雇用の費用は、占領地の救済と復興のため、五一年までアメリカ政府が提供したガリオア資金から支出されていた。ＡＴＩＳの活動は連合国軍（ＳＣＡＰ）と極東軍の両方に五〇％ずつ割かれるべきだというのが原則だったが、予算申請の検討ではＳＣＡＰのための活動は全体の一割程度で、九割はアメリカの極東軍とアメリカ陸軍省のためだと評価された。その部署別の内訳をみると、翻訳課では業務の八三％がＳＣＡＰ、一七％が極東軍のためという割合で、中央尋問センターでは一一％がＳＣＡＰ、八九％が極東軍、調査情報課では二五％がＳＣＡＰ、七五％が極東軍、制作課では六八％がＳＣＡＰ、三二％が極東軍、地理課では一〇〇％極東軍のための仕事で、そのほかの課はほぼ半々と見積もられた[30]。つまり、翻訳課では新聞・雑誌の記事翻訳や通訳などの仕事が中心で、制作課もそうした翻訳文書の印刷配布の業務の割合が高かった。これをＡＴＩＳの占領に関わる表の顔とすれば、中央尋問センター、調査情報課、地理課は尋問と没収文書から情報を収集するＡＴＩＳの裏の顔だったといえるだろう。そして後者の比重が占領後期には大きくなっていたのである。

人員と予算の削減に対抗するため、ＡＴＩＳは自らの活動の意義を説明する文書を作成すると同時に、業務の見直しと改善を図った。その一つは、翻訳業務でのＣＣＤとの重複である。ＡＴＩＳもＣＣＤも日本語の定期刊行物の翻訳と点検（スキャニング）をおこなっていた。ＣＣＤは約千五百種類の出版物、月あたり約四万件を扱っていた。一方、ＡＴＩＳは、地方紙百一、都市日刊紙十七、都市の週刊紙六、および雑誌約百種をカバーしていた。ＣＣＤでは定期刊行物係の軍人二、民間人十六、日本人百四、一方のＡＴＩＳは民間人十八、日本人八十がこれらの点検・要約・翻訳にあたっていた。ＣＣＤはすべての刊行物を点検するが、翻訳するのは、①プレスコード違反の場合、②ＣＣＤの特定調査対象（Target）に関する記事、③共産主義刊行物の場合（要約、または一部の記事は全訳）だった。特に『アカハタ』は毎日の要約、ほかの共産主義刊行物については週ごとに要約を作成し、限られた人間に配布した。ＡＴＩＳでは全訳をすることはほとんどなく、点検と要約だけで、日刊新聞の要約、週刊地方紙の要約を作成し、「プレス分析」として「インテリジェンス要約日報」とともに謄写版印刷して配布した。以上の比較から、ＡＴＩＳによる要約をＣＣＤに送れば十人から二十人の日本人が節約可能であり、またＣＣＤによる共産主義新聞の要約をＡＴＩＳに送れば五％の労力が削減されると見積もられた[31]。

一方、中央尋問センターを中心にした尋問業務の見直しは関係部署が多くて複雑だった。対敵諜報部隊は諜報のための調査のうち、ソ連管理地域の帰還者に対する尋問がＡＴＩＳと重なっていたが、帰港地および中央尋問センターでの尋問にあたってＡＴＩＳとの調整が二年以上にわたって進んでいたので、ＡＴＩＳによる尋問活動を高く評価していた。横浜をはじめとする港での尋問が日本共産党の監視下にあるのに対して、日本郵船ビルでの尋問は対敵諜報部隊の人員がおこなっているとは気づかれにくいという利点があり、月に平均三十人から四十人の帰還者がＡＴＩＳに選別され、さらに同部隊による尋問を受けていた。それまでにソ連諜報機関のスパイ、および諜報活動を命じられた帰還者の摘発が五件あったという[32]。

民間諜報局にとっても、日本共産党とソ連との関係による宣伝・破壊活動に関してＡＴＩＳの尋問からもたらされる情報は重要だった。しかし、同様の対象者の尋問からまとめられた民間諜報局の報告書「ソ連からの帰還者」とＡＴＩＳ尋問報告書六十号「ソビエトによる日本人捕虜の利用と教化」を比較すると、ＡＴＩＳは事実だけを記しているが、民間諜報局のほうは事実以上の示唆を含むとともに範囲が広い。また、ＡＴＩＳの報告書がソ連の強制労働と教化とのつながりを詳しく描いているのに対し、民間諜報局は引き揚げ船上で準備され配布された、帰国後の宣伝などに焦点を当てていると分析された[33]。民間諜報局も対敵諜報部隊と同様に尋問対象が重なるものの方向性が異なるので、重複を減らして中央尋問センターによる尋問継続を支持した。

これに対して、むしろ中央尋問センターでの業務の増加を期待していたのは、地理課とアメリカ極東空軍（Far East Air Force：FEAF）だった。地理課では北朝鮮、樺太、千島列島、シベリア南東部、満洲、中国東北部に関する地理的情報を集め、地図や図表を作成していた。一九四七年の冬にソ連からの帰還船が一時中断した際には、旧日本軍情報将官たちが東京のATIS中央尋問センターに集まり、シベリアの主要都市の都市平面図（Town Plan）の作成が進められ、五〇年四月にはウランウデ、ビロビジャンなど五十一の都市平面図が完成されたが、その作成のために帰還者の尋問が要請されたのである。

さらに大きな要求を突き付けたのはアメリカ極東空軍である。同軍は四八年八月から日本郵船ビルに入って航空情報（Air Intelligence）を収集していたが、四九年九月に「リンガー・プロジェクト」（Wringer Project：絞り器作戦）の計画案を提出してきた。この調査プロジェクトではもともと、欧州戦線でソ連軍の捕虜になったドイツ帰還兵に対するアメリカ空軍の調査が先行して始められていた。当初、アメリカ極東空軍は関心が薄かったが、成果が出るようになってから、それに対応する役目を負わされて熱を入れ始めたらしい。ATIS側から言わせれば帰還者のピークを過ぎてからいまさら何をという感じだったが、ATISはアメリカ極東空軍に言語官六人を派遣し、中央尋問センターでの尋問に協力した。しかし、尋問の範囲が広がり重複が多くなってくると、規模を拡大したい同軍は、リンガー・プロジェクトと中央尋問センターを極東軍の合同尋問センターに統合する提案を出してきた[34]。

これに対してG－2のウィロビーは猛反発した。ATISは何年も尋問をおこなってきて、その報告書も出して情報が十分に蓄積されている。陸・海軍が中心になって進めてきたので、必ずしも空軍関係をカバーしてこなかったかもしれないが、記録ファイルを共有することで対応が可能なうえ、ATISの尋問活動の費用は日本政府から支払われている、と反駁した。しかしこの議論のなかで、地理課のフォーティエ大佐からATISに対する厳しい批判が出された。それを列挙すると以下のようである。日系二世の言語官によるためか、ＡＴＩＳの尋問の報告書には文法の間違いがあり、うまく編集されていない。それに比べてアメリカ極東空軍の尋問は、初期段階の編集もタイプも本国空軍が認めた書式を用いている。ＡＴＩＳの調査情報課では、カードに記入された情報が積み重ねられているが死蔵されている。同課に雇われた六十人のうち、尋問報告書を書いているのはほんの一部だけである。また、欲しいことについて書かれた尋問報告書はほとんどなく、しかも刊行が遅い。情報源の信頼性や評価もしていない。このような手厳しい評価がある一方で、イギリス連邦占領軍（British Commonwealth Occupation Force：ＢＣＯＦ）が過去二年間、日本人の引き揚げ者の尋問をしていることが判明した。[35]

尋問活動の全面的な見直しを迫られたＡＴＩＳは、尋問センターの統合は免れたものの、アメリカ空軍からのリンガー・プロジェクトの要求のうち、以下の四点をのまざるをえなかった。すなわち、①航空関係の情報をもつ引き揚げ者を最大限の人数、空軍関係者が尋問する。②このプロジェクトの尋問のため、計九十六人を必要と認める。③過去のＡＴＩＳの尋問から航空情報をふるいにかける。④リンガー・プロジェクトのための仕事場を拡張する。[36]一九五〇年二月にはリンガー・プロジェクトを重要な優先事項とする指令が出され、日本郵船ビルの広いスペースをあてがわれたうえ、それまでアメリカ本国に届けられるだけだったＡＴＩＳの記録ファイル、写真、都市の平面図や地図などが提供され、複写も認められるようになった。結局、極東軍の既存の尋問組織である中央尋問センターの枠組みのなかで、リンガー・プロジェクトの尋問もおこなわれることになったが、尋問経費のうち約二割を占めるようになったアメリカ極東空軍の分は、アメリカ極東空軍側が負担することになった。[37]

ＡＴＩＳ側もすぐに自らの改善を図った。本国に合わせて書式を改訂し、また言語官の教育訓練も再検討された。すでに一九四九年九月当時、日本語および日本地域学習コースで十二人が訓練を受け、そのなかから五〇年七月に最初の卒業生が出る予定だった。このコースには日本語や日本の歴史や文化などの講義だけでなく、英語の授業も含まれていた。[38]さらに尋問を認められた言語官も、現場教育だけではインテリジェンスの訓練が不十分だとして、二週間の尋問官訓練プログラムが立案された。[39] 一方でイギリス連邦占領軍の尋問に関する調査は、アメリカ軍内の組織とは異なって慎重に進められた。同軍は四六年二月から進駐し、山口、島根、鳥取、岡山、広島、愛媛、高知、徳島、香川の九県の占領任務を受け持ったが、情報部門は五つの保安地区に分かれ、うち三つをイギリス、一つをニュージーランド、一つをオーストラリアの人員が担当していた。調べてみると、イギリス連邦占領軍の情報部長は四四一CIC部隊と直接連絡を取り、のちにBCOF諜報支隊尋問班と呼ばれる二つのグループで対敵諜報を主目的として尋問をおこなっていた。ただし、四七年になるまで引き揚げ者は少数だったため、それまでの尋問人数はごく少数で、ファイルも残されていないが、四八年には約百人、四九年に三百三十三人、計四百三十三人を尋問していることが明らかになった。また、報告書にある百四人の被尋問者のうち三人がATISの尋問と重複し、質問項目もすべてATISと重複していたことがわかった。[40]

イギリス連邦占領軍による帰還者尋問をATISが全く知らされていなかったことは、ATISにとってもG－2にとっても由々しき問題だった。さっそく同軍から、尋問をおこなった四百三十三人のうち一九四七年七月から五〇年三月までの百二十八人の尋問記録が送られ、検討に付された。そのうちの八十六人は広島県での尋問で、呉での実施が多かったが、安芸、尾道など各地でおこなわれ、残りの四十九人は山口県の主に岩国でおこなわれていた。その内容はATISの尋問ほど詳しくないこと、またイギリス連邦占領軍の担当区域が山口県と広島県だけに縮小され、尋問班も四九年末に廃止されていることが確認された。[41] 五〇年三月に極東軍G－2の将官たちが呉のイギリス連邦占領軍本部を訪問して経緯を尋ねると、過去三カ月はBCOF第七七戦闘部隊の五人だけが尋問活動をしていることもわかった。[42] 予算も規模も小さく、大勢に影響はなかったが、極東軍の指令に反しているので尋問をやめるように、尋問が必要な場合にはATISの指揮下でおこなうようにという勧告が出された。[43] さらに、同軍には中央尋問センターが保有する第二段階と第三段階の通常尋問報告書へのアクセスが認められた。[44]

こうして、ソ連管理地域からの帰還者の減少と占領軍全体の縮小に対応して、ATISの中央尋問センターは、一九五〇年度最初の四半期には、将官九、兵士四十に人員を減らし、五一年度の最後の四半期で尋問を終了するという予定を立てた。(45)

4　朝鮮戦争とATISの終わり

一九五〇年六月二十五日に勃発した朝鮮戦争は、朝鮮半島の敵軍捕虜に対する尋問という新たな課題をATISに突き付けた。素早く動いたのはアメリカ極東空軍のほうで、事態に対応するため、リンガー・プロジェクトを再編し、①日本人引き揚げ者の尋問をする部署と、②朝鮮の敵軍捕虜の尋問および敵軍装備の調査をする部署を設け、②については尋問班を三つ、技術班を一つ派遣することにした。目下の尋問班は兵士二人、日本語官一人、タイピスト一人で構成されているが、ロシア語または韓国語の言語官も入れ、航空機や道路、鉄道、燃料などに関する情報をもつ協力的な捕虜については、現地で事前の尋問をおこなってからさらに尋問するため日本に空輸する、また、アメリカ軍にとって有用でない捕虜は韓国政府の保護管理下に戻す、という方針を固めた。しかし、すべての尋問班がリンガー・プロジェクト担当長の指揮下に入るという点について、ウィロビーは認めなかった。(46)

ATISのほうでは、ATIS先遣部隊（Advanced ATIS：ADVATIS）を組織した。朝鮮半島に三人の将官を含む調整班と翻訳班二つ、尋問班二つを派遣することを六月三十日に決定したが、すでにリンガー・プロジェクト班は現地で一部の活動を開始していた。(47)正式にADVATISが発足したのは一九五〇年七月七日で、最初はATISから派遣された将官三人と兵士七人が東京を出発し、空軍の輸送で東京―立川―芦屋飛行場―大田（韓国）―大邱と飛び、初めはアメリカ極東空軍の担当者と一緒に尋問した。敵の進撃で金川まで移動し、在韓アメリカ軍と合流して打ち合わせ、十七日にようやく四人尋問したが、アメリカ軍が直接得た捕虜がいなかった

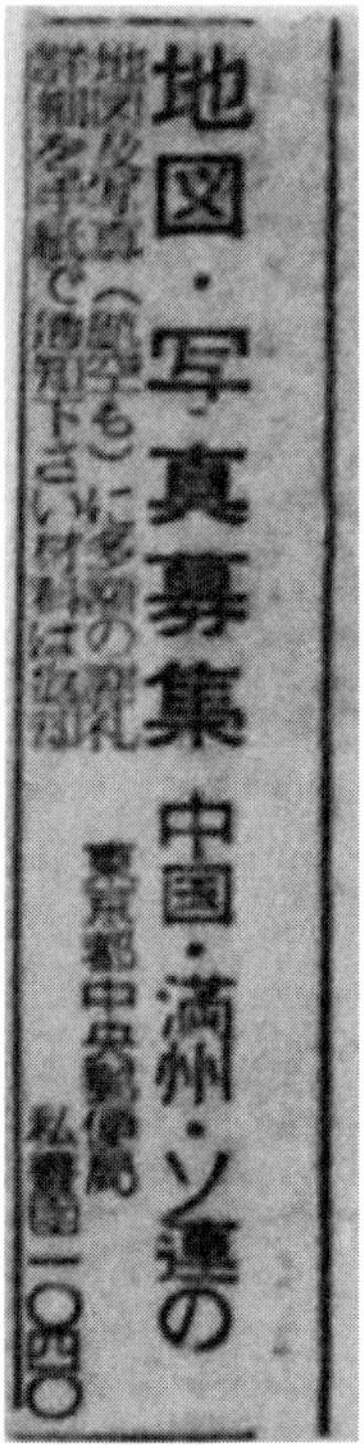

図6-2　リンガー・プロジェクトが出した募集広告
（出典：RG554 AIE34 Box16）

ので、韓国軍から捕虜を借りて尋問した。没収文書の翻訳が少ないという報告が上げられた[48]。在韓アメリカ軍や極東空軍が捕虜の尋問を迅速に進めるなかで、ＡＤＶＡＴＩＳによる尋問ははかばかしくなかった[49]。戦況や現地軍との連携の難しさに加えて、必要とされたのが日本語だけでなく韓国語およびロシア語、さらには中国軍参戦後は中国語の言語官であったため、日系二世を主力とする従来のＡＴＩＳの人員では用が足りなかった。結局、五〇年八月に国連軍のもとでのＡＤＶＡ（ＵＮ）ＴＩＳが、朝鮮半島で国連軍に参加している陸・海・空軍すべての共同組織として文書と尋問を取り扱うという中央集権的管理体制が整ってから、ようやく現地のインテリジェンス活動は軌道に乗り始めたようだ[50]。

一方、後方にあたる東京では、リンガー・プロジェクトが情報収集のために出した新聞広告が問題になった（図6―2）。これは一九五〇年十月三日と四日の二日にわたって、『毎日新聞』をはじめとする主要九紙に掲載された小さな三行広告で、「地図・写真募集 中国・満州・ソ連の 地図及写真（航空も）に多額の謝礼 詳細を手紙で通知下さい 材料は返却　東京都中央郵便局私書函一〇四〇」[51]という内容だった。これは同プロジェクトのもとでの技術者による情報収集活動の一環で、郵便局の私書箱には日系二世が取りにいき、また、売る者と面談が必要な場合には都内の商業ビルで民間人が会い、軍人が直接関わらないよう注意しているという説明だったが、ある種の写真にアメリカ軍が非常な関心を寄せている事実に気がつく者もいたらしい。

結果としては、約八百の写真、アルバム、地図、絵はがきがこの広告によって入手され、アメリカ軍にないウラル地方の地図などロシアで出版された地図も含まれていたという。しかしＳＣＡＰにとってこの広告は、特に打ち負かした敵国の地元紙を広告メディアに用いた点で非難すべき行為であり、また日本人を巻き込んだことで今後問題が発生する可能性が懸念された。結局、関係した人間とそれまでに収集した資料を含めた全活動は、ATIS文書課で管理し共同利用することで決着したが、占領政策への影響に対するSCAP側の細心の注意が浮き彫りになった。実際、中央尋問センターに呼び出した引き揚げ者に尋問の影響を聞いたり、また被尋問者二十人の雇用者に対して対敵諜報部隊による追跡調査もおこなわれていた。[52]

だが、ADVATISなどの前線部隊にとっては、朝鮮半島での尋問と文書の捕獲が優先事項だった。ソウルに置かれたADVATISの文書課には、北朝鮮で捕獲した文書が集められた。大半はロシア語の文書で、あとは朝鮮語の文書が多かった。東京のATISではロシア語の翻訳官七人が送付されてきたロシア語文献の検討にあたった。捕虜の尋問は仁川で、できるかぎり第三段階の尋問を実行することになった。目前の作戦のために必要な戦略的尋問（tactical interrogation）が優先されたのである。[53] 十月末には中共軍（中国共産党軍）の捕虜の尋問も始まり、極東軍による尋問の主要舞台は朝鮮半島になった。ソ連管理地域の情報を日本人引き揚げ者の尋問から得る必要性は、アメリカ軍にはもはやほとんどなくなった。ここにおいてウィロビーは、ATISによるソビエト管理地域からの日本人引き揚げ者の呼び出し尋問を一九五〇年十二月三十一日付で終了し、それとともにATISの中央尋問センターを廃止することを決断し、その旨をアメリカ極東空軍にも勧告した。[54]

これに対し、リンガー・プロジェクトでは一九五一年九月に尋問を完了する予定でいたため、少々不満だったようだ。日本政府から配分された予算も五一年三月まであるし、それがなくてもリンガー・プロジェクトはグローバルな活動として議会の支持を得ていた。ヨーロッパでの同プロジェクトには五十万ドルの予算があり、極東でも自らの予算を調達して実行できるという反応だった。[55] 一方、対敵諜報部隊はプロジェクト・ステッチ（Project Stich：ひと針作戦）と称する、ソ連によってスパイになった帰還者の探索を目的とする調査のため、四四一CIC部隊に日本人帰還者に対する尋問の継続を認めてほしいと要望した。函館CICを起源とするこのプロジェクトでは、帰国後にソ連の諜報機関のために働くと文書か口頭で誓ったとされる帰還者が日本全国で約千人いると推計し、告白した「冬眠」スパイ百五十九人を監視下に置いていたが、その時点で疑わしい者のリストから判断して、さらにまだ五千人ほどの尋問が必要だというのだった。(56)

一方、呼び出し尋問の終了と中央尋問センターの閉鎖は、尋問からの情報に依拠している地理課都市平面図班(57)(Geographic Branch Town Plans Section)の地図作成に影響があると指摘したのは特殊諜報課だった。同班では、ソ連、シベリア、中国、満洲、フランス領インドシナの地図を作成していた。そこで、中央尋問センターでの尋問がなくなった場合には、各地に班の人員を派遣して、ソ連管理地域からの帰還者に加えてそれ以外の地域からの日本人引き揚げ者と外国人に尋問することを認めてもらえれば、未完成の七十点のソ連の都市平面図だけでなく中国や満洲の都市図も完成させられると主張した。(58)

このように各方面への影響力をもつ中央尋問センターでの呼び出し尋問だったが、一九五一年一月にすべて終了するよう年末にあらためて指令が出された。(59)まだ尋問対象者は残っていたので、最終的には五一年三月ごろに日本人帰還者の恒常的な尋問は終了したらしい。こうしてマッカーサーの更迭と時期を同じくして、マッカーサー指揮下でウィロビーが太平洋戦争中から育成したATISは終わりを告げた。翻訳通訳局(TIS)の組織は極東軍の軍事情報部内で継続し、翻訳通訳や文書業務は続けられ、またADVATISにATISの名前も受け継がれたが、それらはもはや日系二世の言語官を主力とし、日本人捕虜を尋問することを重要な使命にしたATISとは別のものだった。

それゆえ、占領期のATISが、太平洋戦争中のATISの単なる延長であると考えるのは正しくない。太平洋戦争中のATISが連合国軍の勝利とその後の日本占領を成功させるために、日本人と日本の歴史や思想、制度や文化などを知ることが目的だったのに対し、占領期のATISによるインテリジェンス活動は、本章で明らかにしたように、特に日本人引き揚げ者の尋問を通してソ連管理地域の情報を収集・分析することが大きな柱だった。それは対ロシア戦略を基調として発展してきた旧日本軍の諜報活動の経験と知識をアメリカ軍が吸収する活動でもあり、アメリカ軍の対ソ戦略の一環としてひそかに実施されたのである。ATISが四年間に日本郵船ビルでおこなった三万八千二百七人の尋問の成果を、ウィロビーは「情報の金鉱脈」と評価したが、それを活用する分析官の能力と人数が十分でないのも認識していた[60]。占領期におけるＡＴＩＳのインテリジェンス活動は、日本人を対象にして、旧日本軍の将官、復員省、内務省や警察が協力し、連合国軍とアメリカ軍という占領軍の二重構造のなかでおこなわれた。その成果を、アメリカとアメリカ軍がどう評価し、その後の冷戦でどう用いたのかは、本章の範囲を超えた今後の課題である。

注

（1）山本武利『日本兵捕虜は何をしゃべったか』（文春新書）、文藝春秋、二〇〇一年、一八六ページ

（2）ここで先行研究として挙げたのは以下の文献である。前掲『日本兵捕虜は何をしゃべったか』、Allison B. Gilmore, *You can't Fight Tanks with Bayonets: Psychological Warfare against the Japanese Army in the Southwest Pacific*, University of Nebraska Press, 1998, Sidney Forrester Mashbir, *I was an American Spy*, Vantage Press, 1953, 小柳順一「朝鮮戦争におけるＧＨＱの情報の失敗——なぜ中共軍の介入を予測できなかったのか」（20世紀メディア研究所編『Intelligence』第三号、20世紀メディア研究所、二〇〇三年）、佐藤晋「大陸引揚者と共産圏情報」（増田弘編著『大日本帝国の崩壊と引揚・復員』所収、慶應義塾大学出版会、二〇一二年）。また、参考文献として以下を挙げておく。*The Intelligence Series G-2, USAFFE-SWPA-AFPAC-FEC-SCAP, Vol.III, Military Intelligence*, 1948（本文中では、『総合インテリジェンス叢書』第三巻と訳した）, Ian Nish ed., *The British Commonwealth and the Allied Occupation of Japan 1945-1952: Personal Encounters and Government Assessments*, Global Oriental, 2013, James C. McNaughton, *Nisei Linguists: Japanese Americans in the Military Intelligence Services during World War II*, Department of the Army, 2007.

（3）この段落の記述は、*The Intelligence Series Vol. V, GHQ/SWPA, 12 July 1948, Operation of ATIS Section*, Chapter IX〔RG407 Box686 Folder1, 2〕に基づく。

（4）注（3）の資料にはオーストラリア軍に通知したと書かれ、はっきりとこの日付で廃止したとは記述されていない。このような表現は、ウィロビーがほかの箇所や文書で、参謀第二部（Ｇ－２）が十分承知しないうちに勝手にＡＴＩＳを縮小したと非難していることからも察せられるように、明確な文書で指令が下されていなかったことを示唆していると思われる。なぜなら、この日付以降も連合国軍組織としてのＳＣＡＰと極東軍の組織の両方に対し、ＡＴＩＳは義務を果たしているからである。

（5）ATIS, Monthly Report の一九四六年（三、六、八―十二月）〔RG554 E38 Box1〕および四七年（一―二月）〔RG554 A1E35 Box1〕。

（6）注（3）資料、七三ページ

（7）Functions & Organization G-2 AFPAC & SCAP, 15 October 1946〔RG554 A1E35 Box1〕.

（8）Ibid., p. 47.

（9）注（3）資料、七二ページ

（10）USAFPAC, Basic Outline Plan for "BLACKLIST" Operations, 14 August 1945, Annex5. d. Basic Intelligence Plan "BLACKLIST" Operaions〔RG554 A1E35 Box1〕. なお、デジタルファイルとしてネットに公開されているマッカーサー記念館所蔵版は最終版ではなく、その前の版（八月八日付第三版）である。

（11）注（10）資料、Section V, Handling of captured enemy documents, p. 2.

（12）GHQ, FEC, MIS, ATIS, History of the Interrogation program, 24 September 1948〔RG554 A1E35 Box1〕. この文書は表紙に"Intelligence Series Chapter XI"とあって、『総合インテリジェンス叢書』の一部として作成されたと思われるが、注（2）の文書の一部ではなく、その後にまとめられたものらしい。付録資料を含めると二百ページ以上あり、ＡＴＩＳによる尋問の全容を知るには最も詳しい文書である。

（13）注（12）資料、Chapter I, p. 6.

（14）Note on Meeting with Japanese Ex-intelligence Staff Officers, 30 October 1946〔RG554 A1E34A Box1〕.

（15）同資料。名字だけがアルファベットで記され判別が難しいが、括弧内は推測で補った部分である。有末の協力は有名だが、吉積正雄、加藤定、菅井斌麿、永井八津次は占領初期に復員省で勤務していた記録があるので、ほぼまちがいないだろう。

（16）前掲「大陸引揚者と共産圏情報」で尋問の過程が述べてあるが、ここでは主に下記の資料を用い、整理して述べる。File014.33 REPATRIATION, Activities of Allied Translator Interpretor Section under the Occupation〔RG554 A1E34 Box1〕, ATIS Standing Operating Procedure 1946-48〔RG554 E35 Box1〕, および、注（14）資料。

（17）SOP for Intelligence Interrogation of Repatriates from Russian held Territory, 17 April 1947〔RG554 A1E35 Box1〕.

（18）積極的インテリジェンス（positive intelligence）とここで述べられているのは、アメリカ軍側が必要としている情報あるいはそれに関連した有力な情報、という意味だと考えられる。

（19）佐世保では、第八軍による尋問には同席せず、対敵諜報部隊（ＣＩＣ）の尋問には同席したという。元情報将官の関与の度合いは、各港によって異なっていたようだ。

（20）注（14）資料

（21）File: Interrogation 013.3-1949 Jul.-Dec.〔RG554 A1E34 Box5〕.

（22）注（14）資料

（23）Description of the Interrogation and Its Effect on the Indivisual Interogee〔RG554 A1E34 Box17〕.

（24）File: Interrogation 013.3-1949 Jan.-Jun. Book "A"〔RG554 A1E34 Box5〕.

（25）Description of the interrogation process March 1950〔RG554 A1E34 Box17〕.

（26）例えば、一九四九年二月に九人の元将校が尋問されたとき、「そのうちの数人がカワベ・グループを使ってＡＴＩＳによるさらなる尋問のために選ばれた」という記述があり、河辺虎四郎らの関与がうかがえる。File: Interrogation 013.3-1949 Jan.-June Book "A"〔RG554 A1E34 Box5〕. 歴史課にいた旧日本軍将官については第5章を参照のこと。

（27）Intelligence Coverage in Soviet Dominated Areas in the Far East, 3 October 1946〔RG554 A1E34 Box10〕.

（28）Former Japanese Intelligence Personnel Employed at Maizuru Repatriation Center 1950〔RG554 A1E34 Box17〕.

（29）前掲「大陸引揚者と共産圏情報」には、警察官が尋問に協力した函館での具体例が紹介されている。

（30）GARIOA Budget Estate 1950-51 for ATIS, 29 March 1949〔RG554 A1E34 Box10〕.

（31）File322 Organization, Purpose and Functions 1949〔RG544 A1E34 Box11〕.

(32) File111 Estimate for Appropriations 1949〔RG554 A1E34 Box10〕.

(33) Comparison and analysis of JAPANESE REPATRIATES FROM SOVIET ZONES, Pts. I and II (CIS), and SOVIET USE AND INDOCTRINATION OF JAPANESE PoW (ATIS), 25 March 1949〔RG544 A1E34 Box10〕.

(34) File013.3 Interrogation Book "A"、および、File013.3 Interrogation Book "B" 1950〔RG544 A1E34 Box15〕。

(35) 注(34)資料のウィロビーとトーマス・N・スターク大佐との往復文書(一九四九年十二月)。なお、ウィロビーが「ATISの尋問活動の費用は日本政府から支払われている」と言ったのは、引き揚げ者に対する尋問が引き揚げ事務所や復員省のもとでおこなわれ、尋問者に対する手当や旧軍人を含めた日本人関係者、民間人スタッフに支払うための予算が日本政府から年度予算として付けられていたことを指すと思われる。もちろんATIS所属のアメリカ軍将兵にはアメリカ軍からの給与が支払われていた。また、日系二世の言語官のなかには、日本語の能力よりも英語の読み書き能力が劣っている者がいたと思われる。日系二世のなかには、アメリカで生まれたが日本で学校教育を受けてアメリカに戻った帰米二世が多くいて、アメリカでの高等教育を十分受けていない場合があったからである。

(36) 注(34)資料のアメリカ空軍によるリンガー・プロジェクトの要求(一九四九年十二月五日)。

(37) 注(34)、および、ADDENDUM to SOP dated 1 June 1950〔RG554 A1E34 Box16〕。

(38) File322 Organizaiton, Purpose & Functions 1949, Importance of MIS Div. Operations〔RG544 A1E34 Box11〕.

(39) File: Linguist- 211.1 Linguist Situation Surveys〔RG554 A1E34 Box7〕、および、File014.33 Repatriation & Interrogation 1950〔RG554 A1E34 Box17〕。

(40) BCOF P. W. Interrogation Program, 27 February 1950〔RG554 A1E34 Box16〕.

(41) Analysis of BCOF Interrogation, 20 March 1950, File014.33 Repatriation & interrogation 1950〔RG554 A1E34 Box17〕、および、File013.3 Interrogation Book "A"〔RG554 A1E34 Box16〕。

(42) Report of Liaison Visits, 1 April 1950〔RG554 A1E34 Box16〕.

(43) File014.33 Repatriation & Interrogation 1950〔RG554 A1E34 Box16〕.

(44) BCOF Liason Officer, 27 June 1950, File013.3 Interrogation 1950 Book "B"〔RG554 A1E34 Box15〕.

(45) Possible Personnel Economics, 30 September 1949〔RG544 A1E34 Box10〕.

(46) Plan for Interrogation of Enemy P. W. 28 June 1950, File013.3 Interrogation 1950〔RG554 A1E34 Box15〕.

(47) ADVATISの韓国派遣に関するメモ（一九五〇年六月三十日）、File013.3 Interrogation 1950 Book “B”〔RG554 A1E34 Box15〕。

(48) ADVATIS History For the Month of July, 1950, File372.3 ADVATIS (Letter from) Book “A”〔RG554 A1E34 Box22〕.

(49) ウィロビーのメモ（一九五〇年七月十九日）、File: ATIS Interrogation Reports Book “B” 1950〔RG554 A1E34 Box16〕. このなかで、アメリカ極東空軍も在韓アメリカ陸軍も尋問をおこなっていて、在韓アメリカ陸軍は三十もの報告を上げたというが、哀れなADVATISは報告はたった二つだけ、と嘆いている。

(50) HG, Advance Allied (UN) Translator and Interpreter Services, September 1950〔RG554 A1E34 Box22〕.

(51) File013.3 FEC Joint Interrogation Centeer 1950〔RG554 A1E34 Box16〕.

(52) Interrogation Program report 27 April 1950, File013.3 Interrogation Book “A” 1950〔RG554 A1E34 Box16〕.

(53) Note on Conference between Capt Bateman and Capt McCarren, 1 November 1950、および、スターク大佐からウィロビーへの連絡メモ（一九五〇年十一月七日）、File372.3 ADVATIS (Lettersfrom) Book “A” 1950 July-Oct.〔RG554 A1E34 Box22〕。

(54) Termination of “Call-in” of Japanese Repatriates from Soviet Dominatied Area, 3 December 1950, File014.33 Repatriation & Interrogation 1950〔RG554 A1E34 Box16〕.

(55) スターク大佐からメイヤー大佐への連絡メモ（一九五〇年十月）、File014.33 Repatriation & Interrogation 1950〔RG554 A1E34 Box16〕。

(56) 対敵諜報部隊からG－2への連絡メモ、29 December 1950, File014.33 Repatriation & Interrogation 1950〔RG554 A1E34 Box16〕。

(57) 「地理課」「特殊情報班」など諜報（G－2）部署名や組織上の地位は、正確にたどれば約五年の間に細かく変動があるが、業務はほとんど変わっていないので、本章では煩雑さを避けるために原語に忠実な訳ではなくこの訳語で統一した。

(58) 特殊諜報課からからG－2への連絡メモ、File014.33 Repatriation & Interrogation 1950〔RG554 A1E34 Box16〕。

（59）Cessation of Call-ins, 30 December 1950〔RG554 A1E34 Box16〕.

（60）注（54）資料でウィロビーが記している中央尋問センターでの尋問人数を本章では採用したが、前掲「大陸引揚者と共産圏情報」によれば一九四六年十二月—五一年五月の間に三万五千四百八十八人で、この数字の根拠はさらに確認する必要がある。

第7章　対日心理戦としての朝鮮戦争報道

1　〝忘れられた〟朝鮮戦争報道

日本の敗戦から五年後の一九五〇年六月に起きた朝鮮戦争は、日本やアジア諸国だけでなく世界史的にみても重要な転換点になった戦争だった。冷戦構造における最初の「熱い」大規模戦争であり、その後のベトナム戦争を予期させる戦争でもあった。しかしながら、現在の南北朝鮮分断固定化の直接の原因であるにもかかわらず、あるいはそれゆえに、南北どちらかの視点を取って語られるため、朝鮮戦争の真の全体像は長い間、プロパガンダに覆い隠され、見えがたい状態が続いている。そのため、朝鮮戦争はしばしば「知られざる戦争」とも呼ばれる。朝鮮戦争に関する歴史研究も長い間、「内戦に干渉するアメリカ帝国主義の侵略戦争に対する朝鮮人民の祖国解放戦争」なのか、それとも「合法国家・大韓民国政府への不法な北朝鮮の武力攻撃に対する平和回復運動」なのか、という共産主義陣営対資本主義陣営のイデオロギー闘争の様相を帯びながら進められ、その実態はなかなか明らかにされてこなかった。(1)近年では、和田春樹「共通の朝鮮戦争像を求めて」に述べてあるように、北朝鮮、中国、ソ連、韓国およびアメリカでの資料公開と研究の進展[2]によって、この状況は変化しているものの、停戦協定から七十年を経てもいまだ休戦状態にある朝鮮戦争自体を乗り越えられるような状態には達していない。

一方日本では、朝鮮戦争によって特需景気がもたらされ日本の復興につながったという経済的言説や、あるいは日本の再軍備とサンフランシスコ講和条約調印による日本の独立を早めたという政治的言説が主流だった。近年では、海上保安庁の特別掃海隊や船舶の提供をはじめ、ジェット戦闘機やナパーム弾を落とす航空戦力の基地として、また弾薬や車両などを供給する兵站基地として、日本人も日本も朝鮮戦争に〝参戦〟していたという実態が詳細に知られるようになってきた[3]。しかし、朝鮮戦争そのものは一般にはいまだに「知られざる戦争」なのだと思われる。それは占領下だった日本での朝鮮戦争報道に起因している。例えば、朝鮮戦争研究の古典である神谷不二『朝鮮戦争』では、占領体制下で「新聞報道関係もきびしい検閲と制限のもとにおかれていた」し、新聞・雑誌用紙も不足し、「当時われわれは国際情勢一般についてもそうであったが、（略）朝鮮戦争については、きわめて限られた情報しかあたえられておらず、充分な資料をもとに自分の頭で突っ込んで考えるところまではとてもゆかなかったのである[4]」と当時の状況を述べている。

こうした朝鮮戦争報道に対するメディア研究からのアプローチは、これまで主に二つの方向からおこなわれてきた。最も力が注がれてきたのは、『アカハタ』の発行停止と編集者の公職追放をはじめとする左翼メディアの弾圧、そして全国の新聞やNHKなどで合わせて六百人以上が解雇されたレッドパージに関するものだ。山本明「1950年新聞・放送レッドパージ覚え書」（『人文学』第五十号、一九六〇年十月）、新井直之『戦後のあゆみ――新聞ジャーナリズム』（一九六六年）をはじめ、梶谷善久編『レッドパージ――失われた人権と報道の自由』（一九八〇年）、平田哲男『レッド・パージの史的究明』（二〇〇二年）、最近では根津朝彦「レッドパージと朝鮮戦争をめぐる報道界・記者研究の断章」（崔銀姫編著『東アジアと朝鮮戦争七〇年――メディア・思想・日本』所収、二〇二二年）など、多数の著作がある。レッドパージは、マスコミだけでなく、教員や電産（日本電気産業労働組合）など広範囲にわたる政治的・思想的な一大弾圧であり、関心が集中するのは当然だろう。しかし、これらは戦争報道そのものが対象なのではなく、その背景にある占領下の日本のメディアの状況とその影響を解明するものだった。

もう一つは、占領期の検閲に関する研究である。新井直之『新聞戦後史――ジャーナリズムのつくりかえ 増補版』（一九七九年）、松浦総三『戦中・占領下のマスコミ』（一九八四年）、山本武利『占領期メディア分析』（一九九六年）など、多数の先行研究が積み重ねられている。そのなかで明らかにされているように、民間検閲支隊（CCD）による事前検閲は一九四八年七月に終了し、事後検閲も四八年十月に新聞協会加盟紙については廃止されている。したがって占領期の検閲研究は朝鮮戦争以前についてが中心であり、朝鮮戦争のときにどのように規制がおこなわれたかについての検討は手薄である。

さらにいえば、日本で朝鮮戦争の報道がどのようにおこなわれたのか、その報道の過程と内容に関する検討は非常に少ない。例えば茶本繁正は、「マスコミ朝鮮戦争報道は、米軍発表をそのままつたえる、かつての〝大本営発表報道〟そのものであった。占領軍という絶対的権力に摺伏《しゅうふく》させられた、占領下の拭いきれない闇の季節である」(5)と断じたが、その詳しい分析はみられない。わずかに新聞の社説を論じた研究はあるが、朝鮮戦争報道は問われないまま忘れられてきた。(6)

朝鮮戦争報道に関する記述としては、当時の記者たちの体験談や社史・年鑑類の記載がある。例えば一九五一年七月の休戦会談開始以降に初めて従軍記者として朝鮮での取材を認められた記者の一人である『朝日新聞』の中村貢は、その経験について、「日本人が戦後はじめて、外交関係もなく、政府代表もいない外国（韓国）の戦場や休戦交渉の状況を報道する〝空前にして絶後〟のような記者活動」(7)だったと記している。

このような日本の記者やメディア側の記録はそれ自体興味深いが、一方で、多くの外国人ジャーナリストたちが朝鮮戦争を取材し、マーグリット・ヒギンス『朝鮮戦記――婦人記者の従軍ルポルタージュ』（一九五一年）をはじめ、デヴィッド・ハルバースタム『ザ・コールデスト・ウィンター 朝鮮戦争』（上・下、山田耕介／山田侑平訳、文藝春秋、二〇〇九年）まで、さまざまなルポルタージュや記録を著している。それらの外国人ジャーナリストによる報道と日本人による報道との間にはどのような相違と特徴があったのだろうか。それらはいったい、日本の人々に何を伝え、あるいは伝えなかったのだろうか。

こうした朝鮮戦争報道への疑問を解明するためには、当時の日本のメディアを支配していたアメリカおよびアメリカ軍中心の国連軍による心理戦という視角を認識し、その資料を調査する必要があるだろう。心理戦（Psychological Warfare）という語は、第二次世界大戦の初期にアメリカで生まれたものである。これは十九世紀末からドイツやアメリカで発展した心理学（Psychology）が第一次世界大戦の経験を経て、戦争に関連した側面や応用への関心が高まったことを背景にしている。ジェフリー・ホワイトによれば、一九四〇年の夏にアメリカの政治的な言論のなかで「心理戦」の語が登場するようになったという。(8) 文献で追うと、ナチス・ドイツのプロパガンダと世論に関する書で「心理戦」という語が最初に用いられたとみられる。(9) それは三九年九月にドイツのポーランド侵攻によってヨーロッパで始まった戦争のなかで、ナチス・ドイツによる宣伝が従来のプロパガンダとは異なる、何か新しい科学的な武器として脅威と受け止められたからである。しかし、「ドイツの心理戦争というイメージそれ自体がプロパガンダだった」とホワイトが指摘するように、まだ参戦していなかったアメリカで、脅威とそれへの対処の必要性が過大に、そして地政学的に論じられた。

一九四一年十二月、日本軍による真珠湾攻撃で太平洋戦争が始まると、アメリカの政府と軍のなかに心理戦を担当する諸機関が創設され、対日心理戦計画が策定された。その一つである戦時情報局（ＯＷＩ）の局長に就任したエルマー・デイビスは『パブリック・オピニオン・クォータリー』で、われわれに委ねられた「心理戦、あるいは政治戦（Political warfare）と呼ばれるものによって、戦う軍の勝利はよりたやすくなる」と言い、それは同盟国、敵国、中立国を含めた人々にニュースを発信し、真実を伝えることだと述べている。(10) しかし、同じ特集号で、戦時情報局の海外部門を担当するジョセフ・バーンズは、「心理戦も、総力戦（total war）と同じく、敵から与えられた言葉」すなわち、ナチス・ドイツに由来する言葉だと述べたうえで、「心理戦とは言葉の戦争であり、そのなかで人々の忠誠心や確信が大規模に操作され、虚偽が真実と同様に人々に影響を与えるように統御することである」[11]と説明している。実際、対日戦に臨んで組織された合同心理戦小委員会に対するマッカーサー陸軍大将のメモでは、「心理戦は、宣伝、破壊工作、そのほかの方法を統合した利用に基づく特殊な形態の戦略である」[12]とされていた。

太平洋戦争では宣伝ビラとラジオを二本柱として心理戦が展開されたが、映画や雑誌などの出版、ニュースや写真、図書の提供、通信機器のサービスなどすべてのメディア、および虚偽の情報を流すブラックプロパガンダまでも心理戦の活動のなかに含まれていた。陸軍少佐としても活躍したポール・ラインバーガーは、第二次世界大戦の経験を踏まえて、現在でも心理戦の基本文献である著書『心理戦争（*Psychological Warfare*）』を著した。そのなかで、「心理戦争とは広義においては心理学なる科学の諸部分の戦争遂行への適用であり、狭義においては対敵宣伝そのほか宣伝を補完するごとき軍事作戦処置の利用である。宣伝はさらに非暴力的手段による組織的な説得と言えよう」[13]と記している。つまり、メディアを主な手段として用いて人々の心にはたらきかけることで、戦争を有利に導こうとする軍事作戦の一つが「心理戦」なのだ。

朝鮮戦争でのアメリカの心理戦は、この太平洋戦争中の対日心理戦の経験を下敷きにしている。その布置は、対敵心理戦としては、北朝鮮に対する軍事作戦としての心理戦、ソ連や中国など共産主義国に対する心理戦がある一方で、味方に対する心理戦としては、韓国への軍事作戦としての心理戦、そして日本・沖縄・台湾に対する心理戦、次いで国連加盟諸国に対する心理戦が考えられる。このなかで、日本に対する心理作戦が最も重要だったことは想像にかたくない。なぜなら、日本は朝鮮戦争の際の兵站基地として重要な足場であり、同時に占領下にあるとはいえ、長年にわたって朝鮮半島や満洲を支配した帝国としての情報や人脈を有していたからである。さらに、敗戦後は労働運動を中心に左翼的な思想に共鳴する人々が多く、共産党員が国政選挙で多数当選するなど、中国やほかのアジアの国々と同じように共産主義が躍進する徴候がみられたからである。このような状況にあった日本に対して占領軍は、一九四八年ごろから反共的な施策を推進し、アメリカおよび国連軍による心理戦のなかに日本のメディアを引き入れようとした。

本章では、このような冷戦構造下での対日心理戦という見取り図のなかで、当時、日本で朝鮮戦争報道がどのようにおこなわれたのかを、連合国軍総司令部（GHQ／SCAP）、民間情報教育局（CIE）、極東軍（FEC）、および国連軍渉外局（Public Information Office：PIO）の資料を用いながら探ってみたい。なお、朝鮮戦争報道は大きく次の三つの時期に区切って考えられる。第一期は、一九五〇年六月二十五日に朝鮮戦争が始まってから同年十二月末までの時期である。この期間は、戦況が激しく変化していたがアメリカ軍および国連軍による検閲はなく、〝自主検閲〟が標榜された。第二期は五一年一月から六月までである。中国軍が参戦したあと、マッカーサーが司令官を罷免され、戦線が膠着しだした期間で、渉外局による検閲が開始された。第三期は、五一年七月から翌年四月までの間で、ソ連国連代表ヤコフ・マリクの提案で休戦交渉が始まる一方、いわゆるサンフランシスコ講和条約調印によって日本が国際社会に復帰し、占領が正式に終了するまでの期間である。この間、報道陣は極東軍による厳しい検閲規則を課され、そのもとで日本のメディアは朝鮮戦争に従軍記者を派遣することがようやく認められた。以下ではこの区分を念頭に置きながら、日本の朝鮮戦争報道の過程と内容を検討してみたい。

2　朝鮮戦争報道の始まり

朝鮮戦争の始まりを日本で最も早く告げたのは、日本放送協会（NHK）のラジオだった。「顧みれば去る六月二十五日の真っ昼間、日本人にはもはや久しく耳なれない臨時ニュースの鐘音がこれを伝えた[14]」と、ある知識人は記している。CIE資料によれば、日曜日だった二十五日の昼過ぎ十三時五十二分、「放送討論会」を中断しておこなわれた。臨時ニュースが流されたあと、十五時ちょうどには、さらに詳しい特別ニュース速報が流された[15]。

新聞もラジオ放送と前後して号外を出し、急を告げた。最も大々的に号外を出したのは『毎日新聞』で、二十五日十一時四十五分降版の「北鮮軍、韓国に侵入」を四万部、十四時二十五分降版の「戦闘状態布告」を五万部、さらに十九時半降版の「北鮮軍、釜山北方上陸」を三万部発行して配布した。これに対し、『読売新聞』は二回、『朝日新聞』は一回だけ号外を出した。(16) 例えば、『朝日新聞』大阪版では、「北鮮、韓国に宣戦布告」と題し、京城発ＵＰ通信に基づいて「平壌の北鮮放送」は「正式に南鮮に対し宣戦布告した」と報じた。実際には、このとき「宣戦布告」はなかったことがのちにわかっている。(17)

翌二十六日、新聞はトップニュースで一斉に報道を始めた。当時、新聞の紙面は平日は二ページしかなかったが、その一面の半分以上を占めたそれらの記事は、ソウルにいる外国の通信社による急報や、ソウルにある韓国通信社、京郷新聞社や韓国国防部との国際電話、あるいは京城放送に基づく報道だった。例えば『朝日新聞』は、東京版では「北鮮、韓国に宣戦布告」、大阪版では「朝鮮ついに全面的な内戦」、『毎日新聞』は「北鮮・韓国に宣戦布告　38度線総攻撃」、『夕刊読売』は「三八度線ついに爆発！北鮮、宣戦を布告」の見出しの下に第一報を伝えたが、それらはソウル発のＡＰ、ＵＰ、ロイター特約、あるいは東京のＩＮＳ通信（国際通信社）によるものだった。一方『アカハタ』は、「韓国軍から発砲、韓国軍の侵入撃退」「統一妨げる李承晩に鉄槌」と掲げた紙面を発行した。(18) これはただちにマッカーサー司令官の書簡で「朝鮮情勢について事実を曲解した論評をおこなった」とされ、プレスコード違反で同日中に三十日間の発行停止が指令された。同日深夜から二十七日未明に編集局が強制捜査され、二十六・二十七日の新聞が押収された。(19) 北朝鮮が侵攻したのか、韓国側が侵攻したのか、宣戦布告がいつ出されたのかなど、のちの朝鮮戦争研究で争われた論点で、早くもプロパガンダが開始されて日本のメディアはまさに心理戦の場になった。

3　NHKニュースに対するCIEの指令

この月曜日の早朝、CIE情報部ラジオ課はNHK報道部に対し、特殊な性質のものであれ通常のニュースであれ、あらゆる朝鮮関係のニュースの使用は警戒を要するため、そして共産主義のプロパガンダの使用を防ぐために、ニュース原稿はその情報源にさかのぼって注意深く精査されなければならない、と指令した。さらに、朝鮮戦争に関する特殊なニュース材料についてCIEの助言をNHKが求められるように、ラジオ部の部長・副部長およびほかの部の人々は、不在の場合にも勤務時間外でも電話が通じるようになっている、とNHK報道部の山本部長は告げられた。また、朝鮮のニュース報道に関するNHKの全般的な方針は、冷静な態度に基づくものでなければならない、という指摘を受け、絶対に必要なときにだけ番組を中断し、また必要であれば迅速さを犠牲にしても正確さを重視するように、と言われた。[20]

このとき、日本放送協会は一九五〇年五月に成立した放送法を根拠に六月一日に社団法人から特殊法人として改組し、新発足したばかりだった。NHKは二六年の発足以来ニュースを放送していたが、それは新聞社や同盟通信社から提供された記事をもとに放送用に書き直した原稿をアナウンサーが読み上げるものだった。戦後になって放送局による独自取材が始められたが、放送記者はまだ十分には存在を認められていなかった。朝鮮戦争当時は共同通信によるニュースが用いられ、さらにCIEは日本や欧米の新聞の社説を放送用に選んで提示していた。したがって、ことに海外に関するニュースや論評の内容は、新聞記事が伝えるものとほぼ同じだったと考えられる。

一方、CIEはアメリカ軍司令部参謀第二部（G－2）の要請に応じて、六月二十九日から朝鮮語番組を放送するため、NHKに対してスタジオ施設、および東京・松江・福岡の第二放送網の送信施設の利用を提供するよう協力を求めた。番組自体は韓国大使館とアメリカ軍司令部G－2によって準備された。また、七月一日からは「アメリカの声（Voice of America：VOA）」の朝鮮語番組がマニラからNHK福岡放送局に送信され、七時四十五分から八時までと二十時三十分から二十一時まで、朝鮮半島に向けて再送信された[21]。

さらにCIEは、朝鮮戦争および国連とアメリカの参戦に関する報道に時間を割くようNHKに求め、月曜日から金曜日まで毎晩十八時十五分から十八時三十分の間、「ニュース解説」をNHK第一放送で流すことになった。七月十二日から始まったこの番組のコメンテーターはすべて別に集められて、公式発表に特別の注意を払うよう、また朝鮮半島での軍事活動に関する不確定な情報を述べないよう忠告された[22]。

ところが、朝鮮戦争報道が始まってまもなく、日本にいる韓国外交使節から占領軍外交部に対して、日本のメディアがおこなう朝鮮戦争報道への疑問が示され、正しい朝鮮戦争ニュースを流すように方策を講じてほしいという要求が提出された。七月二十一日付の英訳文書では、日本の新聞や放送によって発表されている戦争関連のニュースは実際の戦闘の正しい情報を欠き、虚偽や歪められた報道さえしばしば流されていると断じ、例として、NHKが七月十八日七時から放送した、韓国・大田の状況に関する次のようなニュースを引用していた。

AFP通信によれば、米国軍事省の報道官は「昨日、米軍は大田の戦線防衛の望みをすべて諦めた」と述べた。そのため大田は現在、無人地帯の状態であり、事実上、もはや侵略者のものではない[23]。

このような文章が実際に読み上げられたのかどうかという事実は確認されなかったが、NHKの日本語放送は日本帝国支配時代に日本語を学び親しんだ人々によって朝鮮でも聞かれていたので、その影響力が問題視されたのだ。実際、このほかにも、「アメリカ軍は朝鮮半島から七十二時間以内に引き揚げざるをえないかもしれない」というアメリカ・テキサス州で発行された新聞記事をNHKが放送したために、朝鮮でかなりの不安が広がったとG－2は報告している[24]。

このようないくつかの批判を受け、CIEラジオ課は、山本報道部長と国内ニュース担当の吉田、海外ニュース担当の中村貢に、全スタッフをすぐに招集して次のことを伝えるよう指示した。(25)

①日本の公衆にニュースの進展のあらゆる側面を示すことは望ましいが、現在の朝鮮における戦争が危機的な時期には、朝鮮の人々もNHKの放送を聞いているのであり、ニュース番組の編集に際しては、そのことが決定的な要素でなければならない。ニュースは、どんな情報源からなのかを問わず、朝鮮における国連とアメリカの大義を傷つけかねないものは放送されてはならない。そのようなニュースは、公式なコメントが届いたのちに放送することができる。

②噂、個人的意見、推測による話は、日本語の新聞などに掲載されているかもしれないが、ラジオのニュース番組ではこうした話を用いることはきわめて危険であり、避けなければならない。その結果、聴取者はラジオでは聞かなかった話を日本語の新聞などで読むかもしれないが、それは仕方がない。

③日本語のラジオ放送は、有名なアメリカ人や議員などの公人が意見を述べたからといって、それが現在の朝鮮での危機的状況下にふさわしいと思ってはならない。第一に考えなければならないのは、朝鮮の聴取者であり、彼らへの影響でなければならない。

④朝鮮戦争を報道している特派記者たちは検閲を受けていないので、AP、UPなど公認された通信社のニュース配信も注意深く読まなければならない。これらの配信記事は占領軍司令部の是認を必ずしも受けてはいないし、朝鮮戦争に関する司令部の考えを必ずしも表しているわけではない。正式な司令部渉外局発表だけが公式見解とみなされる。ほかのニュースの選定に際しては注意深い判断をはたらかせなければならない。

当時、NHKはラジオ受信機一台ごとに聴取料を徴収していたが、その契約数は九百万台を突破しようとしていた。全世帯数に対する普及率は五五％を超えていた。そうした日本国内の聴取者ではない、旧植民地だった朝鮮半島の聴取者を第一に考えるよう、日本語のニュース放送に対する指示を占領軍が出したのである。

ところでこの時期には占領軍による事前検閲はすでに廃止されていた。しかし、NHKは主な放送番組の録音を残し、あとで再利用するために保存していた。また、録音状態がよくない場合もあるので、すべての放送番組についてその内容の書き写しを作成して、検閲後の編集作業のために備える作業が継続されていた[26]。ニュースの場合、その英訳がＣＩＥに提出され、それによってＣＩＥはニュースの内容を監督するという限界、つまり日本語のニュアンスをＣＩＥが直接に完全に理解することはできないという限界があった。さらにニュースを読み上げるＮＨＫアナウンサーの抑揚や語勢などが、ときにそぐわないことがあるとＧ－２からの指摘があり、ＣＩＥラジオ課の通訳・翻訳官のフランク馬場は、この期間のニュースをすべて聞き直す仕事を命じられた。しかし、何ら怪しむべき点は見いだされず、ニュースはすべて事実に基づいて正確に報道されていたという[27]。また、七月二十六日から二十八日までの三日間、フランク馬場とＣＩＥラジオ課雇用の日本人二人が毎日のさまざまなニュースを聞いて録音してチェックしたが、何の問題も発見されなかった[28]。

しかし、このような疑念と並行して、ＮＨＫをはじめとするメディアでのレッドパージが進行していた。第一次の大量解雇は七月二十八日に発表されたが、それに先立ち、アメリカ軍放送（ＡＦＲＳ）担当のバーンズ大尉が、日本共産党のポスターを無断で大阪中央放送局の会館内に貼ったとしてＮＨＫに乗り込み、大阪放送局の六人を解雇したことが七月二十四日に発表されていた。同じ二十四日に東京では、ＮＨＫや新聞・通信各社の代表が呼び出されて打ち合わせがおこなわれた。それより先、『アカハタ』ほか共産党系機関紙は七月十八日に無期限発行停止になり、同日付でレッドパージの根拠であるマッカーサーの書簡が出されていた[29]。左傾化する組合運動に手を焼く経営者側とアメリカ軍側との思惑が反共という点で一致しておこなわれたレッドパージの背景には、具体的にはこのようなＮＨＫの放送への疑念があり、占領軍はそのラジオ放送を強圧的に心理戦の隊列へ組み入れさせたのである。

朝鮮戦争のニュースや評論に圧力がかけられると同時に、朝鮮戦争の「正しい」情報を与えるための広報もラジオ放送でおこなわれた。一九四八年一月から夜のゴールデン・アワーに「インフォメーション・アワー」の枠組みが設けられた。これは二十時から二十時半までのニュースや天気予報と、『二十の扉』『街頭録音』『とんち教室』『日曜娯楽版』、あるいは放送劇などの娯楽番組との間にはさまれた時間帯で、川名正一によれば俗に〝アメちゃん番組〟と呼ばれ、CIEラジオ課が制作を指導して占領軍の政策を宣伝・啓蒙する番組が放送されたのである。[30]『時の動き』(日曜日)、『新しい農村』(月曜日)、『労働の時間』(火曜日)、『社会の窓』(水曜日)、『産業の夕』(木曜日)、『新しい道』(土曜日)などの番組があったが、朝鮮戦争が起きると、『危機にある世界(*World in Crisis*)』という番組が企画された。朝鮮戦争の背景、国連の活動とアメリカの参戦に特に重点を置いたドキュメンタリー・シリーズで、八月三日(木曜日)から開始された。その目的は、「朝鮮戦争に国連が介入する背景にある本当の事実を日本の聴取者に与えるため」とされ、第一回は「日本の降伏時と四大国モスクワ会議の間の出来事」を扱ったという。[31]

4　中立論への攻撃と「思想戦」

一方、新聞もまた朝鮮戦争報道における広報メディアとなった。占領下の新聞は、新聞用紙の配給と検閲によって締め付けられ、占領政策への協力を余儀なくされていた。事前検閲が終了したあとも、海外に特派員や従軍記者を送る自由がなく、朝鮮戦争報道でもCIEから提供されるアメリカ軍や国務省の合衆国広報庁(United States Information Service：USIS)による発表記事、あるいは外国メディアの記者たちの記事や話に基づいて報道するしかなかった。それでも当初は、韓国から逃れ引き揚げてきたアメリカ人や韓国人や日本人に取材した記事、アメリカ軍基地に取材した記事が掲載されたものの、そのような現場を描写した生々しい記事はまもなくみられなくなった。

かわりに重要になったのが、論説や論評である。当時、新聞研究所所長だった千葉雄次郎は各紙の社説を評して、『朝日新聞』は全面講和・中立主義を主張、『毎日新聞』は全面講和にも中立主義にも慎重で、『読売新聞』

は単独講和、アメリカに頼って国連加入を説いていると整理し、「戦前は全体主義を中心として、左から右へ、朝日、毎日、読売の序列と一般に見られたのが、戦後は民主主義を中軸としてやはり同じ序列」[32]だと見て取った。そのなかで『朝日新聞』は一九五〇年七月一日の「朝鮮の動乱と日本の態度」、七月四日の「軽率を戒む」で中立的な立場を取る論を掲げたが、これがＣＩＥ新聞課長ダニエル・インボデン少佐の怒りを買った。「その前から朝日新聞の中立主義、全面講和論は、国内でも保守の側には評判がわるかった」[33]というが、レッドパージで『朝日新聞』が他紙に比べて圧倒的に多い百人以上の追放者を出してＮＨＫと双璧だったのは、こうした論調のためだろう。当時の『朝日新聞』の論調を分析した南基正は「これは「避戦」の思想だったのであり、朝鮮戦争期の日本の新聞の論調を支配していた」[34]と指摘する。

レッドパージの直後、八月八日にインボデン少佐が仙台で講演した内容を各紙は掲載した。「中立はあり得ず」という見出しで、新聞が社会で正常な機能を営むためには中立新聞という存在はありえない、もし〝善〟と〝悪〟が相争っている場合に立派な新聞は中立を保つことはできず、また誰が公職に選挙されるかに対して新聞が無関心でいるとすれば新聞は用をなさないことになるといわなければならないと説き、さらに、仮にもせよ全世界の新聞が大韓民国に対する北朝鮮共産党の攻撃について中立を守ったとすれば、北朝鮮共産党のゴロツキ指導者に対して国連の果断な責任ある行動がはたして取られただろうか、と述べた。つまり、選挙での公正な判断と朝鮮戦争での判断を比喩的に並べ、大韓民国への侵略を撃退するための援助と、朝鮮半島における国際的平和安全の回復について、全加盟国に要請した国連安保理事会の行動を日本の新聞の圧倒的多数が称賛した事実を喜びとするという内容だった。[35]共産主義との妥協や中立主義は許されないというメッセージである。

続いて、外務省情報部から同年八月十九日付で『朝鮮の動乱とわれらの立場』というパンフレットが発行された。この第三節の見出しは「動乱の見通しと思想戦」と題され、次のように語っている。

民主主義の旗のもとに集結する国際連合軍とコミンフォルムの旗のもとに集結する国際革命軍との闘争

（略）このような「二つの世界」の実力対決に際して、われわれの最も注意すべきは思想戦である。（略）共産主義は民主主義世界の「寛大」さにつけこんで自らに不利な影響を及ぼすべき全面的な武力対決を巧みに回避しつつ、戦争の切迫感をあおりたてることによって、民主主義世界の団結と決意を混乱させようと企図している。そのための重要な武器がこの思想戦なのである。朝鮮動乱は一見したところ、朝鮮半島の局地的問題であるかのように思えるが、実はそうではない。思想戦との関連においては、民主主義世界に住むわれわれすべてがすでに戦場にあるというべきである。そのなかでも共産主義は、日本に特別の関心を持っているのであるから、われわれ日本人は完全に朝鮮動乱の渦中に立っているといっても過言ではない。[36]

敗戦からまだ五年とたたない時点で、戦時用語だった「思想戦」という言葉が、再び公式に堂々と外務省から語られていることに驚きを禁じえない。これは占領軍であるアメリカ軍の「心理戦」の言い換えだと考えられる。占領軍と日本政府のこのような方針のもとで、もともとアメリカ寄りだった『読売新聞』は従来の自説を強調して「共匪」という語を用い、局外中立論に踊らされるのは「敵前逃亡」だと主張した。これに対して『毎日新聞』では、中立主義を否定する論が展開されるようになる。例えば八月二十六日のトップには、当時ハーバード大学で教鞭を執っていたエドウィン・ライシャワー博士の寄稿による「日本に中立あり得ず、既に思想の主戦場」が掲載された。それは、「ソ連と自由な西欧諸国間の冷たい戦争」を前に日本は中立ではありえず、「日本は世界を二つに分けるイデオロギーの戦争における最も重要な戦場である」と位置づけ、「日本における闘争は全アジヤの運命を決する[37]」と論じている。また、九月三日には安全保障に関する世論調査結果の記事を発表し、アメリカや国連に頼りながら自衛力を増すべきだという意見が多数を占めることを紹介し、国連への協力を支持するが、米ソによる全面戦争への拡大は回避すべきという意見を明らかにした。一方、『朝日新聞』は、インボデン少佐の談話を掲載したあとも、特に中立主義を否定するような記事を載せなかった。

そのような折、九月二十七日付『朝日新聞』に、行方知れずだった共産党幹部の一人・伊藤律との会見記事が掲載され、このスクープが実は記者による捏造記事だったと判明する事件が起きた。[38] 折しも第三回新聞週間で、その標語「新聞は民主社会の安全保障」を掲げた各紙がこれを評するなかで、『朝日新聞』は十月一日、「新聞と世論」と題して、笠信太郎と坂西志保との対談を大きく掲げた。対談は直接、捏造事件にも朝鮮戦争にも言及してはいないが、この記事の見出しは「読者と新聞が一体」というもので、アメリカやイギリスの新聞に比べて日本の新聞は社会から遊離しているという、インボデン少佐の批判がその背後にあったと考えられる。[39] そのなかで笠は「最近（略）社説を相当重視して読んでくれる」という空気があるが、「いまの日本で民主的な意見といわれるものの中には、（略）なにかはじめから型で打出したように教えこまれた意見を持出し、とにかくそれを持ち出せば民主的だというふうに考えてる傾きがある」と指摘している。これに対し在米生活の長い坂西が、「民主主義というのは少数の意見というものも決して無視しないということでもある」と応じると、「少数論が社会秩序を乱したり、議会主義を踏みにじったりしない限り、その寛容が必要で、それなしには民主主義なしでしょう」と笠は語っている。イデオロギー的闘争のなかで、過激な左翼にも強圧的な占領軍にも対峙しなければならない『朝日新聞』の微妙な立場が表明されている。平和と民主主義を掲げた理想主義的な『朝日新聞』のこうした論調に、ＣＩＥが不満を抱いていたのは明らかである。

5　ＣＩＥと新聞社による朝鮮戦争関係の世論調査

他方ＣＩＥは、朝鮮戦争に関する世論調査を新聞社と組んでおこない、その結果を新聞紙上に公表することで世論に影響を与えコントロールしようとした。つまり、日本人たちが何を考えているのかを探ると同時に、その結果がニュースとして示されることによって、人々の考えに何らかの変化をもたらし方向付けるという、いわゆるアナウンスメント効果が発揮されることを見込んで、いくつもの調査を実施した。

そもそもCIEは設置されたときから、その任務として世論調査の指導と勧告が織り込まれていた。[40] 日本でも戦前から世論調査はおこなわれていたが、占領軍は日本の政府機関による世論調査を禁じ、アメリカの世論調査の技法を学ばせて専門家を育成するために、CIE世論社会調査部でハーバート・パッシンを指導にあたらせた。[41]一九四七年三月に開かれた世論調査協議会という講習会には、内閣審議室世論調査班のスタッフや共同と時事の通信社、『朝日新聞』『毎日新聞』をはじめとする大手新聞社、NHK、輿論科学協会のメンバーや小山栄三、米山桂三、戸田貞三などの社会学者が呼び集められた。しかし、『毎日新聞』が四五年九月十日に世論調査室を創設したのをはじめとして、大手新聞社と通信社は世論調査の担当部署を立ち上げ、世論調査を実施していた。例えば、朝日新聞社大阪本社は、四五年十一月に世論調査室が創設されてから四七年七月までに七回の世論調査をおこなっている。[42] だが、CIEはそのサンプリング方法や調査員の教育に問題があると指摘した。[43] 講習会のあと、『朝日新聞』は世論調査の記事を一面トップに大きく掲載するようになった。例えば、四六年七月に実施した「吉田内閣政治動向調査」の結果は、同年八月五日付の記事に、質問項目や調査方法も含めて大きく取り上げられた。これは全国都道府県の二十一歳以上の有権者を対象に二十万枚の調査票を配布した大規模なもので、その結果を詳細に公表するやり方も含めて、CIEの指導と協力のもとでおこなった可能性が高い。また、四七年十月に実施された「親分子分調査」は、明らかにCIEが指示したテーマでの世論調査だった。[44]

このような経緯で、CIEは朝日新聞社と組んで朝鮮戦争に関する世論調査を実施した。これは、アメリカと占領に対する日本国民の、特に朝鮮戦争に関する反応を探る調査を求めるアメリカ国務省外交部からの示唆が、一九五〇年七月の末にドナルド・R・ニュージェントCIE局長からCIE世論調査部長ジョン・ベネット博士に伝えられたことから始められた。その際、CIE局長は国務省外交部に対し、このような調査を日本の団体がおこなうことにCIEは反対しないが、CIE自身が国立世論研究所を通じてそのような調査を指揮し実施するには司令部の承認が必要だと述べ、外交部の代表が近々この件で接触してくると伝えた。[45]

朝鮮戦争に対する世論調査としては、すでに神戸住民に対する調査や『読売新聞』(一九五〇年八月十五日付)、

『毎日新聞』（一九五〇年九月三日付）の世論調査結果が出されていた。『読売新聞』の記事は、「きょう終戦五年アメリカをどう思う」と題したもので、正面から朝鮮戦争を扱っているわけではないが、朝鮮戦争講和後のアメリカ軍基地の存続、国防軍の再編についての問いが含まれている。この『読売新聞』の世論調査結果は、CIEの「サーベイ・シリーズ」の一つとして、『現在の危機における日本の役割に関する態度』と題し、一九五〇年八月二十六日付の冊子にまとめられている。それによれば、六大都市の有権者名簿から層化二段階無作為抽出法で選ばれた三千五百八十六人に対する面接調査を八月三日から六日におこなった結果で、第一問「どの国が一番好きですか」では、アメリカが約六六％、ソ連が約二％で、反対に「嫌いな国」は逆にソ連が約六八％、アメリカが約二％だった。第九問「日本人が朝鮮の事件になんらかの形で協力すべきだと思いますか」に対しては、約三一％が協力すべき、約五七％が協力すべきでないと答え、協力すべきでないと答えた人の大半が、その理由を「戦争は嫌だから」と回答した。また、「米軍および国連軍が朝鮮に出兵することの日本への影響は」という問いでは、「戦争への不安」と「生活への不安」をそれぞれ一五％前後の人々が選択した。逆に「安心感を与える」と答えたのは七％で、いい影響を選んだ人々の割合は低かった。(46) ところで、新聞記事になっていない調査項目で興味深いのは、「ラジオや新聞の報道は信頼できますか」という問いである。これを時事通信社が四七年から毎年おこなっていた世論調査の結果と比較して、「信頼できる」と答えた人の割合が約四八％から六八％に上昇していると考察していることから、(47) 占領軍はマスメディアに対する日本人の信頼度を気にしていたことがわかる。

『毎日新聞』が八月二十三日から三千二百二十人を対象におこなった世論調査については、CIEのファイルはあるが、英語の報告書が作成されていないところをみると、CIEが直接関与したものではなく同紙が独自におこなったものらしい。(48) 一九五〇年九月三日付の記事によれば、問一「朝鮮の動乱によってわが国の安全に不安を感じますか」に対して、「不安を感ずる」三八・八％、「多少不安を感ずる」四〇・七％、「不安を感じない」一三・五％という結果で、日本人全体の不安感を表している。問二「朝鮮の動乱が米ソ戦になると思いますか」に対しては、「なると思う」三六・七％、「ならないと思う」三〇・二％、「わからない」二九・四％と、回答がほぼ三分割されている。問三「米ソ戦が起った場合日本は戦火にまきこまれる可能性があると思いますか」に対しては、「可能性がある」七三・〇%、「可能性がない」九・三%と、多くの人が戦渦に直接巻き込まれる恐怖を感じていたと思われ、特に女性と高年齢層および高学歴層で高い回答だった。問六「アメリカに軍事基地を貸すことをどう思いますか」では、反対が四〇・四%、賛成が三一・一%、わからないが二二・九%で、これは男性、若年層および高学歴者が多く反対する傾向があった。最後の問七「日本人の義勇兵を許せという意見がありますが、あなたはこれをどう思いますか」に対しては、「国内だけの義勇兵なら賛成」四一・七%、「国内だけでなく海外へ出動する場合でも賛成」一四・八%、「海外へだけ出動するなら賛成」二・七%、「国内だけでも反対」一九・一%という結果だった。『読売新聞』の調査に比べ、米ソ戦や義勇兵の派遣、アメリカ軍への基地貸与など、質問が具体的で、日本人が最も憂慮していることが直接問われているのがわかる。

おそらく『読売新聞』の調査ののち、『毎日新聞』の調査がおこなわれたころ、朝日新聞社とCIEが協力した世論調査が始められた。八月半ばから計画が立案され、「CIE―朝日プロジェクト（"CIE-Asahi Project"）」と名付けられたこの世論調査は、八月末にCIE局長に正式に承認され、九月半ばから朝日新聞社世論調査室によって実施された。[49]第一次調査が九月二十一日から二十四日の間、第二次調査が十二月四日から六日の間、東京・横浜・大阪・京都・神戸・福岡など都市部でおこなわれ、同じ人に同内容で再調査するパネル調査の手法でおこなわれた。しかし、一次調査でランダム・サンプリングによって抽出し面談した人数が二千六百四十一人だったのに対し、二次で再調査できた人数は三百二十八人と少数にとどまった。この結果は、CIE「サーベイ・シリーズ」の『国際的危機に対する日本人の反応』（一九五一年一月二十九日付、全二十五ページ）と『国際問題に対する日本人の態度の変化』（一九五一年二月二日付、全五十五ページ）の二冊[50]にまとめられた。しかし、この世論調査の結果は、『朝日新聞』紙上では、一九五〇年十一月八日付の「朝鮮事変と国連協力」および同年十一月十五日付の「講和と日本再武装」、また五三年二月十一日付の「朝鮮戦乱について」で一部がばらばらに用いられているだけで、その調査の全体像もCIEとの関係も言及されていない。しかし、これがパネル調査という、意見の変化を調べるための手法を用いている点だけでも、ほかの世論調査と比べて特異な調査だったのは確かである。

そこで、CIEの報告書からその意図と結果を読み解いてみよう。前者の報告書の内容は、第一次調査の回答を、①アメリカの軍事力に対する日本人の見積もり、②国連と朝鮮戦争、③国防に関する問題、の三点について整理している。①については、「長期的に見て、朝鮮事件では北朝鮮と国連軍のどちらが勝つとあなたは思いますか」という質問に対し、六八%の人が国連軍と答え、北朝鮮と答えた人は一%、わからないと答えた人は三一%だった。また「二十年後により強くなっているのは、米国かソ連か」という質問に、米国と答えた人は三九%、ソ連と答えた人は五%で、わからないが五六%だった。わからないという回答が多いのは、単に不明というより、反米的意見や共産主義に対する支持を表明することへの逡巡があったからだろう。実際この調査のなかで、支持する外交政策を尋ねる項目で、親米外交、親ソ外交、中立、わからない、の四択があらかじめ提示されていたが、このうち中立は、「親米的な関与の否定を意味」し、「共産主義の反米宣伝は中立の名の下に行われている」ので、「米国の観点から、〝中立〟は好ましくない反応とみなされる」と報告書は明言している。また、②国連については、五四%が国連を知っていると答え、八〇%が国連を支持すると答え、新聞やラジオ、映画などあらゆるメディアを通じて国連に顕著な注目が寄せられている、と分析している。③自国の防衛問題については、自国の軍隊の再建とアメリカ軍基地の存続という二つの問題が投げかけられ、アメリカ軍基地も再軍備も望む人が二一%、「再軍備を望むが米軍基地は望まない」三三%、「再軍備も米軍基地も望まない」二三%、と世論が割れている状況が示された。

さらに後者の報告書では、パネル調査によって意見の変化が観察されているほかに、一九五〇年十二月末、すなわち中国軍が参戦した直後の状況に対する反応が分析されている。まず新聞やラジオにふれている人のうち七〇%以上が、朝鮮戦争に関するニュースが最近の最も印象的なニュースだと回答した。そして戦況については、「朝鮮戦争で現在優勢なのはどちらか」という問いに対し、「国連軍側が優勢」一六%、「共産側が優勢」六二%、「わからない」一八%という回答だった。また「最後はどちらが勝つか」という問いには、六六%が国連側と答えたが、そう答えた人の割合は九月に比べて二％下がっていた。また、「中共は米国を侵略者と呼び、米国は中共を侵略者だと呼んでいる。あなたはどちらが侵略者だと思いますか」という問いに対して、「中共」四八％、「米国」二％、「両方とも侵略者だ」一九％、「どちらも侵略者ではない」四％、「わからない」二六％という結果が示され、これはアメリカとしては望ましくない解釈だと評している。

こうした世論調査報告書の内容から、占領軍がこの世論調査を『朝日新聞』と組んでおこなった理由が推察される。つまり、親米派で占領軍の意図に最も近い『読売新聞』ではなく、どちらかというと左派あるいは中立の立場を取る知識人が読者に多い『朝日新聞』で世論調査をすることで、占領軍の意に染まない人々の意識を把握するとともに、それがどのように変化しているのかという点を明らかにしようとしたのだろう。(51)新聞社による世論調査は、基本的にその新聞の読者層と重なる人々が回答者になる傾向があるからだ。アメリカおよびアメリカ軍にとって世論調査自体が、対日心理戦によって日本人の思想がどれほどアメリカの利益になるような方向に誘導されているかどうかを検証する機会だったといえる。当時の調査によれば、新聞やラジオに対する信頼性は敗戦時よりも高まっている。信頼性のあるメディアの報道を上手に操縦し、自らが望ましいと思う戦争報道をおこなわせ、かつ世論調査でその影響力を調べた結果を、再びメディア自身とアメリカに還元することで、自らの対日心理戦を成功させるよう方策を取っていたのである。

6 従軍記者の検閲

朝鮮戦争が始まると、東京には世界中から記者が集まった。日本が敗戦した直後に二百人以上集まった外国人記者は、占領が一、二年経過すると七十人程度まで減っていたが、戦争が始まると再び二百人を上回る記者が東京に押し寄せた。開戦まもない一九五〇年八月の特派員は二百七十一人にのぼった。(52)日本駐在の特派員を登録管理していた渉外局の資料によれば、五一年一月初めの東京駐在記者数は二百四十七人で、国籍別にみるとアメリカのメディアが半数を超える百二十九人と圧倒的多数を占め、次いでイギリスが三十五人、オーストラリア十八人、フランス十四人、カナダ五人などである。また朝鮮半島の前線に従軍した者は四十三人で、うち二十六人がアメリカ、四人がイギリス、三人がオーストラリア、ほかに韓国、香港、キューバ、タイ、スウェーデン、トルコなどの記者が入っていた。また、メディアの種類で分けると、約三分の一をUP、AP、INS、ロイターなど通信社、約三分の一を新聞社が占め、残り三分の一には雑誌、写真、映画、ラジオ放送、そしてテレビが加わっていた。朝鮮戦争はテレビが初めて報道に入った戦争でもあり、アメリカのCBSやNBC、イギリスのBBCのテレビ局から記者が派遣されていた。(53) 四八年二月の駐在記者名簿と突き合わせると、四十五人の名前が共通していることが確認できる。(54) つまり、朝鮮戦争前から日本に駐在していた記者たちが五分の一ほどいた計算になる。彼らは渉外局と外人記者クラブにたむろした。

朝鮮戦争報道は、ソウル支局にいた通信社と韓国の新聞による第一報で始まったが、開戦二日後からは記者たちは東京から輸送機で飛ばなければ現地に入れなくなった。当初、軍事検閲は全くなく、軍事機密を守る自主的な報道基準があるだけだった。(55) 彼ら外国人記者たちは自由に報道をおこなう一方、わずか六週間で十人以上の死者・行方不明者を出した。そのなかには太平洋戦争を取材した古参記者もいた。そのように朝鮮戦争報道が危険だったのは、明確な防衛線がなく、絶えず戦線が移動し、かつ敵味方が同一民族で戦闘員と一般市民との区別がつかないことが理由だったという。(56) それは朝鮮戦争がそれまでの戦争とは全く異なる様相の戦争であることを感じさせた。自国から遠く離れたアジアの一角で取材する外国人記者は、通信手段も身の安全もアメリカ軍と国連軍に頼るしかなく、結局、東京や現地の軍事施設を通して発信することになったため実質的に内容を監視されていた。また、司令部が戦況に関するプレスリリースを発表して情報をコントロールしようともした。

しかし、一九五〇年十月末に中国軍が参戦すると、それを予期できなかった国連軍の情報収集や指揮、韓国政権の腐敗、国連軍の行状に対する疑問や批判的な記事が現れるようになり、国連軍司令部は方策を転換した。五〇年十二月十七日に渉外局のなかに報道諮問課が設けられ、十二月二十一日から軍事検閲が始められた。その詳細な規則は前例のない厳しいものだった。マッカーサーが五一年四月に司令官を解任され、マシュー・B・リッジウェイ将軍が後継者になったのちにもこの軍事検閲は引き継がれ、さらに五一年六月十五日に検閲規定としてまとめられた（本章末の翻訳資料を参照）。五二年にUPの記者ロバート・ミラーは、「我々は朝鮮に関して正しい事実を伝えていない。（略）今後も軍の検閲方針に抜本的な変更が行われない限り、戦争報道にはほとんど改善はないだろう」と述べ、「編集者、新聞発行者が掲載した朝鮮発の事実や記事のうちにはまったくの作り事がある。（略）というのも、それらは責任ある軍司令部の公式発表であり、責任者はうそとわかっていても、新聞掲載用に発表されたものだから」書かなければならなかった[57]、と暴露した。

ところで、従軍記者として現地入りする自由もなかった日本人記者は、こうした外国人記者に戦況を取材し、彼らの記事をもとに自らの記事を書くしかなかった。日本人記者の従軍取材は開戦後から何度か検討されたようだが、「北鮮側の宣伝の具」にされる恐れがあるとされ、認められなかったらしい[58]。結局、一九五〇年六月二十三日にソ連代表マリクによる停戦交渉が提案されたあと、軍司令部が開いた朝鮮戦争一周年に関するリッジウェイ将軍の会見にいたってはじめて、日本のメディアは正式に参加を認められた[59]。これをステップにして翌月には日本人記者の従軍取材が認められ、七月十一日に十八人の特派記者が羽田空港からアメリカ軍機で金浦空港へ飛んでソウルへ入った[60]。日本がサンフランシスコ講和条約に調印して国連に正式に加盟する前だったが、彼らは国連軍の服をまとい、国連軍のマークを付けて取材した。こうした従軍取材は五三年の休戦成立まで続いた。

ソウルへ特派された日本人記者による報道には二つの特徴があった。一つは、かつて日本人が住み親しんだ場所への言及と、それが見る影もなく無残に破壊しつくされた状況への嘆きである。例えば、『朝日新聞』の鈴川勇の第一報記事は、「日本軍によって建設された金浦空港」、明洞と改称されたかつて「京城銀座といわれた明治町」、「戦前六階建てを誇っていた丁字屋デパートはあとかたもなく」、日本人街だった場所が破壊されていることと、そして「総督府は造りが丈夫なため完全破壊は免れて」いるという状況をまず描き出している[61]。そして貧しいながらも平和に暮らす日本との落差に愕然とし、「復興の一途をたどる〝敗戦日本〟」と対照的な隣国の「荒廃した〝解放朝鮮〟」の悲劇に思いを馳せるというのが常だった。[62]

もう一つは、知識人層や軍人や難民などさまざまな朝鮮人と日本語で話して取材している点である。日本の敗戦後、朝鮮では日本語教育が禁止されたが、日本語を話し理解する人々がまだ多く、日本語で話すのを懐かしがった。日本に行ったことがある人は日本の街の様子を聞きたがり、また日本語の読み物をもらって喜ぶ人々もいた。[63] 敗戦後、日本人が朝鮮に行くのは初めてであり、日本人記者と現地の朝鮮人の間には一種の親しみと懐かしさを感じる部分と、しかし昔のようでは困るという警戒感もあり、関心はあるが複雑な心境である様子を記者たちがとまどいながら受け止めている。また、日本の敗戦以降、帰国できずに残留している日本人にも接触した。[64] こうした見聞は、敗戦後の日本がかつて帝国の名のもとに支配し占領していたアジア諸国とどのように対峙していくかという、戦後の長く続く課題を解決する対話の第一歩にほかならなかった。しかし、その歩みは最初から心理戦と検閲のもとにあったのである。

おわりに

当時、単独講和反対、日米軍事協定反対、日本の再軍備反対という主張を掲げ、一九四九年に平和問題談話会の幹事になった清水幾太郎は、雑誌週間に寄せた記事を五一年五月三十日の『毎日新聞』に寄稿し、次のように述べた。

大新聞が毎日全国に向かって発行している部数は九百万部を越え、それは日々、何者も抗し得ない大勢を作り出している。この大新聞が醸し出す空気、（略）これに逆らうものは、正邪の別なく、凡て亡びるよりほかはないのだ。大新聞は、その間に微妙な差異はあるが、ＮＨＫと協力して、追放解除、再軍備などに関する現在の滔々たる輿論を生み出している。これは、アメリカの学者のいう通り、「原子爆弾のみに匹敵する威力」である。これに抵抗するものは、誰が何といっても亡びるより仕方がない。いま、由緒ある総合雑誌は、これに抗し、そのために亡びかけている。

これに対し、『世界』が同年十月「講和問題特集」を発行し、山川均らが全面講和論を唱え、論壇が息を吹き返したことはよく知られている。

このような批判は清水だけの意見ではなく、多くの庶民に共有されていた。清水のもとには当時の報道を批判し不安に思う手紙が多く寄せられていた。(65) 例えば、「昭和十六年、太平洋戦争が始まったとき、私は中学一年で、何もわからないほんとの子供に過ぎませんでしたが、その当時の時代の空気、新聞の風潮と最近のそれらと、そっくりである事実を感じない訳には参りません」（大谷弘之、神奈川、二十四歳の男性）、「果たして、今の報道を、そのまま信じて、日本民族の独立と自由は、得られるものでございますかしら」（白井良子、千葉、看護婦）。当時、大新聞とＮＨＫ放送をまとめて「マスコミ」と呼ぶ語はまだ一般に広まっていなかったが、これらマスコミが対日心理戦の手段になったことを人々は否応なく感じていた。

その抑圧感は、「民主的で自由な」メディアを説いた占領軍の公式発表への懐疑と批判を生み出した。そして「「反米的な〝真相〟こそ真理を告げるものである」という空気が、日本の国内に部厚く醸成され(66)」たと、一九六七年に朝鮮戦争を論じると同時に『民族的責任の思想――日本民族の朝鮮人体験』（御茶の水書房）を著し、帝国主義と民族の問題にいち早く切り込み、朝鮮半島問題専門家になった玉城素は指摘している。それが噴き出したのが一九五二年の講和条約発効直後であり、基地反対運動、安保闘争など市民や学生が広く参加する平和運動の起点になったといえる。本章では、対日心理戦の一環だった朝鮮戦争報道で、占領軍の建前がどのように試され、侵され、またそれに日本のメディアがどのように協力したのか、その一端を明らかにしたにすぎない。残された課題は多いが、映画やテレビ、写真という視覚メディアも含めた朝鮮戦争報道の全体像をさらに明らかにしていくことで、戦後日本のメディアの姿を新たに描き出していく道筋を拓いていきたい。

注

(1) 朝鮮戦争を研究した著作は多数あるが、ここでは主要な参考文献だけを挙げておく。神谷不二『朝鮮戦争――米中対立の原形』(〔中公新書〕、中央公論社、一九六六年。中公文庫、一九九〇年)、I・F・ストーン『秘史朝鮮戦争』(内山敏訳〔青木現代選書〕、青木書店、一九六六年)、ブルース・カミングス『朝鮮戦争の起源』全二巻(原書：シアレヒム社、一九八九―九一年。邦訳：鄭敬謨／林哲／加地永都子訳、明石書店、二〇一二年)、朱建栄『毛沢東の朝鮮戦争――中国が鴨緑江を渡るまで』(岩波書店、一九九一年。岩波現代文庫、二〇〇四年)、和田春樹『朝鮮戦争全史』(岩波書店、二〇〇二年)、大沼久夫編『朝鮮戦争と日本』(新幹社、二〇〇六年)、金東椿『朝鮮戦争の社会史――避難・占領・虐殺』(金美恵／崔真碩／崔徳孝／趙慶喜／鄭栄桓訳、平凡社、二〇〇八年)、玉城素「日本における朝鮮戦争観」(民族問題研究会編『朝鮮戦争史――現代史の再発掘』所収、コリア評論社、一九六七年)

(2) 和田春樹「共通の朝鮮戦争像をもとめて――歴史像の対立とその克服のための努力」、「年報日本現代史」編集委員会編『年報 日本現代史 第25号 朝鮮戦争と戦後日本』所収、現代史料出版、二〇二〇年十二月

(3) 南基正『基地国家の誕生――朝鮮戦争と日本・アメリカ』市村繁和訳、東京堂出版、二〇二三年、林博史『朝鮮戦争 無差別爆撃の出撃基地・日本』高文研、二〇二三年、西村秀樹『朝鮮戦争に「参戦」した日本』三一書房、二〇一九年

(4) 神谷不二「まえがき」、前掲『朝鮮戦争』一〇ページ

(5) 茶本繁正『戦争とジャーナリズム』三一書房、一九八四年、三七九ページ

(6) 鈴木健二『戦争と新聞』(毎日新聞社、一九九五年)一八九―一九六ページでは、朝鮮戦争時の社説の変遷が取り上げられている。なお最近、高榮蘭が、東京の新聞社の外信部を舞台にした堀田善衛の「広場の孤独」と、従軍記者

になった朝鮮出身の小説家・張赫宙の『嗚呼朝鮮』に焦点を当て、当時の朝鮮戦争報道の状況を描き出している。高榮蘭『出版帝国の戦争――不逞なものたちの文化史』（〔サピエンティア〕、法政大学出版局、二〇二四年）の「第八章 戦争」を参照。

（7）中村貢「国連軍に従軍して」、山室英男責任編集『昭和の戦争――ジャーナリストの証言 10 朝鮮戦争・ベトナム戦争』所収、講談社、一九八五年、二九ページ

（8）Jeffrey Whyte, *The Birth of Psychological War: Propaganda, Espionage, and Military Violence from WWII to the Vietnam War*, The British Academy by Oxford University Press, 2023, pp. 10-12.

（9）例えば、Ladislas Farago, *German Psychological Warfare*, Committee for National Morale, 1941. 同様にナチスの宣伝方針について分析したEdmond Taylor, *The Strategy of Terror: Europe's Inner Front* (Houghton, 1940) も「心理戦」という見出しで批評（『タイム』一九四〇年第三十六巻第一号掲載）が出され、高梨菊二郎によって『心理の戦争』と訳されて日本で出版されている（青年書房、一九四一年）。

（10）Elmer Davis, "OWI Has A Job," *The Public Opinion Quarterly* Spring 1943, Oxford University Press, pp. 5-14.

（11）Joseph Barnes, "Fighting With Information: OWI Overseas," *ibid.*, pp. 34-45.

（12）Memorandum to JPWC Sub-Committee on Message from General MacArthur, August 26, 1942〔Roll62: 610-648〕.

（13）Paul M. A. Linebarger, *Psychological Warfare*, Hawthorn Books, 1948 (Reprint Edition, Arno Press, 1972), p. 25. ラインバーガー『心理戦争』須磨弥吉郎訳、みすず書房、一九五三年、二四ページ。なお、本章ではPsychological Warfareを「心理戦」の訳語で統一した。

（14）中野良夫「朝鮮事変と日本人」『国会』第三巻第十号、国会社、一九五〇年十月、四ページ

（15）CIE Weekly Report, Radio Branch, 29 June 1950. なお、日本放送協会編『20世紀放送史』上巻（日本放送協会、二〇〇一年）三〇〇ページには、「この日、NHKは正午のニュースで第一報を伝え、午後一時三十二分には「北鮮、南鮮に対し宣戦布告」の臨時ニュースを放送した」と記されている。民間情報教育局（CIE）の資料と齟齬があり、どちらが正しいのかは判然としない。

（16）『新聞之新聞』一九五〇年七月三日付、第六千百三十一号、三ページ

(17) これは「ロイター通信社の誤報であった」と語られている(前掲『20世紀放送史』上巻、三〇〇ページや、五十嵐智友『歴史の瞬間とジャーナリストたち——朝日新聞にみる20世紀』朝日新聞社、一九九九年、三二〇—三二一ページを参照)。しかし、当時の紙面を確認すると、「平壌のラジオ放送」が情報源のUP、あるいは「李韓国政府スポークスマン」の発表が情報源のINS(国際通信社)も、北朝鮮による宣戦布告を報じている。なお、南北朝鮮の呼称に関するアメリカ極東軍の心理戦での方針については、小林聡明「朝鮮戦争期における国連軍の捕虜教育プログラム」(貴志俊彦/土屋由香編『文化冷戦の時代——アメリカとアジア』所収、国際書院、二〇〇九年)を参照。

(18) 前掲『新聞之新聞』一九五〇年七月三日付

(19)『アカハタ』の発行停止と押収の経緯については、前掲『占領期メディア分析』第二部第三章を参照。

(20) CIE Weekly Report, Radio Branch, 29 June 1950.

(21) 前掲『占領期メディア分析』第二部第三章。放送時間はそれ以降、何度か変更された。この朝鮮語放送については、井川充雄「朝鮮戦争におけるアメリカのプロパガンダ放送とNHK」(日本マス・コミュニケーション学会編『マス・コミュニケーション研究』第六十号、日本マス・コミュニケーション学会、二〇〇二年一月)を参照。

(22) CIE Weekly Report, Radio Branch, 13 July 1950.

(23) CIE (B) 00985~987〔RG331 Box5154 Folder3〕.

(24) CIE Weekly Report, 20 July 1950.

(25) 注(23)に同じ。

(26) CIE Weekly Report, 6 October 1950.

(27) CIE Weekly Report, 27 July 1950.

(28) CIE Weekly Report, 1 September 1950.

(29) NHKでのレッドパージについては、梶谷善久編『レッドパージ——失われた人権と報道の自由』(図書出版社、一九八〇年)第三章「NHK」を参照。

(30) 同書一四四—一四九ページを参照。

(31) CIE Weekly Report, 11 August 1950.

(32)千葉雄次郎「論説面 終戦後の新聞論説」(「特集 大新聞を衝く」『中央公論』第六十五巻第十一号、中央公論社、一九五〇年十一月)八五ページ

(33)長谷部忠「占領下の新聞」、週刊朝日編集部『「週刊朝日」の昭和史――事件・人物・世相 第2巻 昭和20年代』所収、朝日新聞社、一九八九年、四三―四四ページ

(34)前掲『基地国家の誕生』三七一ページ

(35)『毎日新聞』一九五〇年八月九日付

(36)『朝鮮の動乱とわれらの立場』一九五〇年八月十九日、外務省情報部、九―一〇ページ

(37)『毎日新聞』には、翌年六月十九日にも「誤れる目標『中立日本』」と題したエドウィン・ライシャワーの寄稿が掲載された。

(38)伊藤律架空会見記事は、現在の新聞データベースや縮刷版では削除されているが、この記事とその後の経過については、「伊藤律のニセ会見記の真相」(『日本週報』第百六十三号、日本週報社、一九五〇年十月十五日)、『新聞之新聞』(一九五〇年十月二日付、第六千百七十号)、前掲『歴史の瞬間とジャーナリストたち』などを参照。

(39)『新聞之新聞』一九五〇年八月九日付に掲載されたダニエル・インボデン少佐の講演内容では、『山陽新聞』の山本松代が語ったという「日本の新聞は社会から遊離している」という評言が、日本の新聞の現状を批判するために引用され、考察されている。

(40)CIEと世論調査については、牧田弘「世論調査の発展過程 II 国立世論調査所の変遷〔含 資料〕」(日本大学法学会編『政経研究』第二十二巻第三号、日本大学法学会、一九八六年)、川島高峰「戦後世論調査事始」(メディア史研究会編『メディア史研究』第二号、ゆまに書房、一九九五年)、井川充雄「日本における世論調査の確立過程――GHQ世論・社会調査課のレポートを中心に」(新原道信/奥山眞知/伊藤守編『地球情報社会と社会運動――同時代のリフレクシブ・ソシオロジー』所収、ハーベスト社、二〇〇六年)、鄭佳月「世論調査の視座構造に関する歴史的考察――占領期における民主化政策とP0&SRの認識を軸として」(日本マス・コミュニケーション学会編『マス・コミュニケーション研究』第七十六号、日本マス・コミュニケーション学会、二〇一〇年一月)などを参照。

(41)戦前と戦後の世論調査の連続性については、佐藤卓己「戦後世論の成立――言論統制から世論調査へ」(『思想』第

九百八十号、岩波書店、二〇〇五年十二月)、および、同「日本型「世論」の成立」(岡田直之/佐藤卓己/西平重喜/宮武実知子編『輿論研究と世論調査』新曜社、二〇〇七年)を参照。

(42) 最初は「支持政党の世論調査」(一九四六年三月)で、総理府官房審議室輿論調査班『全国世論調査機関概況要覧』(一九四八年三月時点)によれば、六千枚の調査票を配布して回収率は約四四%だった。朝日新聞社世論調査室編『日本人の政治意識――朝日新聞世論調査の30年』(朝日新聞社、一九七六年)一九四ページを参照。この調査をもとにした記事が一九四六年四月十日に掲載されているが、小さく簡単な記事である。『朝日新聞世論調査20年史』(朝日新聞世論調査室、一九七四年)を参照。

(43) 前掲「日本における世論調査の確立過程」二五四ページ

(44) 岡田正明「GHQ〝世論調査部〟の歴史と役割――POSR資料から」(『新情報』第六十二号、新情報センター、一九九四年)、吉田潤「占領軍と日本の世論調査――ベネットのPOSR資料から」(日本放送協会放送文化研究所編『NHK放送文化調査研究年報』第三十九号、日本放送協会放送文化研究所、一九九四年)を参照。

(45) CIE PO&SR Division, Weekly Report, 28 July 1950〔RG331 Box5130 Folder4〕.

(46) CIE PO&SR Division, Survey Series, Attitude toward Japan's Roles in the Present Crisis, 26 August 1950〔RG331 Box5227 Folder3〕. なお、新聞記事では、小数点以下も記載されている。

(47) ibid., p. 13.

(48) International problems, Mainichi, CIE (A) 08282〔RG331 Box5891 File19〕.

(49) 前掲『日本人の政治意識』は、この調査について「〔昭和〕二十五年九月の「国際諸問題調査」」としてふれているが(一九六ページ)、CIEの関与については述べていない。だが、この調査活動についてのCIE文書の記述は、ほかの新聞社や通信社が単に世論調査を申請したときとは異なるもので、おそらくCIEから人的・金銭的援助が朝日新聞社側に提供されたのではないかと推測される。

(50) CIE PO&SR Division, Survey Series, Japanese Reactions to the International Crisis, 29 January 1951. および、CIE PO&SR Division, Survey Series, Changes in Japnaese Attitude toward International Problems, 2 February 1951〔RG331 Box5227 Folder3〕.

(51) なお、『読売新聞』は一九五〇年十二月以降、「再武装是か非か」(一九五〇年十二月二十二日付)、「講和への発言」(一九五一年一月三日付)、「再軍備どうあるべき?」(一九五一年三月二十六日付)、「講和批准と再軍備」(一九五一年十月八日付)と立て続けに、再軍備と講和に関する世論調査の結果を紙上に発表している。これに対して、『朝日新聞』はCIEとの調査のあとで、かなり間をおいて「講和条約をどう思う?」(一九五一年九月二十日付)、「「平和憲法」をどう思う」(一九五二年三月三日付)、「予備隊で再軍備すべきか」(一九五二年九月二十一日付)という世論調査をおこなっている。
(52)『新聞之新聞』一九五〇年九月一日付、第六千百五十七号、および、フィリップ・ナイトリー『戦争報道の内幕――隠された真実』(芳地昌三訳、時事通信社、一九八七年)三〇九―三一〇ページを参照。
(53) GHQ Public Information Office, Monthly Staff Section Report for January 1951〔RG554 E#A1-141 Box179〕.
(54) 前掲『占領期メディア分析』第二部第四章「アメリカ・メディアとマッカーサー」を参照。
(55) 前掲『新聞之新聞』一九五〇年九月一日付、前掲『戦争報道の内幕』
(56) 高野仙太郎「地獄の朝鮮戦線」『富士』第三巻第十二号、世界社、一九五〇年九月
(57) 前掲『戦争報道の内幕』三二九ページ
(58) 藤田一雄(共同通信)、内藤男(時事新報)、染川洋二郎(日本タイムズ)、千田圖南男(時事通信)、木原健男(日本経済)「座談会 朝鮮戦線に従軍して」『改造』第三十二巻第十号、改造社、一九五一年九月、一二四ページ。なお、開戦当時の新聞社外信部の様子を描いた小説として、堀田善衛「広場の孤独」を高榮蘭が分析している。高榮蘭「非武装中立「日本」と「朝鮮戦争」物語――堀田善衛『広場の孤独』と張赫宙『嗚呼朝鮮』の磁場から」(蘭信三/松田利彦/李洪章/原佑介/坂部晶子/八尾祥平編『帝国のはざまを生きる――交錯する国境、人の移動、アイデンティティ』所収、みずき書林、二〇二二年)、および、前掲『出版帝国の戦争』第八章を参照。
(59) GHQ Public Information Office, Monthly Command Report for June 1951〔RG554 E#A1-141 Box179〕.
(60) 小平利勝(『読売新聞』)、鈴川勇(『朝日新聞』)、今村得之(『毎日新聞』)、笠井真男(『東京新聞』)、木原健男(『日本経済新聞』)、安藤利男(『産業経済新聞』)、内藤男(『時事新報』)、石坂欣二(『北海道新聞』)、杉浦英男(『中部日本新聞』)、小屋修一(『西日本新聞』)、染川洋二郎(『日本タイムズ』)、吉富正甫(『大阪新聞』)、江越寿雄(サ

ン通信社、カメラマン）、千田図南男（時事通信社）、藤田一雄（共同通信社）、渡辺忠信（共同通信社）、源関正寿（共同通信社、カメラマン）、中村重尚（ＮＨＫ）。さらに伴友連（『山陽新聞』）、長谷松雄（『夕刊京都』）が後発で派遣された（『新聞之新聞』一九五一年七月十八日付、第六千三百六十六号による）。

（61）『朝日新聞』一九五一年七月二十一日付
（62）『毎日新聞』一九五一年七月十三日付、今村特派員による記事。
（63）染川洋二郎「廃墟の朝鮮を行く」『地上』第五巻第十号、家の光協会、一九五一年十月
（64）前掲「座談会 朝鮮戦線に従軍して」
（65）清水幾太郎「声なき民のこえ」『改造』第三十二巻第十二号、改造社、一九五一年十一月、八〇―八八ページ
（66）前掲「日本における朝鮮戦争観」二八八ページ

［翻訳資料］報道諮問部 検閲基準

【概要】

この文書「報道諮問部 検閲基準（Censorship Criteria）」（RG554 E#A1-141 Box17）は、国連軍渉外局報道諮問部長が現場の検閲官に対して示した基準である。本文二十九ページで表紙と目次、「前書き」が添付されている（図7―1）。表紙は謄写版によると思われるイラストが描かれた簡素なものだ。

内容は大きく分けて三つの章から構成されている。第一章は「概要」、第二章は「運用手順」、第三章は「検閲基準」。渉外局のなかに報道諮問部（Press Advisory Division）が設置されたのは、一九五〇年十二月十七日で、五一年六月、検閲基準案は作成された。

以下は、「前書き」と本文を筆者が翻訳したものである。

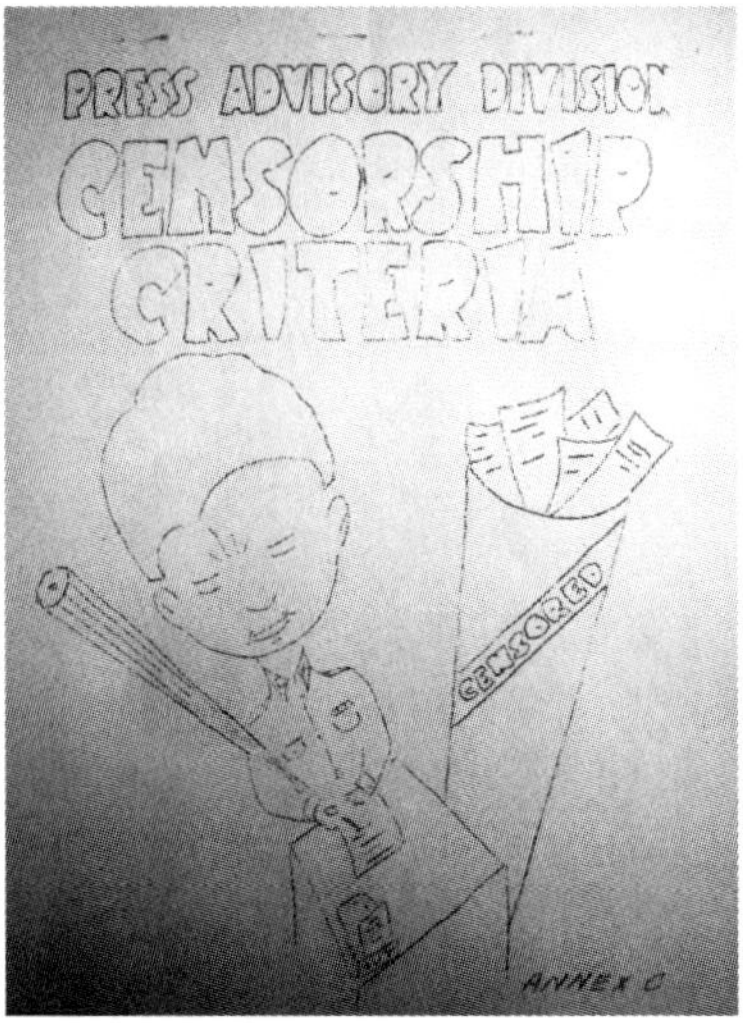

図7-1 「報道諮問部 検閲基準（Censorship Criteria）」表紙
（出典：RG554 E#A1-141 Box179）

＊

以下に示す基準は、報道諮問部の職務を助けるため、そして機密ではないニュースを送り出す手順を報道機関に指導するためにまとめた。これらの規則は、良識が許容する範囲にきわめて近いところを厳守している。

この指針の適用に際し、検閲官には常に二重の責任があることを心にとどめておくことが望まれる。すなわち検閲官は、国連軍に責任があるだけではなく、出来事の明瞭で明確な記録を公衆に提示することにおいて、特派員を助ける責任がある。

この基準は第一に検閲官の指針である一方、この内容の複写は、ＥＵＳＡＫ（在韓アメリカ軍第八軍）、ＦＥＡＦ（アメリカ極東空軍）、ＣＯＭＮＡＶＦＥ（アメリカ極東海軍）、ＪＬＣ（日本兵站司令部）、第二兵站司令部、および、朝鮮にあるすべての部隊と部署の公報担当官に送られた。報道諮問課が監督する作業手続きと検閲基準の知識が、敵を助けるもしくは支援する情報、もしくは朝鮮での国連軍の活動にとってどんな形態であれ損なうような情報も含まれていない、タイムリーで正確なニュースを報道する手助けになるだろう。

ウォルター・Ｊ・プレストン・ジュニア
中佐、砲兵隊
国連軍渉外局報道諮問部長

検閲の標準手続き

第一章　概要

Ⅰ．報道諮問部の歴史

1．報道諮問部は一九五〇年十二月十七日、渉外局のなかに設立された。その目的は、保安事項を含まない軍事的な問題に関して報道機関へ正確な助言をおこなうことと、現場から上がってくる報告の正確さや不正確さを指摘することである。また同様に、保安事項を含むあらゆることに関するニュース原稿、写真、ラジオ原稿、そして録音記録も審査することである。

2．報道諮問部の活動の最初の段階で多くの問題が提起された。検閲の基準は戦域を通じて同一ではなく、記者たちには、原稿を提出する検閲官の選択肢が二人かそれ以上与えられた。また、多くの場合、検閲が二重にかけられた。また通信手段も同様で、安全でない送信手段によって機密情報が検閲されずに送られた。

3．前記の問題そのほかの結果、在韓アメリカ軍第八軍司令官は、極東軍の司令官に報道検閲を戦域の職務とするよう勧告した。この勧告は一九五一年四月二十二日に受諾され、六月十五日、GHQ渉外局報道諮問部は、その職務として検閲を掌握するために活動と検閲基準の案を準備するよう命じられた。

第二章　運用手順

Ⅰ．概要

1．報道諮問部の主要な任務は、朝鮮での国連の活動を危うくしたり損なったりするような保安上の違反なく、正確で最新の情報を保証するために可能なあらゆる手段を用いて、報道機関に対する支援を提供することである。

2．検閲は、GHQ報道諮問課という東京の中央局と、在韓アメリカ軍第八軍報道諮問部という第八軍司令部の分局を通じて実施される。両局いずれかを通過した原稿が、極東軍の承認の印を得られる。

3．GHQ報道諮問部には、常に検閲と報道発表をおこなう権限があるすべての業務の代表者がいる。また、ほかの国連諸国の正式な代表者たちと緊密な連絡を保持し、各国に関わる情報の迅速で正確な発表をいっそう促進するようにする。

4．海軍代表者の参加が認可されるまでは、在韓アメリカ軍第八軍報道諮問部には陸軍と空軍の代表者だけがいる。

5．ＧＨＱ報道諮問部と在韓アメリカ軍第八軍報道諮問部の間では電話での緊密な連絡が維持され、両課の業務の一貫性を保証し、また最新の状況と実際上の時間差についてＧＨＱ報道諮問部が綿密に指示を受けられるようにする。

6．第三章に記されている検閲基準は、一般的な手引として適用される。

7．状況による基準の修正や変更があれば随時告知される。

8．「現行基準」は、在韓アメリカ軍第八軍によって公表され、戦略上の最新の情勢を報告する指針として用いられる。この基準は、実際上の時間差や、作戦や諸活動の場所や名称や身元の特定などに関する言及などにわたる。在韓アメリカ軍第八軍が取り下げるか修正するまで、この基準は実際上、存続する。

9．検閲基準と現行基準の変更や修正は、適当な渉外局員と報道諮問部を通じて記者に伝えられる。

10．検閲に提出されたすべての資料の記録は、それを提出した局で保管される。この記録は資料の紛失を防ぎ、迅速な対応をすべく照合を提供するためである。

11．提出された資料はすべて、通し番号と提出された日時を記して提出順に整理される。資料は受領された順に処理される。

12．何らかの資料に審査の遅れがあった場合、審査前の同様の資料は、当該資料と同じ時間差で処理される。

13．検閲の手続きの過程では、削除以外には、検閲官による変更は一切おこなわない。しかし、修正するよう勧告され、削除された部分を修正する機会が記者に与えられる。

14．検閲された特電がその目的地に着いた際に、明瞭で疑念の余地がない記事になるかどうか確かめるために、検閲官は多大の注意を払わなければならない。

15．書き直しができない記者は、必要な場合、代理人を指名する電報を出すか、または原稿を検閲済みとして伝達してもらいたいという要望を示してもいい。

16．可能なかぎり、原稿はタイプライターで、ダブルスペースで記し、報道諮問部に原稿一部を提供できるよう十分な複写を取っておくこと。

17．外国語原稿は報道諮問部用に英語翻訳を添付しておく。翻訳の正確さはそれを提出した記者によって証明されなければならない。

18．ラジオ原稿は、検閲のため報道諮問部に正副二部を提出しなければならない。その副本は報道諮問部によって保管される。

19．検閲官は、検閲された録音・録画テープを記録するために、覚書を作成する。その覚書によって、報道機関名、記者名、普通の言葉で表された内容の主題、削除された部分が特定される。

Ⅱ．GHQ報道諮問部

1．GHQ報道諮問部は……

a．日本で作成された原稿のすべて、および韓国で作成され在韓アメリカ軍第八軍報道諮問部で検閲することが不可能あるいは現実的でなかった資料の検閲に対して責任を負う。

b．民間情報教育局（CIE）の映画、毎週のニュースの出演者、記者会見、そのほかの特別な会合や展示のために、要求があれば検閲官を用意する。

c．GHQ渉外部を通じてGHQ幕僚部と緊密な連絡を保持する。

d．要望に応じて毎日の状況説明会に出席する。

e．あらゆる方法で各報道機関の首脳と緊密な連絡を維持し、円滑で効率的な業務を保証するために彼らを支援する。

f．経験上必要だと思われる人数の検閲官が、週七日・二十四時間態勢でオフィスに勤務しているよう配置する。現在は少なくとも二人の陸軍検閲官が八時から二十四時までの間、毎日オフィスで勤務に就いている。

g．現状に完全に適応できる検閲官が少なくとも一人は常時いるように、スケジュールをずらして配置する。

h．検閲された発表物すべての複写を保管する。

i．基準の変更があった場合には記者に助言する。

2．改作された共通記事やリライト、あるいは東京で書かれた総括記事は、在韓アメリカ軍第八軍報道諮問部によってあらかじめ審査を経た原稿に基づくものであっても、GHQ報道諮問部に検閲のため提出しなければならない。

3．韓国からの電話送信局は、在韓アメリカ軍第八軍報道諮問部のオフィスを通じないかぎり、記者は使用できないので、東京の報道機関が要望する記者とのどのような連絡も、在韓アメリカ軍第八軍報道諮問部の電話を通じてなされなければならない。

Ⅲ．在韓アメリカ軍第八軍報道諮問部

1．在韓アメリカ軍第八軍報道諮問部は……

a．韓国で作成されたすべての資料を、その施設と活動範囲が許すかぎりで検閲する責任を負う。

b．利用できる再生装置が入手できない場合には、録音・録画テープをGHQ報道諮問部に転送する。在韓アメリカ軍第八軍報道諮問部で検閲された場合には、第二章のⅠ、19項に述べた、テープ記録の覚書が保管される。

c．在韓アメリカ軍第八軍渉外局を通じて在韓アメリカ軍第八軍幕僚部と連携を保つ。

d．在韓アメリカ軍第八軍渉外局から「現行基準」を受領し、GHQ報道諮問部に伝える。

e．毎日の状況説明会に出席する。

f．十分な職務担当者を毎日二十四時間常駐させる。これは最低二人の士官を含むこと（上級士官一人と下級士官一人）。

g．現行基準に通暁した検閲官を、少なくとも一人常駐しておくようにスケジュールを組む。

h．円滑で効率的な作業を保証するために可能なあらゆる方法で記者を支援する。

2．空軍の活動に関する発表は、この指令に沿って空軍の担当者が扱う。

3．海軍の活動に関する発表は、検閲のためGHQ報道諮問部に送られる。

4．記者は在韓アメリカ軍第八軍報道諮問部を通じてでなければ、韓国からの通信施設を使用できない。

5．限られた通信施設の使用は、以下の手順で最も効率よくおこなう。

a．原稿は検閲官によって承認されたのち、報道諮問課の通信室に送られ、報道諮問課の担当者によって直接、関係する報道機関に送信される。

b．できるかぎり多くの報道をテレタイプで送る。

c．緊急の戦略的状況もしくは非常事態に関わる発表物だけは、電話を使って送信する。

d．記者は韓国以外では、原稿送信に電話の使用を認められない。

e．公務による制約を受けた場合にだけ、記者は第八軍内の電話を使用することができる。

f．報道機関は、事務上の緊急電話を報道諮問課の電話施設を通じて、韓国から、また韓国へ通話できる。これらの通話は検閲され、最小限に抑えられる。

第三章　検閲基準

全般

1．韓国発の戦略に関する話の発信地と日付は、「韓国のどこか」とだけ記す。
2．報道中の発言や含意が正確かどうか判断する責任は記者にある。
3．敵にとって軍事的価値がある情報を提供しかねない報道はしない。
4．国連軍やその同盟国もしくは中立国の迷惑になるような報道はしない。
5．わが軍や同盟国の名誉を傷つけるような声明や批判に関する報道は許されない。
6．情報源が明示されていれば、北京や平壌のラジオからの一般的な引用は報道してもいい。
7．朝鮮戦争に関するアメリカ軍放送（ＡＦＲＳ）ラジオの報道は、場所に関する言及、およびあらゆる戦闘命令（配置、規模、部隊名、指揮官など）、および偵察や特殊任務部隊に関する言及を削除したうえで、一般的な言葉の使用だけ認められる。

残虐性

1．残虐な事柄に関する不確実な報告は報道してはならない。
2．多くの死体のそばにいる武装した国連軍の部隊を写した写真は発表してはならない（残虐な、あるいは敵がプロパガンダ目的で使用しそうなほかの写真も同様）。

細菌戦と病気

1．細菌戦や伝染病などに関する記事は、それが友軍領域であれ敵陣の背後であれ、どのような扱い方であっても、ＧＨ

Q参謀第二部（G－2）によって審査されるか、またはGHQ渉外局によって発表されるまで報道してはならない。

死傷者数

1．友軍の死傷者数は、陸軍省もしくはほかの国連諸国の政府高官によってだけ発表される。
2．敵軍に与えた死傷者全体数の推定は、統一性を確保するために、司令部の上級戦略司令官によってだけ公表される。それ以下の組織は、全体の推計のなかで重要ではない小部隊の活動報告による数字だけ発表してもいい。
3．国連軍の死傷者の名前と写真は、GHQ高級副官（AG）死傷者部、もしくはほかの国連加盟諸国政府の正式な情報源によって許可されるまで報道してはならない。
4．敵の死傷者の名前は報道してはならない。
5．適切な報道機関や政府から公式に発表されるまで、どこの部隊で何の活動をしていたかにかかわらず、友軍の死傷者数に言及してはならない。
6．進行中の活動に関して国連軍と敵軍が受けた死傷者の比率や比較を報道してはならない。

進行中の活動

1．活動と作戦に関して言及してもいい地点は、「現行基準」で知らせる。
2．活動を記述するときには、言及してもいい地点からの一般的なコンパス上の方角だけ「距離なし」で用いなければならない。
3．進行中の活動に関する報道の時間差は、在韓アメリカ軍第八軍司令官によって設定される。
4．軍隊より下位の単位は、在韓アメリカ軍第八軍司令官によって発表されないかぎり、進行中の作戦のなかで特定してはならない。
5．国連軍は、進行中の作戦のなかで国籍によって言及してはならない。
6．軍団およびそれより下位の単位の指揮官の名前は、進行中の作戦と関連して用いてはならない。

敵の活動

1. われわれの境界線、われわれの位置による弱点、あるいはわれわれの防衛線の無防備な部分に関する敵の動きについては、どのような情報も報道してはならない。
2. 敵の攻撃や爆撃の効果については、認められるまで公表したり議論したりしてはならない。
3. 敵の地雷や仕掛け爆弾の効果については公表してはならない。
4. 敵を励ましたり、わが軍を落胆させたりするような敵の活動の結果については発表してはならない。
5. 敵の装備や武器のなかで、われわれのものと比較して特殊なものの有効性と、そこから生じる結果に関しては、どのような情報も報道してはならない。
6. 友軍であれ敵であれ、ゲリラについては、ゲリラの集団、ゲリラの活動など、一切言及してはならない。

部隊や場所の特定

1. 公式声明が発表されるまで、どのような部隊も極東軍もしくは極東軍の一部だと特定されてはならない。
2. 当該戦域での最上級の指揮官が特別に公表しないかぎり、軍より下位の単位は進行中の作戦のなかで特定されてはならない。
3. 当該戦域での最上級の指揮官が特別に公表しないかぎり、国籍による国連軍への言及は、進行中の活動の間はおこなってはならない。
4. 戦闘区域のなかでは、事実として敵がそれを立証するまで、どの方面に兵力を有しているか言ってはならない。
5. もはや保安上の問題がない特定の場所については、戦闘後の話のなかであれば、部隊は特定されてもいい。
6. 「戦闘後」であっても、まだ保安上の問題を含む場所であれば、部隊の名前と特定の地域名を使ってはならない。このような場合、部隊名か、あるいは場所のどちらかが特定されてもいいが、その両方は決して用いてはならない。
7. わが軍の活動に関係する場合には、どのような軍港、通信所、もしくは通信網のほかの地点も、その名称や描写によってふれてはならない。

個人の特定

1．軍団およびそれより下位の単位の指揮官の名前は、進行中の作戦と結び付けて使ってはならない。

2．同盟国の死傷者は、高級副官（AG）死傷者部、またはほかの国連諸国の政府高官によって認められないかぎり特定してはならない。

3．敵の死傷者は特定してはならない。

諜報と防諜

1．「エージェント」という語の使用、「民間の情報源」、および南越民（line crosser）、戦争捕虜からの引用は許されない。

2．諜報担当官の声明からの引用や声明への言及、また諜報の情報源や諜報の報告書からの引用や言及も許されない。

3．友軍であれ敵であれ、ゲリラの集団、ゲリラの活動などゲリラに関することは言及してはならない。

兵站業務

1．実際の、もしくは可能な船舶や鉄道の移動については、所轄の許可がなければ議論してはならない。

2．供給物資、軍用品、装備の到着や移動、その場所に関して言及してはならない。

3．陸軍、海軍、空軍の編制や派遣に関する場所や移動について、また増援や交替のあるなしについて、言及してはならない。

4．道路、鉄道、もしくはほかの輸送機関の利用、状態、拡張の予想に言及してはならない。

士気

1．国連軍の士気を損なう影響があるものは報道してはならない。

戦闘命令

1．友軍あるいは敵の戦闘の命令に関しては、在韓アメリカ軍第八軍司令官が承認したもの以外は言及してはならない。

2. 公式声明で発表されるまで、軍団およびそれより下位の単位の指揮官の名前は、進行中の作戦に結び付けて用いてはならない。
3. どのような部隊や構成部分についても、その士気の強さ、組織、能率、あるいは状況について、言及してはならない。
4. 公式の情報源による発表を除き、軍隊の数については、総計であれ階級別あるいは種類別であれ、言及してはならない。

写真

1. 報道発表のために設けられた基準に抵触する写真は認可されない。
2. 情勢図のような機密扱いの資料の写真は認可されない。
3. 兵器、装備、もしくはほかの機密扱いの物資の資料の写真は許可されない。
4. 陣地や軍隊駐屯地の設置に関して警備方法を示す写真は認可されない。
5. 戦争捕虜の警備の詳細を示す写真は認可されない。
6. 写真を撮られたくない気持ちが表れている戦争捕虜の写真は発表してはならない。
7. 身元を特定できる特徴を十分に示している死傷者の写真は、たとえキャプションから名前が消されていても、認可されない。
8. 死体の近くに武装した国連軍部隊が写っている写真や残虐な写真は発表してはならない。
9. 無差別殺人もしくは大量虐殺を示すような位置にある敵の死体の写真は、発表してはならない。
10. 国連軍による実際の、またはありうる残虐な行為、あるいはその他のジュネーブ条約違反を暗示したりほのめかすような、国連軍隊と生存する戦争捕虜もしくは戦争捕虜の死体が写された写真は許可されない。
11. 軍事施設もしくは標的になりそうな区域の写真は、それがどこであれ、発表してはならない。
12. 写真には破壊された物が示されてもいいが、そのキャプションでは敵のどんな種類の攻撃で破壊されたかを示してはならない。

計画と作戦

1. 知られているものであれ推測であれ、将来の作戦の計画、見通し、もしくは命令に関してふれてはならない。
2. 供給物資の状況など、業務の維持管理の状態についてふれてはならない。
3. 予備軍の位置、移動、予想される派遣について言及してはならない。
4. 特殊作戦部隊と偵察隊の作戦任務の規模、構成、区域、および作戦結果は発表してはならない。
5. 実際の、あるいはありうる船や鉄道の移動は、所轄によって許可されたものを除き、議論してはならない。
6. われわれの境界線、われわれの陣地の弱点、あるいはわれわれの防衛戦線の無防備な部分に関する敵の動きについては、どのような情報も報道してはならない。
7. 友軍であれ敵であれ、ゲリラの集団、ゲリラの活動などゲリラに関することは、言及してはならない。

戦争捕虜（同盟国側の）

1. 報道機関は、参謀第二部（G－2）に許可されないかぎり、帰還者、脱走者、逃避者に取材してはならない。
2. 解放された戦争捕虜は、情報源として公表したり、引用したりしてはならない。
3. 解放された戦争捕虜の名前は、参謀第二部（G－2）が許可したとき、もしくは報告すべきほど長い期間捕らわれていて、軍務局長がその近親者に解放を知らせた場合、公表される。
4. 逃亡や侵入の方法や手段を示す話、あるいは味方の民間人の協力や助けについて言及する話は認可されない。

戦争捕虜（敵国側の）

1. 報道機関は、戦争捕虜と相談したり取材したり同行したりしてはならない。
2. 戦争捕虜の名前は報道してはならない。
3. 戦争捕虜の処分や移動は報道してはならない。また、彼らの外観という事実以上の情報源として報道してはならない。
4. 戦争捕虜の警備の詳細を伝える記事は報道してはならない。
5. 戦争捕虜の収容施設の場所は報道してはならない。

6．名誉を傷つけたり侮辱したりする性質の話や写真は報道してはならない。
7．戦争捕虜の法廷資料と刑罰に関する情報は、ＧＨＱの事前承認なしに報道してはならない。
注：戦争捕虜および捕虜の柵の写真については、写真の項目を見よ。

心理戦

1．心理戦の計画に関するすべての情報は、ＧＨＱ参謀第二部（Ｇ－２）心理戦部によって発表される。ＧＨＱ渉外局を通じて公式に発表されたものと一致しているか、またはそこから採られたものでないかぎり、どのような話も許可されない。（われわれの計画と技術を相手に気づかせることが少なければ、それだけ少ない対抗措置しか敵は取れなくなる。）

引用

1．
a．在韓アメリカ軍第八軍渉外局、あるいは極東軍総司令部渉外局の許可を得なければ、記録などで将校の引用をしてはならない。
b．引用は、公式発表が出たときに、それと同じでなければならない。
2．諜報担当官の声明、また諜報関係の情報源や報告書の引用、あるいはそれに関する言及は許可されない。
3．同盟国あるいは敵国の戦争捕虜を、情報源として引用したり公表したりしてはならない。

難民

1．国連軍の活動を妨げるような避難民を示すどのような話も報道してはならない。
2．避難民から国連軍が受ける支援に関するどのような話も報道してはならない。

要人

1．極東軍への、また極東軍からの、あるいは極東軍内での要人の居場所や移動に関する議論は、事前発表に含んではならない。

2．韓国内にいる要人の存在は、その人物か集団が当該戦域から去るまで報道してはならない。

第8章　朝鮮戦争での宣伝ビラ

はじめに

本章では前章に引き続き、一九五〇年六月二十五日未明に勃発し、五三年七月二十七日の休戦協定調印まで、約三年一カ月続いた朝鮮戦争での心理戦を論じる。前章でみたように、日本のメディアに対する検閲や世論調査を通じた占領軍とアメリカ軍の介入は、占領した現地の住民に対する心理戦だった。これに対して本章では、対敵心理戦、すなわち戦争相手である敵国兵の心理にはたらきかけようとする心理戦を対象にする。アメリカ軍を中心とした国連軍が対敵心理戦にどのように取り組み、そのなかでも特に重要なメディアだった宣伝ビラをどのように製作して散布したのかを論じる。また、それらの宣伝ビラが、太平洋戦争での対日宣伝ビラの製作とどのように類似し、また異なっていたのかを考察する。

朝鮮戦争での心理戦と宣伝ビラに関して包括的に論じ、かつ最も早く公刊された著作は、ポール・ラインバーガー『心理戦争』（第二版、一九五四年[1]）である。第二版になって追加された「第四部 第二次世界大戦後の心理戦」のなかの「第十四章〝冷戦〟と七つの小さな戦争」と「補章 一九五〇―五三年における軍の心理作戦」が、朝鮮戦争を直接扱った部分である。ラインバーガー自身が朝鮮戦争に従軍し、一九五一年三月には漢江を越えて中国共産党軍の上空を飛んでビラ撒きをしたと述べていて、心理戦の実践者としての経験を踏まえた簡潔な記述である。次いで、ステファン・ピーズ『心理戦――朝鮮における心理戦1950-1953』[2]（一九九二年）には、宣伝ビラの製作過程が、当時従事したアメリカ兵の証言とともに説明されている。作業過程の写真が多数掲載され、具体的な状況を知るのに参考になるが、アメリカ軍の各部隊がどれほど活躍し貢献したかという視点からの記述が多い。

もう一つ重要な先行研究は、イ・イムハ『敵をビラで埋めろ』[3]（二〇一二年）である。これはアメリカ国立公文書館（NARA）所蔵のアメリカ太平洋軍文書群（R550）およびアメリカ陸軍副参謀室文書群（RG407）に収められていた、アメリカ極東軍（FEC）司令部と第八軍司令部の心理戦関係の書類に主に基づく研究であり、ビラの図版も多く掲載された四百ページ以上の力作である。心理戦の組織から、ビラ上のイメージの分析、さらにはアメリカ的価値が韓国社会に与えた影響にも議論を伸展させている。

しかし、こうした朝鮮戦争の心理戦に関する研究は、英語のものも韓国語のものもほとんど日本語に翻訳されていない。そこで本章では、それらの先行研究を踏まえて、筆者自身がアメリカ国立公文書館で集めてきた朝鮮戦争での心理戦に関する資料をもとに、その大半が当時占領下だった日本で製作された宣伝ビラの概要を読者に提供し、日本の心理戦とメディアの研究に寄与することを目標とする。

1 朝鮮戦争での心理戦の始まり

一九四五年九月に日本が降伏文書に調印してアジア太平洋戦争が終結すると、連合国軍の主力だったアメリカでは、心理戦関係の組織である戦時情報局（ＯＷＩ）と戦略情報局（Office of Strategic Service：ＯＳＳ）が同月に廃止された。また四七年に、軍司令部の心理戦部（Psychological Warfare Section：ＰＷＳ）は参謀第二部（Ｇ－２）から参謀第三部（Ｇ－３）に監督が移管され、中央情報局（ＣＩＡ）が設置された。一方、沖縄諸島を除く日本列島と南朝鮮を占領統治していた極東軍司令部では、Ｇ－２のチャールズ・ウィロビー准将のもと、太平洋戦争でも対日心理戦に携わった経験がある、退役した元中佐のウッダール・グリーンが特殊班（Special Project）を率いて、朝鮮半島での心理戦の研究に着手した。(4)

朝鮮半島は日本の降伏後に植民地から解放されたものの、米ソによる分割占領統治によって、一九四八年八月に李承晩が大韓民国（韓国）を、同年九月に金日成が朝鮮民主主義人民共和国（北朝鮮）を樹立、双方が自らを統一朝鮮を代表する国家だと主張して敵対することになった。グリーン大佐らの特殊班では、こうした南北朝鮮でのラジオとビラによる心理戦を分析した。その結果、「韓国の政府と人民およびアメリカを間接的にけなそうとする北朝鮮側のプロパガンダ」に対して、韓国側のラジオ・ソウルやビラによる対抗宣伝は効果がない、「アメリカの声（ＶＯＡ）」や合衆国広報庁（ＵＳＩＳ）の活動も北朝鮮には浸透していない、と述べ、五〇年二月に簡単な「心理戦案」(5)を作成している。それによれば、ソ連がロシアによる専制君主的（ツァーリスト）拡張主義政策を実行していること、そして北朝鮮の共産党が人民を裏切りロシアに売り飛ばしていること、この二つを基本線として対抗宣伝すべきであるという。そして、朝鮮の人々は歴史・宗教・伝統を重んじ、また個人主義的で画一的管理や強制的な集団化を好まず、外国の介入も嫌うと分析し、地域的に的を絞った宣伝のほうが有効である、できるだけ絵を用いたほうがいい、アメリカの友好を協調し、またロシアとその傀儡によって苦境に陥っている北朝鮮の人々に同情を示すこと、などを注意点として挙げている。

こうした分析がその後どのように生かされたのかは再度検討してみなければならないが、とにかくこの特殊班が朝鮮戦争勃発後に初期の心理戦を担うことになった。実際、一九五〇年六月二十五日の時点では国連軍側に具体的な心理戦組織はなかったが、この特殊班のスタッフが基盤になって、北朝鮮軍の侵攻から二日後、つまり国連の決定を支持してアメリカが参戦する命令をハリー・S・トルーマン大統領が出してから二十四時間後の六月二十八日には最初のビラが撒かれた。[6] そのビラには国連のマークが印刷され、漢字交じりのハングルによる手書きの朝鮮語の文とタイプされた英文が両面に記されている。識別番号は1-csf-1。内容は以下のようなものだった。

国際連合は日本に駐留するアメリカ軍に、平和を愛する大韓民国の国民が北朝鮮の無法な侵略に抵抗しているため、韓国を援助せよと要請しました。われわれは積極的に援助いたします。強く、落ち着いて、大胆に敵に対抗してください。われわれは韓国と力を合わせ、侵略者を貴国から撃退します。[7]

このビラは千二百万枚撒かれ、朝鮮戦争のなかで作られた一つの種類のビラとしては最多の製作量だった。さらにその二十四時間後の六月二十九日から、ラジオ放送による心理戦が東京から韓国に向けて開始された。[8]

この特殊班は、当時、極東軍司令部G－2が入っていた東京駅近くの日本郵船ビルに置かれていたが、[9] 人員の増強によって極東軍司令部（Far East Command：FECOM）G－2心理戦課（Psychological Warfare Banch）に発展した。そして、一九五三年七月二十七日に休戦協定が調印されるまで、連合国軍の心理戦が続くことになる。イ・イムハによれば、五三年六月二十三日に製作されたのが休戦前の最後のビラだったという。[10] この約三年間に国連軍が製作して撒いたビラは二十五億枚を超えたという。[11] 太平洋戦争のとき連合国軍がアジアで製作・散布したビラは約四億枚と推定されるので、その約六倍の大量のビラが作られ散布されたことになる。朝鮮戦争におけるイデオロギー面での闘争の激しさがその要因の一つだろう。

この三年間の心理戦は、国連軍側の組織と実践の面から考えて、およそ三つの時期に分けられる。

第一期は、開戦後の一九五〇年七月七日に国連軍が結成され、マッカーサー元帥が最高司令官に就任し、七月二十四日に国連軍司令部が正式に東京に設置され、極東軍司令部G－2が心理戦の戦略と戦術に責任をもち、そのもとで在韓アメリカ陸軍第八軍司令部（Eight US Army in Korea：EUSAK）を中心に戦闘プロパガンダ[12]がおこなわれた、初期の約四カ月間である。G－２はマッカーサー司令官のもとでウィロビー少将[13]が心理戦全般を監督し、全体的に太平洋戦争の経験を糧にしながら戦闘の進行に対処した。

第二期は、一九五〇年十月末に中国軍が参戦して戦争全体の構図が変化し、一方でアメリカ軍の体制が変化した、五一年六月までの時期である。ヨーロッパで心理戦のチーフだったロバート・マクレール准将が五一年一月十五日付で陸軍専門幕僚として心理戦主任局（Office of the Chief of Psychological Warfare：ＯＣＰＷ）に任命され、心理戦がG－３の管轄に変更された。また、戦線を拡大して原爆の使用も視野に入れる提案をしたマッカーサーは更迭され、五一年四月に国連軍総司令官がリッジウェイに交代した。アメリカ本国ではマッカーシズムが吹き荒れ、冷戦構造が心理的にも構成された時期である。

第三期は、一九五一年六月以降、休戦会談が提唱され実施されるようになった時期である。極東軍心理戦部（ＰＷＳ）が五一年六月十七日に創設され、さらに五三年には極東空軍（Army Forces Far East：ＡＦＦＥ）に心理戦は移管された[14]。全体的にみると、太平洋戦争の経験を下敷きにした段階から、軍事プロパガンダの訓練を受けた世代によって冷戦期の心理戦を構築する段階へと移行したといえるだろう。

以下、具体的にどのような宣伝ビラがどのように作られたのかを、時系列に沿ってみてみよう。

2　第一期――初期の宣伝ビラ

朝鮮戦争が始まってから、一九五〇年十月末に中国軍が参戦するまでの約四カ月にわたる心理戦の模様と宣伝ビラをまずみてみよう。この間、六月二十八日にソウルは北朝鮮軍によって陥落、八月末には韓国軍と国連軍は釜山など朝鮮半島の東南端に追い込まれたが、九月十五日の仁川上陸作戦をきっかけにして反攻に転じて北上し、三八度線を越えて十月には平壌や元山など北朝鮮の南半分を占領するまでにいたった。

その目まぐるしい戦線の移動と状況の変化のなかで、心理戦の組織としては、G－2心理戦課に加えて、在韓アメリカ軍第八軍のなかに心理戦部が設けられ、また第十軍団（X Corps）が配備されるとそこにも心理戦部が設けられた[15]。開戦当初の七月、G－2の心理戦課は文官一人、将官二人、兵士二人の計五人だった。また、極東軍司令部が戦闘地域に派遣した将兵のうち何人かが臨時に第八軍や第十軍団に配属されて心理戦を担当した。極東軍司令部は戦略プロパガンダ、第八軍は戦闘プロパガンダという分担だった。しかし、経験がある適切な人員が不足し、あちこちからかき集められた人々が始めたというのが実態だった。

最初の三カ月間に製作され散布されたビラの数量についてまとめた表[16]がある（表8―1・2・3）。これらの表からは、初期のビラの九〇％以上が東京の極東軍で製作され、韓国軍あるいは韓国側の市民がいる地域に向けて散布されたこと、そして徐々に北朝鮮軍向けの投降票を中心にしたビラが増加したことがわかる。七月二十日までにアメリカ空軍が北朝鮮軍の空軍を完全に無力化して制空権を確立したので、北朝鮮軍向けのビラも散布しやすくなったとみられる[17]。実際、これらのビラはこの時期には日本で印刷され、その費用は在韓アメリカ大使館と朝鮮への復興経済協力団（ECAMission）が負担した。横浜にあった極東軍の印刷所や東京の民間の印刷所で主に印刷され、横田基地などのアメリカ軍基地からアメリカ空軍の飛行機で朝鮮半島に撒かれたのである[18]。

在韓アメリカ軍の報告書によれば、初期の宣伝方針は次のようなものだった。

①国連の立場から語り、アメリカの視点から語らないこと。
②この紛争を、侵略とし、「内戦」と扱わない。
③共産主義を、イデオロギーや理論ではなく、日常生活への目に見える影響によって攻撃すること。
④単純で具体的な主題に集中すること、朝鮮に直接関係することを単純に表現する。ただし、三八度線越境について言及しないこと[19]。

1950年6月から9月末までのビラの数量

表8-1　部隊別散布量

	極東軍 G-2 / PWB	EUSAK	X CORPS	合計
敵軍向け	19,515,000	3,350,000	396,000	23,261,000
北朝鮮向け	5,317,000			5,317,000
占領地向け	4,857,000			4,857,000
友好地向け	31,849,000	950,000		32,799,000
合計	61,538,000	4,300,000	396,000	66,234,000

表8-2　月別散布量

	6月	7月	8月	9月	合計
敵軍向け		800,000	6,360,000	16,101,000	23,261,000
敵の都市向け		2,304,000	2,710,000	5,160,000	10,174,000
友好都市向け	11,760,000	10,225,000	3,822,000	6,992,000	32,799,000
合計	11,760,000	13,329,000	12,892,000	28,253,000	66,234,000

表8-3　タイプ別散布量

	7月	8月	9月	合計
投降票		3,100,000	8,274,000	11,374,000
捕虜の厚遇		2,217,000	3,987,000	6,204,000
そのほか	800,000	1,043,000	3,840,000	5,683,000
合計	800,000	6,360,000	18,101,000	23,261,000

（出典：RG319 #47 Box168の1950年10月3日付文書から筆者作成）

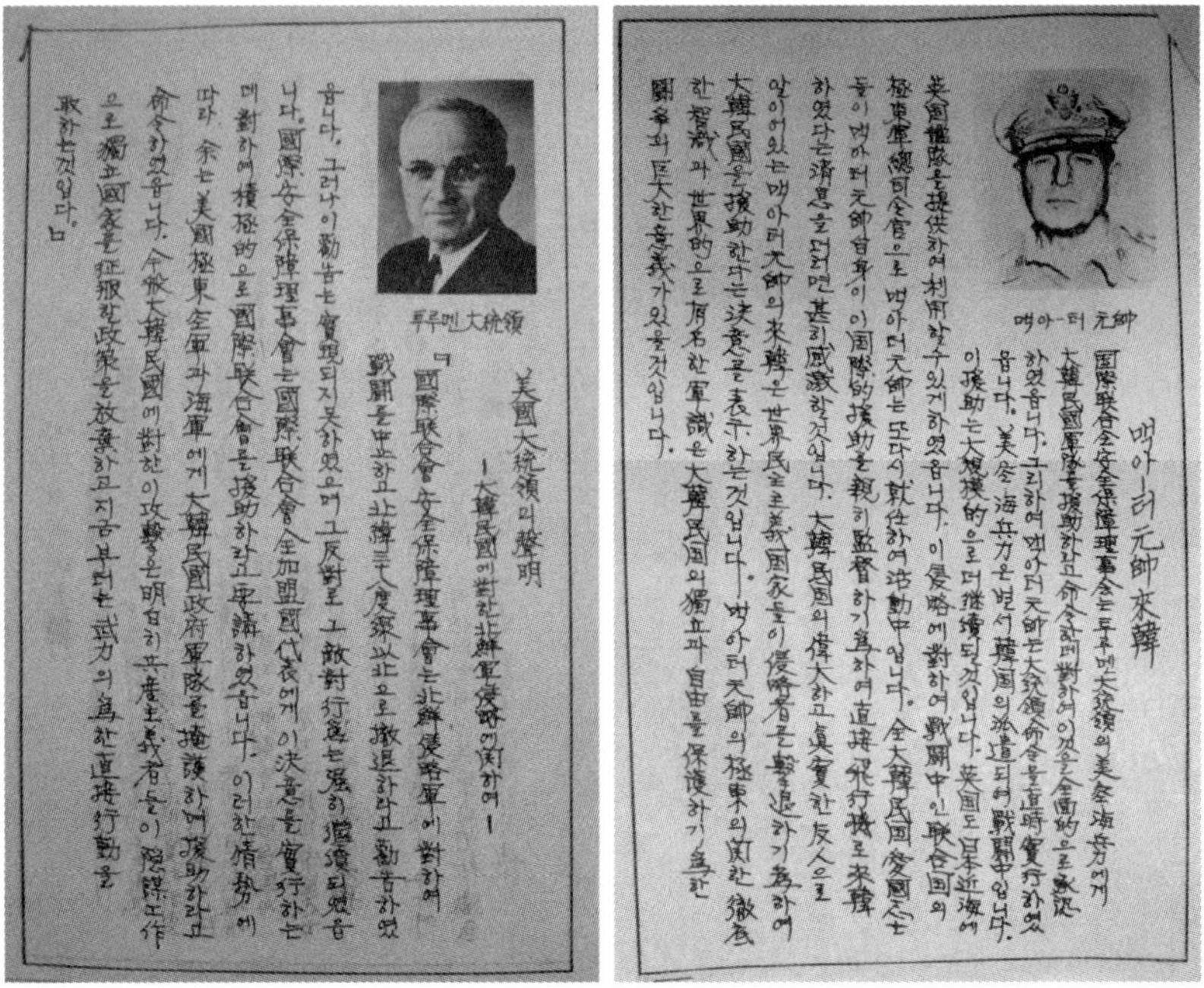

図8-1　トルーマン大統領とマッカーサー司令官の声明文（1-SCSF-1）。写真は表裏で一組

そこで実際に作られたビラを検討してみよう。前述した1-csf-1に続いて、七月一日にトルーマン大統領とマッカーサー司令官の顔写真と声明文を掲載したビラ（1-SCSF-1）（図8―1）、七月四日にはアメリカ軍機と極東軍首脳の写真を載せたビラ（1-SCSK-2）（図8―2）、七月九日には、マッカーサー司令官の写真とその声明を載せたビラ（1-SCSK-3）が散布された。全世界の自由国家が韓国を支援すると述べ、韓国軍と韓国市民の士気を高めようとするものである。また、どのビラにもラジオの周波数が記され、極東軍が発する全世界のニュースの真実を知るようにと勧めている[20]。夜の二十一時からと書いてあるのは、ＮＨＫの送信所を使って発せられた朝鮮語のラジオ放送のことだろう[21]。これらのビラには、アメリカ軍が韓国軍を支援する立場にある旨が漢字交じりのハングルによる文章で明示されている。このような漢字交じりの表記はこの最初期に限って見られるもので、以後、朝鮮人向けのビラはすべてハングルだけで書かれるようになる。

初期のビラには、太平洋戦争時の対日宣伝ビラとよく似たデザインのものが見られる。例えば、市民に向けて爆撃対象の都市からの避難を呼びかける「空襲警報」(No.1013)(口絵1)は、上部の青い帯に白抜きで「空襲警報」、その下の赤い背景の真ん中に爆撃を表す白抜きの部分があり、そこに「急げ！　軍事目標から逃げよ」と呼びかける文字が入り、裏面には爆撃対象として平壌や清津などの都市名が記されている。これは、マッカーサーが率いた西南太平洋戦域軍心理戦部が製作した「空襲予告」(150-J-1)に似ている。それには、上部に「空襲

図8-2　アメリカ軍機と極東軍首脳陣(1-SCSK-2)。写真は表裏で一組

予告」、赤い背景の真ん中に「この都市がアメリカ空軍の次の攻撃目標です」と記してあった。

もう一つは「落下傘ニュース」である。これはやはり西南太平洋戦域軍の心理戦部が製作して週ごとに散布した新聞状のビラの題名と同じだが、サイズは先のビラがA4ほどの大きさだったのに比べて、B6程度と小さい。題名の上に国連の旗、題名の下に太極旗が描かれ、「国連軍総司令部」と記されている。最初に作られたのは、平壌爆撃など七つのニュースを載せた第一号（1-NS-1、No.2001）（図8—3）で、七月七日に北朝鮮の民間人に向けて二十八万枚、次いで七月八日に韓国市民に向けて四十五万六千枚、七月十一日にはまた北朝鮮市民に向けて三十二万枚散布された。(22) この「落下傘ニュース」のシリーズは、不定期の刊行で十月七日の第十九号（No.2019）まで作られたという。

この二種類のビラにみるように、朝鮮戦争のビラは最初期には太平洋戦争時に成功した対日宣伝ビラを下敷きにして製作され始めたのだと推測できる。しかし、それはまもなくこの戦争には適していないと判断されたらしく、棄却された。日本軍のもとにある日本人向けに敵対する連合国軍が製作したビラと、南北朝鮮人同士が戦う戦争に介入した国連軍が朝鮮民族に呼びかけるビラとでは、全く異なる人々と状況を背景にした呼びかけが必要であり、おそらく朝鮮民族の独自性とナショナリズムを尊重し、言語だけでなくデザイン的にも太平洋戦争の延長とみなされるような表現を避けるべきだと考えられたのだろう。

この模索と並行して、識別番号千番台のビラが製作されたと思われる。このなかには、朝鮮半島の状況に即した表現が多く見られる。例えば、「五十余国が大韓民国を支援」（1-SCNSK-1、No.1008）（図8—4）というビラには、金日成の手に操られた北朝鮮兵士の人形が三八度線上で銃を構えているのに対し、大韓民国兵士が向き合っている。その背後には、アメリカ、イギリス、中国、オーストラリアなど各国の名前が書かれた兵士のヘルメットが並んでいる絵が描かれ、裏面には国連のマークと、あらゆる国の兵士が韓国を助ける、というメッセージが書かれている。これは南北朝鮮の市民と兵士の両方に向けられたビラであり、国連の立場から見た戦争の状況を語っているものだといえるだろう。

共産軍の占領地での市民生活に焦点を当てたビラもある。「共産軍占領地の食糧不足とインフレ」（No.1014）（図８―５）は、片面で共産軍が来る前の豊かな食卓と共産軍が来たあとの食卓を対比し、米は共産主義者にだけ与えられる状況を描いている。もう一方の面では、共産軍が侵攻して以来の米価の値上がりを大きな温度計にたとえて示している。これは前述の③の方針に沿ったビラだろう。

また、「橋の爆撃写真」（1-CNK-1、No.1007）（図８―６）は、「この写真のようなことが君の軍や補給線で毎日

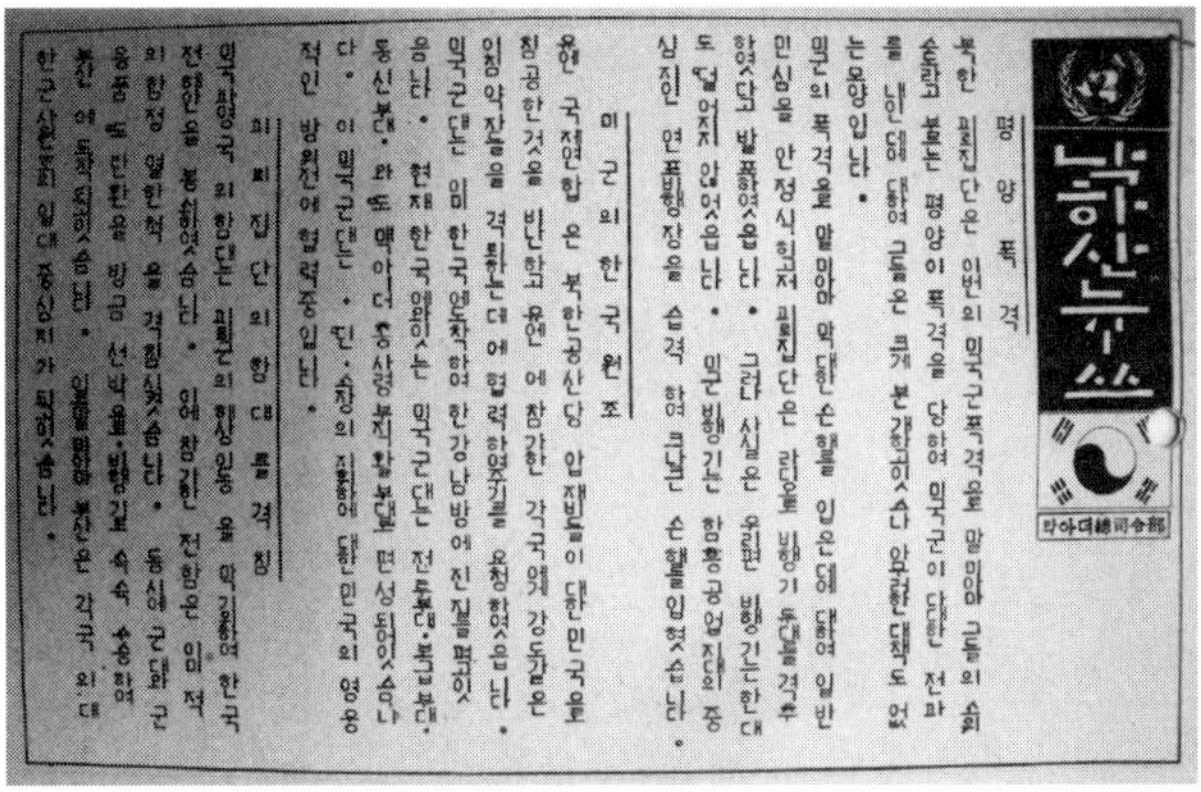

図8-3　「落下傘ニュース」第1号（No.2001）

図8-4　「五十余国が大韓民国を支援」（No.1008）

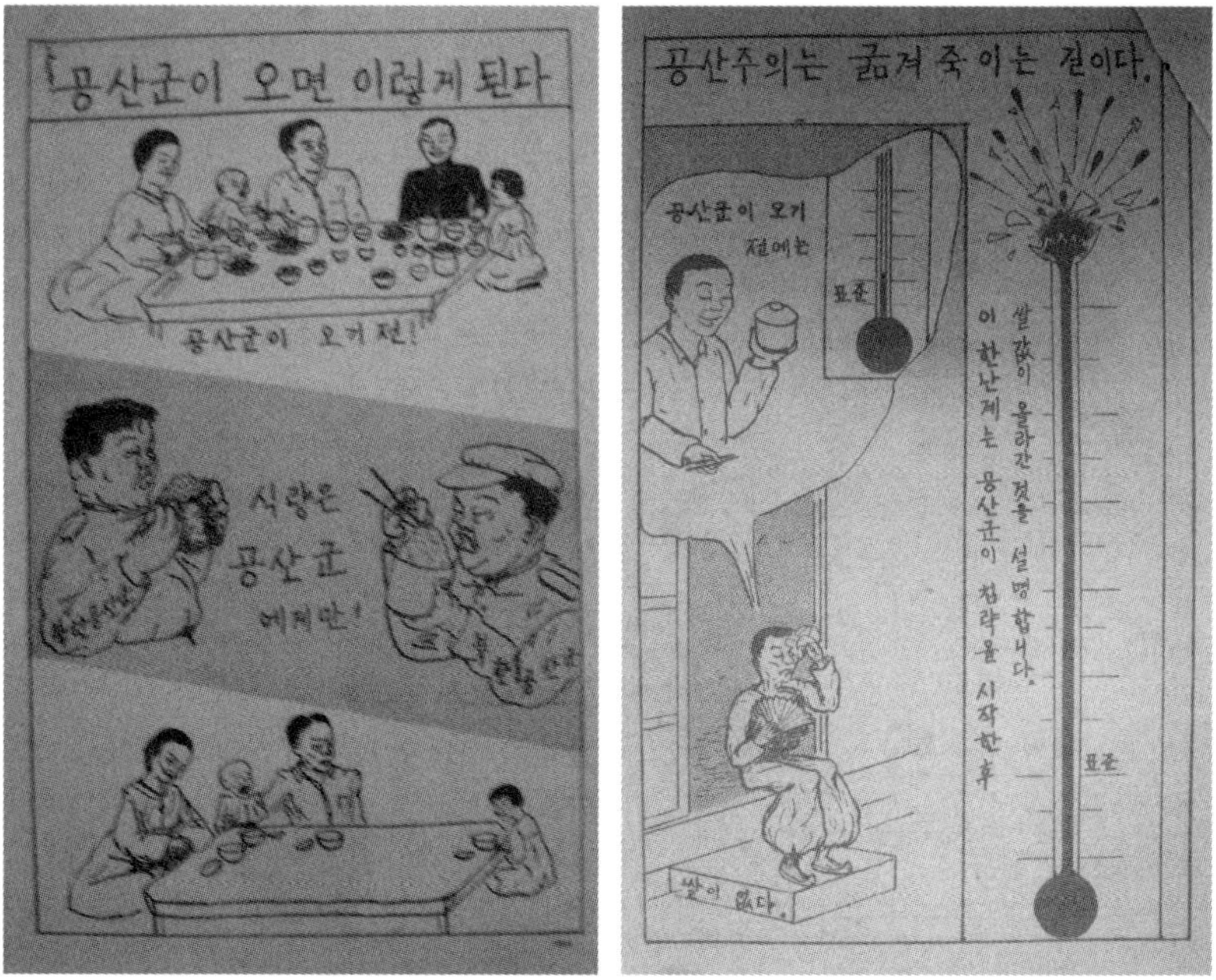

図8-5 「共産軍占領地の食糧不足とインフレ」（No.1014）。写真は表裏で一組

図8-6 「橋の爆撃写真」（No.1007）

起きているが、君たちの指揮官はその損傷がひどいことを話したくないのだ」と語って、北朝鮮の兵士が共産軍のリーダーに不審感を抱くように仕向けている。これも③の宣伝方針に沿ったビラだが、兵士に自軍の状況への疑問を抱かせるという点では、普遍的なプロパガンダの手法の一つである。

一方、北朝鮮の兵士に向けた投降票が一九五〇年八月から作られた。「安全護送証」(1-SNK-1)（図8―7）は、国際連合の旗が両面に印刷され、国連軍であることをマークで強調している。文章は赤字と黒字の英語とハング

図8-7 「安全護送証」（1-SNK-1）

図8-8 「すでに国連軍キャンプで捕虜になったみなさんの同志にはたくさんの食べ物が」（No.1012）

図8-9　捕虜の写真を使ったビラ（No.1083）

ルで書かれている。また、北朝鮮兵士の捕虜の大軍に関するビラも同じ時期から製作され始めた。例えば、「すでに国連軍キャンプで捕虜になったみなさんの同志にはたくさんの食べ物が」（No.1012）（図8―8）というビラは、捕虜たちが食事をしている場面を撮った写真を大きく載せている。対日宣伝ビラで見られたような、捕虜になった兵士の顔に目隠しを当てて、個人が特定できないようにするという処理はおこなわれていない。ただし、のちに作られたビラ（No.1083）（図8―9）では、やはり目隠しが用いられている。こうした、ビラを振って降伏すれば安全が保障されるという投降票や、捕虜の写真を用いて捕虜に対する人道的な厚遇を示すビラは、捕虜として捕らわれることへの恐怖を敵軍兵士から拭い去ろうとする典型的なビラの類型である。第二次世界大戦ではヨーロッパ戦線でも太平洋戦線でも同様のビラが多数作られたので、その経験を踏まえたものと推定できる。

3　第二期――中国軍参戦と組織改編

一九五〇年十月二十五日に中国人民志願軍が参戦すると朝鮮戦争の様相は一変し、国連軍側の心理戦も変化を余儀なくされた。しかし同時に、アメリカ軍側の心理戦組織も改編が進行していた。アメリカ軍の心理戦に対する体制は、第二次世界大戦後、四七年七月に国家安全保障法（National Security Act）のもとで国家安全保障会議

(United States National Security Council：NSC）が発足し、アメリカ中央情報局（CIA）が創設されたことで変化した。CIAは戦略局（OSS）の後身にあたり、その業務のなかには秘密の心理的・政治的・準軍事的活動が含まれたからである。一方、アメリカ軍でも心理戦を通常戦とは異なる、非通常戦（Unconventional warfare）の一つとして、正式な作戦行動の一部として確立しようという動きがあり、四七年に情報担当のG－2の監督だった心理戦部が作戦実行担当のG－3の監督に移管された。ただし、極東軍での移管は朝鮮戦争の最中におこなわれた。[23] すなわち、第二次世界大戦時にヨーロッパ戦線で心理戦のチーフだったロバート・マクレール准将が五一年一月十五日付で陸軍専門幕僚として心理戦主任局に任命され、続いて同年一月二十四日付の命令で第八軍の心理戦部もG－2からG－3の監督に移管され、その本拠は大邱に置かれた。G－3への移管は、極東軍では五二年に実行された。[24]

こうしたアメリカ軍による心理戦組織再編の進行のなかで、朝鮮戦争でのアメリカ軍の心理戦組織は徐々に整えられた。極東軍司令部心理戦部は、情報課、製作課、実施課、特殊工作課の四つからなり、その下に心理戦の実働部隊としてラジオ放送・ビラ部隊（Radio Broadcasting and Leaflet Group）が創設された。この部隊は基本的に次の三つの班（Company）から構成された。すなわち、計画・指導・事務を担当する本部班、ビラや新聞などを製作する生産班、ラジオ放送を担当する移動放送班である。[25] 心理戦全般の活動を調整・監督しながら心理戦を実行するのがラジオ放送・ビラ部隊の任務だった。「国連軍の声（Voice of the United Nation Command：VUNC)」として知られるラジオ放送は、一九五〇年から五一年までの間、心理戦部が直接監督していたが、その後にはラジオ放送・ビラ部隊が監督するようになった。

G－3に移管されたアメリカ軍の心理戦部では、まず心理戦の基礎的教育が必要とされ、カンザス州のフォート・ライリーで訓練された心理戦部隊と戦術情報分遣隊が、一九五〇年の秋に朝鮮に送られることになった。この部隊は第八軍のもとで、第一拡声器・ビラ班（1st Loudspeaker and Leaflet Company / 1st L&L Company）に再編され、当時の第八軍の下位組織として、宣伝ビラを毎週平均約三百五十万枚製作するようになった。[26] 第八軍の心

図8-10　「新年の餃子だよ！」（No.8023）

理戦部も同様の組織で、将官八人、兵士九人の計十七人で構成されていた。(27)

このように組織が整備されつつあった宣伝ビラ製作だが、大きな変化は中国軍向けのビラを作らなければならないことだった。中国軍の参戦の事実は、一九五〇年十一月になって公式に言及することが認められ、五〇年十二月八日に対中国軍の心理戦計画が発表された。その方針は以下のとおりだった。(28)

①朝鮮半島への中国の介入の公正さ、または必要性への疑いを中国兵に引き起こす。
②共産主義者が中国を支配し搾取する計画を暴露して、ソ連と中国共産党に対する怒りを、中国兵と中国市民の間に引き起こす。
③国連とアメリカの中国人民に対する友好を、中国兵と中国市民に信じさせる。
④真実のニュースを伝えて、共産主義の宣伝に対抗する。

加えて、中国軍にも「侵攻」という表現を用いること、中国とソ連の秘密協定を印象づけ、北朝鮮軍は中国軍の支配下にあると強調すること、などの指針が立てられた。

第八軍心理戦部には当初中国人一名と朝鮮人一名しかいなかったが、一九五一年三月までには中国人三名、朝鮮人三名に増やされ、五一年七月には朝鮮人の画家一名が雇われた。(29)

では、具体的にはどのようなビラが作られたのだろうか。報告書では、第八軍が一九五一年初めに製作した中

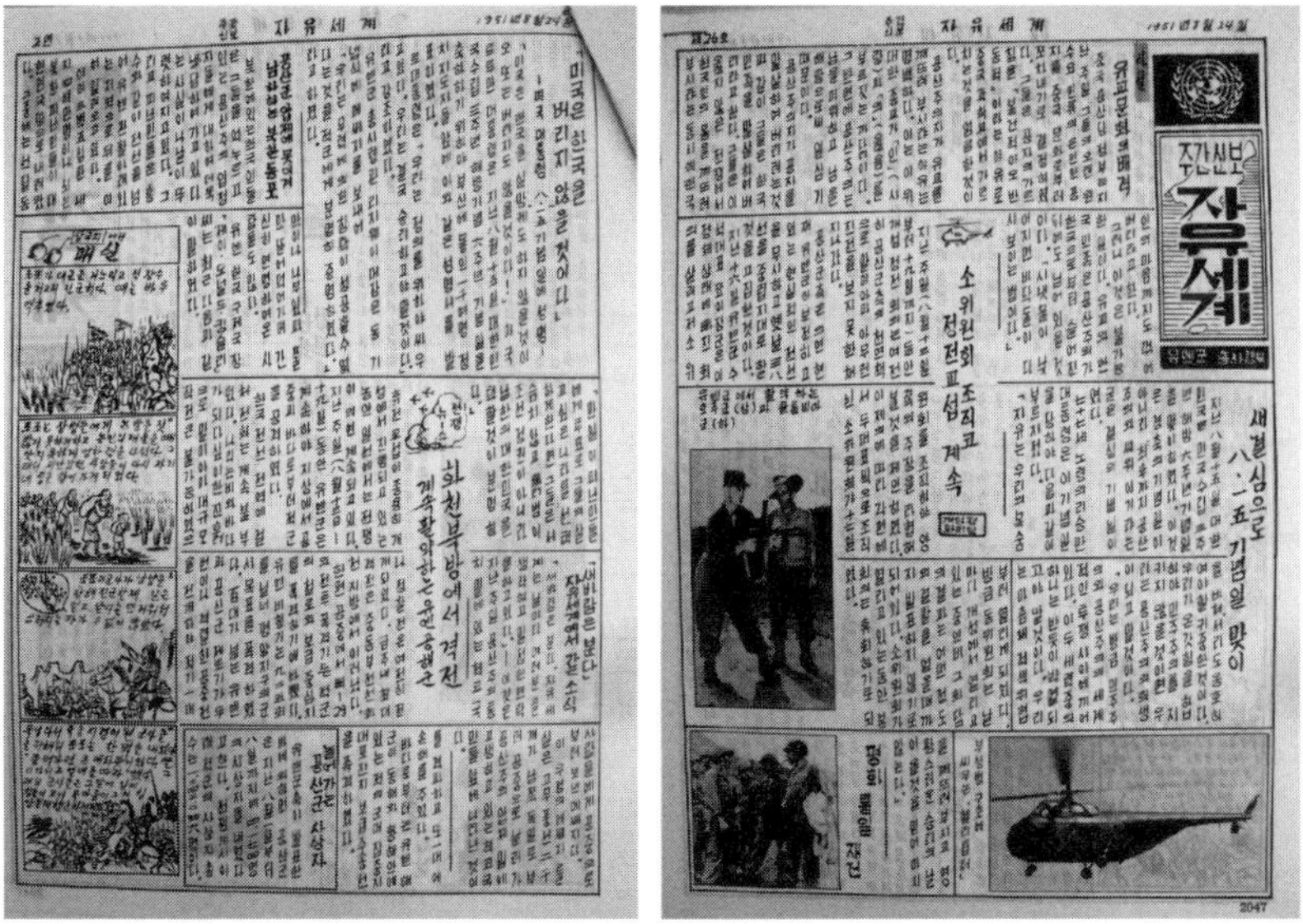

図8-11　「自由世界」第26号（No.2047）。朝鮮語版。写真は表裏で一組

国語による初期のビラのお粗末な例として、「新年の餃子だよ！」（No.8023）（図8―10）が挙げられている。[30]これに対して、五三年四月製作の色刷りのきれいなビラ「何千人もの北朝鮮の兵士が殺された！」（No.8418）（口絵2）がのちの高質な技術によるビラの例として挙げられている。これは北朝鮮の女性たちを描いたもので、珍しいビラでもある。しかし、第二期のビラはだいたい黒、青、赤のどれか一色か、またはそのうちの二色を組み合わせて印刷されている。そして、同じテーマで朝鮮語と中国語の両方のビラが作られている例が多い。そこで、五一年に製作されたビラのなかで、朝鮮語と中国語のビラに共通しているテーマのものを比較・検討してみよう。

新聞状のビラ「自由世界」（朝鮮語版は二千番台、中国語版は五千番台）は、一九五一年二月から週刊で発行され、五二年の暮れまで継続された。これは第一期の「落下傘ニュース」が途絶えたあと、それを継承したビラで、社説、国連関係の記事、国際ニュース、戦況記事、韓国と中国それぞれの国内ニュース、漫画などを掲載した表裏二ページに記事が十本ほど掲載されている。基本的な写真や記事は朝鮮語版でも中国語版

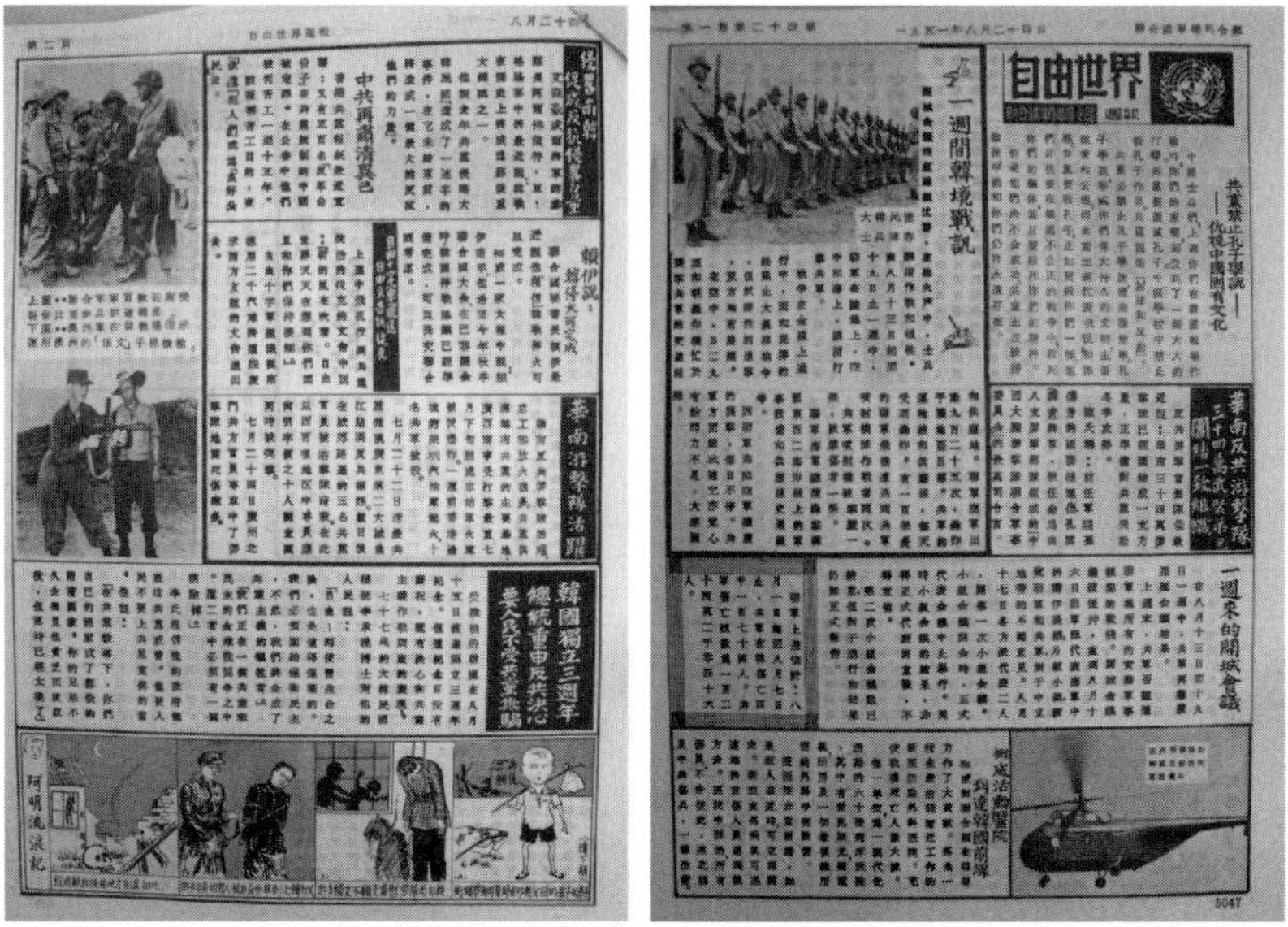

図8-12　「自由世界」第1巻第24号（No.5047）。中国語版。写真は表裏で一組

でもほぼ同じだが、社説や漫画など異なる記事が一、二割ほどある。国連旗を掲げ「聯合国軍総司令部発行」と明記した、国連軍の最も代表的なこのビラは毎週百万枚から二百万枚製作され散布された[31]（No.2047とNo.5047）（図8―11・12）。

「共産軍の侵略に対して自由主義諸国の堅いブロックが前進する！」（朝鮮語No.1072、中国語No.7056）（図8―13）は、一九五一年六月に極東軍司令部心理戦部で製作され散布されたビラである。アメリカやタイやトルコ、フィリピンなど連合国の大砲が要塞の壁を形作って共産軍兵士に向けられている様子が描かれ、五十四カ国による国連軍の圧倒的な優位を絵で示している。裏面の文章はほぼ同じだが、絵のなかの国連軍の表示やメッセージの位置などが若干異なっている。兵士の描き方にはあまり差がなく、テーマは第一期と共通したものである。

　こういった国連軍の立場を明確にしたビラとは別に、普遍的・人間的な感情をテーマにして兵士の士気を低下させ、投降を誘うビラも多く製作された。「無駄死に」（朝鮮語No.1118、中国語No.7099）（図8―14）は、疲れ果てた兵士が眠り、母親のことを思い浮かべるという絵である。前線の兵士に向けて、ノスタルジア（望郷の念）をかき立てる狙いのビラだ。このテーマは太平洋戦争中の対日宣伝ビラでもよく用いられた。「なぜ俺は死ななくてはならないんだ？」「お母さんが知ったら、どんなに泣くだろう、悲しむだろう」と説き、「死ぬ必要はない、国連軍の前線を越えよ。逃げて、助かりなさい！」と呼びかけている。描かれた母の顔は同じだが、横たわる兵士の顔や服装、銃器は現実に即して描き分けられている。一九五一年八月に製作された。

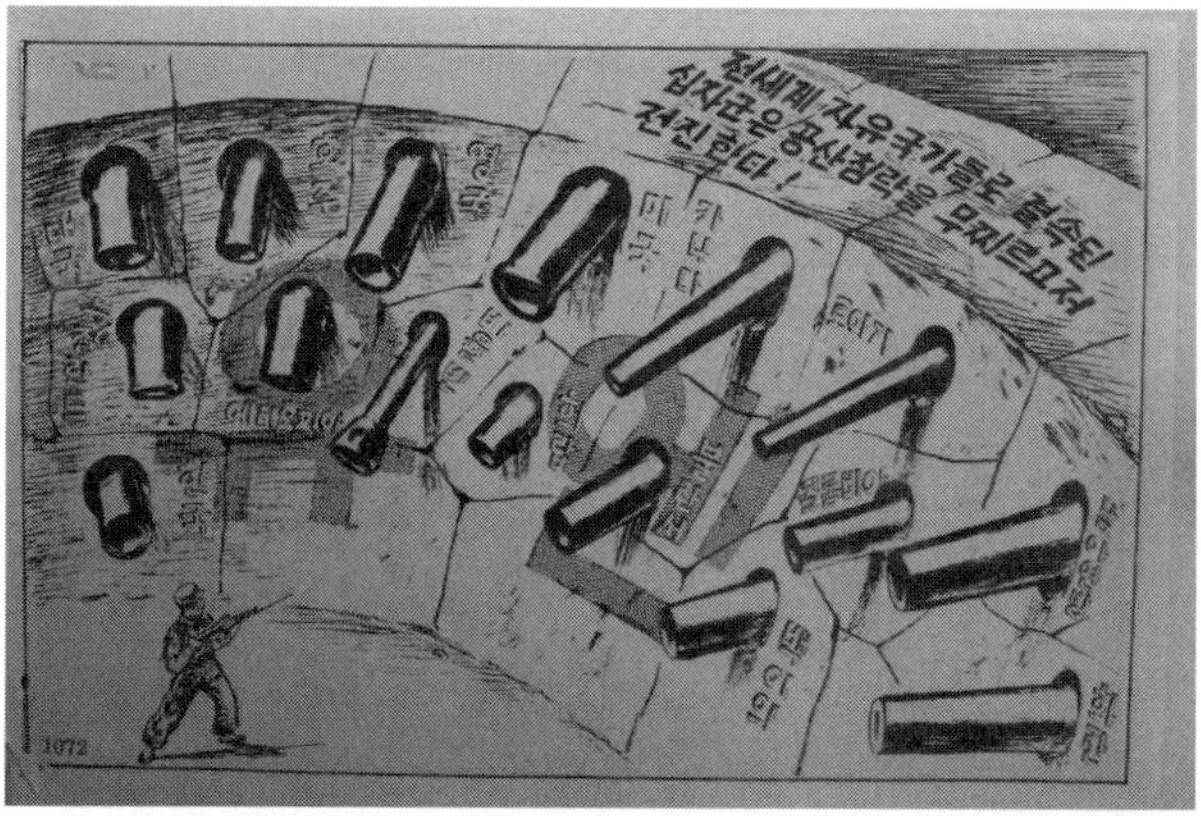

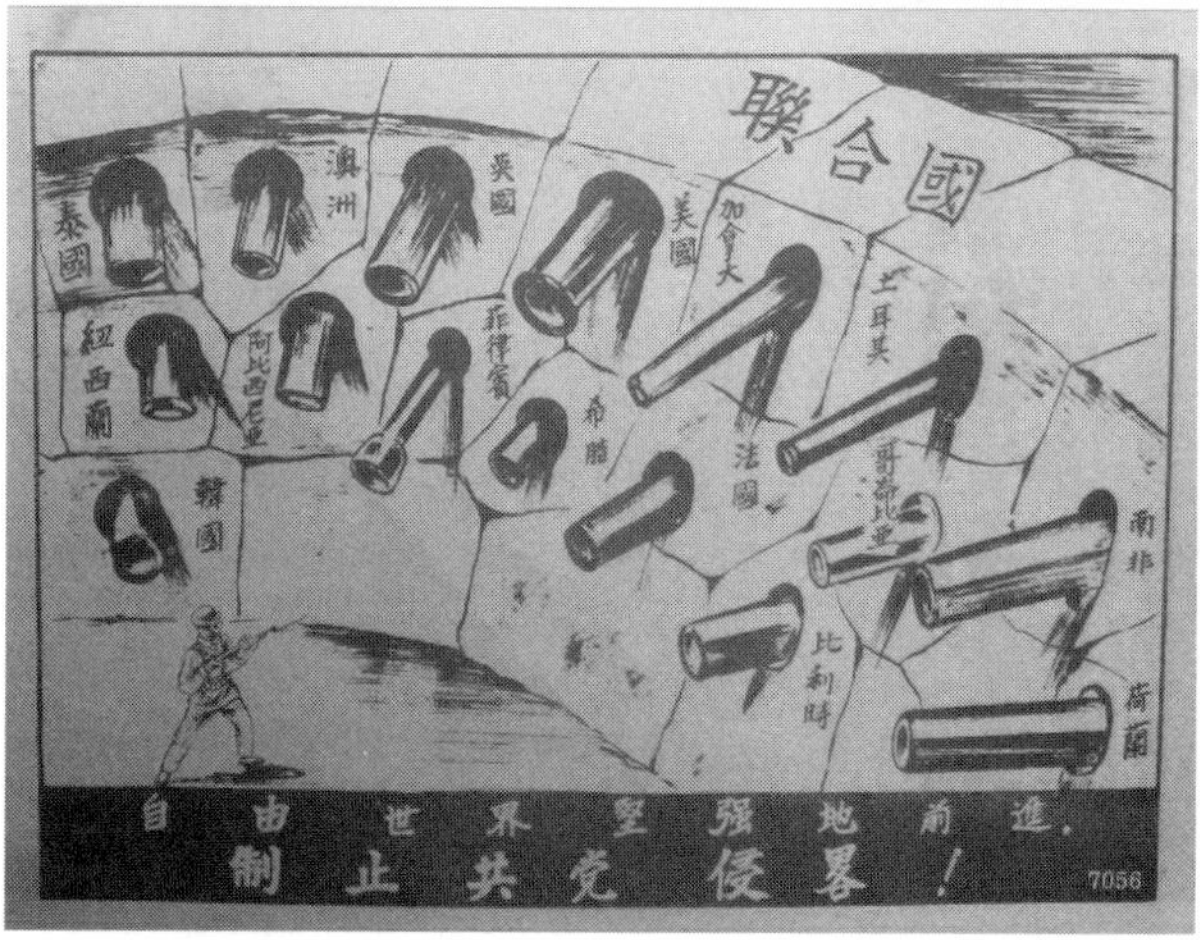

図8-13 「共産軍の侵略に対して自由主義諸国の堅いブロックが前進する！」（上が朝鮮語 No.1072、下が中国語 No.7056）

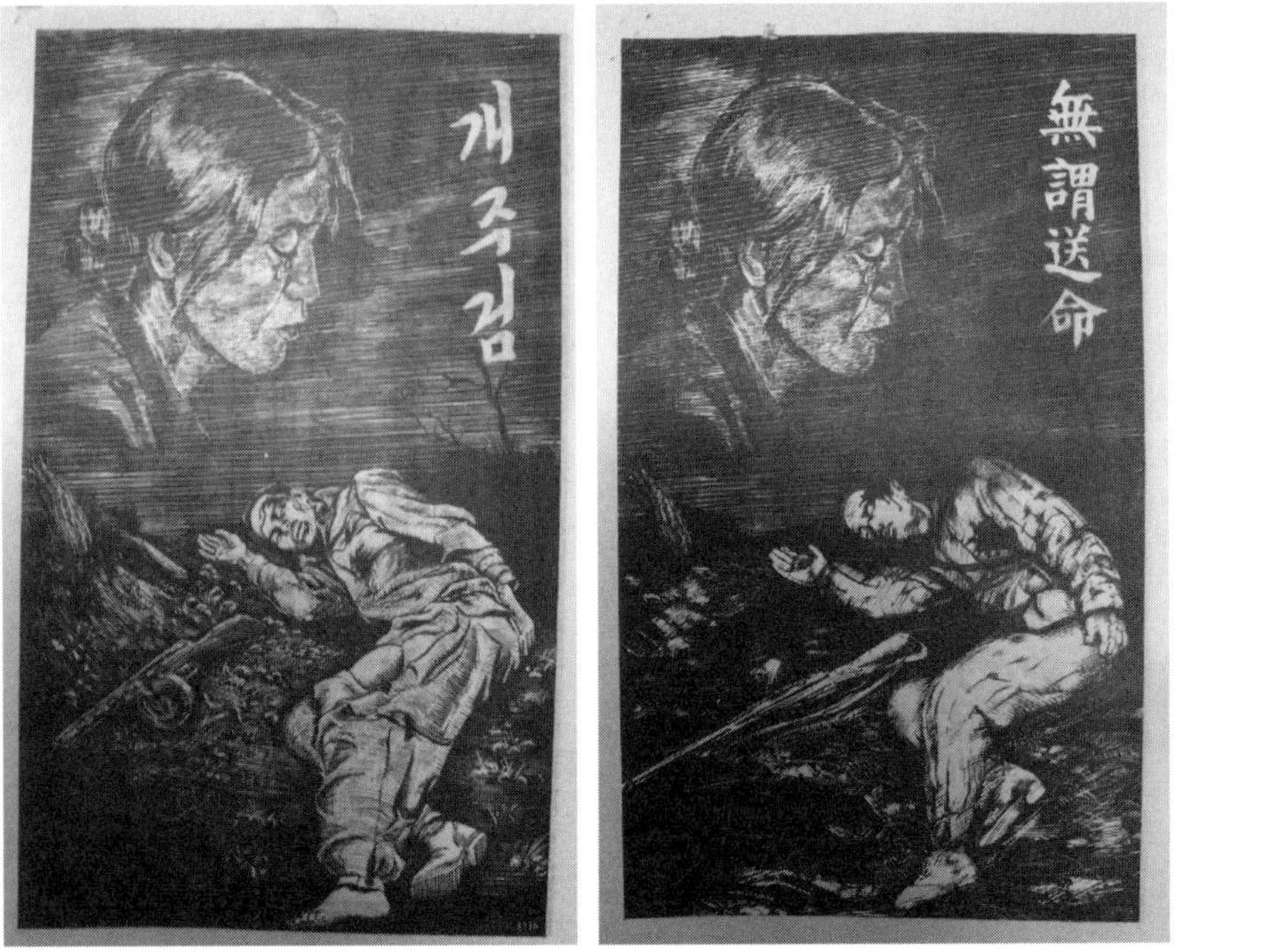

図8-14　「無駄死に」（朝鮮語 No.1118、中国語 No.7099）

「助けがくるだろうか？」（朝鮮語No.1110、中国語No.7090）（図８—15）のビラは、片面に雪降る寒さのなかで怪我なのか病気なのか、涙を流して具合が悪そうな兵士の姿と、必要とされる食事と焚き火と医薬品の絵が描かれている。裏面には、国連軍は捕虜に対して自軍の兵士と同様にいい治療を施す、だからよく考えて、怪我をしたりする前に逃げなさい、自分の命を救いなさい、と呼びかけている。一九五一年九月に製作されたビラで、北朝鮮軍兵士と中国軍兵士の表情やポーズが異なっているだけでなく、食器の違いなどもしっかり描き分けてある。

「三つの選択」（朝鮮語No.1077、中国語No.7064）（図８—16）は、ビラのなかで最も実用的な投降ビラの一種である。表裏両面に兵士の姿が描かれていて、「共産主義者は北朝鮮の兵士たちに三つの選択肢しか与えていない」と書く。その三つとは「餓死・攻撃による死・消耗による死」だ。けれども国連軍は四番目の選択肢を与える——つまり生きることだ。「名誉ある降伏によって国連軍の境界線を越えてきた、

図8-15　「助けがくるだろうか？」（朝鮮語 No.1110、中国語 No.7090）

増えつつある何千人もの君たちの同志たちに加わりたまえ！」と呼びかける文章とともに、投降票を掲げて国連軍のテントに投降する兵士たちが列になっている絵が描かれている。たとえ文章がわからなくても、投降の仕方を目に見えるように示している点が特徴的である。一九五一年六月に作られ、撒かれた。

一方、政治指導者や支配者をテーマとするビラも作られた。例えば、「朝鮮戦争一周年」（朝鮮語 No.1074〔口絵3〕、中国語 No.7065〔口絵4〕）は、一九五一年六月に製作されたビラである。朝鮮語版では、金日成と思われる指導者が演説するのを骸骨になった兵士たちが聞いている。中国語版では、人民軍の指導者が黒板に一周年記念の記録を書いている。それは、「共産主義側の収穫：〇／共産主義側の損失　死傷者：百十七万六千七百五十、捕虜：十六万二千三百九十八、物質的損害：莫大」という内容で、やはり骸骨になった兵士たちがそれを見上げている。「戦いが一日延びればそれは君の死を意味するかもしれない」とビラは説き、投降を促している。それぞれの軍の指導者の特徴を捉えた描き方である。

また、「ソ連の手先」（朝鮮語 No.1096、中国語 No.7077）（図8―17）はソ連を大男で表し、北朝鮮軍も中国軍もその手先として使われているのだと示している。これは一九五一年八月に作られ、その月に中国語版を約六十六万枚、朝鮮語版を約六十九万枚撒布する予定だった。[32] 赤い色で描かれている背後の威圧的なソ連の姿と、消耗させられている北朝鮮と中国双方の兵士たちの姿が印象的だ。これは宣伝方針の②に相当するビラだと思われる。

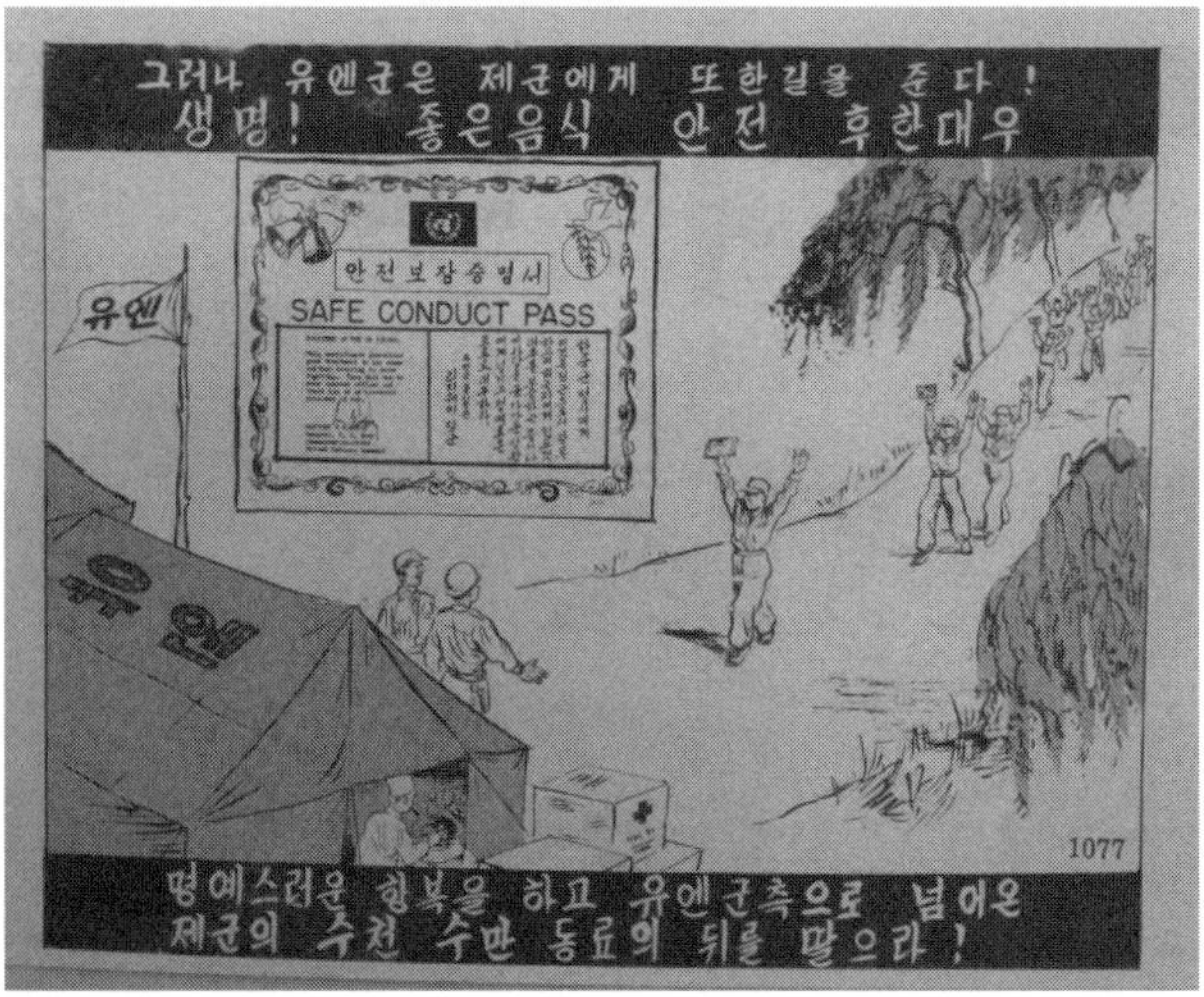

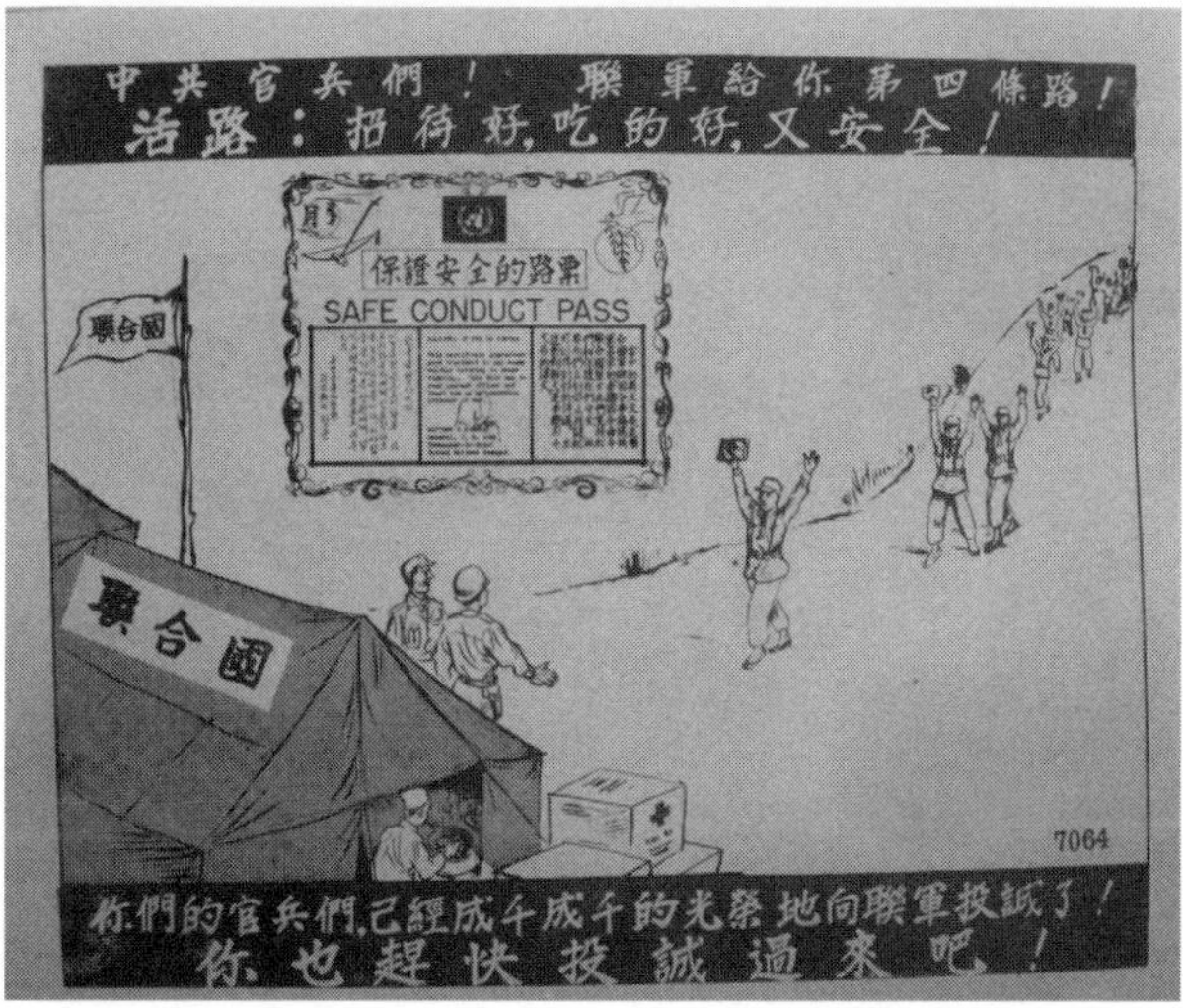

図8-16「三つの選択」（朝鮮語No.1077、中国語No.7064）。写真は表裏で一組（朝鮮語ビラ〔見開き右ページ〕、および中国語ビラ〔見開き左ページ〕）

以上のように、朝鮮語と中国語で共通したテーマを扱っているビラを取り上げてきたが、他方では朝鮮語のビラにだけ見られるテーマと中国語のビラにだけ見られるテーマもある。

まず朝鮮語のビラに特徴的なテーマの一つは、朝鮮半島の南北分断である。「共産主義者は朝鮮を分断しようとしている。国連軍は朝鮮を統一しようとしている」（No.1100）（図8―18）というビラは、朝鮮半島の地図の上に線を引いて切り裂こうとしている北朝鮮側の兵士と、その三八度線をかすがいでつなぎ直そうとしている国連軍兵士というわかりやすい対照的な二枚の絵が描かれている。裏面の説明では、国連軍は三八度線の分断を求めていない、朝鮮の統一のために闘っているという国連軍の立場を示し、「一つの血、一つの民族、ひとまとまりの国！」と、朝鮮民族の一体性を強調したスローガンで締めくくっている。

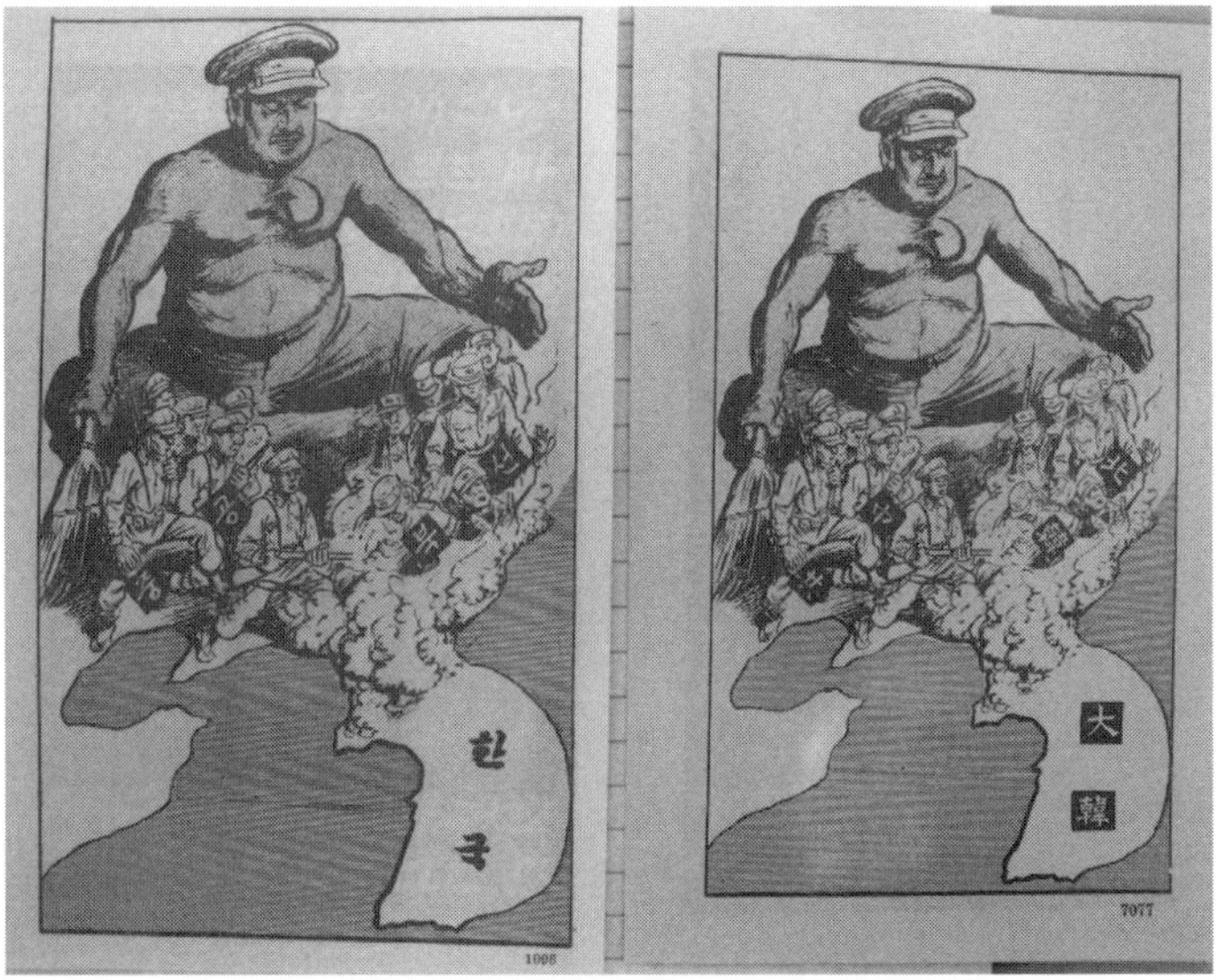

図8-17 「ソ連の手先」（朝鮮語 No.1096、中国語 No.7077）

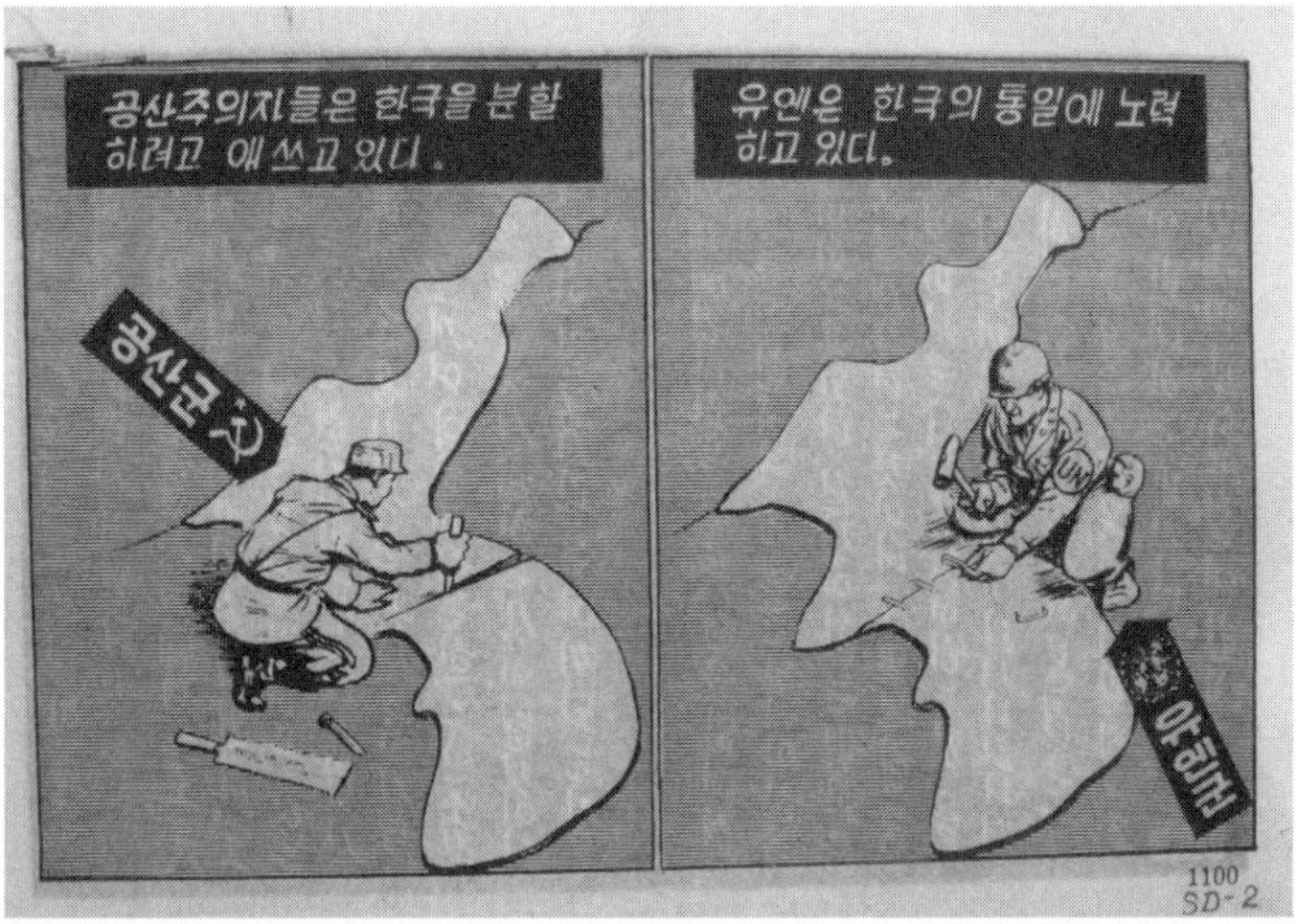

図8-18 「共産主義者は朝鮮を分断しようとしている。国連軍は朝鮮を統一しようとしている」（No.1100）

図8-19　「朝鮮の統一」（No.1103）

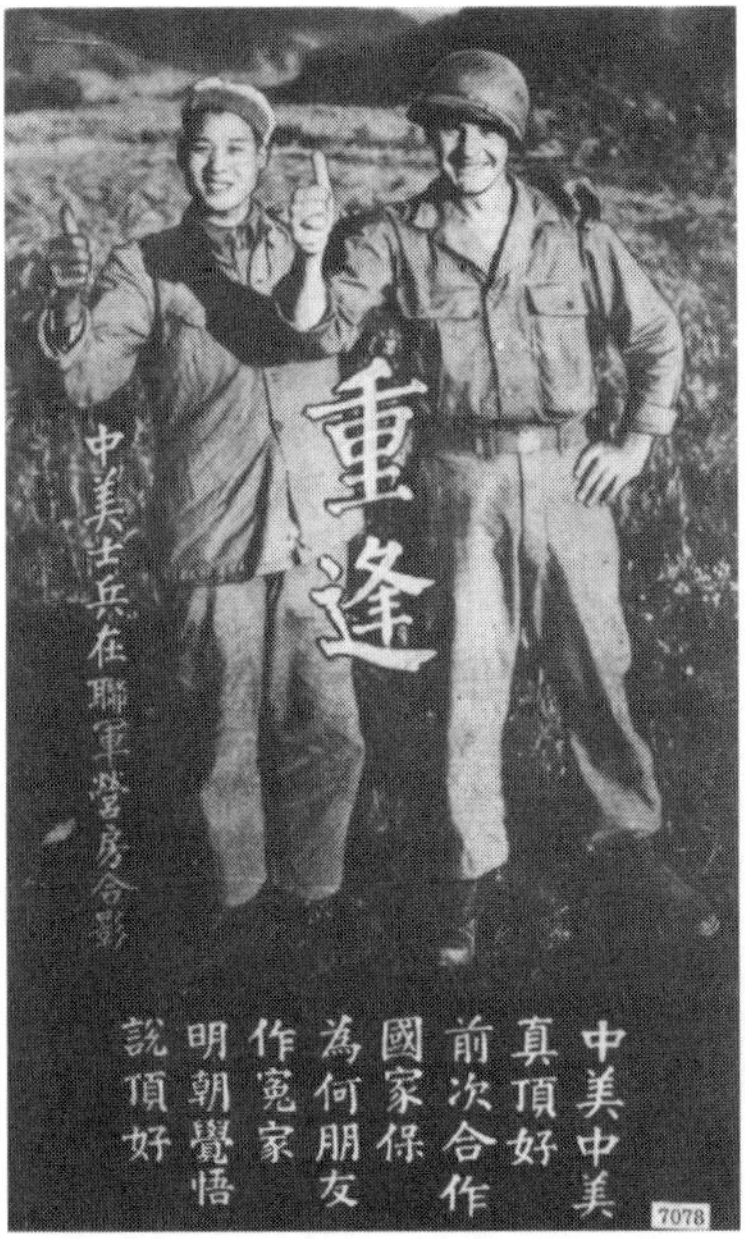

図8-20　「また逢えた」（No.7078）

「壇君——全朝鮮の父」（No.1089）は、伝説上の朝鮮の王の姿を描いた絵の下に「一人の父、一つの血、ひとまとまりの国」の標語を掲げ、平和が国連軍の軍事的目標であり、統一が国連軍の政治的目標であり、復興が国連軍の経済的目標である、と明示している、それは韓国側だけでなく、北朝鮮の兵士に対しても「君の目標でもある」と呼びかけている。「朝鮮の統一」（No.1103）（図8—19）も、壇君のもとで北朝鮮軍と韓国軍の兵士が手を取り合う絵とともに同じメッセージを描いている。

　このような朝鮮の民族的一体性、ナショナリズムに訴えかけるビラに対して、中国語のビラに特徴的なテーマが三つほどある。一つは、太平洋戦争で中国とアメリカが友好関係にあったことを踏まえて、投降を呼びかけるビラである。「また逢えた」（No.7078）（図8—20）は、アメリカ兵と投降した中国兵が仲良くポーズを取っている写真を載せ、中国とアメリカは先の戦争で互いに助け合って勝ち、素晴らしかったが、その友がいまは敵になっている、しかしよく考えてくれ、と説く。投降した中国兵は、よく食べて元気でいる。共産軍の友は銃器を抱え、病気や恐怖のなかにある。

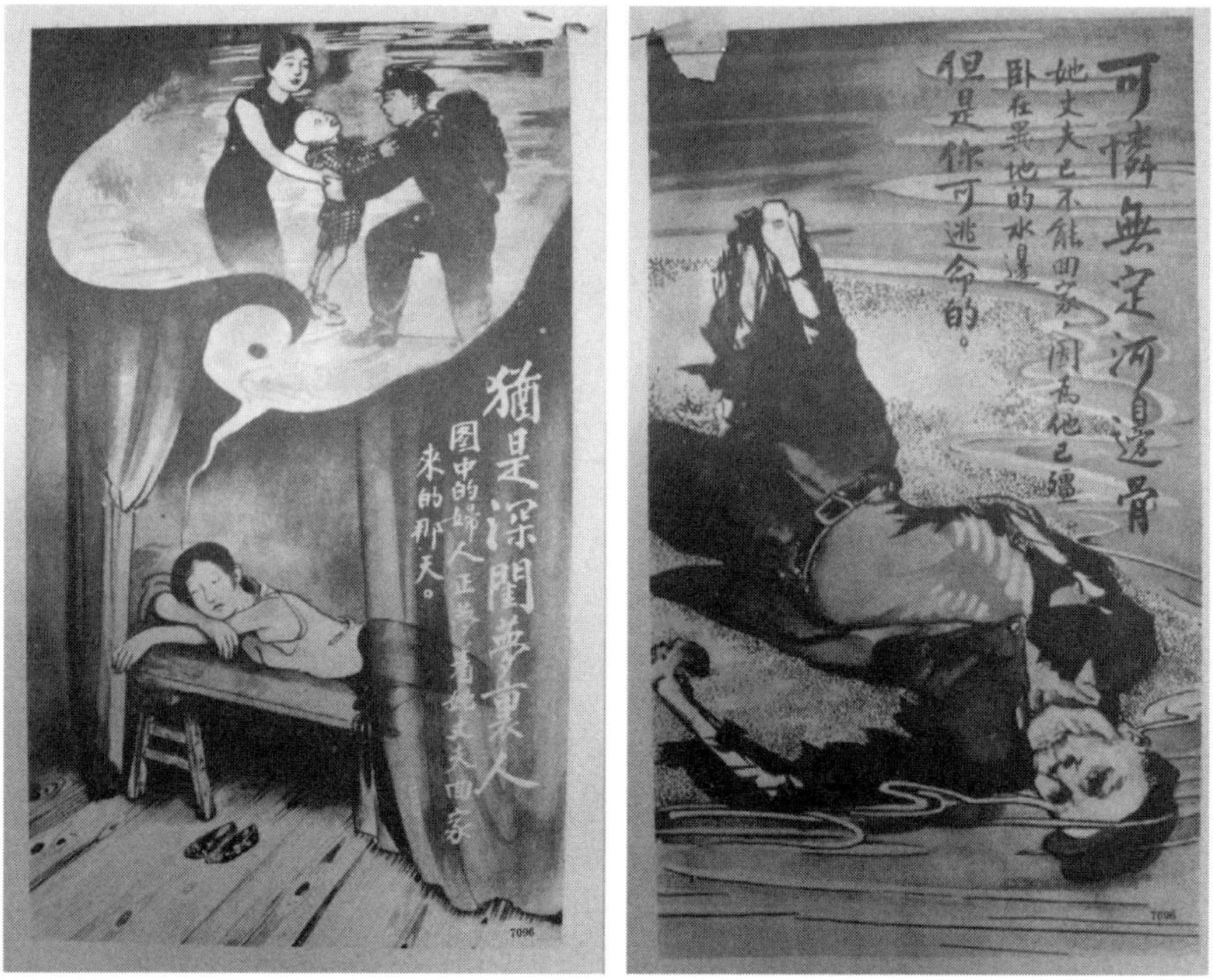

図8-21　「妻の夢と夫の死」（No.7096）。写真は表裏で一組

これが君の望んだ生活なのか？　アメリカの友人のところに加わろう、と呼びかけるのである。これは一九五一年八月に三十万枚撒かれた[33]。

二つ目は、兵士に妻子やふるさとのことを思い起こさせてノスタルジーをかき立てるビラである。「妻の夢と夫の死」（No.7096）（図8―21）は、表面に夫が帰る日を夢みて眠る妻の姿が描かれ、裏面には死んだ兵士の姿が描かれている。文章は有名な中国語の詩を用いているという。自国が戦火に包まれている朝鮮の兵士と異なり、遠く離れた場所に妻子を置いて遠征してきた中国兵の状況を前提として作られている。一九五一年十月に製作され、六十六万枚ほど撒かれたらしい[34]。

三つ目は、中国共産党に対する反感を呼び覚まし救国のための闘争を呼びかけるビラである。「十月十日」（No.7089）（図8―22）は孫文の写真を掲げ、「国父 孫中山」について、四十年前に清朝を滅ぼして自由で民主的な中華民国を樹立したのに、いまや共産主義者たちが独裁的体制を築き、ソ連の支配下にある、と述べ、君は朝鮮で使い捨てにされようとしている、君の国を救いたいのなら国内の共産主義者と闘え、と訴える。一九五一年九月に製作されたビラだが、方針の②の反共の呼びかけが明白である。このような資本主義陣営の立場が明確なビラは多くはないが、冷戦での心理戦の特徴を示している。

ところで、こうしたビラの表現のなかの誤りを見つけて反応を測定する目的のために、捕虜による批評会（パネル）が一九五一年三月に組織された。ビラに描かれた兵士の装備などについての指摘がそこでおこなわれたが、最大の問題は言葉の難しさだったという。朝鮮でも中国でも識字率はあまり高くなかったので、知識人たちが使うような難しい言い回しや漢字は理解されにくかった。そこで、中国語のビラでは新聞でよく使われている千文字に限定し、さらに最も基本的な文字七百字に絞られた(35)。

最終的に国連軍による心理戦の宣伝ビラは、次のような識別番号で分類された。

千番台：朝鮮語のビラ、二千番台：朝鮮語の新聞状のビラ、三千番台：朝鮮語のビラ
五千番台：中国語の新聞、六千番台：中国語の投降票、七千番台：中国語のビラ
八千番台：朝鮮語と中国語のビラ
八千百番台・八千四百番台：朝鮮語のビラ、
八千五百番台・八千九百番台：中国語のビラ
九千番台：朝鮮語の投降票(36)

図8-22　「十月十日」（No.7089）

以上のうち、八千番台のビラが第八軍の心理戦部によって製作され、それ以外はすべて極東軍司令部心理戦部で製作された。印刷設備も含めて製

作体制は極東軍司令部心理戦部のほうが充実していたので、ここで製作されたビラの数量のほうが多かった。一九五一年には平均して週に二十五種類のビラが製作されたという。(37)

4 第三期――休戦会談以降の宣伝ビラ

三八度線の攻防が続いたあと、一九五一年六月下旬にソ連国連大使が休戦会談を提唱し、リッジウェイ国連軍司令官が休戦交渉を提案、翌七月から休戦会談が断続的に続けられることになる。このころに極東軍司令部心理戦部の人員は、将校が認可枠三十一人に対して十五人、兵士が認可枠十六人に対して七人、軍属が認可枠六十六人に対して五十人、日本人が認可枠八人に対して四人、実際に配属されていた。(38) 軍属の民間人は朝鮮語や中国語の翻訳を担当していたと考えられる。台北政府は、五一年六月には中国人六十六人を心理作戦要員として送り出し、そのうち三十九人がアメリカ軍と、二十七人が韓国軍のもとで活動したという記録(39)から考えると、軍属の約半分が中国語関係の心理戦を担当する、台湾からきた民間人だったと思われる。

なお、このころに極東軍司令部心理戦部は、日本郵船ビルから丸の内三井ビルに移動していた。(40) 占領軍の民間情報教育局（ＣＩＥ）が一九五一年四月に国連軍の一部門として発足して業務を兼任し、五一年春から始まった心理戦の教育や訓練のために、朝鮮語や中国語の教材を作成するようになった。(41) おそらくその協力によって、五二年には以下で紹介するような色刷りの鮮やかなビラが登場しはじめ、デザインも洗練されてきたと思われる。また、在韓アメリカ軍第八軍司令部のもとで、韓国の現地心理戦部が設立され、そこが独自のビラを作成もした。

この時期のビラの製作方針も、反共プロパガンダが基本だった。(42) その方針によれば、朝鮮の統一をソビエトの共産主義者は戦争前から阻んでいたが、彼らが操る北朝鮮と中国の傀儡政権が朝鮮戦争から唯一の利益を得るのだという。そういう主張を基盤として、中国軍への敵愾心をあおることが重要とされた。なぜなら、伝統的に朝鮮人は中国人を嫌って信じないので、ソ連よりも中国に植民地化される恐れのほうが直接的で具体的だったからである。共産主義神話を暴き、そのもとでの生活水準が上がっていないことを示し、また北朝鮮と中国の汚職や不正行為などを暴くことが大切だとされた。また、親国連プロパガンダも重要だったが、「アジア人のためのアジア」という、かつて日本帝国が用いたようなスローガンは使わないという指針も示していた。これらは先にみたビラにも表れている。

休戦交渉が始まると、次のような心理戦の指針が示された。戦争犯罪裁判に関する言及は一切取り上げないこと、休戦交渉に韓国軍代表が参加していることは示すが、拒絶や失敗は書かないこと、ソ連が朝鮮戦争の仲介者になりうることは決して示唆しないこと、ソ連がすべての共産主義者の決定権をもつ究極の権威だという事実を提示すること、そして、捕虜交換については、ニュースの信頼性を確保するため必要最小限にとどめるようにと指示が出された。[43]

このような指針に基づいて作られたビラとしては、「共産主義者が戦争を延長」（朝鮮語 No.1101、中国語 No.7080）（図８―23）が挙げられる。これは中国語版では、母からの手紙と新聞の号外のうえに倒れている骸骨が描かれている。手紙には「休戦が成立して、息子が無事に家に帰ってくるよう願っている」とあり、号外には「共産主義者が停戦交渉を停止、中国兵は死に続ける」とある。朝鮮語版は同じ文章が記載されているが、絵は負傷して顔を覆って立っている兵士の姿である。休戦交渉を共産主義側が止めているという意味を訴えているビラである。

共産主義支配の過酷さを喧伝するビラはいくつも作られた。「あなたの畑に何が起きているか」（朝鮮語 No.8260）（図８―24）は、表の面に荒れた畑を老いた女性が悲しげに見つめている写真があり、裏面には子どもを背負った女性の後ろ姿に、「彼女らに耕せるだろうか」「一体誰があなたの畑を耕すのか、すきっ腹でどうやって冬を越すのか」と問いかけ、徴集兵で成り立つ北朝鮮軍がすべての村で深刻な人手不足を引き起こしていると訴えている。

図8-23「共産主義者が戦争を延長」（上が朝鮮語No.1101、下が中国語No.7080）。写真は表裏で一組

「共産主義者の〝土地改革〟の欺瞞は明らかだ」（朝鮮語No.1152〔口絵5〕、中国語No.7133）は、「共産主義は農民たちを奴隷に転落させる」という文句を掲げて、共産主義の「土地改革」の欺瞞は日々明らかになりつつある、と書く。共産主義者独裁のもとでは朝鮮の農民は決して本当の土地所有者にはなれない、（中国の農民が悲しくも

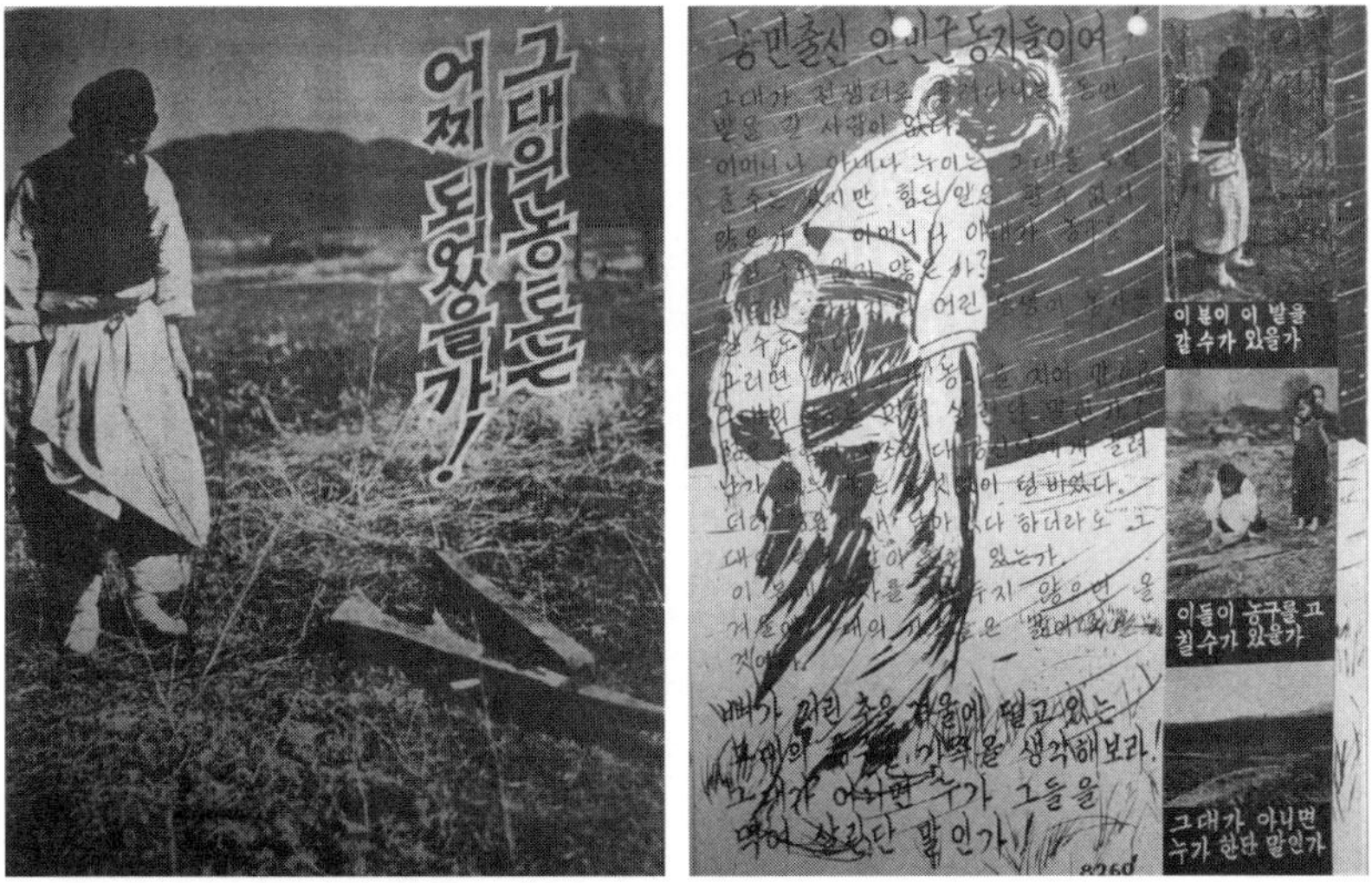

図8-24　「あなたの畑に何が起きているか」（No.8260）。写真は表裏で一組

図8-25　「共産主義者の偽善」（No.1147）

いまそれを悟っているが、）土地を与えたとしてもそれは紙の上のことにすぎず、収穫のほとんどを共産主義者が没収してしまう、と呼びかける。絵には農村の家と、共産主義の印として赤いハンマーと鎌が描かれ、心配そうに考え込む兵士の顔が印象的である。

「共産主義者の偽善」（朝鮮語 No.1147）（図8―25）は、鳩を手にした北朝鮮兵士の影が刃をかざす残忍な中国兵の姿になっている絵に、「共産主義者は真実を叫ぶが虚偽を語る。平和を叫ぶが戦争をする。自由を叫ぶが隷属をもたらす」という言葉が添えられている。共産主義者の嘘にだまされるな、と呼びかけるビラである。

図8-26 「反革命派」（No.1149）

図8-27 「操り人形を送り返す」（No.7210）

「反革命派」（朝鮮語No.1149）（図8―26）には、「宗教的・政治的指導者、教育者、専門家や技術者、自由と人間の尊厳を信じる、いわゆる〝反革命主義者〟」という看板が掛かった鉄条網のなかに多くの老若男女が捕らわれているのを、北朝鮮の兵士が歩哨として立ってにらんでいる絵が描かれている。朝鮮の豊かな文化や家族の伝統などは共産主義と合わないので、解放者の名のもとに共産主義によるさらなる破壊がおこなわれるだろう、とビラは警告している。

北朝鮮軍や中国軍の腐敗もビラに取り上げられた。「共産党幹部は酒を飲んで過ごし、人々は貧困にあえいでいる」（朝鮮語No.1181）（口絵6）は、飢えた一般民衆の家族と、女たちと酒宴を満喫する北朝鮮の官僚とを対比させた絵で、同じビラの中国語版（中国語No.7161）（口絵7）は、同じように共産党幹部が酒食を楽しむ姿が飢えた民衆一家と対比されている。

また、この戦争にはソ連が背後にいて、中国も北朝鮮もソ連の代理戦争をさせられている、という趣旨のビラも何種類か作られた。「北朝鮮の兵士はソ連の戦争を戦うよう強いられている」（朝鮮語 No.1187〔口絵８〕、中国語 No.7167）と題されたビラは、中国語版ではソ連の帝国主義者が中国共産党の背を押し、さらに中国兵の背を押しているが、朝鮮語のビラでは、ソ連、中国軍、北朝鮮高官、北朝鮮軍兵士という連なりになっている。

黒幕ソ連の顔としては、ヨシフ・スターリンがしばしば登場する。「操り人形を送り返す」（中国語 No.7210）（図８―27）は、スターリンとヴャチェスラフ・モロトフに「いい子だね」と肩を叩かれスーツケースを両手に持って出かける周恩来が描かれている。ソ連は助言者というが実は侵略者で、朝鮮戦争を企て、中国を傀儡として利を得るつもりだ、「ソ連のために死ぬな！」と中国兵に忠告している。

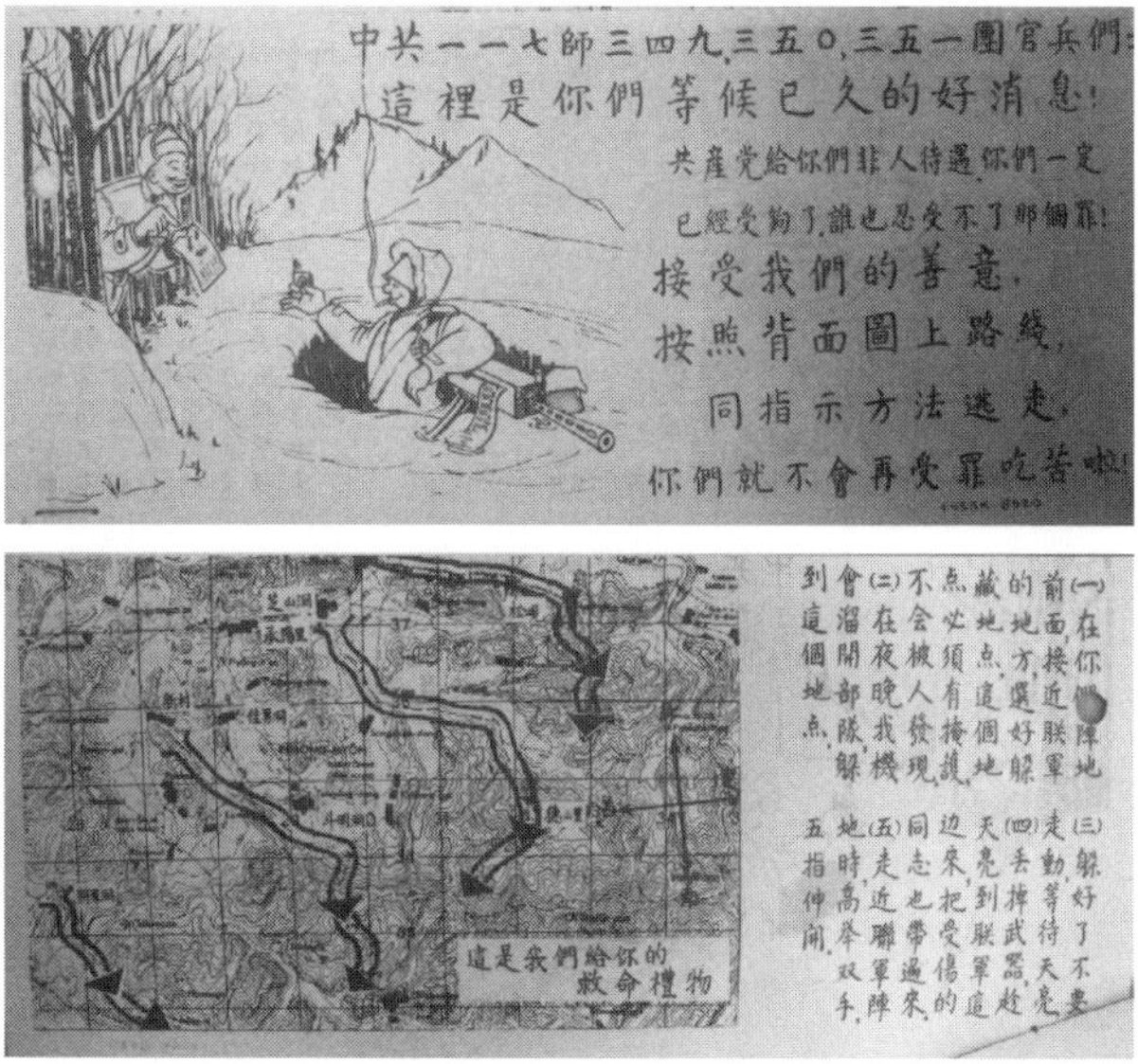

図8-28　「逃亡ルート」（No.8620）。写真は表裏で一組

興味深いのは、この時期パルチザンやゲリラ活動にふれたビラが製作されていることだ。その一つ、「パルチザンを守れ」（朝鮮語 No.1250）（口絵９）は、農民たちにパルチザンをかくまって助けるようにと呼びかけるビラである。表の面には、北朝鮮軍の高官に銃剣を持って対峙する朝鮮人パルチザンが描かれ、裏面には北朝鮮の市民がパルチザンをかくまい、そのパルチザンが農民を守るというコマ漫画がセリフなしでもわかるように描かれている。このほかにも、中国軍に対してゲリラ活動をおこなうパルチザンを描いたビラも

作られた。

またこの時期には、地域や対象を絞ったビラが在韓アメリカ軍第八軍によって製作された。その代表が投降のためのルートを地図で示したビラである。「逃亡ルート」（中国語No.8620とNo.8620U）（図8―28）は、中共軍第一一七師団の三四九、三五〇、三五一連隊に呼びかけたビラで、裏面には非常に詳しい現場の地図に逃走経路が示され、投降の細かな手順が書かれている。京幾道のうち北朝鮮側になった部分の地図と思われるが、これらの連隊は中国遼寧省からの部隊で、こうした具体的な情報はかなり有用だったと思われる。

兵士たちへの影響が大きかったのは、捕虜の兵士が証言した手紙を用いたビラだったという。投降を促すビラの一つ「第四四師団の同志たちへ」（中国語No.8648）（図8―29）では、実際に国連軍へ逃げた兵士が、人々は軍に入るよう強いられて朝鮮に送られて死んでいる、「共産主義を信じることは死への道だ」と共産主義を批判し、国連軍の待遇のよさを述べ、ためらうことはないと説く手書きの文字がそのまま印刷されている。

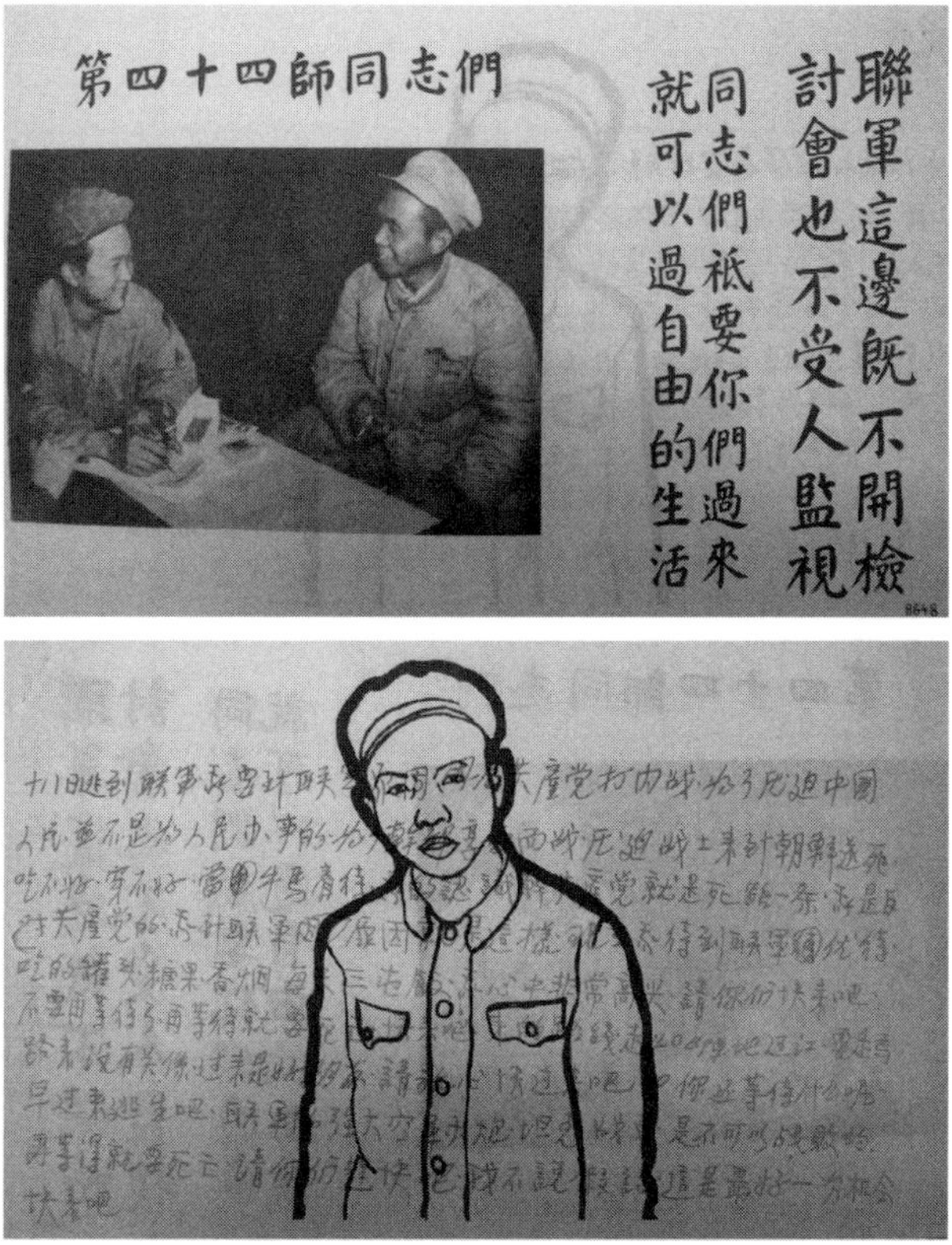

図8-29 「第四四師団の同志たちへ」（No.8648）。写真は表裏で一組

　一方、国連軍をアピールするビラも多くの種類が作られた。「国連デー」（朝鮮語No.1120、中国語No.7101）（図8―30）は、一九四五年十月二十四日に誕生した国際連合の六周年を祝うビラだが、国連旗のもとで、朝鮮の「統一」「復興」「平和」を願う旗を振る女性や子どもたちの姿が描かれている。なかには、チマチョゴリだけでなく漢服を着た女性も交じっている。

「国連旗の下で生活するのがいちばんいい」（中国語No.7150）というテーマのビラは、「連合国は建設し、共産党は破壊する」（口絵10）というフレーズを掲げ、国連軍が建てた難民のための住宅や衣服の支給などの写真をコラージュしたもので、国連軍側が平和を擁護し自由を守ると強調している。また、国連軍に参加したアジアの国々の兵士を取り上げたビラも作られた。例えば、「韓国軍兵士と握手するフィリピン軍将校」（朝鮮語No.9503）（図8―31）はフィリピンから来た兵士と韓国軍の兵士とが握手して語らう姿を撮った写真で、国連軍

図8-30　「国連デー」（No.1120）

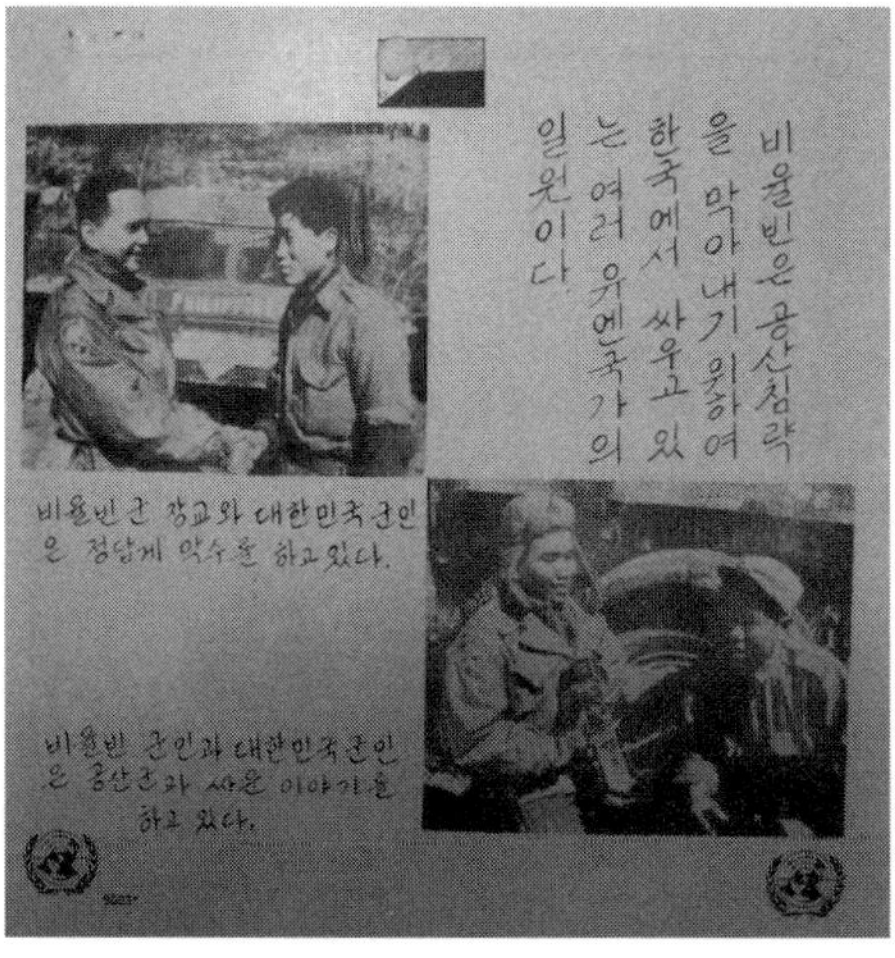

図8-31　「韓国軍兵士と握手するフィリピン軍将校」（No.9503）

のもとでの協力を示している。タイの兵士のビラもある。

変わったところでは、紙幣のデザインのビラがある（No.6027 / No.9027）（図8―32）。紙幣と見まごうデザインの宣伝ビラは太平洋戦争中にも製作されたが、これは朝鮮語・中国語・英語の三言語で記された投降ビラという点で、朝鮮戦争に特徴的なビラである。

このほかに標準的な形態以外のビラが何種類か作られた。一つは、たばこの巻き紙として使えるようあつらえたビラである（朝鮮語No.1111、中国語No.7092）（図8―33）。宣伝ビラは実際に拾った兵士によって、たばこを巻く紙や用便を足す際の紙などとして、戦場では多様な用途に使われていた。それをあらかじめ織り込んで、敵兵にビラを拾わせ、こちら側の宣伝に接触させようという意図で作られている。上部にたばこを吸って煙を吐いている兵士の顔が描かれ、その下に「これは国連軍が君のために用意した特別なたばこの巻き紙用ビラである。国連軍は君に既製品の紙巻きたばこを与える。国連軍側に来て、戦場から遠く離れてたっぷりたばこを吸い、人生を楽しみなさい」というメッセージが書かれている。さらに、切り取り線が入った一本分の巻き紙ごとに「逃げよ！ 自分の命を救え」という標語が印刷さ

図8-32　紙幣のデザインのビラ（No.6027／No.9027）。写真は表裏で一組

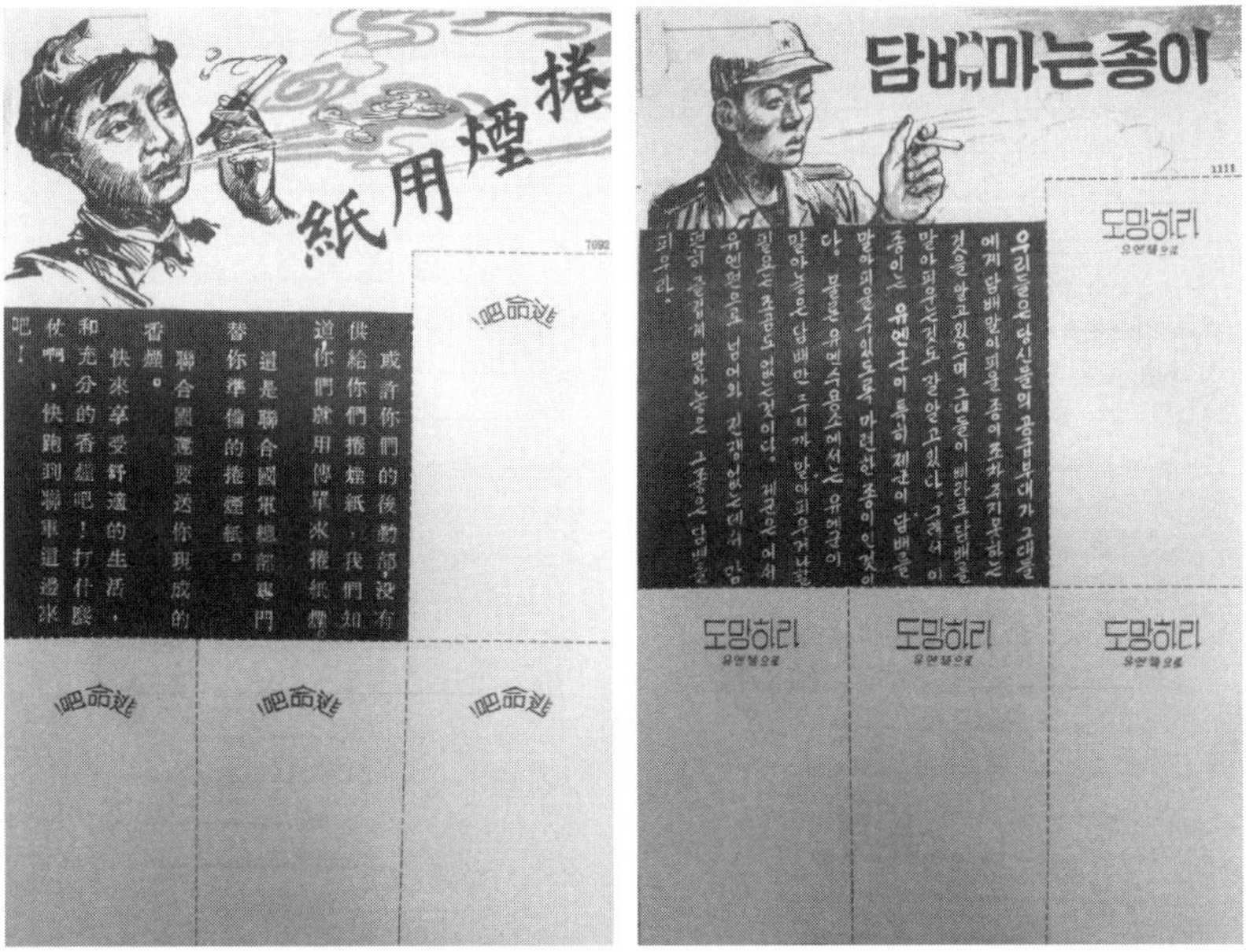

図8-33　タバコの巻き紙用ビラ（朝鮮語 No.1111、中国語 No.7092）

れている。兵士の視点に立った実用的なビラといえるだろう。

もう一つは、無駄になってしまう余りの紙で作ったという、吹き流しのような細長い形状のビラである（朝鮮語 No.12、15、16、8344、8345、中国語 No.8683、8688）（図８―34・35・36）。幅五センチ程度で長さが三十センチ以上あるこれらの紙片には、例えば、「国連軍は、君らの指導者がこの地域に偽の飛行場を建設したことを知っている」「共産主義者の侵略と虚偽は隠しえない」など短いメッセージが記されたり、「ふるさとの便りの最後はいつだったか」「重労働と短い眠りで、君の体はいつまでもつだろうか」というような短い問いかけに小さな絵を添えて兵士に訴えるものなどが製作されて撒かれた。これらは兵士たちに評判がよかったという。メッセージの内容よりも形態が印象的で面白がられたのかもしれない。

アメリカ軍第八軍のビラの散布量は、中国軍と北朝鮮軍向けを合わせて、一九五一年には五億八千七百十二万八千五百枚、五二年には六億三千七百四十一万七千七百枚、五三年は七月までに八千六百七十一万六千五百枚になり、合計で十四億千百二十五万五千七百枚、週平均約千百万枚、一日平均約百六十万枚以上という膨大な量に上った。これらのビラの撒布は、地上約百メートルから百五十メートルの低空飛行をはじめとして、ビラの束を兵士が投下する方法でおこなわれることが多かったが、五一年四月に飛行機と人員二人が失われて以降は低空飛行はやめ、五一年六月からビラ爆弾Ｍ１０５が導入された。平均して週に二十五種類のビラが製作され、累計七百十一種類のビラが製作・散布されたという[44]。

しかし、ビラの効果には疑問がもたれた。捕虜たちは中国人も朝鮮人も、ビラの色や敵の武器、制服、生活や習慣などの描かれ方に批判的だった。東洋人にアピールするには色をたくさん使うことが肝要だという指摘もされた。また、捕虜に対する調査から、平均的な敵の兵士は、西洋の平均的な兵士が理解するほどシンボル——例えば、ハンマーと鎌とか国連の記章とか、勝利のＶなど——を理解しないという指摘もあった[45]。

そこで、宣伝ビラの効果を測るための客観的な方法が実験された。つまり、捕虜による

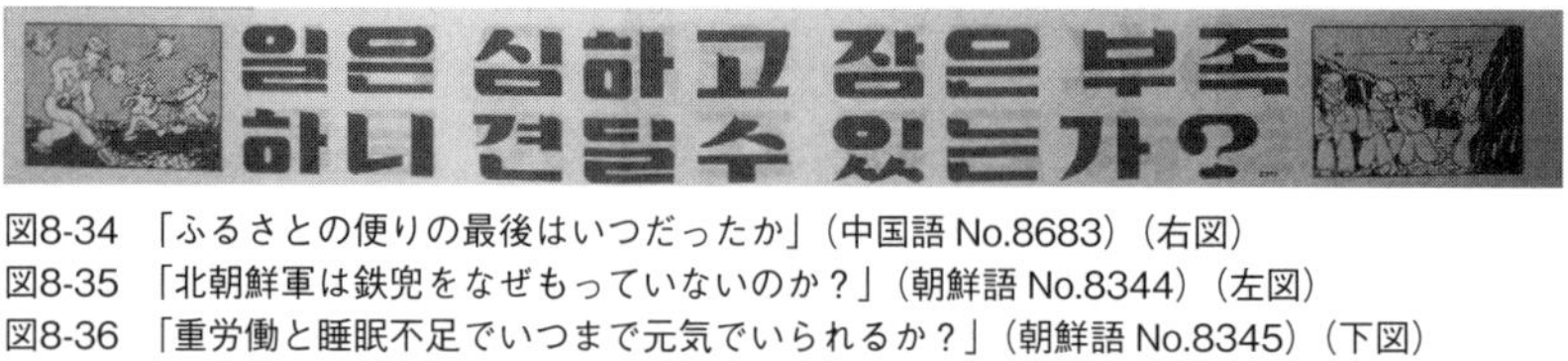

図8-34　「ふるさとの便りの最後はいつだったか」（中国語 No.8683）（右図）
図8-35　「北朝鮮軍は鉄兜をなぜもっていないのか？」（朝鮮語 No.8344）（左図）
図8-36　「重労働と睡眠不足でいつまで元気でいられるか？」（朝鮮語 No.8345）（下図）

批評や論理的な分析など、それまでの方法では不十分だということで、陸軍省の認可のもと、メリーランド州ジョンズ・ホプキンス大学作戦調査所（Operation Research Office：ＯＲＯ）の研究者による調査が、極東軍司令部の全面的協力のもとおこなわれた。一九五二年六月に刊行されたその準備報告書によれば、概要は次のようなものだった[46]。

実験は二種類あり、一つはビラへの評価を数値化する実験、もう一つは識字テストだった。前者では、捕虜になってから一カ月以内の新しい捕虜のグループを対象に、示された五点のビラについて「どのビラが国連軍への投降を導く効果があるか」とその影響力を比較して尋ねる方法と、「文字の大きさは小さすぎないか」「メッセージは子どもっぽいか、あるいはばかげているか」「字が読めない北朝鮮の兵士がビラの絵を理解できるか」など四十ほどの質問項目について、イエスかノーで答える方法が試された。後者の識字テストでは、口頭で発音された「鳥」とか「米」などの簡単な単語に対して、それが意味する単語を紙に記された文字の選択肢から選ぶという問題と、それよりやや難しい「歓迎」とか「悔やむ」という語と同じ意味の語を選択肢から選ぶという問題が実施された。朝鮮語の場合にはハングルが、中国語の場合には漢字が読めるかどうか、さらにそれによってつづられた基本的な単語の意味が理解できるかどうかを調べるものである。

前者の評価の数値化実験ではあまり明瞭な結果が出なかったが、興味深いのは識字テストの結果である。調査では、ソウルの朝鮮人と中国人の男子小学生に対して同じテストをおこない、捕虜による回答結果と比較した。その結果、北朝鮮の兵士たちの識字のレベルは小学校二年生から三年生の間ぐらいであり、中国軍兵士の場合には、一年生から二年生の間ぐらいの程度の文章ならば八〇％以上理解できるだろうと分析された。

この報告書から推定できるのは、ほとんどの兵士たちは非常に簡単な語を理解できる程度だったという識字率の低さである。太平洋戦争中の対日宣伝ビラの場合、日本兵は少なくとも小学校を出ており、なかには中学校を卒業した者もいて、総体的に識字率が高かった。そのため各戦域で新聞状の日本語ビラが発行され、日本兵たちの間で読まれて戦況を理解する手段になった。しかし、朝鮮戦争の場合には、先に挙げた「自由世界」のような新聞状のビラを読んでその内容を理解したのは一握りの知識人だけだったと考えられる。したがって、宣伝ビラに書かれた言葉の影響力は弱く、絵のほうが重要な要素だったと考えられる。また、拡声器による飛行宣伝やラジオ放送による呼びかけなど、音声によるプロパガンダも重要だった。例えば、三月十一日に投降した中国軍兵士四人は、捕虜の厚遇を描いたビラの絵がとても影響力があったと言い、国連軍のビラと拡声器による呼びかけについて仲間で議論したあとで投降すると決めたという実例を、ウィロビー少将が報告している。[47]

5　日本人の関与と北朝鮮のビラ

以上に述べたように、朝鮮戦争に際してアメリカ軍と国連軍は、朝鮮語と中国語の宣伝ビラを大量に製作し撒布した。その第一期には、太平洋戦争での対日宣伝ビラの経験に基づいたビラが製作されたが、まもなく朝鮮半島の状況に即したビラがハングルの表記だけで作られるようになった。そのなかでは、多くの国々からなる国連軍が韓国軍を支援することが強調された。中国人民志願軍の参戦とともに第二期からは、朝鮮語のビラだけではなく中国軍向けの中国語のビラが製作され始めた。両方の言語で同じ題材のビラが製作される場合が大半で、国連軍の立場を明示したものや北朝鮮がソ連に支配されているという反共プロパガンダを基本にしたもの、食料や医薬品の不足などに関する憂い、母への思いなど普遍的な人間の感情、投降を促すことがその主なテーマだった。これらのビラでは、単に言葉が各言語で表現されるだけでなく、それぞれの民族的・文化的な差異を考慮した絵の表現が工夫された。また一方では、朝鮮語のビラに特徴的なのは、朝鮮半島の南北分断と統一の願いに関するテーマであり、他方で中国語のビラでは、太平洋戦争中のアメリカと中国の友好関係を想起させるもの、遠く離れた妻子への思い、中国共産党への批判が特徴的なテーマだった。休戦会談が始まって以降の第三期にはビラのデザインが洗練され、紙幣のようなビラやたばこの巻き紙になるビラ、あるいは色刷りの鮮やかなビラも登場した。国連軍のアピールと反共宣伝が従来と同様に基本だったが、共産主義支配のひどさや共産軍の腐敗や共産主義者の偽善を喧伝するもの、国連軍側の捕虜になった兵士たちの証言などが取り上げられた。また、朝鮮人パルチザンやゲリラを支援するビラも作られた。このように国連軍の正統性と反共プロパガンダを基本に、各国の政治的・文化的相違に配慮した宣伝ビラが、アメリカ軍中心の国連軍で製作され撒布された。

だが、これらの宣伝ビラの効果には疑問がもたれた。なぜなら、前述のように、ジョンズ・ホプキンス大学の研究者による調査によれば北朝鮮軍と中国軍の兵士たちの識字レベルは非常に低く、「鳥」とか「米」のような簡単な語を理解できる程度であり、ビラの文章よりも絵のほうが影響力があったと推定されたからだ。したがって、朝鮮戦争の心理戦では、ラジオ放送や拡声器など音声による呼びかけと、ビラの絵の組み合わせが重要だと考えられた。なお、ラジオ放送については次の章で論じる。

こうした朝鮮戦争中の国連軍の宣伝ビラのほとんどは東京で印刷されたが、日本人がビラの内容に直接関わった形跡は、アメリカ軍の文書を見るかぎりなかった。しかし、当時の心理戦に従事した民間人のコレクションから日本人の画家が参加していたことを示すものを発見した。[48] それは、第一ラジオ放送・ビラ部隊の記念冊子のなかにあった一枚の写真である[49]（図8―37）。この全七十ページほどの、紙も高級で贅沢な色刷りの冊子には、当時この部隊に従事していた軍人や兵士だけでなく、軍属や日本人、朝鮮人など、延べ三百二十三人の写真が各部署ごとに掲載され、これはそのなかの一枚である。写真のキャプションには、「生真面目な感じのラリー・メイヤーと、日本人の漫画家テツロ・オオイシが、中国人画家のラン・スンヤンがアイデアをスケッチしているのを見ている」とある。

この日本人は、日本画家で挿絵画家としても活躍した大石哲路である。本名は大石鐵郎、生まれは福岡県黒埼町で本籍は福岡県北九州市だが、幼少期を十年ほど満洲で過ごしたという。[50] 上京して川端画学校で日本画を学び、一九三二年、『少女倶楽部』や『小学三年生』などの学年雑誌、『日本童話名作選』などで挿絵を手がけるようになり、日本挿絵画家協会に加入。『コドモノクニ』などにも童画を描く。四一年に航空美術逓信大臣賞（第一

図8-37　宣伝ビラの作成にあたる画家たち（右が大石哲路）
（出典：“Life and Times in the First Radio Broadcasting and Leaflet Group, June 1952,” Box15, File15, LP）

回）受賞[51]。戦中には、『銃後童話読本』（童話作家協会編、一九四〇年）や『少国民の友』の挿絵も描いた。四三年に戦争美術展で陸軍美術協会賞を受賞。戦後も童画を中心に、新聞小説の挿絵（「生きているレントゲン」『読売新聞』一九五五年三月五日付）や紙芝居なども手がけ、四六年に日本童画会の会員になり、六八年には日韓交流五元美術連盟を結成。児童文化功労賞（第二十七回、一九八五年）を受賞し、九〇年に八十一歳で没した。戦前から戦後にいたる長期間、挿絵や子ども向けの雑誌などに多数の作品を描いた大衆的な画家である。朝鮮戦争に際して彼が具体的にどのビラを手がけたのかはわからないが、このようなビラ製作への日本人の参加は初めて確認された[52]。

最後に、北朝鮮側の宣伝ビラについて少しふれておきたい。韓国・国連軍側が二十五億枚のビラを撒いたのに対し、共産軍側は三億万枚を撒布したといわれる。残念ながら全体像を明らかにするだけの十分な資料調査を筆者はおこなっていない。さしあたりアメリカ軍資料のなかに見いだした、一九五二年三月に撒布された三点のビラを紹介しておきたい[53]。

一つは、朝鮮の慣習を踏まえた「満月」（図8―38）である。朝鮮人の男女が一緒に月を見ている絵があり、いつものように新年の満月が昇るのに、君はどうして親戚たちが待つ町へ帰らないのか、と呼びかけている。このビラは投降ビラにも使えるという。「君が故郷に戻るための唯一の道は、休戦交渉が成功することだ。／満月！平和だった古きよき時代には、月を見てご馳走を食べ、遊んだ。だが、いまは？」。満月を見つめて、愛しい人を思い出すという、ノスタルジアをかき立てるビラである。

二つ目（図8―39）は、アメリカは停戦交渉で北朝鮮の内政に介入しようとしていて、それが停戦を遅らせている、と訴え、なぜなら君らの代表は停戦を望まず戦争を続けようとしている。死にたくなければ休戦のために闘え、と呼びかけている。絵では、大砲を背にした国連軍司令官の手を北朝鮮軍人の手がつかんでねじ曲げて休戦協定にサインさせようとしている。これには英語版と朝鮮語版がある。

三つ目（図８―40）はアメリカ兵向けで、英語で書かれている。家族写真の上に「君は家族思いじゃないのかい？　愛しい人と子どもたちがいるんじゃないのかい？」というメッセージがあり、里心を刺激するビラである。文字のレイアウトや絵に稚拙さは感じられるものの、国連側と比べて内容はそれほど遜色がないように思われる。(54)

ただし、朝鮮半島の制空権は早くからアメリカ軍が握っていたので、共産軍側のビラが撒かれた範囲はそれほど

図8-38　「満月」（北朝鮮のビラ1）

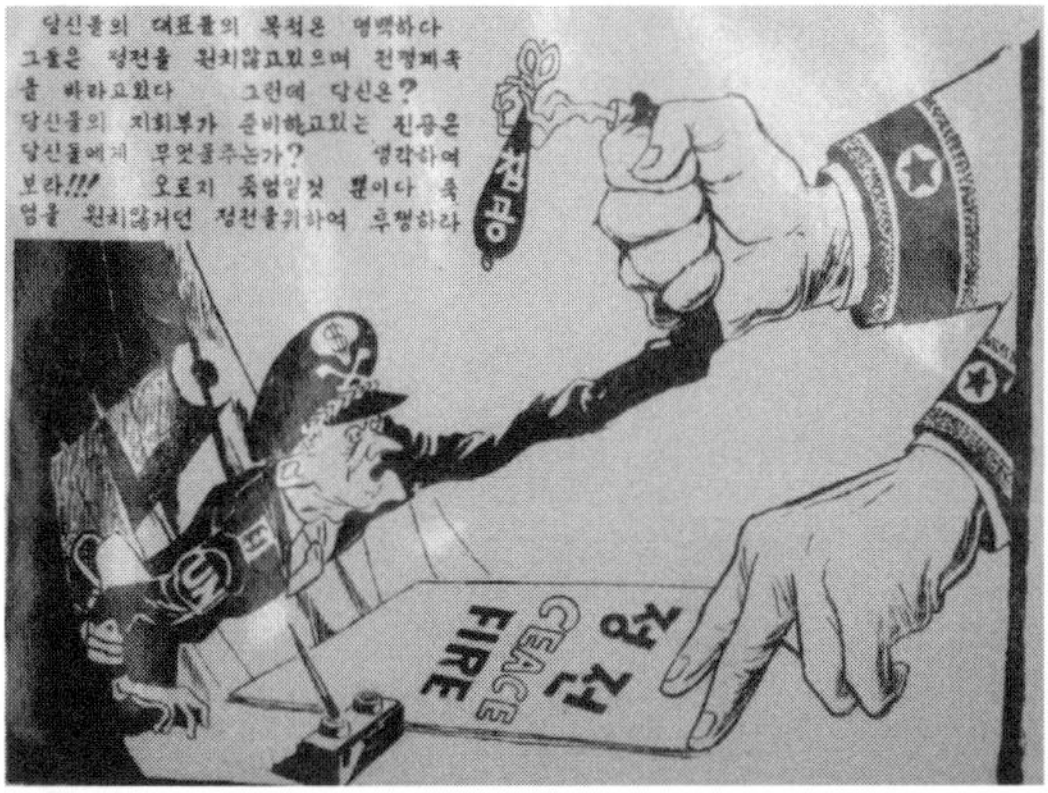

図8-39　「停戦」（北朝鮮のビラ2）

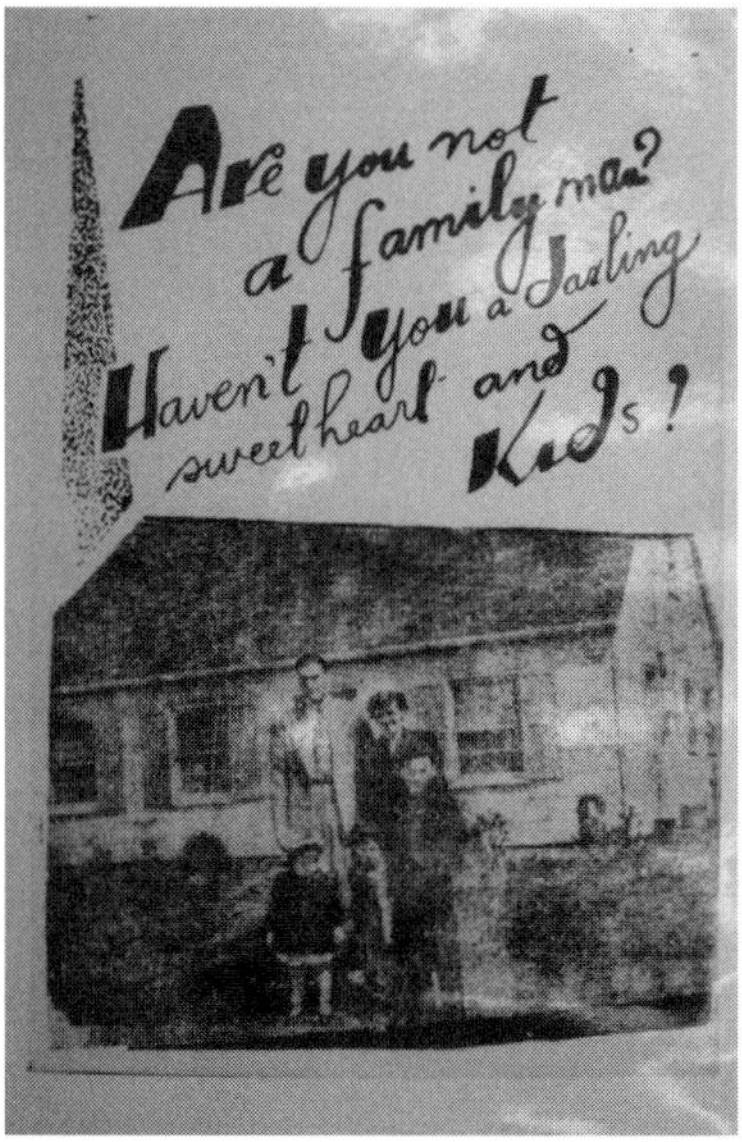

図8-40　「家族思い」（北朝鮮のビラ3）

広くなかったものと考えられる。

こうして一九五三年七月の休戦協定調印・発効まで、双方の心理戦によるビラの大量製作と撒布は続けられた。朝鮮半島でのビラの使用は、朝鮮戦争前からさまざまにおこなわれていたが(55)、朝鮮戦争を経たのち、心理戦のメディアとしてビラが与えた影響はどうだったのか。現在も韓国の脱北者団体が北朝鮮に向けてビラを撒いている状況があるが、朝鮮戦争休戦協定以後の宣伝ビラについては、また別途検討すべき課題として残されている。

注

＊本章で用いた宣伝ビラは、すべてアメリカ国立公文書館（ＮＡＲＡ）所蔵の以下の文書から引用した。RG554 E158-A Box9, 11, 12 / RG554 E#A1-141 Box302, 177 / RG550 E2(A1) Box98, 99 / RG319 #47 Box168.

（1）Paul M. A. Linebarger, *Psychological Warfare*, Hawthorn Books, 1954, (Part Four: Psychological warfare after World War II, about the Korean War, pp. 244-267 and pp. 301-308). 同書の第一版は一九四八年に発行されたが、朝鮮戦争に関する記述はこの第二版で新たに追加された。なお、和訳書『心理戦争』（前掲）では、朝鮮戦争をはじめ第二次世界大戦後の心理戦について述べた章は訳出されていないが、巻末に「朝鮮戦争における米軍の諜報活動の例」としてビラ二点の写真が入れられている。

（2）Stephen E. Pease, *PSYWAR: Psychological Warfare in Korea 1950-1953*, Stackpole Books, 1992.

（3）이임하 지음『적을 삐라로 묻어라――한국전쟁기 미국의 심리전』철수와 영희, 2012.

（4）ポール・ラインバーガーの著作をはじめとして、先行研究では一九四七年に特殊班が設置されたとしてあるが、四九年十一月にマッカーサーの命令で設置されたとする記述（Cahrled H. Briscoe, Phd. "1st L&L in Korea: a Photographer's Record, 1952-53," *Veritas*, Vol.7, No.1, 2011, or Vol.3, No.4, 2007）のほうが、残されたアメリカ軍の文書からみると正しいと推測される。ウッダール・グリーンのほかには、やはり西南太平洋戦域で心理戦に携わった経験があるC・S・マイヤー大佐と、ジョージ・マーシャル将軍のもとでアメリカ・中国の平和作戦に携わっていたF・C・ダルキスト中佐がいた（"Psychological Warfare in Korea: an interim report," *The Public Opinion Quarterly*, Spring 1951, Vol.15 No.1, Oxford University Press, pp. 65-75）。

（5）Proposed Plan of Psychological Warfare, 21 February 1950〔RG554 E17A Box17 Folder1〕.

（6）Linebarger, *op. cit.*, p. 301.

（7）前掲『적을 삐라로 묻어라』九三ページには、そのビラの写真と文章が掲載されている。当時の文書には、最初のビラは赤、白、青の三色で印刷され、「共産主義者の最終的撃破は近い」と述べ、共産主義者に破壊された朝鮮を再建し、自由選挙と朝鮮を統一する政府を実現する計画を語っていたとあるが、実物が示すところとはやや異なっている。なお、本章で扱うビラの文章はハングルまたは漢字で書いてあるが、公文書資料には英語の翻訳が付されていて、筆者はそれに基づいて日本語に訳している。

（8）"Psychological Warfare in Korea: an interim report," op. cit.

（9）Memorandum to Mr. J. W. Greene, Special Projects, dated 26 Janurary 1951〔RG554 E17A Box17 Folder1〕によれば、特殊班は一九五一年まで日本郵船ビルの三二四号室にずっとあったようだ。退役していたグリーンの雇用を続けるためかもしれない。なお、ラインバーガーによれば、グリーンは五二年八月まで心理戦部に勤務した。また、当時の日本郵船ビルの三階の大半は、占領軍司令部第二部歴史課によって使われていたという。本書第5章を参照。

（10）前掲『적을 삐라로 묻어라』九四ページ

（11）同書一一ページ

（12）「戦闘プロパガンダ」とは、実際の戦闘に伴い、その前後にビラやラジオ放送などを用いて宣伝をおこなうもので、投降を促すビラなどが中心的に用いられる。これに対して「戦略プロパガンダ」は中長期の戦略に伴っておこなわれる宣伝であり、戦争に対する認識の変容を促すビラなどが主である。

(13) C・W・ウィロビーは、一九四八年に准将から少将に昇進した。

(14) 第7章で、やはり朝鮮戦争の報道を三期に区切った。それは本章の対敵心理戦の三期の区分とほぼ同じだが、微妙にずれている。それは前者が、日本での報道への検閲（特に渉外局における）と日本の報道陣の朝鮮半島派遣の時期を重視しているためであり、後者は対敵心理戦の体制を基本に考えているためである。後者のほうが一カ月から二カ月早く推移しているのは、前線の変化によって迅速に対応する必要があったからである。

(15) "Psychological Warfare in Korea: an interim report," op. cit.

(16) RG319 #47 Box168（一九五〇年十月三日）の文書による。前掲『적을 삐라로 묻어라』六八―六九ページにも同時期の類似の表があるが、数字が異なっている部分もあるので、表8―1・2・3を掲載しておく。

(17) 前掲『朝鮮戦争全史』一七六ページ

(18) Report on the Psychological Warfare conducted by the Eighth Army Units in Korea, 25 June 1950 thru 27 July 1953, prepared in February 1954〔RG550 E2 Box99〕. また、横浜にあった極東軍の印刷工場でのビラ製作過程の写真が Pease, *op. cit.*, p. 54, 65に掲載されている。

(19) EUSAK Combat propaganda operations 13 July 1950 - 1 September 1952, Jan. 1953〔RG550 E2 Box98〕.

(20) ビラの内容については、主としてRG319 E47 Box168に収められていた実物とその英訳に基づく。

(21) 朝鮮戦争に際するNHKのラジオ放送での協力については、前掲「朝鮮戦争におけるアメリカのプロパガンダ放送とNHK」などによってすでに論じられている。NHK教育テレビのETV特集『敗戦とラジオ――放送はどう変わったのか』（二〇一〇年八月十五日放送）では、NHKの送信所を使って送られた朝鮮語放送の再現がおこなわれた。

(22) 前掲『적을 삐라로 묻어라』九六―一〇〇ページ。「落下傘ニュース」全号の見出し一覧もある。

(23) Linebarger, *op. cit.*, p. 304, Alfred H. Paddock Jr., *U. S. Army Special Warfare, Its Origins, Psychological and Unconventional Warfare, 1941-1952*, National Defence University Press, 1982, pp. 83-109.

(24) Linebarger *op. cit.*, p. 304, 前掲『적을 삐라로 묻어라』三九ページ、Paddock Jr. *op. cit.*, p. 94.

(25) Linebarger *op. cit.*, p. 302.
(26) *Ibid.*, p. 307.
(27) Report on the Psychological Warfare conducted by the Eighth Army Units in Korea, 25 June 1950 thru 27 July 1953, prepared in February 1954〔RG550 E2 Box99〕.
(28) EUSAK Combat propaganda operations 13 July 1950 - 1 September 1952, Jan. 1953〔RG550 E2 Box98〕.
(29) 注（27）に同じ。
(30) 同文書
(31) 前掲『적을 삐라로 묻어라』一〇〇—一〇四ページ
(32) 一九五一年八月のビラ撒布予定表から。RG554 EA1-141 Box177.
(33) 同予定表
(34) 同予定表
(35) EUSAK Combat propaganda operations 13 July 1950 - 1 September 1952, Jan. 1953〔RG550 E2 Box98〕.
(36) 識別番号の分類については、The Department of the Army Operations Research Office (ORO), *American Institute for Research, Preliminary Report Phase II Development of Procedures for Pretesting Psychological Warfare Printed Media*, 2 June 1952, Table 1〔RG550 E2(A1) Box103〕. なお、このような識別番号がビラに振られたのは、国連軍の主力であるアメリカ兵が中国語や朝鮮語で書かれたビラの内容が読めなくても、番号の系列で整理しやすくするためである。これは第二次世界大戦で、対敵プロパガンダでビラを作成して用いるときに、たいていは敵国語に通じていない自国の兵士たちがビラを整理したり認識するのに扱いやすいように付けられたのである。アメリカ軍の場合、英語による翻訳文が各部隊に配布されたビラの見本に付けられていたが、ビラ撒布が命令されるときには、この識別番号で指示されたのである。また、追加で発注したり取り寄せたりするときにもこの識別番号が用いられた。このようなビラの識別番号は、アメリカ軍だけでなく各国の軍隊で一般的に用いられた。
(37) Report on the Psychological Warfare conducted by the Eighth Army Units in Korea, 25 June 1950 thru 27 July 1953, prepared in February 1954〔RG550 E2 Box99〕.

（38）FACOM Pshychological Warfare Section, Administrative Division, *Command Report, July 1951,* 1951/8/7〔RG554 E#A1-141 Box177〕.

（39）前掲『朝鮮戦争全史』三四二ページ。その出典は、邵毓麟「韓戦場我謀略心戦之配合運用」（『使韓回憶録』二十四、『伝記文学』第三十四巻、第二期、一九七九年、一三二ページ）による。

（40）これは占領当初はイギリス連邦占領軍（ＢＣＯＦ）が接収していたビルで、占領軍が引き揚げてから国連軍司令部の心理戦部として移動したと思われる。

（41）Headquarters, United Nation Command, Civil Information and Education Section による文書。RG554 E158-A Box 17.

（42）EUSAK Combat propaganda operations 13 July 1950 - 1 September 1952, Jan. 1953〔RG550 E2 Box98〕.

（43）同文書

（44）Report on the Psychological Warfare conducted by the Eighth Army Units in Korea, 25 June 1950 thru 27 July 1953, prepared in February 1954〔RG550 E2 Box99〕.

（45）同文書

（46）*Preliminary Report Phase II, Development of Procedures for Pretesting Psychological Warfare Printed Media* by American Institute for Research, Jack W. Birch, David Koningsburg, Albert J. Kubay, published 20 August 1952 by Operations Reserach Office, The Johns Hopkins University, Far East Command〔RG550, E2(A1), Box103〕.

（47）SUBJECT: Psychological Warfare Operation, 28 March through 3 April 51, dated 7 April 1951, MEMO TO: Chief of Staff from C. A. W. Military Intelligence Section, General Staff, Far East Command〔RG554 E(A1)158 Box1〕.

（48）このコレクションは、スタンフォード大学フーバー研究所に二〇〇五年に寄贈されたリオスノフ文書（Liosnoff Papers：以下の注では LP と略す）である。これについては本書第10章で詳述する。

（49）“Life and Times in the First Radio Broadcasting and Leaflet Group, June 1952,” Box15, File15, LP. この冊子にはページ番号が振られていないが、おそらく組織の改編を前に、内輪の記念品として作られたものだろう。冊子の表紙は口絵11と口絵12を参照。この写真は宣伝ビラ関係の部署に関する部分で「Ministry of paints and brushes」と見出しがある約十八ページ目に掲載されている。この写真のほかに、朝鮮人や中国人の画家やアメリカ兵の担当者の写真もある。なお、同冊子二〇ページにはやはりビラ製作に携わっている「コーゾー・フルサワ」という日本人画家と思われる青年の姿が写っているが、この人物については不詳。

(50) 大石哲路の履歴については、『20世紀日本人名事典』(日外アソシエーツ、二〇〇四年)、および『襟裳屋Ameba館』のなかの「大石哲路」(二〇二三年五月十九日付)(〔https://ameblo.jp/elmore1105l108/entry-12803683352.html〕［二〇二四年十月十三日アクセス］)を参照した。

(51)『朝日新聞』一九四一年九月十日付には、大石の受賞作「飛行雲」の写真が載っている。少年少女が大空に描かれた飛行機雲を見上げている絵である。このときの彼の名前は、「大石鉄路」と記されている。なお、彼が戦時中に日本側の宣伝ビラ製作に協力したのかどうかについては資料が見当たらず、いまのところ不明である。

(52) おそらく彼は、アメリカ軍に正式に雇用されたのではなく、臨時のアルバイトのような待遇だったのではないかと推測される。したがって、アメリカ軍の資料にある組織の公式な人員には含まれていなかったのだと考えられる。

(53) アメリカ国立公文書館所蔵のRG554 E#A1-141 Box302には、北朝鮮による宣伝ビラとその英訳が何枚か入っているが、現物ではなく白黒コピーの資料しかなかった。アメリカ軍と韓国軍は共産軍の宣伝ビラを組織的に収集したはずなので、別の資料群を調査する必要がある。

(54) 二〇〇九年夏に訪れたソウルの戦争記念館では、朝鮮戦争時の北朝鮮と中国共産党軍のビラ二十点ほどが展示され、そのなかにはカラー写真を用いたものもあった。また、それとは別に中国共産党軍のビラも九点ほど展示されていた。なお、韓国軍が別途製作したビラは国連軍のビラとともに展示されていた。

(55) キム・ヒョンシク／チョン・ソンテ『ビラで聞く解放直後の声』(高麗書林、二〇一一年。原題は『삐라로 듣는 해방 직후의 목소리』)には、一九四五年八月十五日から四八年八月十五日までの、いわゆる解放空間時期のビラや声明書、ポスターなど四百点以上を集めたキム・ヒョンテクのコレクションが掲載されている。

第9章　朝鮮戦争のラジオ・プロパガンダ

はじめに

本章では前章に続いて、朝鮮戦争の心理戦においてラジオ放送がどのように用いられたかを考察する。一九三〇年代以降、ラジオが国家のプロパガンダとして使われ、特に第二次世界大戦で威力を発揮したことはよく知られている。「大衆的かつ独裁的」なラジオという室伏高信の「ラヂオ文明の原理」(一九二五年)を論じながら、佐藤卓己はファシズムの中核的なメディアとしてラジオを措定した。[1]では、帝国の解体後、冷戦の始まりとされる朝鮮戦争で、ラジオはどのような役割を果たしたのだろうか。この時期、欧米ではすでにテレビ放送が一般向けに始まっていたが、アジアではまだ実験段階であり、NHKのテレビ本放送が始まったのは五二年末である。欧米のテレビクルーが朝鮮半島に入って撮影したテレビ映像を、日本でもほかのアジア諸国でも見ることはできなかった。したがって、日本では朝鮮戦争のニュースは主に新聞かラジオで、映像は主にニュース映画で伝えられ、速報メディアとしてのラジオが全盛を誇った最後の時期だった。本章では、国連軍の主力だったアメリカ軍の心理戦の記録に基づいて、朝鮮戦争時の心理戦でラジオによるプロパガンダがどのようにおこなわれたかを論じる。

朝鮮戦争の心理戦についての先行研究では、ポール・ラインバーガー『心理戦争』第二版の朝鮮戦争に関する記述を除けば、朝鮮戦争の心理戦争だけを対象にした著書にピーズ『心理戦』（前掲）がある。これには、宣伝ビラ、ラジオとニュース、ラウドスピーカー、北朝鮮と中国の心理戦、捕虜など、心理戦に関わる項目が総合的に扱われている。

また、朝鮮戦争時のラジオについては井川充雄「朝鮮戦争におけるアメリカのプロパガンダ放送とＮＨＫ」（前掲）が、ＮＨＫ放送が軍事作戦の一環に組み込まれてアメリカの「アメリカの声（ＶＯＡ）」や「国連軍の声（ＶＵＮＣ）」に放送設備を提供していた経緯を、占領軍資料を用いて詳細に論じた。さらに小林聡明の「朝鮮戦争初期国連ラジオと英米・国連関係」「冷戦期アジアの米軍心理戦」をはじめとした研究がある。[2]しかし、これらの研究は主として当時のラジオ放送の組織、あるいは心理戦に用いられた放送局のネットワーク、ラジオ放送の政治的な役割と政府との関係についての議論が主であり、その内容については軽くふれたものがほとんどである。そこで本章では、ラジオを用いて送られた内容やその政策方針について、当時のアメリカの心理戦組織が作成した文書を中心に探ることを試みる。

一般的に、ラジオの放送内容を分析することはかなりの困難を伴う。放送を記録した音源が残っていない、あるいは入手が難しいことがまず第一の問題としてある。もう一つは放送内容を文字に起こし、翻訳などをした記録がある場合にも、その量が多ければ内容の分析は膨大な作業になるという点である。アメリカ国立公文書館には一九四一年から外国放送情報局（Foreign Broadcast Intelligence Service：ＦＢＩＳ）と呼ばれる機関が海外のラジオ放送を傍受した毎日の記録（デイリーレポート[3]）が残されているので、それを利用する方法もあるが、朝鮮戦争での、少なくとも休戦までの三年間の放送内容の記録全部を読んで分析する方法は作業の時間と手間がかかる。それよりも、本章で紹介するように、外国放送情報局が傍受内容をさらに分析した報告書が心理戦組織には届けられ、またそれらを参照して「国連軍の声」など国連軍側の作り手である心理戦組織が記録したプロパガンダ方針の文書や放送内容の記録があるので、これらの資料を用いるほうがより的確で、全体像を簡便につかめるものと考えられる。そこで、これら主に極東軍（FEC）の心理戦部（PWS）の文書に基づいて、どのような意図や制限のもとで、どのような内容の番組が作成されラジオで放送されたのかという概要を、先行研究を踏まえながら描き出し、朝鮮戦争での〝電波戦争〟の内容を論じてみたい。

1　初期のラジオと心理戦の方針

北朝鮮軍が侵攻した一九五〇年六月二十五日の時点では、連合国軍側には具体的な心理戦組織はなかった。そのためアメリカ極東軍参謀第二部（G－2）の心理戦スタッフを中心に、侵攻から二日後にはビラとラジオを使った心理戦を開始した。[4]ソウルが陥落し、釜山以外の地域を北朝鮮軍に占領されて劣勢に陥った韓国軍と国連軍では、東京に設置された極東軍心理戦部が戦術的心理戦を担い、ウッダール・グリーン大佐が率いる心理戦部のもとで、トーマス・マシュー少佐がラジオ放送を担当した。アメリカ軍放送（AFRS）のスタジオとNHKの送信機を借り、朝鮮語放送については韓国大使館、韓国銀行の東京支店、あるいは連合国軍翻訳通訳局（ATIS）から翻訳者をかき集めたという。[5]

九月に仁川上陸作戦を成功させた国連軍はソウルを奪還し、韓国放送（KBS）が一九五〇年十月に再開した。国連軍は十月十九日に平壌を占領し、平壌放送局を二十二日に占拠した。平壌放送局の設備は最新で非常に良好な状態だったが、電力供給のための十分な石炭がないのが問題だったという。国連軍は十一月十四日から平壌が中国軍の手に落ちる十二月二日まで、平壌放送局から毎日六時間の放送をおこなった。[6]さらに五一年一月三日からソウルの放送局は再び北朝鮮側に奪われ、七月三日まで放送ができなかった。[7]このように朝鮮半島の放送は目まぐるしく状況が変化したが、NHKの放送施設と送信所を含めたネットワークによって、国連軍はのちに「国連軍の声」と呼ばれるようになる朝鮮半島への放送と、「アメリカの声」の朝鮮語放送の中継を続けた。[8]

「国連軍の声」は具体的には、①ニュース番組（三十分）、②ディクテーション、すなわち遅い速度で読み上げられる口述筆記用ニュース番組（三十分）、③『朝鮮の時間――時事解説（*Korean Hour: Information talks*）』（三十分）、④国連ニュース（十五分）、⑤再放送（一時間）という、ニュースとその解説の番組から構成されていた。それらの番組がどのような方針で作られていたのか、極東軍心理戦部が出していた「方針手引（Policy Guidance）」[9]を手がかりにみてみよう。

アメリカの心理戦の方針は、トルーマン大統領のもとで創設された心理戦会議（Psychological Strategy Board：PSB）が国家的計画を立てたが、マッカーサー率いる現地の極東軍と「アメリカの声」を統括する国務省との関係は早くからギクシャクし、[10]一方、陸軍は一九五一年一月に心理戦主任局（OCPW）を創設するなど、政府と軍を含めた心理戦の方針はいろいろと議論があり、初期はワシントンと東京で齟齬も多かったらしい。いずれにせよ極東軍による心理戦の基本目的は次の三点だった。[11]

①北朝鮮軍の勢力と抵抗を弱めること。
②北朝鮮の人々に戦争に関する真実を知らせること。
③韓国軍部隊と市民の士気を高めること。

この大原則のもとで、ビラとラジオ放送による心理戦の内容に具体的な細かい指示を与えているのが「方針手引」である。

その第一号（一九五〇年七月十日付）は、取り扱い禁止事項を次のように指示している。

A．ソ連と中国について：

1．両国の軍隊やアドバイザーが北朝鮮に関与しているという報道や噂は、たとえ国防総省や国務省などが情報源であっても、特別の指示がないかぎり厳禁。

2．北朝鮮を「傀儡」と呼ぶこと。〔ただし翌日の「方針手引」第二号で可になる：引用者注〕

3．中国の共産主義者を北朝鮮に結び付けること。

4．公式に確認されないかぎり、イランそのほかの国境でのソ連の動きに関する報道を避ける。

5．朝鮮でのソ連の戦略とベルリンでのソ連のごまかしを結び付ける理由は現時点ではない。

6．中国国民党の韓国への部隊提供についての議論は避ける。

B．三八度線について：国連とアメリカの目的に関して、北朝鮮側が三八度線より北にさらに追いやられるという発言や噂や宣伝を用いないこと。

C．日本について：朝鮮半島にいるアメリカ軍を助けるために活動している日本人についてはふれない。朝鮮での軍務に日本人の部隊を採用するという外国（アメリカほか）の提案や、日本人有志が軍務に就くという地元での発言についてはふれない。

次いで、主に強調するべき事項を以下のように挙げている。

1．国連の行動：朝鮮における行動の国際的な性格。マッカーサーを国連軍指揮官、陸・海・空軍をまとめて国連軍と呼ぶこと。国連の支持で韓国は独立国になったこと。

2．北朝鮮の責任：戦争を始めた責任については繰り返しふれること。

3．韓国の抵抗：戦闘での韓国軍の成功について信頼できる報道を最大限利用する。

4．韓国政府の公式発言。

5．アメリカの部隊の活動。

用語の注意としては、①常に「韓国」と呼び「南朝鮮」は使わない、②「人民軍」や「人民政府」を北朝鮮の軍や政府に対して使わない、という指示が記されている。

基本的に「方針手引」は、このような禁止する事項と強調すべき事項の指示とその簡単な理由説明からなっている。例えば翌七月十一日付の第二号では、「内戦」の語は、韓国政府には国連軍の存在があり、また北朝鮮軍の侵攻の責を問うために使わない、と指示されている。また第三号（七月十四日付）では、原爆については述べないよう記されている。注目すべきは、同号には「8．日本および日本人に関しては何もふれないこと」という項目が再び挙げられていることである。その理由は、たとえ北朝鮮の侵攻を非難するという日本人による発言であっても、韓国政府は朝鮮人の敵である日本人と協力している、という共産主義者の主張に利用されるだけで、無益だというのである。

さらに「方針手引」には、旧日本帝国への言及がしばしば現れる。例えば、第五号（七月十九日付）は「カウンタープロパガンダ」、すなわち北朝鮮側の宣伝に対抗する宣伝項目として、「1．北朝鮮には移動の自由がない」が挙げられ、次いで「2．北朝鮮の食料輸出」が挙げられている。これはつまり、韓国から日本への米の輸出ということを北朝鮮側はプロパガンダに利用しているが、むしろ北朝鮮からソ連への食料輸出がおこなわれているということをプロパガンダに利用すべきだ、というのである。また、北朝鮮での徴兵制に付随して、「7．教育の中断」すなわち学生の徴兵猶予が北朝鮮では認められていないことを取り上げ、「東洋における学問に対する尊敬」からすればこのような教育の中断は問題であり、「長い日本の植民地時代には、政府官僚の職に就くための教育を受けられた朝鮮人はほとんどいなかった」と述べ、その教育の自由がどのようにして勝ち取られたか、朝鮮民族は教育を受けた人々を必要としている、と説いている。さらに「8．部隊での虐待」では、低い階級の兵士がひどい扱いを受けていることを、「普通の兵士に対する虐待は日本軍のよく知られた特徴である」と指摘し、それはどの民主主義的国家の原則にも反することで、共産軍が説いている平等な「同志」精神の逆だと述べるべきである、と指示している。つまり、北朝鮮側の問題点を、旧日本帝国の行為を引き合いに出してプロパガンダに利用するよう指示している。

これに加えて、第八号（九月十一日付）は「禁止項目」と題して、「2．朝鮮戦争へのソ連および中国の参戦」「3．北朝鮮によるソ連製武器の使用」「6．北朝鮮に対する原爆使用の可能性」「7．三八度線を越えて北朝鮮に進軍するという国連軍の計画」「8．北朝鮮による残虐行為」「9．捕虜の氏名」などの項目と並んで、「5．国連軍への日本の助力」が挙げられ、その理由として、日本人に対する朝鮮人の反感は大きいため、国連軍の活動に日本が加わっていることは心理戦上の害があると述べている。

このように国連軍の心理戦では、日本と日本人の活動は一切語られるべきものでないとされ、一方では北朝鮮側の問題点を旧日本帝国の旧弊を引き合いに出して非難する方針が敷かれたのである。しかし、日本はすでに開戦以降、国連軍の兵站基地として国鉄や船舶、日赤（日本赤十字社）の看護婦、ラジオ放送の電波を含めて後方支援に動員されていた。そして九月十五日に仁川上陸作戦がおこなわれたあと、海上保安庁の特別掃海隊が戦闘地域での機雷除去作業をおこなった。だがこれらはすべてひそかにおこなわれ、占領軍の命令に服従したにすぎないとして、「日本が朝鮮戦争に実質的には参戦しながら、まったく政府はそのことを認めず、国民はそのことを意識しないという独特な構造」[12]が作られたと和田春樹は指摘する。それは日本の政治家たちの判断によるというより、国連軍の心理戦の一環だった。実際、十月に北朝鮮政府はアメリカ軍が日本軍人を従軍させていると告発し、ソ連共産党はそれを認めて非難した。存在が見えない日本はプロパガンダの焦点の一つだった。

2　中国参戦後のラジオ・インテリジェンス

国連軍は一九五〇年十月初めに三八度線を越え、十月十九日に平壌を占領した。これに対し、中国人民志願軍が北朝鮮に入り十月二十五日には参戦し、状況は大きく転換した。国連軍の心理戦「方針手引」（第十七号、十一月十日付）では、「中国の参戦については、公式発表だけ使うこと。コメントは最小限にとどめよ」という指示のもとでようやく事実に言及することが認められた。また、「中国人民に対して国連軍はずっと友好的だった」ことを強調し、参戦中の中国兵は北朝鮮の共産主義者に誤って導かれている、と説いた。また同第十八号（十一月二十日付）では「中国の参戦は、ソ連の帝国主義的目的に奉仕するもの」と断じ、中国共産党政権の国連代表については、その発言にはふれず、他国に比肩するような信頼性を与えないよう、あまり報道しないように指示した。

次いで「方針手引」第二十一号（十二月十二日付）は、一九五〇年二月十五日の中ソ友好同盟相互援助条約とは別に二月十二日に結ばれた秘密条約の十九の条項、すなわちソ連顧問を中国政府に置くこと、中国東北部の鉄道をソ連の支配下に置くこと、満洲の商業圏でのソ連の特権、中国人口一億人の削減、一千万人をソ連の基地の労働力として送ること、新疆ウイグル・内モンゴル・チベットの中国からの分離、中国の十五大都市へのソ連からの移民、などの内容を紹介し、「この侵略的で帝国主義的な条約の条項は、悪名高き田中メモランダムの共産主義版である」と付言して、これを心理戦の対象に応じて利用するように指示した。そして第二十二号（十二月十四日付）では、中国の参戦を「侵略」と呼ぶことを正式に許可した。

しかし、攻め込まれて再びソウルが陥落し、国連軍は立て直しを迫られた。一九五一年一月にアメリカ軍の心理戦はＧ－３の任務に移管され、極東軍司令部心理戦部（ＰＷＳ）のほかに、第八軍参謀第三部の心理戦部（Psychological Warfare Division：ＰＷＤ）が組織された。この心理戦部は、捕虜尋問と情報収集を担う諜報課（Intelligence Branch）、ビラやラジオ番組などを製作する製作課（Project Branch）、実際にビラを撒いたり放送を流したりする実施課（Operation Branch）の三つからなり、その下に第一拡声器・ビラ班が置かれた。心理戦部の拠点は当初は大邱だったが、国連軍が三八度線まで反攻したあとの五一年六月にはソウルに移動した。

このように戦線が動く間、連合国軍側のラジオ放送による心理戦は、東京放送局と釜山放送局を中心とするネットワークによっておこなわれた。一九五一年三月時点では、日本から送信されたのは、二十一時から二十三時四十五分までの番組五種類、計二時間四十五分の放送、また釜山放送局からは、六時二十八分から八時四十五分までと、十一時五十九分から十四時三十分まで、および十七時五十九分から二十三時二十九分まで、計九時間四十五分の放送が送信された[13]。日本からの放送は前述したようにすべてニュースかニュース解説だったが、釜山放送のほうはニュース関係や「アメリカの声」の中継放送だけでなく、クラシック音楽や子どもの音楽、『英語のレッスン』、ラジオドラマや詩の朗読などの番組が含まれていた。

一方、極東軍心理戦部では、北朝鮮をはじめ外国のラジオ放送を傍受し分析していた。その対象は、モスクワ、ウラジオストク、ハバロフスク、北京、上海、重慶、平壌などの共産主義側の放送局からの電波の傍受記録であり、主としてアメリカの外国放送情報局（FBIS）からのレポートと、極東軍G－2の日本連絡局（the Japanese Liaison Section）、またはラヂオプレスからのレポートを入手しておこなっていた[14]。

外国放送情報局は第二次世界大戦に際して創設されたラジオ放送の傍受機関[15]で、朝鮮戦争当時に日々傍受していた極東の放送は、モスクワ放送（中国、朝鮮、日本、インドネシア、インドシナ、モンゴル向け）、ソ連の地域放送（マガダン、ハバロフスク、クラスノヤルスク、ウランバートル、アルマ・アタ、ウラジオストク、ペトロパブロフスクほか）、北京放送（国内・海外向け）、中国共産党の地域放送（東南アジア、朝鮮、モンゴル、日本、チベット、北米）、北朝鮮放送（主に朝鮮語、ほかに中国語、英語、日本語）で、東南アジア諸国のサンプルとして、インドシナ、台湾、タイなどが対象に入っていた。極東軍の心理戦部では、ラジオ潮流分課（Radio Trend Branch）が、これらの傍受のいくつかを選択して分析し、強調されている主題などを整理したうえで図表を作成していた。例えば、中国のプロパガンダ放送については、中国語では北京官話のほかに広東語やアモイ方言の放送、外国語では英語、朝鮮語、モンゴル語、日本語、チベット語や東南アジアの諸語も含めて分析されたという。しかし、分析の際に重要だったのは、①アメリカの活動に役立つ可能性がある内容、②心理戦とその対象の変化を照らし出す、あるいはそれを反映した内容、③心理戦の諜報にとって利益がある項目を摘出することだった。[16]

例えば、一九五一年三月の報告書[17]では、平壌とソウルからのラジオ放送を次のように分析している。直近千時間の放送のうち、軍事作戦に関するものが約三百七十時間（そのうち五十時間がゲリラ活動に関するもの）、復興、生産的な達成、および市民の偉大な努力に対するアピールについてが約二百二十時間、北朝鮮への世界の支援、特にソ連と中国からの友情と支援を強調するものが百四十時間、〝違法な〟国連軍の活動についてが六十時間、アメリカの帝国主義と少数派グループへの弾圧に関してが六十時間、朝鮮の市民と兵士に対するアメリカの残虐行為についてが五十時間、共産主義者の世界平和の運動に関してが五十時間、日本の講和条約とアメリカによる日本の〝虐殺者たち〟の再武装についてが三十時間、西ドイツの再軍備とドイツの統一に関してが二十時間、という内訳だった。

アメリカとソ連に関する言及は世界中で用いられている共産主義の方針に沿ったもので、中国の「志願兵」は、英雄的な出会いによって北朝鮮軍と肩を並べて闘う武装した兄弟として扱われている。平壌放送では、「解放された地域」での再建計画が「非常に成功」していて、生活費の安定のため努力が払われていると述べている。国営の商店や食堂・ホテル・床屋などができ、「敵に脅されたりだまされたりして南に連れていかれた市民が戻ってきて、大規模な復興事業を始めている」。農民たちは「共同で」働くように促されているという。北朝鮮のラジオは、ソ連軍を「十月革命の炎のなかで生まれ、人民の支配を守る偉大な武力に成長し、ほかの小さな民族の解放を助けている」と語る。「農民たちはスターリンと金日成将軍に確固たる信頼を寄せている」という。「六月二十五日以来、あらゆる残虐行為を犯しているアメリカの帝国主義は、日本、および東南アジアとアラブ諸国での侵略的政策を強めている」とアメリカを批判するとともに、「帝国主義的戦争に加わったことを悔いている」アメリカ兵捕虜は、ほかの兵士たちに朝鮮からの撤退を求める声明文を書いている、という。アメリカの朝鮮「侵略」は、労働者階級からの反対にもかかわらず実行され、アメリカの「帝国主義者たち」は朝鮮を植民地化し、中国とアジア全部を侵略しようとしている、と主張していた。

これらの文言や表現は、冷戦を直接知る世代にはおなじみのクリシェだが、北朝鮮の放送はこれらのプロパガンダを朝鮮語だけでなく、英語や日本語でも放送し、日本語がわかる朝鮮人にも日本にいる人々にも一定の影響を与えたと考えられる。

こうした共産主義側のラジオ・プロパガンダ全体の傾向を視覚的にわかりやすく量的に示すために、心理戦部の報告書には、外国放送情報局による月ごとの北朝鮮・ソ連・中国からのラジオ放送の内容分析が棒グラフとして織り込まれている。きれいに作成されたその棒グラフは、テーマごとに分類した放送頻度を示し、その国の言語と外国語で放送された回数が区別して数えられている。

例えば、一九五一年三月のソ連の放送についてのグラフ[18]を見ると、取り上げられた頻度が多いテーマは順に、①ソ連の労働報酬と経済、②ソ連の農業と漁業、③ソ連の建設と復興、④ソ連の文化活動の進歩、⑤女性グループの平和活動、⑥ソ連のスターハノフ法[19]の活動などで、①②⑥はロシア語の放送が多く、そのほかは外国語の放送の割合が高かった。他方、同時期の中国の放送に関するグラフを見ると、①朝鮮戦争、②世界の平和運動、③国内の前線での活動、④日本の講和条約と再軍備、⑤アメリカの戦争準備、⑥生産と輸送、⑦朝鮮での共産主義者の功績、などが多く、⑤⑥は中国語放送で、ほかの項目は外国語放送で多く扱われていた。なお、北朝鮮の放送内容のグラフには朝鮮語とほかの外国語の区分がないが、①戦争に関する正式発表、②国際ニュース、の二つが圧倒的に多く、ほかには③復興と生産、④平和運動、⑤朝鮮の女性、⑥戦功とその業績、⑦朝鮮の若者、⑧朝鮮とソビエトの関係、が多く取り上げられていたことを示している。

このように、中国と北朝鮮の放送は当然のことながら朝鮮戦争に関する話題が中心なのに対し、ソ連のそれは自国の復興や成功を誇る内容が中心で、朝鮮戦争にはあまり言及していなかった。とはいえソ連代表が国際会議で発言する機会があると、これに関するラジオ放送は多くなった。例えば一九五一年四月の報告書[20]では、世界の平和会議をテーマとする回数が二番目に多かった。また、この同じ月には、①生物兵器、②毒ガス、③処刑や強姦、④無差別爆撃、⑤中国に対する攻撃、という五項目が別に統計に取られてグラフ化されていて、アメリカ軍側がこれらに関するプロパガンダにことに注意していたことがわかる。

特に注意すべき項目は毎月変更されたようで、一九五一年六月の報告書[21]では、①アメリカの帝国主義と侵略、②日本の講和条約、③朝鮮での虐殺、④ヨーロッパの再軍備、という四項目が別にグラフ化されている。ただし、北朝鮮の放送については、①と④がなく、かわりに軍資金運動と中朝友好の項目が入っている。さらにこの月からは、ベトナムのベトナム独立同盟会（ベトミン）による共産主義側の放送を傍受して分析を始めている。それによれば、①国内の戦線、②フランス植民地政府とその同盟国、③国際的な出来事に対するコメント、④海外からの支援への呼びかけ、などが主なテーマだった。

このようなラジオ放送の分析を、心理戦部はどのように利用したのだろうか。当時の心理戦部のインテリジェンスで主に用いられた情報源は、まず第一に捕虜の尋問調書、第二に敵軍から入手した鹵獲文書、第三に国内外のニュースとプロパガンダ放送、第四に敵側の心理戦関係の出版物、第五にカウンター・インテリジェンスの報告書、第六にアメリカ軍およびアメリカのラジオ放送[22]だった。つまり、アメリカ軍の心理戦のインテリジェンスでは、まず捕虜になった敵軍兵士の生の証言と敵軍の文書が最重要だったが、一方でラジオ放送は、敵国の権力側の意向や動きを探るために重要であり、また自軍およびアメリカの発表や情報をいち早く知るためにも必要なメディアだったことがわかる。つまり、捕虜などから得た敵軍の情報は、戦闘に直接関わるプロパガンダに生かすために重要だったが、ラジオ放送はそうした戦闘現場の背後にある大状況の変化を知るために必要だった。

では、ラジオの分析はどう読まれ、評価されていたのだろうか。例えば、諜報課の日報にはさまざまな情報源から取り出した重要な部分が書き連ねられているが、そのなかにラジオからの情報が占める割合は高くない。一例として、諜報課の日報に一九五一年七月十九日の香港放送から採録された記述をみてみよう。それには、中国語の新聞『大公報』が七月十八日に掲載した記事の内容、すなわち北京の新華社が七月十七日に発した日本の講和条約問題に関する発表であり、アメリカ政府は開城での休戦交渉が始まるちょうどそのときに日本との単独講和の準備を猛烈に進めている、つまりそれはアメリカが極東侵略政策の実行を決意したことを示している、という抜粋が記されている。[23]これは、北京の通信社↓上海の新聞↓香港のラジオ放送と伝達された事柄を諜報課が書き留めたわけである。現在のインターネット時代の感覚で考えるとまだるっこく遅いようにも思えるが、ラジオが国境を越える最速のメディアだった時代には貴重な心理戦の情報源だったことがわかる。

だが、日報には次のようなコメントがある。「近頃の傍受にみられるように、敵のラジオの統制は通常、非常に厳しくて、情報や意図の遺漏を許さないほどである。したがって、敵は国連軍に対してこの方法でメッセージを送っていると推測される」[24]。つまり敵の情報や意図をつかむためのラジオ傍受の価値が次第に低下していたことがうかがえる。そして実際、一九五二年六月十三日付の週刊の心理戦報告以降、報告書のなかからテーマ別の棒グラフは消え、かわりに単に頻出度を数字で示す表になった。手間をかけてきれいなグラフを作成するほどの重要性がなくなったのだろう。

3　国連軍によるラジオ・プロパガンダ

では、実際にはどのようなラジオ番組が制作され放送されたのだろうか。一九五一年八月の第一ラジオ放送・ビラ部隊の報告書には、五一年八月二十七日の二十一時から二十二時三十分まで放送された「国連軍の声」(図9―1)の放送原稿の英語訳がある。[25]その一部を訳してみよう。

冒頭の行進曲に続いて、司会のヤン・ホンが「国連軍の声(VUNC)が『自由世界レポート』をお送りします。(略)自由な報道の主要新聞紙から編集したニュースと評論からなる週三回のこの番組は、今日の世界で起きている出来事をみなさんに忠実に伝えるものです。さあ、今晩の『自由世界レポート』を始めましょう」と案内し、ジン・ウィが「こんばんは。朝鮮での休戦会談を打ち切る共産主義側の行為には誰も驚かないでしょう。『ニューヨーク・タイムズ』はこう言っています」と続けて、新聞の社説からの引用を読み上げる。「実りがない交渉のステップはどれも、国連を政治的な譲歩へ導く策略であり、共産主義側の政治的優位のために利用しうる状況に国連を置こうとする共産主義側の目的を示している」「マリク氏が示唆したような三八度線からの撤退は、大きな政治的譲歩になるだろう」「最初から明らかなのは、〝交渉〟とわれわれが呼ぶものは、共産主義者の語彙では降伏を意味する。われわれは降伏する意図はないという事実をはっきりさせた。あとは共産主義側次第である。全面戦争を再開してその結果を引き受けることを望むなら議論を打ち切ればいい。遅かれ早かれ彼らはその侵略で勝てないという事実に直面するだろう。われわれはこうした認識に彼らがいたることをまだ望まなければならない。われわれは平和を望んでいるが、それはより大きな戦争や侵略の危険がある一時的な平和ではない」。次いで、『ヘラルド・トリビューン』などアメリカの新聞からの引用が読み上げられる。

次にアナウンサーが、「こちらＶＵＮＣが十五分間、世界のニュースをお伝えします。このニュースは、自由主義世界の情報源から編集したもので、毎晩この時間に朝鮮語でご紹介します」と導入を述べたあとで、ニュースキャスターが名乗り、番組『世界ニュース』が始まる。まず本日のニュースの見出しを紹介し、短い説明を述べていく。例えば、「過去四十八時間に、国連軍のパイロットは、北朝鮮の補給路にあったおよそ千五百台の敵の車両を破壊または損傷したとのことです」「アカ〔共産側：引用者注〕のラジオは、明らかに総力を挙げたプロパガンダ運動で、国連の代表が〝全面戦争〟を始めようとしていると非難しました」という具合だ。

図9-1　東京放送会館のスタジオを使ったラジオ放送の様子。左から2人目がヤン・ホン、3人目がジン・ウィ
（出典：Stephen E. Pease, *PSYWAR: Psychological Warfare in Korea 1950-1953*, Stackpole Books, 1992, p. 101）

次いで、「こんばんは、コリア」という呼びかけで、

『夜話（*Nightly Commentary*）』が始まる。朝鮮の人々に直接呼びかけるような砕けた話し方で、「自由主義世界は依然として平和を希望しています。朝鮮の平和は、共産主義側が正直に望めば、実現しうることがわかっています。しかし、もし彼らが平和を望まず、全面的な侵略をさらに示したならば、韓国政府と国連同盟諸国は準備ができています。何がこようと彼らは喜んで立ち向かうでしょう。朝鮮の人々よ、アカ〔共産側：引用者注〕が何をしようと――開城での会談を再開しようと、さらに攻撃を始めようと――平和が、あなたがたには結局はただ平和があるでしょう」。こうした話しかけは、口調はソフトだが、まさにプロパガンダそのものである。

以上が、朝鮮語放送による第一部で、このあとの第二部は中国兵士向けの中国語による放送番組である。最初は『ニュース解説』で、コメンテーターが「こんばんは、中国の兵士よ」と呼びかけ、続いて「今日は開城での休戦会談の会合はありませんでした。あなたの無益な戦闘を終わらせるかもしれない休戦の話し合いは四日間も開かれませんでした。なぜ今日も話し合いがなかったのでしょうか？　それはあなた方、紅軍の指導者たちが木曜日から話し合いを中止したからです。たぶんあなたはその話を聞いているでしょう」というような語りかける調子で説き進められる。そして、今日は孔子の生誕二千五百二年目だというエピソードを挟み、忠と真を第一とせよという孔子の教えに中国の指導者たちはかなっていない、彼らは嘘を言って策略を仕掛け、休戦会談を停止させている、と訴えるのである。

次いで『世界ニュース』は、朝鮮語のそれと同じく十五分間で、取り上げるニュースも八割ほど同じだが、台湾の話題など中国兵向けのニュースを含んでいる。そして最後に別の「ニュース評論」があり、司会者が「中国の兵士よ、この放送を聞きながら、国連軍の大砲の音が遠くに聞こえるだろうか？　あるいは今日の午後、聞いただろうか？　はるか後方地域にいるほど十分に幸運でないあなたは、国連軍の大砲のすさまじい威力から逃れられない。前線では、あなた方中国兵たちが動物のように狩られるのはどんな感じか知っている」と述べて、さらにどのような恐怖を味わうのか、爆撃の瞬間、そして足や肩がちぎられた様子などを話して思い浮かべさせる。そして「今晩のコメンテーターは、国連軍の破壊的な砲撃の裏にある話の一部をあなたに語ってくれます」と紹介された者が、国連軍の砲撃にさらされた〝血まみれ尾根〟の話を語りだす。そこでは砲撃の距離や補給力が数字を挙げて語られ、何万人もの死んだ同志が学んだ教訓を君も学んで投降せよ、と呼びかけて終わる。

この中国語放送は、台湾から一九五一年七月末に来たアナウンサー、男性二名と女性一名が心理戦部に加わって同年八月から始められた[26]。なお五二年六月には、『田舎菓子（*Country Pastry*）』という、中国語による六分間のユーモア番組が新たに加わり、演技による反共産主義のジョークや革命以前に流行した中国の歌などで構成されたという。

これらの国連軍のプロパガンダ放送がどのように聴取されたのかも、心理戦部は捕虜からの聞き取りで追跡している。しかし、中国軍兵士の捕虜の証言によれば、共産軍の将校をはじめ全兵士が「国連軍の声」を注意深く聞いたあと、何を聞き取ったかを将校が会合で質問した。この質問から彼らは兵士たちの信頼性をチェックしていた。質問に対して何らかの言葉を発した者は、不安定な反動的要素をもった兵士とみなされ、将校らによって別に再教育されるか、罰を与えられた。よって二度目の国連軍放送の聴取後には全員が、完全な文章は全く聞き取れなかったふりをした、という[27]。そのようなわけで、中国軍兵士にこれらのラジオ放送がどこまで浸透したのかは、なかなかわかりにくかったようだ。

4　日本人の協力とフェイドアウト作戦

こうした国連軍のプロパガンダ放送が進行する間も、日本に関する事項は御法度だった。「方針手引」第三十八号（一九五一年四月三十日付）では、あらためて日本に関する注意が示された。その冒頭の説明では、朝鮮での反日感情は以前ほど強く広がっているわけではないが、〝親日〟は朝鮮の人物や政治にとって依然として最もダメージが大きいレッテルであり、共産主義側はアメリカと韓国政府がともに親日であり、日本の勢力を朝鮮半島を通じて大陸に戻そうとしているというプロパガンダをおこなっている、だから心理戦では、多くの朝鮮人が日本を含むどのような事柄にも非常に敏感だということを肝に銘じておかなければならない、というわけで、日本と日本人に関する事項として、以下の禁止項目が列挙された。

まず、朝鮮戦争と日本に関する事項では、①国連軍の空軍基地が〝日本に〟ある、あるいは〝日本に基地を置く〟国連軍機、と述べることは避ける。②国連軍の空軍と海軍基地、あるいは国連軍の兵站部、兵器庫、軍需品センターやほかの軍事施設、戦争物資や補給品を生産する工場などでの日本人労働者の使用を報道してはならない。③朝鮮半島の水域で、あるいは朝鮮への人員や道具、補給品を送るために、日本の船舶を国連軍が用いていることに言及してはならない。④朝鮮戦争や朝鮮の将来の地位に関心を寄せる日本人の発言は発表してはならない。⑤一般的に、朝鮮戦争、あるいは朝鮮での国連軍の活動を日本人と日本に結び付けることは避ける。そして、日本との講和条約に関しては、⑥日本の講和条約という主題は小さく扱うこと。主要な具体的進展だけを伝えることに限定し、報道は信頼性を保持する必要性がある。⑦講和案については、朝鮮人からみて、日本に対して寛大すぎると思われるような条項についてはあまりふれないこと。⑧講和条約締結後もアメリカ軍が日本に駐留するという問題を議論するのを避けること。⑨イギリスやほかの同盟国に対する日本の見方をアメリカが擁護していると示唆するような事柄は用いない。⑩アメリカの計画のなかで、朝鮮よりも日本のほうが重要だと示唆するような事柄、あるいは、アジアの自由主義国での指導的役割を日本が果たすようにというアメリカの期待や要望を示唆するような事柄は用いないこと。⑪心理戦を通じて、日本に対する朝鮮人の態度を変えようと試みるには、いまは適当な時期ではない。現在そのような目標を追うのは、より差し迫った重要性があるほかのプロパガンダの成功を危うくするだろう。

以上のように、国連軍のプロパガンダでは、日本に関する情報は徹底的に消されるか、限定された。しかし、にもかかわらず、国連軍およびアメリカ極東軍の心理戦部には日本人が雇用されていた。それを示す文書によれば、彼らは「日本人顧問団」と呼ばれ、極東軍司令部のG－2機密費によって雇われていた。[28] 彼らは国連軍の心理戦に際し、対中国人向けの材料を準備する際に手引きするために雇われたのである。それゆえ日中戦争に際して中国人に対するはたらきかけという点で心理戦に精通した日本の元軍人がその主要メンバーだった。

実際に支払われた給与が記された書類では、馬淵逸雄、矢部忠太、高谷覚蔵、横山彦真の四人が挙げられている[29]。このうち馬淵と横山は日中戦争時に中国で宣伝戦を担当していた。馬淵逸雄は陸軍士官学校と陸軍大学校を卒業したエリート軍人で、日中戦争当初の支那派遣軍報道部の中心人物として、上海と南京に約三年間滞在し、一九四〇年に陸軍報道部長に就任した、中国における宣伝に経験の豊かな人物である。横山彦真[30]は、日中戦争時に河北省を中心に共産軍の討伐と治安確保にあたった陸軍軍人で、四二年には彼の講演が『東亜建設の理想と其実践』というパンフレットになっている。一方、高谷と矢部はソ連と共産党の事情に詳しい人物だった。高谷覚蔵は、二二年にアメリカに渡ってアメリカ共産党に入り、二九年にソ連共産党へ移り、クートベ（ＫＵＴＶ、東方勤労者共産大学）を卒業、コミンテルン極東部員として活動したが、三五年に日本に帰国して検挙されて転向、陸軍参謀本部で対ソ情報担当の嘱託として勤務した経歴をもつ。また、矢部忠太はソ連に関する情報活動をおこなった軍人で、陸軍参謀本部第二部で対外宣伝雑誌『FRONT』（東方社）発行に関わったとされ、陸軍大佐として終戦時にモスクワにいた最後のソ連大使館付陸軍武官である。彼は内閣情報調査室の始まりである内閣総理大臣官房調査室が五二年四月に発足した際に顧問になっている。この四人のうち高谷が最も給与が高く月五万千二百五十六円、次いで馬淵が月四万千四百四円、横山と矢部は月二万千円の支払いを、少なくとも五二年二月から六月まで受けていた。当時小学校教員の初任給が五千五百円、大卒男子事務系の初任給が一万円程度だったので、まずまずの高給だったといえるだろう。

彼らは心理戦部で何をしていたのだろうか。手がかりは、この四人のほかに、アン・マーガレット（An Margaret）という名前が一九五二年三月と四月の表に並んでいることである。彼女は「国連軍の声」の中国語放送を担当していたアナウンサーだった[31]。また、同じファイルにはＮＨＫの文書が入っていて、馬淵ら四人は中国向けのラジオ放送に関する仕事に携わっていたと推測される。彼らの仕事が具体的に何だったのかはわからない。

しかし、アナウンサーだったアン・マーガレットの給与が月五千円ほどで、馬淵ら四人の給与がその四倍から十倍の額だったことを考えると、彼ら四人が中国や共産主義関係の情報に詳しい顧問としてかなり厚遇されていたと言える。ソ連や中国における共産党や共産主義に関する放送内容についての助言が彼らの仕事ではなかったかと推測される。

しばらくして資金が尽きたという理由で、一九五二年七月一日付でこの日本人顧問団の活動は終わったとされるが、彼らは並行して、満洲、中国および南太平洋で展開した日本の心理戦活動についての歴史を記述する準備をしていたという。また、日本本土に直接関わるほかの部署の仕事も断続的に手助けしていたという。[32]五一年九月にサンフランシスコ講和条約が調印され、同時に日米安全保障条約が成立したあとの五二年前半に、彼らが具体的に何をしたのかは不明だが、戦線が膠着してゲリラ活動が活発化し、共産側がプロパガンダを活発に展開したことと関係があるだろう。というのも、五二年二月からアメリカ軍が生物兵器を用いた細菌戦をおこなっていると非難するプロパガンダが共産国側から始められたからである。

この反細菌戦キャンペーンは、極東軍の分析によれば二月二十一日に中国から最初に始められ、続いて北朝鮮、そしてソ連が続いた。その理由としてアメリカ軍は、中国が汚染された食物や細菌に冒された医薬品を朝鮮に送った結果として起きる非難をアメリカ軍に向けさせようとしたのであり、医薬品や衛生設備の不備から、朝鮮や中国で伝染病が予想されること、それが国内外での「アメリカへの憎悪」を強化し、休戦会談の遅れが続くのを望んでいるからだと分析した。[33]アメリカ軍が旧日本軍の七三一部隊の成果を利用して細菌戦を実施し、隊長だった石井四郎も朝鮮戦争での細菌戦に参加したという共産側の主張は、近年にいたるまでその真偽が議論されてきたが、[34]本章では細菌戦の真実を問うのが目的ではなく、細菌戦をめぐる心理戦の展開に注目すると、これは国連軍側に大きなダメージを与える可能性があった。そこで心理戦部はカウンター・プロパガンダ（対抗宣伝）を指示する。[35]ⓐ共産側の医療施設を提供できない無能さと公衆衛生施策における非能率、ⓑ共産主義者の汚職と収賄が資金の配分を誤った方向に導き、適切な医療設備を配備できない状況をもたらしていること、ⓒ中立な赤十字の国際委員会による調査の呼びかけ、の三点を強調するのが基本方針で、「敵の〝細菌戦〟という非難を直接否定しないこと」という注意が付け加えられた。

同時に国連軍放送では、孫文の命日（三月十二日）を記念するにあたって、その自由民主主義の遺産を共産主義者・毛沢東が破壊しようとしていると描き出すものや、中国での腐敗、休戦会談での国連軍の立場などのテーマとともに、重要なテーマとして公衆衛生を取り上げるようになった。例えば、中国語放送では『アジア・ダイジェスト』という番組で、赤十字の国際委員会が北朝鮮と中国で疾病調査をおこなう提案について論じるようにした。(36) だが、共産側は赤十字による調査を拒絶し、世界保健機構（WHO）による助力も拒否した。そして北朝鮮と中国は、伝染病の拡大を阻止するのに自力で成功したと強調するようになった。こうした細菌戦をめぐる宣伝戦はラジオを用いて、三月から五月にかけて最も盛んにおこなわれた。(37) この間に、心理戦部は中国人民解放軍によって一九五一年九月に発行された心理戦のブックレットを入手し、翻訳から概要をまとめている。(38) 先の四人の日本人顧問団は、こうした中国の心理戦に関する読解や判断、提言をしていた可能性がある。しかし、反細菌戦キャンペーンは、まずソ連、次いで中国からの放送に言及が見られなくなり、六月には北朝鮮の放送でも細菌戦に関するものは減っていった。このようにして細菌戦をめぐる宣伝戦は下火になり、共産側のキャンペーンによる最大の山場を国連軍側はしのいだ格好で終わった。

この反細菌戦キャンペーンの最中の一九五二年四月二十八日、日本は講和条約の発効によって独立を回復して国際社会に復帰した。この講和条約が五一年九月にサンフランシスコで結ばれた直後、五一年十月の活動に関する極東軍心理戦部の報告書のなかに、講和後に向けた興味深い文書がある。それは、講和条約が締結され日本の占領が段階的に廃止されるにあたっての諸問題について、占領軍司令部（GHQ）との緊密な連絡が必要だという結論に関連して付された文書である。「占領から日本政府へと主権を移す間の日米関係の改善のための効果的諸策」（通称：〝フェイドアウト作戦〟）と題した五一年十月二十九日付の文書で、①日本の主権回復の間に、日本人の諸要素にある潜在的な反動を取り除くこと、②占領の段階的廃止の間に、日本人の好意が長続きすることを確実にするため、合法的な宣伝・広報（Public relations）の機会を利用すること、という二つの課題について議論された内容を、対策委員会の心理戦担当将校が報告しているのである。[39]

それによれば、ⓐ日本の軍事・産業の指導者層は反動的になる可能性があり、日本の民主主義と日米関係にとって有害である。ⓑ近年、悪性のナショナリズムが中東、北アフリカ、南アフリカで起きていて、危険な反アメリカ感情を作っている。ⓒこうしたナショナリストの活動を、ある程度モスクワが吹き込んで指導している。ⓓ日本の占領政策はこうした潮流のなかで見直される必要がある。ⓔ占領政策の一部は、主権回復後に日本政府によって無効にされるのは明らかなので、好意を得て反動勢力を弱めるために、占領軍自らそれらを無効にすることが望ましい。ⓕ世間の感情（Public sentiment）は移ろいやすい。日本人の好意を守るための包括的な計画がなければ、共産主義者や国粋主義者などが、国務省と安全保障条約軍事関係機関双方の占領後の役割を難しくするだろう。ⓖいまから占領期間の終了までは、永続的価値がある好ましい印象を作り出す、アメリカにとってまたとない機会である。以上の認識に基づいて具体策が議論された。

占領期のさまざまな規制の緩和については以下のようにまとめている。①「日本の民主主義革命を実現するために、産業人のグループと軍人のグループを分離するくさびが打たれている」。公職追放解除の過程は下のほうから進めて、影響力がある指導者たちは排除したままにしておく。②旧軍指導者のパージは軍国主義を破壊した。軍の指導者たちと軍伝統の愛国主義は骨抜きにされている。アメリカは西側の防衛を強固にするために、日本の有能な旧軍人の協力を必要とする。③帝国主義戦争による日本の経済的繁栄は罰せられた。日本の産業人はすべて追放解除する。④戦争犯罪人についての特赦は占領軍がおこなうべきである。占領後では吉田内閣は特赦請願などの圧力に耐えられない。⑤教科書の再編集、すなわち検閲による削除を受けていない教科書の使用を許すこと。これは反動的なグループにとって日本人の愛国心を再建するために重要だが、占領軍としては、言論・出版の自由は民主主義の基本原則であり、日本政府に対して、将来の教科書については真実に関する強い憂慮をもって吟味してほしいと要望するだけにとどめる。

このほかに、負傷軍人への手当、日本人の感情のうえで重要な所有物の返還、リッジウェイ司令官の公的な露出、批准の日の適切な儀式など、細かい事項が述べられているが、興味深いのは、「日本人個人との関係」という項目である。この項目では、アメリカ占領軍は日本の客人であると考えることが日本人との関係を改善するための客観的な行為を伴うことになる、これは逆に、日本国民をアメリカ軍の客として迎えるということでもある、と述べている点だ。これによってようやく、日本人はほかの外国人と同じ客人としての待遇を、アメリカ軍で受けられるというわけである。

このように朝鮮戦争での国連軍の心理戦は、アメリカ国務省と連携した、アメリカ極東軍による心理戦と表裏一体であり、アメリカによる対日政策と分かちがたく結び付いていた。それは、日本における占領軍が表向きは連合国軍として成立しながら、実際にはアメリカ極東軍という二つの顔をもっていたのと同様である。国連軍のラジオ・プロパガンダのなかで隠されて見えないように抑えられていた日本という課題は、基本的にアメリカに有利な方向へ導くためひそかに心理戦の対象とされ続けていた。一方、北朝鮮や中国、あるいはソ連という共産主義側にとって、講和条約や再軍備問題も含めて、日本は朝鮮戦争での重要なプロパガンダのテーマだった。しかし、旧帝国が瓦解したあとの日本政府は沈黙し、心理戦でもひそかな協力をおこなっていた一方で、占領下の日本人も主流メディアもアメリカ軍が張った心理戦の暗幕を突破するよりも、それで目を覆って意識の外へ追いやる方向で冷戦期を歩み始めたのである。

注

(1) 佐藤卓己「メディア論――電体主義の射程」『ファシスト的公共性――総力戦体制のメディア学』(岩波書店、二〇一八年)を参照。

(2) 小林聡明「朝鮮戦争初期国連ラジオと英米・国連関係――VOA/BBCの役割と米国務省/英外務省の協力に焦

点をあてて」（20世紀メディア研究所編『Intelligence』第十六号、20世紀メディア研究所、二〇一六年三月）、同「冷戦期アジアの米軍心理戦——東アジアから東南アジアへの展開と拠点としての沖縄」（前掲『Intelligence』第十七号）。また、朝鮮戦争でのインテリジェンスの情報源としての捕虜について、同「Ｍ・Ｌ・オズボーンの捕虜教育工作と「貫戦史」としての心理戦」（20世紀メディア研究所編『Intelligence』第十九号、20世紀メディア研究所、二〇一九年三月）で論じている。

（3）アメリカでは、外国放送情報局、略称ＦＢＩＳ（Foreign Broadcast Intelligence Service または Foreign Broadcast Information Service。ただし、組織的変遷に従って名称は若干変化している）は、一九四七年以降ＣＩＡの傘下に入った。そのデイリーレポートは、中国・アジア・ソ連に関しては、七四年以降の分が精選されてデータベース化されているが、朝鮮戦争期の記録は含まれていない。また、公文書の記録に「アメリカの声」や「国連軍の声」の記録が含まれているかも確認する必要がある。

（4）Linebarger, *op. cit.*, p. 301.

（5）Pease, *op. cit.*, pp. 95-96. なお、アメリカ軍放送（ＡＦＲＳ）のスタジオというのも、日比谷にあった日本放送会館のＮＨＫのスタジオを接収したものを指していると考えられる。例えば、同書一〇一ページのスタジオ写真のマイクにはＮＨＫと記されているのがわかる。

（6）*Ibid.*, pp. 96-97.

（7）Command Report Detailed Activities of Psychologial Warfare Section, July 1951〔RG554, E#A1-141 Box177〕.

（8）この詳しい経緯については、前掲「朝鮮戦争におけるアメリカのプロパガンダ放送とＮＨＫ」を参照。

（9）Policy Guidance No.1~59〔RG554 E158-A Box21〕. ただし、Policy Directive, Policy Memorandum という題名になっている文書もある。

（10）前掲「朝鮮戦争におけるアメリカのプロパガンダ放送とＮＨＫ」を参照。

（11）Pease, *op. cit.*, p. 18.

（12）前掲『朝鮮戦争全史』一六七ページ

（13）Psychological Warfare Operations, 7 March through 13 March 1951〔RG554 E(A1)158 Box1〕. この文書では釜山

放送の合計時間は九時間十五分だが、番組表から計算すると九時間四十五分が正しいと思われる。

(14) FEC Psychological Warfare Operations: Intelligence by John Ponturo, Willmoore Kendall, September 1952, pp. 16-18〔RG550 E2(A1) Box103〕. なお、荻島良一／中田格郎／上原昇／浴本正生／山本武利「座談会記録 日本側ラジオ傍受機関の戦中・戦後――ラヂオプレスの創業者に聞く」（前掲『Intelligence』第十九号）では、民間情報教育局（CIE）をはじめGHQ関係がクライアントとしてかなりの額を購入していたとラヂオプレスの関係者が証言している。

(15) 一九四一年に外国放送監視局（Foreign Broadcast Monitoring Service：FBMS）として創設され、四二年七月に外国放送情報局（FBIS）と改称し、太平洋戦争では日本語放送の傍受もおこなった。田村紀雄「プロパガンダ研究とFBISの成立――コミュニケーション学胎動の土壌」（前掲『Intelligence』第十九号）を参照。

(16) FEC Psychological Warfare Operations, Intelligence 28 April 1952〔RG550 E2CA1 Box103〕.

(17) Psychological Warfare Operations, 7 March through 13 March 1951〔RG554 E(A1)158 Box1〕.

(18) Psychological Warfare Operations, 28 March through 2 April 1951 のなかの、ANNEX A. Frequency of Soviet Propaganda by FBIS 1-24 March 1951〔RG554 E(A1)158 Box1〕。これ以降の毎月の棒グラフでは一カ月分が集計されているのに対して、このグラフだけは二十四日分になっているので、このときから集計グラフの作成を始めたのかもしれない。

(19) スターハノフ法とは、当時のソ連で推進された、生産能率を上げてノルマを達成した労働者に報酬を与え、生産の増強を図る方法のこと。

(20) Psychological Warfare Operations, 30 May through 5 June 1951〔RG554 E(A1)158 Box1〕.

(21) COMMAND REPORT detailed activities of psychological warfare section for June 1951〔RG554 E#A1-141 Box177〕.

(22) Command Report, July 1951, FEC Psychological Warfare Section, Intelligence Division〔RG554 E#A1-141 Box177〕.

(23) Daily Collation Summary, 1 July 1951, Psychological Warfare Section GHQ, Intelligence Division〔RG554 E#A1-141 Box177〕.

（24）同文書

（25）Command Report, 1st Radio Broadcasting & Leaflet Group, 8329 AU, Headquarters and Service Command, General Headquarters, Far East Command, 6-31 August 1951〔RG554 E(A1)-158 Box1〕.

（26）Command Report, July 1951, dated 8 August 1951〔RG554 E#A1-141 Box177〕. なお、Pease, *op. cit.*, p. 101に、朝鮮語放送の二名（Yang Hong と Jin Wii）と中国語放送の二名（Margret An と Tuk Yen）が、東京の放送会館内のスタジオでマイクに向かう写真がある。

（27）Daily Collation Summary, 31 July 1951, Psychological Warfare Section GHQ, Intelligence Division〔RG554 E#A1-141 Box177〕.

（28）SUBJECT: Utilization by FECOM PsyWar of Japanese Advisory Groups, from Headquarter, Far East Command, Psychological Warfare Branch, 23 June 1952〔RG554 E(A1)158-A Box7〕.

（29）Request for Confidential Funds, dated 26 Feb, 28 March, 26 April, 24 May, 27 June, 1952〔RG554 E(A1)158-A Box7〕. この資料はすでに拙論「朝鮮戦争における心理戦に関する小考」（20世紀メディア研究会発表、二〇一一年十一月）で紹介したが十分に論じていなかった。

（30）書類では Hikozano と記してある。戦後は日本文化放送協会に勤務し、国士舘大学の法人国士舘館長代理も務めたという。

（31）Pease, *op. cit.*, p. 100に中国語放送のアナウンサーの写真があり、その左端に写っている一人がアン・マーガレットである。

（32）Report on the Psychological Warfare conducted by the Eighth Army Units in Korea, 25 June 1950 thru 27 July 1953, prepared in February 1954〔RG550 E2 Box99〕. この日本人顧問団は、チャールズ・ウィロビー少将のもとで占領軍司令部参謀第二部（G－2）歴史課に集められていた有末精三をはじめとする旧日本軍人たちのグループとつながっていたのではないかとも思われるが、いまのところ先の四人の名前は歴史課のメンバーには見いだすことができない。本書第5章を参照。

（33）Psychological Warfare Section Report for February 1952, Central Headquarters, Far East Command, p. 16〔RG554

E#A1-141 Box302〕.

（34）例えば、一九五二年当時に国際科学委員会（ＩＳＣ）による調査報告書が出されている。また、森正孝らによる朝鮮戦争米軍細菌戦史実調査団が二〇〇二年から何回か結成されて現地調査をおこなっている。中嶋啓明によるその調査報告も論文にまとめられている。一方、歴史家のキャサリン・ウェザースビーやメリーランド大学のミルトン・ライデンバーグらが、共産側の捏造でありプロパガンダだと主張している。和田春樹は前掲『朝鮮戦争全史』第六章で「「反細菌戦」キャンペーン」を論じ、これが「政治的なものであったとみるのが妥当」としている。現在まで中国と朝鮮ではアメリカ軍が細菌戦をおこなったことは史実と捉えられているが、アメリカはそれを一貫して否定している。なお、山本武利「南博の中国訪問」（『一橋大学創立１５０年史準備室 NEWSLETTER』第十号、一橋大学創立１５０年史準備室、二〇二四年三月）によれば、一九五二年十月に北京平和会議に参加した心理学者の南博は、その席上で細菌戦を糾弾する発言をおこなったことについて、その政治性を問われて、「細菌戦については国連軍に不利な資料が出ているのに国連側は沈黙を守り、敢えて反撃しないのは半ばその事実を認めている証拠ではないかと思い、朝鮮戦争で細菌戦が行われたという書類を信用した」と述べている。戦中にアメリカの大学で学んでいた南博のような日本のエリート知識人を含めた当時の日本人の一般的な認識は、およそこのようなものだったと思われる。

（35）Psychological Warfare Operations: 9 through 15 March 1952, Psychological Warfare Section, GHQ/FEC, 20 March 1952〔RG554 E#A1-141 Box302〕.

（36）Psychological Warfare Operations: 30 March through 5 April 1952, Psychological Warfare Section, GHQ/FEC, 11 April 1952〔RG554 E#A1-141 Box303〕.

（37）Psychological Warfare Operations: 4 through 10 May 1952, Psychological Warfare Section, GHQ/FEC, 16 May 1952〔RG554 E#A1-141 Box303〕. この文書によれば、細菌戦キャンペーンの放送件数が北朝鮮で最も多かったのは朝鮮語での放送だったが、次に多いのは日本語による放送だった。その多さに心理戦部も注目していた。中国語による放送ではもともと細菌戦への言及件数は少なかったが、四月下旬にはなくなってしまった。

（38）PSYCHOLOGICAL WARFARE ANALYSIS: CCF Psychological Warfare, 25 April 1952〔RG554 E#A1-141 Box303〕.

（39）Psychological Warfare Section Report October 1951, SD-16 OPERATION "FADE-OUT," 29 October 1951〔RG554 E#A1-141 Box177〕. なお、①から⑤は文書中の番号とは異なっている。

第10章　リオスノフ文書にみる朝鮮戦争での心理戦とその後

はじめに

前章では朝鮮戦争における国連軍のラジオによるプロパガンダを論じ、[1]その内容を分析したが、本章では、朝鮮戦争の心理戦に関わった一人のアメリカ人アレクサンダー・リオスノフが残した文書から、一九五〇年代のアジアでの心理戦の展開を考察してみたい。リオスノフについては、吉本秀子が沖縄でのアメリカ軍統治と朝鮮戦争の関係を述べるなかですでに紹介している。[2]彼はもともとラジオニュースのレポーター兼編集者だったが、朝鮮戦争の心理戦に従事したのち沖縄の広報担当に就き、アジアでのアメリカ軍の心理戦の実践を担った民間人である。彼の個人文書が、五〇年から七二年の沖縄返還までの期間のものを中心に、スタンフォード大学フーバー研究所のアーカイブに二〇〇五年に寄贈された。[3]これに基づいて本章では、言論の自由および多様な意見に基づいた民主主義というアメリカの理想と、軍や国家が介入する心理戦という統制とを、アメリカのメディア人だった彼が、実際の戦争や軍の統治について何を見聞きし何を感じて、どのように結び付け、考えたのかを明らかにしたい。

1　朝鮮戦争初期のラジオ・プサン

アレクサンダー・リオスノフは、一九二〇年五月七日に中国東北部ハルビン市に近いチチハルで、ロシア系ユダヤ人の両親のもとに生まれた。父親は一八九一年生まれの薬剤師だった。[4] おそらくロシア革命で亡命してきたために無国籍だったが、一九三五年に上海のアメリカン・スクール（上海美国学校、SAS）で学んだ。この学校は一二年にアメリカ実業界の支援で創立され、四九年に廃止されたが八〇年に再建され、リオスノフは晩年の八九年から二年間ほどこの学校の協会（Shanghai American School Association）の代表を務め、会報の編集にも携わった。[5]

高校卒業後、単身でアメリカに渡った彼は、一九三九年から四一年までミズーリ大学でジャーナリズムを専攻した。大学を終えると、ミズーリ州のセントルイス市にあったKMOX―CBSラジオニュースのレポーター兼編集者として働いた。しかし、四三年に召集されて一兵卒としてフィリピン戦線へ送られた。四六年に復員し、カリフォルニア州オークランドでKLXオークランド・トリビューンで、次いでサンフランシスコのKGO―ABCで、ラジオニュースのレポーター兼編集者になった。その間に正式に国籍を取り、上海にいた両親を呼び寄せたようだ。[6]

一九五〇年十月にリオスノフは再び召集された。同年六月に始まった朝鮮戦争で当初劣勢に陥っていた韓国軍と国連軍は、十月初めに三八度線を越えて北進、二十日には平壌に入り楽観論が広がった直後、十月末に中国人民義勇軍が鴨緑江を越えて参戦した。リオスノフは技術下士官として五〇年十二月五日に東京の極東軍（FEC）司令部の参謀第二部（G‐2）の心理戦部（PWS）に着任すると、数日のうちに朝鮮の興南に派遣されると告げられた。[7]「白人系や朝鮮系のアメリカ人からなる軍民の心理戦スペシャリストたちの小グループで働くことは特別な栄誉だと感じた」と彼はのちに述べている。しかし、出発は引き延ばされた。北部にいた十万人以上の国連軍と反共側の民衆が興南脱出作戦によって釜山へ脱出したからである。

結局、翌年一九五一年一月十五日にリオスノフは釜山へ赴くことになった。そこが国連軍の反撃の拠点であり、韓国放送（KBS）のラジオ放送局が唯一残された場所だったからである。零下のなか、丘の上にあるラジオ・プサンの建物に案内された彼は物も言えないほど驚く。大部屋に五十人ほどの男女がびっしりと立ち、その間にはテーブルや机が転がっていた。彼らはラジオ・ソウルやほかの韓国放送の放送局から着の身着のままで逃げてきた難民であり、韓国で有名なアナウンサーや俳優、ディレクターや作家や編集者たちだった。彼らとともにここに寝起きし働くことになったリオスノフは、彼らが口々に語る共産主義下での生活こそ、生々しく信頼できる“プロパガンダ”だと感じた。

彼のこの証言を補強する背景として、朝鮮戦争初年の国連軍による心理戦の状況を確認しておこう。一九五〇年六月の開戦直後から、東京に拠点を置くアメリカ極東軍が中心になって国連軍が組織され、その司令部G－2の下に心理戦部が置かれた。リオスノフはここに配属されたのだが、その時期に国連軍の戦局が反転し、五〇年十一月十四日から始められた平壌放送局からの国連軍放送は、十二月二日に平壌が中国軍の手に落ちると断絶した。ソウル放送局も五一年一月三日に北朝鮮側に奪われ、朝鮮半島各地の十五以上の放送局から関係者が釜山に避難して集まっていたのである。そこへ送り込まれたリオスノフが所属していたのは、アメリカ軍の「ラジオ・プサン担当将校」の少佐が率いる全部で四人の小班だった。彼らの任務は、釜山放送局が有していた電波を韓国放送および日本から送信されてくる国連軍放送「国連軍の声（VUNC）」の再送信とで分け合って用いる合間を縫って、国連軍によるラジオ・プサン放送を実施することだった。

彼らはまず、毎日昼の十二時三十分と夕方十八時から放送する十五分のニュース番組を制作しなければならなかった。だが、緊張した戦況で電話やテレタイプなど当時の放送局に必須の機材もなく電力も不安定だったため、ニュースの材料を集めるのも容易ではなかった。情報源の一つは日本の短波放送だったが、あまり確実ではないとして用いられず、リオスノフは持参した機器で東京やロサンゼルスのアメリカ軍放送を聞き取ったり、朝鮮人の通信技師がモールス信号の傍受で通信社のニュースを拾ったりした。(8)また、毎日十五分の時事評論（Commentary）も制作しなければならなかった。これには合衆国広報庁（ＵＳＩＳ）の資料が用いられたが、普通常備されているアメリカ軍機関紙『スターズ・アンド・ストライプス（星条旗新聞）』や雑誌も人づてに入手しなければならなかった。そしてそれ以上に、暖房が貧弱で、風呂や洗濯設備がないうえ、ネズミが出る住居に三カ月ほど耐えなければならなかったとリオスノフは回想している。(9)

2　リオスノフによる放送原稿の作成

ところで、リオスノフが釜山に着任したときを境にアメリカ軍の心理戦体制は変化した。一九五一年一月十五日にロバート・マクレール准将が、心理戦主任局（ＯＣＰＷ）で心理戦部を率いることになった。同時に心理戦はＧ－２から参謀第三部（Ｇ－３）の所管に転じた。これに伴い、在韓アメリカ軍第八軍（ＥＵＳＡＫ）の司令部に心理戦部が設けられてＧ－３の所管に入った。また、アメリカ・カンザス州フォートライリーで編成された戦術情報支隊が五〇年秋に朝鮮に移動し、第一拡声器・ビラ班に再編されて第八軍のもとで心理戦を担当した。五一年四月にはマッカーサーが解任されてリッジウェイ大将が司令官を務め、国連軍が三八度線まで反攻したあと、五一年八月に極東軍心理戦部は拡大して心理戦局（PW Section）になった。そのなかに発足したのが第一ラジオ放送・ビラ部隊であり、リオスノフはそこに所属した。

一般的に、公文書として残されている心理戦のビラや放送などの原稿には、作成者の名前はほとんど見られない。しかし、リオスノフ文書には彼が作成したと明記された放送原稿がいくつか残っているので、彼がどのような内容を放送し、国連軍の心理戦がどんな様子で実施されていたのか、具体的に考察してみよう。
彼が作成者として名を記している原稿で最も早い時期のものは、以下に紹介する『鉄のカーテンの陰で』と題した三十分番組の原稿である。放送日は一九五二年六月五日で、北京語と広東語に訳して放送された。この二つの方言による中国語放送は、中共軍が参戦した五〇年十一月以降に始められ、リオスノフはこの中国語放送のための原稿を書くことが第一の任務だった。台本はリアン氏とリー嬢という二人が交互に語る形式で進行する（図10―1）。

図10-1　「国連軍の声（VUNC）」のスタジオ
（出典：“Life and Times in the First Radio Broadcasting and Leaflet Group, June 1952,” Tokyo, Japan, File15, Box15, ALP）

リアン氏　「国連軍の声」がお送りするのは、『鉄のカーテンの陰で』という番組です。
リー嬢　このたび「国連軍の声」は、クレムリン支配地域で作られつつある歴史について毎週報告しています。すなわち検閲、秘密主義、そして恐怖という共産主義の鉄のカーテンにもかかわらず、自由世界に知らせるべく報告しているのです。
リアン氏　インドのネルー首相が最近こう言いました。共産党の活動は「全く時代遅れだ」と。そして「ソ連や中国が進歩だと言っているものを達成するために払った代価を、インドは決して払わないだろう」と付け加えました。この代価と進歩というのは……？
リー嬢　鉄のカーテンの内側とそれに接した地域からは、先週次のような報告がありました。ルーマニアでは今週、共産主義のもとでの代価と進歩が明るく照らし出されました。共産主義者が国を支配したところ、普通の、共産主義者でない人民は自由を失いました。そして彼らの貯金は失われ、工業や農業の生産は下落しました。共産主義とその理論の欠陥と弱点のためです。ルーマニアでは特にスターリンのために働いていたアナ・パウケルのようなお偉方を通じて。今週、同志アナが共産主義者と非共産主義者の喉に同様に押し込んだ薬の一部が、彼女に向かって吐き出されました。[10]

リアン氏　大柄で太っていて男のようなアナは、ルーマニア共産党書記、および党の政治局のメンバーを正式に解任された。公式情報によれば、ルーマニア内閣の外相の職はまだ保持しているが、それは衛星国では些細な仕事です。外相は、何か言うことがあるとすれば、クレムリンが決めたことを言うだけです。しかし、一方でオーストリアのウィーンの新聞は、アナには政治生命の終わりがすぐそこに近づいていると述べている。彼女は、三十年間クレムリンのために負傷し、獄に入り、流刑に処されたベテランである。

リー嬢　朝鮮では、最近北から逃げてくる難民が増え、現在ソウルの病院で、共産主義と逃亡時の苦難で味わった苦痛から回復しつつあります。

リアン氏　ある年配の農民は、寒さや、食べ物・薬・衣服が十分にないために人々がどれほど苦しんでいるかを語りました。

リー嬢　別の農民は、いわゆる「土地改革」の一部として、赤ども（reds）が税を徴収したことを話しました。しかしそれは正式な税金としてではありませんでした。徴収は、ソビエト朝鮮文化協会とか、民主青年同盟とか、農民組合とか、女性愛国者とか、そのほか何十もの共産党の諸団体への〝寄付〟という見せかけでおこなわれました。その難民はこう語りました。「少しずつ、私のお金や作物が、みんな消えてしまいました。口は小さいが腹は大きい、というのが北朝鮮の共産主義の税制度なのです」

リアン氏　ソビエト・ロシアでは、ソビエト経済の分野で国際的に知られた学者たち三十五人の会議が最近開かれ、そこでの報告によれば、クレムリン本国の領土内で農民の深刻な不満があるということです。その学者は、ソビエト経済は当分、ボトルネックと矛盾のために苦しむことになるだろうと付け加えました。リー嬢　ソビエトの情報源から共産圏の外部に届いた報告によれば、ソビエト・ロシアではまた、スキャンダルと汚職が共産党幹部の粛正を――しかも、クレムリンのボスであるスターリンの故郷、南ロシアのジョージア地方で引き起こしています。専門家は、これらの出来事はソビエト連邦特有のことではないと言います。けれども、最近認められた事実は、ロシアの官僚政治の中心人物たちが、いかに私的利益のためにその地位と影響力を使っているか、――そして党がそのスキャンダルを抑えられる間に逃げきっているかを詳細に語るものとみられています。(11)

以上からわかるように、これは共産主義国に関連した話題を連続して読み上げる方式のニュース番組で、前半ではインド、ルーマニア、朝鮮、ソ連、後半ではチェコスロバキア、中国の話が取り上げられている。二人が交互に語っているが、意見などを交わす会話にはなっていない。しかし、番組の目的が、共産主義国のさまざまな問題を取り上げて共産主義への疑問を抱かせることにあるのは明らかである。

図10-2　第一ラジオ放送・ビラ部隊に所属したころのリオスノフ（左）
（出典：ibid.）

この時期にリオスノフが所属していたのは第一ラジオ放送・ビラ部隊で、当時勤務していた場所は東京だった。ちょうど同じ時期にこの班の記念冊子が制作されていて、そこから当時のこの心理戦部隊の様子がうかがえる(12)（口絵11・12）。B5ほどのサイズで、写真とカラー印刷による美麗なこの冊子は、部隊の誕生の地であるフォート・ライリーから始まり「サヨナラ」のメッセージで終わる構成で、約七十ページにわたって、各担当部署の活動とともに個人の写真と名がわかるように記されている。そのなかにはアメリカの軍人・兵士だけでなく、民間人で軍に勤務した軍属、心理戦に翻訳やアナウンスなどで協力した中国人、朝鮮人、日本人、また事務を担当した日本人女性やビラの印刷担当者、ソウルと大邱の放送局の現地スタッフ、通信技師たちも含まれていて、延べ三百二十三人の姿が残されている。

心理戦部の報告書によれば、一九五一年七月時点で極東軍司令部(GHQ/FECOM)の心理戦部に正式に配属されていたのは、将校十五人、兵士七人、軍属五十人、日本人四人の計七十六人とあるが[13]、補充が必要とされていたので、五二年にパンフレットを作成した当時には百人ほどの人員が東京の極東軍司令部のオフィスにいたと推測できる[14]。また、五三年九月末の記録によれば、当該班には将校三十四人、軍属百三人が所属し[15]、そのほかにソウルと大邱の拠点にいた人々も含めて、総勢二百人ほどが当時の心理戦部隊の活動に携わっていたと思われる。人員の異動や交替も考慮すれば、冊子に掲載された写真の人数は実態と大きくかけ離れてはいなかっただろう。

このなかでリオスノフは蝶ネクタイに背広姿で写真に納まり、「ニュースほど敵を直撃するものはない、と番組開発者のアル・リオスノフは、自身が念入りに作ったさまざまな事柄や話に関するファイルを手に、最新の情報を書き手たちに提供するのを助けている」という説明で紹介されている[16](図10―2)。

3 捕虜へのインタビュー

この冊子が刊行されたと同じ時期、一九五二年六月下旬にリオスノフは、韓国・巨済島の捕虜収容所へ出かけた。目的は、捕虜にインタビューし、その録音をラジオ放送用に編集することだった。当時、巨済島の捕虜収容所には約十七万人の北朝鮮兵士が捕らわれていたが、これほど多数の捕虜を管理するための人員も経験も不足していた国連軍は、彼らに英語教育の機会を与え、反共宣伝を施すとともに、北朝鮮への帰還を望む者と韓国にとどまりたいと希望する者とを選り分けるスクリーニングを五二年四月から開始した。しかし、こうした行為が、特に共産主義者が支配していた居住区の捕虜たちの反感を呼び、スクリーニングを拒否する捕虜と軍の間で死傷者が出るほどの対立を引き起こしていた。こうした衝突の記憶も覚めやらぬ状況で、リオスノフは捕虜の話を録音しようしたのである。

このときに録音の方針を指示したと思われる原稿が残されている。(17) それには、「身の上話を聞くときには、共産主義者の恐怖、抑圧、無能さを示すような、心理戦に価値がある詳細に多く時間を割くこと」「録音時間は二分以上四分以内で。ただし、いいインタビューの場合には最大七、八分でおこなう」「氏名はなし、または名だけにする。仮名は考慮が必要」「録音の前に、捕虜に短くリハーサルさせること」「すべての録音テープには、番号と録音時間を記して、〔番組：引用者注〕制作のときに扱いやすいようにする」「すべての録音テープには短い要旨を付けること」という具体的な指示が書かれ、リオスノフの番組制作の経験が生かされていたことがわかる。

同時に彼が単なるニュース・ライターではなく、心理戦そのものに深く関わるようになっていたことが、以下のような指示からうかがえる。例えば、「北朝鮮でのロシア人の存在や、北朝鮮の共産主義者たちのロシアへの売国、搾取の証拠、朝鮮ナショナリズムの放棄を暴露するような録音を、五日間にわたるシリーズに用いるため、三十分程度確保すること」、これは、北朝鮮の共産主義者は朝鮮として独立するナショナリズムを放棄し、ロシア人に従って朝鮮人を搾取し、売国行為をおこなっていると訴える連続番組の作成を前提に、捕虜へのインタビューをおこなうことを指示している。さらに、「一連の北朝鮮の文化的ソビエト化、焚書や民族衣装や宗教、家族生活の抑圧に関する証言、ロシア人を模倣するような命令の証拠などを得ること」も同様に、北朝鮮で民族文化や宗教を抑圧し、ロシア人を模倣した生活をおこなうよう命じる文化的なソビエト化を告発するという意図である。また、「国連に関するシリーズ：捕虜たちが韓国で見たもの、韓国での国連軍の人道的活動について聞いたこと。国連が、世界の自由と平和を愛する人々を代表しているという考えを裏付けること」という指示は、捕虜たちの経験を通じて、国連と国連軍に対するイメージを医療などの人道的活動と結び付けて向上させようという狙いである。一方、「共産主義者が戦争を始めたという、朝鮮人と中国人両方の証言。侵略への加担。〝志願兵〟という神話を破壊すること」というのは、朝鮮戦争がどちらの攻撃から始められたのかという言説をめぐるテーマで、北朝鮮側は韓国が侵略してきたと主張していたのでそれを打ち消すことが必要だった。また、中国兵は〝志願兵〟だと中国側は主張していたが、国連軍側は中国共産党が主導した派兵だとみていたからである。そして北朝鮮内部の不和を助長するために「〝キム王朝〟への不信の表明や共産主義の指導者や思想に対する不信の証拠を集めること」という指示も出された。これは対敵プロパガンダでは常道の方策である。しかし、最も重要な攻撃は共産主義そのものへの疑問を引き起こすことであり、「共産主義化でコントロールされている人々のタイプ：無能な人、不忠な人。共産主義者の収賄、汚職、えこひいきに関する話」として、共産主義者への不信を招く具体的な事例を集めていた。さらに、「共産主義対自由主義とか中国と朝鮮のロシア化などの政治的な問題に関し、捕虜のなかで頭がいい三、四人の者に討論させる円卓会議を、二、三回録音すること」という討論の具体的な実施案も考えられていた。「捕虜二人が各自の経験を比較する対話。なぜ降伏したのか。共産主義への幻滅。戦闘の苦難。戦争が北朝鮮と中国にとって望みがないことなど」というように、捕虜自身に経験を語らせて、投降した理由とともに共産主義への幻滅を語らせるのも有効だとされた。もっと単純な方法としては、「捕虜の通常の生活を録音すること。ゲームやおしゃべり、音楽や歌、ラジオやレコードや手仕事など。待遇のよさと士気の高さを強調すること。また、捕虜の社会復帰のための教育や情報番組」などで、捕虜が国連軍のもとでどれほど厚遇されているのかを、その生活の様子から示すということも考えられた。

　こうした内容を入手するため、リオスノフは韓国系アメリカ人の通訳とアナウンサー、技官を伴って収容所に赴き、対敵諜報部隊（CIC）が用意した捕虜の名簿をもとに五十人ほどの捕虜へのインタビューを録音した。[18]心理戦のため捕虜と直接接するのは、彼にとって初めての印象的な体験だった。[19]彼らは北朝鮮や巨済島で直接経験したことを語れる者を求めたが、反共産主義的な話をする捕虜は北朝鮮兵士の仲間にすれば裏切り者であり、インタビュー後に暴力を振るわれ、あるいは殺されるかもしれない危険があった。そのため、特別の保護と許可を得ないと対象の捕虜をインタビューの場所に呼ぶこともできなかった。最も厳重な警戒を要する捕虜と面談する正式な手続きをして、夕食後にリオスノフなどが到着すると、調査官が夜の間中彼にしがみついて離れないということもあった。[20]捕虜のうち本物の反共主義者は、食べ物も特に要求せず期待しなかった。なかでも最良の人物は読み物を求め、話し相手をほしがった。教養があまりない者は何がもらえるのかに関心があった。つまり、米とか国連軍側の庇護とかである。[21]

インタビューがうまくいかなかった例もある。ある捕虜は、自分は北朝鮮に帰りたい、なぜならそこで自分は幸せな生活を送り、共産主義者がよく食べさせてくれたからだ、と泣き崩れた。また、ある捕虜は話をするためには自分の上官からの書面が必要だと主張した。しかし、リオスノフらを最も悩ませたのは、たとえ反共産主義者の捕虜であっても共産主義の特殊用語をまくし立てることだった。これは捕虜たちに強烈な洗脳がおこなわれた証拠であり、結局あとで録音テープを編集してカットすることになったという。[22]最も印象的だった捕虜としてリオスノフが書き残しているのは、「埴生の宿（Home Sweet Home）」の節を歌っていた十八歳の青年である。歌詞はまるで別物だったが、遠くで歌を聞いてリオスノフは声の主を探し出してその美しいテノールを録音し、捕虜収容所のいい待遇と望郷の思いを示すものとして用いたという。[23]

八時から十七時まで外でインタビューの仕事をして、夕食後から二十二時過ぎまで翻訳と編集の作業をした、十日間にわたる嵐のようなこの仕事の結果がどのように生かされたのか、具体的な原稿は残されていないが、リオスノフは「巨済島は、われわれの武器にすべき最良の、最も利用価値がある話題である」と記し、そのためにも質の高い通訳・翻訳官が必要なのだと強調している。[24]彼にとってこの巨済島での仕事が、心理戦に深く関与する転機になったのではないかと推測される。

4　心理戦ラジオニュース

この時期にリオスノフが記したと思われる「心理戦ラジオニュース」の責務に関するメモがある。[25] それによれば、第一の責務は「最新の心理戦の方針指導と指示に沿って、最新の正確なニュースと話題を放送すること」である。この目的に向かって、ラジオニュース制作部門は「日本の東京および韓国の釜山とソウルでの心理戦のニュース活動と設備を調整するように」組織されなければならない。東京のオフィスは、国連と反共活動のニュースに関するあらゆる印刷物をはじめとするニュースを調査する設備を整える。また、現地のニュース番組と人員の活動を指示し調整する。同時に釜山とソウルでの心理戦ニュースと評論の放送を運営する人員と番組制作を監督し調整する。担当の書き手と調査係は、韓国の情報局長室や国連の民間援助司令部、朝鮮統一復興委員会、国連軍渉外部の病院、韓国の学校や孤児院などの情報源との接触を保ち、心理戦に適切な材料を集める。

毎晩のストレート・ニュースによる番組は、韓国語による十五分の放送と中国語による十分の放送からなり、朝鮮半島にいる中国人共産主義者に向けて発信される。心理戦の書き手たちはラジオ東京のビル（NHK放送会館）で夜勤を命じられる。GHQ渉外部の担当者もそこにいて、速報を差し挟んだり、ニュースや評論で必要な変更をしたりするためである。

ニュース放送の材料はアメリカの主要ニュース通信社から集める。ラジオニュースの運営担当はシティデスクと呼ばれ、国連と反共関係のあらゆるニュースを心理戦の方針と指示に沿ってふるいにかけ、朝鮮での国連の活動と結び付け、世界的なニュース報道にも東京や韓国での録音を追加し、ローカルなひねりを加える。さらに、インテリジェンス部門の報告書や渉外部の発表および渉外部との連絡、地元や海外の新聞・雑誌、本やパンフレットなどさまざまな材料を用いて、重要な記念日や受章や勲章、救援物資発送式などのイベントの情報も集める。

このシティデスクとは彼自身の活動を指していて、その取材活動はまさに一般的なラジオのニュース番組の取材と同じと考えていい。しかし、それはあくまでも心理戦の方針と指示のもとで目的を定められ、範囲や表現を制限された政治的プロパガンダの一環だった。リオスノフにとって、ジャーナリズム活動と心理戦でのニュース番組制作との間には大きな齟齬がなかったように見受けられる。

しかし、キャサリン・エリザベス・ドールによれば、リオスノフは宣伝家とジャーナリストは視点が異なると考えていたという[26]。商品を売り込む人と話を語る人は別者であり、石鹸を売るように民主主義や自由の概念を売ることはできない。フォート・ライリーで訓練を受けてきた宣伝広告関係者とそのアプローチの仕方は、結局、アメリカ人の考え方や欲求に基づく底の浅い心理戦の知識によるものにすぎず、現地の文化や習慣を理解したものではない、と彼は違和感を抱いていたようだ。それは彼がチチハルでロシア人の両親のもとに生まれ、十代後半を上海のアメリカン・スクールで過ごしたという経歴があったからだろう。

一九五三年春にリオスノフは、北朝鮮兵をめぐる二つの印象的な事例に遭遇する。一つ目は、ロシア語を話す北朝鮮兵捕虜ジュ・ヨンボク大佐であり、彼はソ連と共産党員が指揮した北朝鮮による侵攻計画を話し、それが五三年三月十二日のラジオで放送された。放送原稿では名前を伏せているが、リオスノフがそれに目を通したことはまちがいない[27]。

もう一つは、「ムーラー作戦（Operation Moolah：お金作戦）」と名付けられた一九五三年四月下旬に開始された作戦である。ロシア製の戦闘機ミグ（ＭｉＧ）のパイロットに対し、飛行可能な状態のジェット戦闘機に乗ってそれを韓国に運んできた者には五万ドルを与える、そして最初に戦闘機を運んできた勇敢なパイロットにはさらに五万ドルを与える、と亡命を呼びかけるものだった。そのビラはロシア語、中国語、朝鮮語で製作され、ラジオ放送も同様にその三言語で繰り返しおこなわれた[28]。しばらくすると北朝鮮では、ロシア語放送が強力なジャミング電波で妨害された。ソ連は朝鮮戦争に参加していないという建前だったため、ソ連のパイロットは北朝鮮の前線から引いていった。

しかし、亡命者は出ず、休戦協定の締結もあってこの作戦が忘れかけられたころ、一九五三年九月二十三日に北朝鮮空軍のロ・クムスン大尉がミグ15戦闘機で金浦空港に着陸した。直後に彼は沖縄の空軍基地で「調査補助員」として雇われ、共産側の航空兵力について質問攻めにあった。[29] 彼は三二年に北朝鮮の咸興市近くの町で生まれ、父親は日本人所有の野口電力で働いていた。[30] 家族はクリスチャンで、日本の敗戦後、父親は非共産主義者として朝鮮民主党に加わった。小学校では日本語の読み書きを習い、日本語の本でアメリカの文化を知った。四五年以降はソウルから送信される「アメリカの声(VOA)」を聞いていて、英語の先生の影響もあって親西洋的だったが、朝鮮民主主義人民共和国(北朝鮮)が成立すると四八年九月十二日にすべてが変わった。非共産主義者の教師はすべて解雇され、英語のクラスは廃止され、ロシア語が必修になった。四九年、彼は十七歳になり、徴兵されて北朝鮮軍に入り、朝鮮戦争が始まると北朝鮮空軍第一部隊のパイロットに配属、満洲の安東に駐在してアメリカ空軍と戦っていたのである。

彼は十万ドルを与えられたが、それを受け取らないかわりにアメリカに亡命して大学で専門教育を受けることになり、のちにCIAのフロント組織で働いた。ソ連の宣伝は、この作戦は国際法に反した小細工だと非難した。[31] 非倫理的行為だったかもしれないが、国連軍側はこれでソ連が平和な傍観者ではなく、北朝鮮を積極的に支援している証拠としてミグ戦闘機を突き付けることになった。リオスノフがこの作戦の放送原稿に関わったことは確実で、文書のなかにこの作戦に応じるよう呼びかけるロシア語や中国語のビラが何枚も入っていることからも関心が高かったものと思われる。亡命した大尉は旧日本帝国が支配していた北朝鮮出身の二十一歳で、母語の朝鮮語のほかに日本語や英語やロシア語を学び、越境してきたという来歴をもっていた。それがリオスノフ自身が中国東北部から上海、そして十八歳でアメリカへと渡り、母語のロシア語のほかに中国語や英語と多くの言語を身につけることでくぐり抜けてきた越境者の旅路と響き合う思いがしたのかもしれない。

5　休戦後の心理戦

一九五二年四月二十八日にサンフランシスコ講話条約と日米安全保障条約が発効すると、占領軍は徐々に東京のオフィスを引き払ったが、極東軍司令部はイギリス連邦占領軍（ＢＣＯＦ）が去ったあとの三菱ビル十五号館（The Empire house）にあった。五三年三月にスターリンが死去し、七月二十七日に休戦協定が調印されると、韓国政府がソウルに確立し、国連軍放送の送信機もソウルに置かれた[32]。しかし、第一ラジオ放送・ビラ部隊はその後も三菱ビルの六階で活動を続けた。五三年九月末の名簿に記された電話番号によれば、リオスノフは専用の電話を与えられ、個室ないしはそれに近い環境で勤務していたと推察される。

一九五四年二月のある週の国連軍放送番組表[33]によれば、二十一時から中国語の北京官話によるニュースが約十五分、評論が約十五分、『アジア・ダイジェスト』が約十五分、『夜の音楽』が約十分、『ニュース要約』が約五分で、二十二時からは朝鮮語によるニュースが約十五分、評論が約十五分、『アジア・ダイジェスト』が約十五分と、ここまでは中国語と同じだが、二十二時四十五分から『われわれが生きている世界』を約十五分、二十三時から『ニュースの要約』が約五分、続いて『きみの自由な兄弟たち』が約十分、『モラン（牡丹）』が約十五分とあり、これはドラマ仕立ての番組ではないかと思われる。そして二十三時三十分からは、約五分間の音楽ののち広東語のニュースが約十五分、評論が約十五分と続き、夜中の零時過ぎからは中国語による再放送がおこなわれるというプログラムである。合計で約三時間分の中国語と朝鮮語のこの放送を、第一ラジオ放送・ビラ部隊は作成していたのである。

リオスノフは、これらの番組の原稿作成・編集・運営をおこなうニュース制作の統括者を務めていたが、一九五四年八月ごろからソ連の放送を傍受して分析する仕事も担当している。その報告書[34]によれば、シベリアのウラジオストク、ハバロフスク、コムソモリスク、チタ、ブラゴベシチェンスク、ビロビジャン、ヤクーツク、ユジノ・サハリンスク、モンゴルのウランバートルの各放送局からのロシア語放送を傍受し、さらに北京話、広東語、朝鮮語、日本語、ベトナムのトンキン語、インドネシア語でおこなわれているモスクワ放送局の極東向け放送も傍受して分析したという。両親はロシア語を話していたのでその聞き取りは難なくできただろうし、英語と中国語の能力もあった彼は、五四年に日本人の妻チエコと結婚して日本語もある程度解したと思われ[35]、そのポリグロットな能力からすれば、これら全部ではないにしても、ある程度は自分で実際に聴取したと考えられる。

やがて第一ラジオ放送・ビラ部隊は、八二三九部隊の心理戦支隊に再編される。一九五五年一月の組織図[36]によれば、リオスノフは調査分析および評価課に属し、その調査部門のなかで諜報、プロパガンダ分析、外国語などと並んで運営（Operations）という部署で主任を務めている。しかし、この部署はその後の書類ではニュース編集室（Newsroom）と呼ばれるようになり、リオスノフはその室長を務めた。そこで彼がメンバーに対して配布した業務メモ[37]によれば、ニュース編集室の業務は主に四つに分かれていた。すなわちニュースと特殊イベント担当、評論の調査と執筆担当、参考資料室、およびテレタイプ担当だった。彼はこのメモのなかで、国連軍放送の毎晩のニュースや週末のニュース特集などについて細かい指示を念入りに与えている。そのなかでも彼が力説したのは、どのように多くの情報を集め、そこからどのように情報を選択して整理し、ニュース番組制作につなげるかということだった。

リオスノフによる一九五六年のメモ[38]によれば、ニュース編集室には、主として以下の情報源から毎日十万行以上のニュース資料が集まってきた。①東京のＡＰ通信社に毎日二十四時間稼働で直接送られるテレタイプ。②大使館別館の合衆国広報庁で日に二回出されるテレタイプされたＵＳＩＳニュース、およびワシントンの大統領府から合衆国広報庁が受け取った特別情報。③日に一回『スターズ・アンド・ストライプス』から送られる、ＵＰとＩＮＳのテレタイプ情報の複写。④東京で発行されている英語の日刊紙。⑤ソウルから定期的に送られるソウルの英語新聞。⑥傍受した国際放送のラヂオプレスによる要約。これはラヂオプレスの配達人によって週六日、毎朝届けられる。⑦コリア・プレスによる韓国国内のニュースの英語レポート。週六回コリア・プレスの配達人によって午後の早い時間に届けられる。⑧心理戦局調査部がまとめた共産主義プロパガンダの概要が週に五日と、動向（Trends）が週に一回。⑨極東軍の諜報部から週五日配布される共産主義プロパガンダのニュースと評論に関する厳選された報告書。⑩東京とソウルのアメリカ大使館で作成され、週に五日配布される日刊紙の翻訳。⑪自由中国政府（台湾）およびビルマで作成されて送られてくる情報誌。これらを編集長とスタッフがふるいにかけることがまず第一の仕事である。

編集長はトップニュースを選び、週六日開かれる極東アメリカ軍の心理戦企画会議でその成り行きについて説明し、ニュースと評論の利用に関する議論の基礎を提供する。その議論の結果、ニュースや話題のどこに強調点を置くか、また編集室が書く週六日のニュース解説で取り上げるテーマと主な内容が合意される。編集長は、製作指針、会議の決定、そして必要なときには上層部と相談して、毎晩の放送に含める話を自分で決めて準備する。編集室のスタッフとニュース編集長は、さまざまな心理戦関係の番組にそれぞれ役立つ不可欠な材料を集める。それらは日々のニュースや評論、また国際ニュースの進展の分析を構成し、さらには毎週のニュース関連の番組の基礎や、ニュース・スタッフの手が届く範囲で背景や歴史的情報を提供することになる。

こうした通常業務のほかに、特別なイベントがある場合には、編集室のスタッフはインタビューの手配や実施、あるいは屋外での放送を準備する。過去の例として、一九五六年三月にジョン・フォスター・ダレス国務長官が国連軍放送だけでおこなった北朝鮮向けの演説[39]や、五一年から五六年までの間におこなった国連や自由中国（台湾）や韓国軍などの指導者たち、あるいは朝鮮人や中国人の捕虜や脱走者へのインタビュー、そして五三年一月二十三日から二十四日に現場から直接放送された、自由区に戻ってきた朝鮮人や中国人の捕虜による板門店から韓国への行進が挙げられている。

このような編集室の活動がどのように評価されたのかは、直接的にはわからない。心理戦としての評価を担当する部署は別にあり、編集室はそのフィードバックをもらっていたと思われるが、間接的にそれがわかる文書としては「心理戦の書き手のハンドブック（中国人聴衆のための）[40]」がある。これは国連軍放送に対する日々の批評やコメントに基づいてまとめられたもので、表現のよし悪しを述べた具体例が挙げられていて、実例に基づく批評的な指示だと考えられる。例えば、最初の「共産主義は何も与えない」という項目では、「われわれは、「地球上のほとんどの国には、共産主義に引かれる不平分子や社会的不適応者がいる」と述べるべきではない。そのような言い方は、「共産主義」がある人々に何かを与えることを意味すると解釈されかねないので、危険である」というように、国連軍放送で実際に使われたと思われる文を具体的に批判している。

このハンドブックには、こうした注意事項が三十三項目にわたって述べられている。そのなかには、「アメリカによる原子爆弾爆発」「孫文」「中国の旧式な詩」「「共産中国」は好ましからぬ語」「「平和交渉」や「台湾問題」で、共産主義者が意味しているものは何か」「北朝鮮人の中国人に対する暴動」など、おそらく議論の的になったと思われる項目が並べられている。これらは、メディアを通じて拡散されるニュースや言論に対して心理戦が課したくつわの痕跡といえるだろう。当時三十代半ばのリオスノフは、将校たちから命じられる心理戦の方針に沿った範囲で、中間管理職として、ジャーナリストの経験を仕事につぎ込んだと思われる。しかし、国連軍放送はあくまで軍の放送組織であり、民間人である彼の仕事が武官のもとでどのように評価されたのかはわからない[41]。リオスノフは「批判的な視点で自分自身の置かれた状況を見ていた部分があったようである[42]」と吉本秀子が指摘するとおりだろう。

おわりに――沖縄へ

一九五七年六月にリオスノフは東京を去り、沖縄で琉球列島米国民政府（以下、米民政府）の広報局に赴任する。彼の最初の仕事は、米民政府が住民向けに発行した月刊誌『今日の琉球』（一九五七年十月創刊）の出版だった。次いで、五七年十月からは広報担当になり、地元ニュース報道、および関係部署の広報に関するすべてにわたる助言と案内の提供や運営の実施が彼の仕事だった。関係先は米民政府の各部署だけでなく、在中アメリカ軍および沖縄に事務所がある新聞社、通信社、アメリカ軍の放送を含むラジオ・テレビ放送局などのあらゆるメディアが含まれ、リオスノフはそれまでの米民政府の広報のあり方を大幅に改革し押し広げようとした。[43]そして六八年には広報局報道課課長、七一年には広報局長に就任、七二年五月の沖縄返還まで住民に対する広報を担当した。

この米民政府の広報局での仕事は、リオスノフにとって、もともとのジャーナリストとしての仕事により近かった。一九五七年以降に米民政府は、国防長官が任命するアメリカ陸軍将官の、すなわち軍人の琉球列島高等弁務官が長になり、強大な権限をもって住民による琉球政府の施策に介入し、しばしば軋轢を生じた。そのなかにあって、住民の不信や誤解を克服するための情報を発信することが広報局の使命であり、リオスノフの広報活動の対象は第一に地元住民だった。つまり、極東軍心理戦部での仕事が、主に北朝鮮や中国の兵士たちを対象とした軍事作戦の一つだったのに対し、沖縄での業務は軍による統治組織の一部ではあるが、一般市民に向けられたものであり、一般的なジャーナリズムがはたらきかける対象と同じだった。

しかし、二〇〇五年に受けたインタビューで、彼は沖縄での仕事を振り返り、それは「心理戦」だったと述べている。[44]軍の統治組織のなかでの広報活動は、それが住民相手でも軍の方針のもとにあった、というだけの意味ではないだろう。すでにアメリカにとって、「心理戦（Psychological Warfare）」は戦闘行為に伴う兵士を主な対象にした軍事作戦の一つにとどまらず、冷戦下で共産主義と戦うために国内外のより広い人々へ自由主義世界を宣伝するための情報活動として、軍だけでなく国務省など官民を含んだ連携による「心理作戦（Psychological Operataion）」へと展開していたからである。[45]その転換点は朝鮮戦争の勃発による冷戦プロパガンダの本格的開始であり、リオスノフはそこに立ち、それに伴走していた。リオスノフは広報局でニュースの材料を集めて整理するかたわらで、共産主義放送の分析に関わっていたのかもしれない。[46]言論の自由を掲げるアメリカで、公平で客

図10-3　1972年に特別功労賞を受けたときのリオスノフ（左）
（出典：File4-9: USCAR, Public Affairs, Policies, Operations, Box24, ALP）

観的なジャーナリズムを理想にする教育を受けた彼は、ベトナム戦争が進行するなかで、真実による宣伝にとどまらない、反共産主義のプロパガンダを実践する矛盾を感じていたかもしれない。しかし、自由主義諸国が信奉する言論の自由と民主主義の理念はジャーナリストにとって譲れない原則であり、それを支える活動は彼にとってまちがいなく意義ある仕事だった。しかも、帰るべき故郷を特定の民族を柱にした国家のなかにもたないリオスノフのような人にとって、言語や民族を横断する心理戦とジャーナリズムの間に位置する業務は、アメリカ内のジャーナリズムの競争のなかにとどまるよりも、はるかに自分の経験を生かしうる充実感を伴う仕事だったのではないだろうか。

　沖縄でのリオスノフの活動を詳しく論じるためにはさらに別の章が必要だろうが、ここでは一九七〇年と七一年のアメリカ陸軍での表彰から、彼の功績を讃える言葉を引用しておこう。「氏は、公務の処理に関わる問題の遂行、アプローチ、解決において卓越していた。彼の主体性、判断力、専門的知識は、協調的な態度と監督能力と相まって、全体的な任務の成功達成に大きく貢献した[47]」「彼はジャーナリズムのプロとして、同部門でうらやましいほどの実績を残した。（略）現地の政治・経済・社会情勢がきわめて複雑かつ微妙な状況にあるにもかかわらず、きわめて高い水準で効果的かつ広範囲な広報活動をおこなった[48]」（図10―3）

　約十五年間にわたる沖縄での活動で、彼は沖縄のメディア関係者のほとんどと親交を結ぶことになり、琉球政府からもしばしば感謝状を受けるほど評価された。彼のこうした活動は、ジャーナリストとしての基礎、そして朝鮮戦争での心理戦の経験の上に成立していたのである。

注

(1) Alexsander Liosnoff の氏名には、「アレキサンダー・リュウズノフ」(一九六三年に那覇市長から贈られた感謝状)や「リオズノフ」「リアーズノフ」(一九七一年の表彰状)など複数の日本語表記があるが、本章では引用文を除き、「アレクサンダー・リオスノフ」で統一する。
(2) 吉本秀子「日本復帰五〇年の沖縄から見た朝鮮戦争」、崔銀姫編著『東アジアと朝鮮戦争七〇年——メディア・思想・日本』所収、明石書店、二〇二二年、一八八—一九六ページ
(3) Alexander Liosnoff Papers (Collection Number: 2005C19), Hoover Institution Library and Archives, Stanford University. 以下の注では、このコレクションを ALP と略す。
(4) 両親の渡米時のパスポートの記載による。File: Russian Portrait, Box42, ALP.
(5) File: ASA/ASAS Historical"、および、File: SAS-NEW-1980, Box1, ALP を参照。
(6) File: Oral History Interview, Box1, ALP を参照。
(7) Alex Liosnoff, "Fighting in the Korean War From a Radio Station," 2004, File: Korean War Speech Material, Box42, ALP.
(8) アレクサンダー・リオスノフが感嘆した"U. P. Kim"というあだ名の通信手が書いたメモが File2, Box15, ALP に残されている。
(9) "Fighting in the Korean War From a Radio Station"、および、Report of Radio Pusan operations, 15 Jan. 51 to 15 Aug. 51, Memorandum to Lt. Col. Folen from A. Liosnoff, 20 May 52, Box41, ALP.
(10) アナ・パウケルは一九一五年にルーマニア社会民主党に入党し、以後、共産主義指導者として活動、四七年にはルーマニア共産主義政権で世界で初の女性の外務大臣になった。五二年五月二十七日に彼女はルーマニア共産党書記局から追放され、五三年に逮捕された。その後釈放されたが、五四年に党から除名された。
(11) "Behind the Iron Curtain," File3, Box15, ALP.
(12) "Life and Times in the First Radio Broadcasting and Leaflet Group, June 1952," Tokyo, Japan, File15, Box15, ALP.

(13) Command Report, July 1951, Administrative Division, Psychological Warfare Section, FECOM, dated 1951/8/7〔RG554 E#A1-141 Box177〕.

(14) 極東軍司令部の心理戦部（PWS）は当初、日本郵船ビル（the NYK building）にあったが、一九五一年に隣の三菱商事ビル（the Empire House）に移動した。

(15) 1st RB&L GP Personnel Roster"、および、Civilian Personnel Roster, 30 September 1953, Box42, ALP.

(16) ただし、彼が原稿を書いていた国連軍放送のスタジオは、NHK放送会館のそれを使用していたと思われる。なお、第8章で述べたように、この冊子には日本人の画家二人の写真があり、その一人は大石哲路とみられる。

(17) Suggesting for taping interviews with Chinese and Korean POW's, Box15, ALP.

(18) Alexanger Liosnoff, "Kojo Report, 30 June 1952," Box41, ALP.

(19) Captain Robert A. Leadley 宛てのリオスノフの手紙、June 30, 1952, Box41, ALP.

(20) Liosnoff, "Kojo Report, 30 June 1952".

(21) 注（19）に同じ。

(22) Liosnoff, "Kojo Report, 30 June 1952".

(23) 注（19）に同じ。

(24) Liosnoff, "Kojo Report, 30 June 1952".

(25) 無題、日付なしの二ページのメモ。File: Korean War Speech Materials 1952-2007, Box41, ALP.

(26) Kathleen Elizabeth Doll, "Persuasive Potential: U. S. Psychological Operations from the Korean War to the Vietnam War," submitted to the faculty of the University Graduate School in partial fullfillment of the requirements for the degree Doctor of Philosophy in the Department of History, Indiana University, July 2021, pp. 58-59. 彼女の叙述はリオスノフに対する次のインタビュー記録に基づく。Interview with Alexander Liosnoff by Brad Bauer, October 3, 2005, transcript, Folder2, Box1, ALP.

(27) North Korean Major Tells of Communist Invasion Plans, March 12, 1953, File5, Box15, ALP.

(28) Pease, *op. cit.*, pp. 68-77.

（29）"I Flew My MIG to Freedom," *The Satuaday Evening Post*, October 9, 1954, Box15, ALP.

（30）おそらく日本窒素肥料を中心とする日窒コンツェルンを築いた野口遵が設立した、朝鮮・満洲鴨緑江水電のことかと思われる。

（31）Pease, *op. cit.*, pp. 68-77.

（32）Pease, *op. cit.*, p. 102.

（33）Radio Schedule, Friday PM 19 February 1954, Saturday AM 20 February 1954, The Voice of The United Nations Command, 1st Radio Broadcasting & Leaflet Group, 3rd Anniversary, Psychological Warfare Section, Headquarters, United State Army Forces, FAR EAST, File15: Korea General, Box15, ALP.

（34）Communist Propaganda Analysis, 30 August 1954, Liosnoff, File9, Box15, ALP.

（35）リオスノフが二〇一〇年三月二十七日にネバダ州リノで八十九歳で亡くなったときに出た新聞記事の記載によれば、妻チエコとは五十六年間連れ添ったという。*The Reno Gazette Journal* and *Lyon County News Leader*, April 9, 2010.

（36）Research, Analysis and Evaluation Section, 10 January 1955, File: Psywar Korea/Press, Box41, ALP.

（37）Operation Memo#1, 28 Nov. 1955, by Alexander Liosnoff, Chief, Newsroom, File1: Psywar Korean War, Box15, ALP.

（38）Outline of Newsroom Activities, 7 Dec. 1956, File1: Psywar Korean War, Box15, ALP.

（39）ジョン・フォスター・ダレス国務長官は、一九五六年三月に、カラチ、ニューデリー、コロンボ、ジャカルタ、バンコク、サイゴン、マニラ、台北、ソウル、東京を歴訪している。東京には三月十八日から十九日に訪れ、鳩山一郎首相と重光葵外相と会談しているので、その間に国連軍放送に協力したと考えられるが、未確認。

（40）Psychological Warfare Writer's Handbook (For the Chinese Audience), Aug 1955, File1: Psywar Korean War, Box15, ALP.

（41）例えば、Charles H. Briscoe, "Top Priority RB&L Missions: Radio Tokyo, VUNC, and KBS," *Veritas: Journal of Army Special Operations History* Vol.7, No.2, pp. 19-31を参照。

（42）前掲「日本復帰五〇年の沖縄から見た朝鮮戦争」一九四ページ

(43) Alexander Liosnoff, Record of operations, June 1957 to date, with U. S. Civil Administration of the Ryukyu Island, 25 March 1961, File4-9, Box24, ALP.

(44) 注（6）に同じ。

(45) Doll, op. cit.

(46) 前掲「日本復帰五〇年の沖縄から見た朝鮮戦争」一九五ページに、アメリカ軍統治下の沖縄には共産圏からのラジオ放送を傍受する施設があったという証言が紹介されているが、リオスノフ自身はおそらく傍受や翻訳の担当者ではなく、そこからの情報を報道に生かす作業を担当していたのではないかと思われる。

(47) Outstanding Performance Award, July 29, 1971, File4-9, Box24, ALP.

(48) Outstanding Performance Award, May 20, 1970, File4-9, Box24, ALP.

終章　終わらない心理戦

占領期とは日本のメディアにとって何だったのか。日本人の立場からみれば、全体主義のもとでの理不尽な抑圧や、新聞紙法をはじめとするさまざまな言論統制からの解放であり、民主主義を柱にする新たな憲法のもとで言論の自由を体現する存在へと変化した時期だったと大枠ではいえるだろう。しかし、アメリカの視点から考えると、武力制圧だけでなく、日本人を精神的にも制圧するという軍事作戦の一環としての心理戦の経験に基づいて、戦後に占領政策の一部としてメディアへの指導と検閲をおこない、あるいは用紙統制を通してコントロールした期間だった。

占領軍は、日本の大手新聞や放送などのマスメディアだけでなく、中小規模のメディアに対しても少なからぬ影響を与えた。本書の第1章から第4章までで論じたのは、そうした傍流のメディアの占領期中の様態である。そのうち戦前・戦中から続くメディアである時局雑誌と大学生新聞については、第1章「占領期の時局雑誌」と第2章「占領期の大学生新聞」で論じた。時局雑誌は一九三〇年代から登場した雑誌のカテゴリーだが、占領期にはこのカテゴリーのなかに、カストリ雑誌と似たような過激さで注目を集めた大衆的な暴露系時局雑誌が生まれた。それはのちの『週刊新潮』や『週刊文春』など戦後の週刊誌の潮流につながる、大衆的なニュース雑誌の先駆として考えることができるメディアだったと論じた。

また大学生新聞は、エリートによるエリートのための新聞として誕生したが、戦後に学生運動が拡大して全学連が形成され、それに対する共産党の指導が強まったために、占領軍の調査対象になり用紙統制や検閲を受けるとともに、戦前と同様に大学当局から発行停止などの処分を受けた。占領軍は民主主義の基礎としてローカルニュースの重要性を説き、アメリカ流のジャーナリズムを教育するための新聞学科を導入させ、大学生新聞の左傾化に抗しようとしたが、思いどおりにはならず失敗した。つまり、この二つの例のように、既存のメディアに対する占領軍の施策は必ずしもその意図どおりには進行しなかったことを明らかにした。

第3章「創刊期のスポーツ紙と野球イベント」と第4章「占領期のCIE図書館というメディア」では、スポーツ紙、およびCIE図書館という、占領期以前には存在しなかった、占領期に登場した新たなメディアを取り上げた。スポーツ紙が女子野球や映画人野球という娯楽的な野球イベントと結び付いて発展したことは男性によるプロ野球発展の陰で忘れられているが、アメリカ文化を吸収する一つの自主的な姿であり、またスポーツ紙という新たなジャンルを定着させるにいたったことを論じた。

また、占領軍によるアメリカ文化の普及活動としてのCIE図書館については、占領初期には欧米の文化に接する知識人層への情報を提供する先端的な役割を果たしたが、次第に地方都市にネットワークを広げ、映画上映やレコードによるコンサートなどの催事を通じてアメリカ文化を広める場所になったこと、そして朝鮮戦争開始後はむしろ国連に関する広報の拠点になり、冷戦下でのアメリカの広報外交を担うアメリカ文化センター（ACC）に転換していった経緯のなかで、日本人の利用者がどのように受け止めていたかを論じた。また、占領終了後にその活動に対して日本の図書館職員たちが示した意見には、その功績をたたえるばかりでなく批判的な意見も多く提示されていたことを指摘した。そして、大江健三郎の小説のなかに書き残された、忘れがたいアメリカとの遭遇体験としてのCIE図書館を紹介した。

他方、占領軍は単に日本を占領するだけの組織ではなかった。ここまでにも述べたように、占領軍の主力であるアメリカ軍は、同時にアメリカの極東軍（FEC）でもあった。占領軍司令部の民間情報教育局（CIE）は、同時に極東軍司令部の民間情報局を兼ねていた。このヤヌスのような二面性を有したアメリカ軍は朝鮮半島の南半分も統治し、アジアでソ連と対峙する前線を形成した。そこで本書の後半では、アメリカ軍がアジアでの冷戦構造を形成した側面に注目した。

第5章「占領軍G－2歴史課と旧日本軍人グループ」と第6章「占領軍の翻訳通訳局（ATIS）によるインテリジェンス活動」では、占領軍の参謀第二部（G－2）歴史課と翻訳通訳局（ATIS）によるインテリジェンス活動を明らかにした。前者は旧日本軍人グループを通じて日本軍が有していたアジアに関する情報を集め、そして後者は引き揚げ者を主な対象として情報収集活動をおこなった。こうしたインテリジェンス活動は一般の日本人が知らないところでひそかにおこなわれたが、さらに朝鮮戦争が始まると、日本全体がアメリカ軍の心理戦のなかに包み込まれることになった。日本人は戦争に関して限定された情報しか与えられず、日本人の関与もほとんど公表されない状況で、日本のメディアは心理戦の場になった。

そこで第7章から第10章では、朝鮮戦争での心理戦を詳しく考察した。第7章「対日心理戦としての朝鮮戦争報道」では、反共産主義を主軸とする心理戦のなかに置かれた日本の新聞の報道、NHKラジオ放送に対する占領軍の指令、従軍記者への検閲について明らかにし、それが「民主的で自由な」メディアを説いたアメリカ軍の公式発表への懐疑と非難を生み出したことを論じた。第8章「朝鮮戦争での宣伝ビラ」では、極東軍司令部の心理戦部（PWS）のもとで製作された朝鮮語と中国語の宣伝ビラについて、その内容と製作組織を明らかにした。初期には対日心理戦で作成されたビラが参考にされたが、中国軍参戦とともにテーマや表現などが冷戦構造に対応したものに変化していた。また、心理戦部に日本人画家が雇用されていたことも明らかになった。

さらに第9章「朝鮮戦争のラジオ・プロパガンダ」では、ラジオ放送が朝鮮戦争の心理戦でどのように用いられたのかを主に国連軍放送「国連軍の声（VUNC）」の手引から論じた。また極東軍側がおこなった共産側のラジオ放送の傍受と内容の分析を論じ、そのなかで日本と日本人の朝鮮戦争への協力が心理戦上の必要性から徹底的に隠蔽されたことを明らかにした。第10章「リオスノフ文書にみる朝鮮戦争での心理戦とその後」では、こうした国連軍放送を担った一人の民間人アレクサンダー・リオスノフの視点からジャーナリズムと心理戦の相違を考察し、冷戦下でのアメリカによる広報外交の進展のなかで、軍事作戦としての心理戦（Psychological Warfare ＝ Psywar）から、軍だけでなく国務省をはじめとする文民と連携した一般市民を含む心理戦（Psychological Operataion ＝ Psyops）への連続性を論じた。

日本占領は、たしかにジョン・ダワー『敗北を抱きしめて』（一九九九年／二〇〇一年／二〇〇四年）などが論じたように、強圧的な命令だけでなくアメリカ人と日本人が呼応し協働して進めた改革だった。しかし、ダワーは同時に次のように指摘した。

日本占領のもっとも悪質な点のひとつは、帝国日本の略奪行為によってもっとも被害を受けたアジアの人々――中国人、朝鮮人、インドネシア人、フィリピン人――が、この敗戦国でまともな役割、影響力のある立場をなんら獲得できなかったことであった。これらのアジアの人々は、目に見えない存在となってしまった。「太平洋戦争」におけるアメリカの勝利にすべての焦点があたったために、日本帝国の陸海軍人を打ち負かすうえでアジア人たちが成し遂げた貢献は、なかったかのごとくに見えなくなってしまった。これと同じ消失のメカニズムによって、戦争中だけでなく植民地時代にアジアの人々に対してなされた数々の犯罪にいたっては、いっそう容易に、まるでなかったかのようにみなされた。

（ジョン・ダワー「序」〔『敗北を抱きしめて――第二次大戦後の日本人』三浦陽一／高杉忠明訳、岩波書店、二〇〇一年〕一二―一三ページ）

この「消失のメカニズム」は、旧大日本帝国を解体し、朝鮮半島や台湾、満洲などの植民地や占領地を日本本土から切り離すと同時に、そこにいた人々やそこから日本にやってきた人々を日本人の国籍から除外し、日本人の視界から消し去ったことを意味するが、同じようなメカニズムが朝鮮戦争でもはたらいたのではないか。すなわち、アメリカ軍は朝鮮半島や台湾、満洲など、旧大日本帝国の植民地についての経験や知識を日本人から吸い上げて利用し、そして日本を朝鮮戦争の兵站基地として徹底的に活用しながら、国内向けにはレッドパージをはじめとして反共政策を推進し、対外的には日本の関与は伏せられた。朝鮮戦争に加担させられながらも、アメリカ軍の陰で目に見えない存在になって冷戦構造に繰り入れられた日本は、結局のところ、朝鮮戦争の実態にも自分の過去にも目を伏せながら、相手も見ず自分をも直視しない戦後を歩み始めたのではないか。帝国解体後の朝鮮・中国・台湾と主体的に向き合って、植民地時代と戦時の過去を反省し対話する十分な和解のプロセスを経ることができなかったのではないか。その淵源は、占領期と朝鮮戦争でのアメリカ軍の心理戦にあるのではないのか。

日本本土の占領統治が終了して二十年後の一九七二年に沖縄をはじめとする琉球諸島と大東諸島が返還された。占領期を経て言論の自由と民主主義を受け入れた戦後日本で育った世代にとっては、沖縄返還も冷戦構造の心理戦も遠い過去のようにみえる。しかし、日本にも韓国にも依然としてアメリカ軍基地が駐留し、朝鮮戦争の休戦が続く現在も、アメリカによる心理戦は終わりなく続いている。それは、われわれが意識しない薄い空気の膜のように自然に享受しているという言論の自由や民主主義的なメディアの外側を包んでいるのではないか。

吉見俊哉『親米と反米――戦後日本の政治的無意識』（岩波新書）、岩波書店、二〇〇七年）が指摘したように、戦後日本のアメリカに対する好感度は一貫して高い。たとえば二〇二三年のピュー・リサーチセンターの調査でもアメリカに好意的と答えた割合は日本は七三％で、韓国の七九％とともに高い。アメリカ軍基地があり、住民の反基地運動は反米感情に転じる可能性も高い。しかし、この両国では、ジャズや映画などアメリカ大衆文化がメディアを通じて消費されて反米感情を打ち消し、親米感情を醸成してきた。それがただちにアメリカ軍による心理戦の成果だとはいえないが、現地の人々の反基地・反米の感情に対して、アメリカとアメリカ軍が心理作戦の一部としてずっと注視してきたのはまちがいない。それゆえ戦後の日本とアジアのメディアの全体像を把握するためには、その出発点である占領期のメディアを、日本とアメリカと両方の複眼で見つめることが必要不可欠な作業なのである。

初出一覧

第1章　「占領期の時局雑誌」、20世紀メディア研究所編『Intelligence』第二十一号、20世紀メディア研究所、二〇二一年三月、六〇―七二ページ

第2章　「占領期の大学生新聞」、20世紀メディア研究所編『Intelligence』第十四号、20世紀メディア研究所、二〇一四年三月、一四九―一六一ページ

第3章　「創刊期のスポーツ紙と野球イベント――女子プロ野球と映画人野球」、津金澤聰廣編『戦後日本のメディア・イベント――1945-1960年』世界思想社、二〇〇二年、四七―六九ページ

第4章　「占領軍CIE情報センターの利用者に関する一考察」、20世紀メディア研究所編『Intelligence』第十三号、20世紀メディア研究所、二〇一三年三月、一一三―一二一ページ

第5章　「占領軍G-2歴史課と旧日本軍人グループ」、20世紀メディア研究所『Intelligence』第十六号、20世紀メディア研究所、二〇一六年三月、三九―五一ページ

第6章　「占領軍の翻訳通訳局（ATIS）によるインテリジェンス活動」、20世紀メディア研究所『Intelligence』第十七号、20世紀メディア研究所、二〇一七年三月、一一〇―一二三ページ

第7章　「対日心理戦としての朝鮮戦争報道」、20世紀メディア研究所編『Intelligence』第十二号、20世紀メディア研究所、二〇一二年三月、六〇―七八ページ

第8章　「朝鮮戦争における宣伝ビラ」、崔銀姫編著『東アジアと朝鮮戦争七〇年――メディア・思想・日本』明石書店、二〇二二年、一五三―一八七ページ

第9章　「国連軍の心理戦から見た朝鮮戦争におけるラジオ・プロパガンダ」、20世紀メディア研究所『Intelligence』第二十三号、20世紀メディア研究所、二〇二三年三月、一一四―一二六ページ

第10章　未発表・書き下ろし

※本書の刊行にあたっては、既出論文にはすべて加筆・修正を施した。

あとがき

二〇二四年のノーベル文学賞を韓国の作家ハン・ガン氏が受賞したニュースに関連して、彼女の作品を日本語に翻訳してきた新潟市出身の斎藤真理子氏が『朝日新聞』二〇二四年九月七日付のインタビュー記事でこう語っているのを目にした。

韓国では、歴史が人々のど真ん中を直撃している。（略）とりわけ韓国の現代史は過酷で厳しいものです。死者が四百万とも五百万ともいわれる朝鮮戦争は朝鮮半島全土で地上戦が行われた。この戦争が韓国文学の背骨なのです。（略）韓国文学を追うと、いかに無念な死の堆積の上で人々が懸命に生きてきたかが判ります。その歴史に日本が大きく関わっているのに、日本では朝鮮戦争が知られていない。

まさに私も朝鮮戦争を知らない日本人の一人だった。そのことを思い知らされたのは、二〇〇九年八月にソウルで戦争博物館を訪ねたときだった。日本で戦争博物館と聞いたなら、まずは太平洋戦争が展示の中心ではないかと考えるだろう。しかし、巨大なその博物館の八割ほどを占めていたのは朝鮮戦争に関する展示だった。そのことに驚愕した私は、韓国の現代史も朝鮮戦争のこともまるで知らないのだとあらためて認識した。そこから私は、朝鮮戦争と日本のメディアとの関係を探り始めた。数年前に、欧米出身で日本語を流暢に話す留学生が韓国で戦争博物館に行き、同じように驚いた経験を語っていたのをたまたま聞き、これは日本語によって成り立っている文化と歴史認識に問題があると思うようになった。もちろん、韓国と日本で書かれ学ばれる歴史が同じである必要はない。しかし、隣国と友好関係を築き、お互いに文化を尊重し理解し合おうとするならば、それぞれがどんな歴史を抱えて大事に思ってきたのかを知る必要はあるだろう。まして、朝鮮戦争の際にアメリカ軍の兵站基地として日本がその一端を担い〝参戦〟したことは、戦後日本にとっても韓国にとっても重大な出来事だった。それをメディア史のうえでも、きちんと日本語で論じておかなければならない、と私は思うようになった。

現在も休戦状態にある朝鮮戦争の原点である占領期日本のメディアを、日本とアメリカの両方の視点から解き明かすことは、日本とアジアでの戦後のメディア史全体を捉えるために必要不可欠な作業である。そのためには必然的に、アメリカ軍のインテリジェンスとプロパガンダの活動を解明しなければならない。本書ではそうした作業の一環をおこない、試みたが、いうまでもなく十分ではない。いくつかの試掘坑を開いてみただけのような気もする。だが、試掘の作業がなければ、その先にあるアジアの近代メディア史を概観するという大規模工事にも進めないだろう。本書で残された課題は多いが、さしあたり、ニュース映画や写真雑誌などにみられる朝鮮戦争の視覚的報道についての論考が入れられなかったのは残念である。また、ＣＩＥのメディア指導に関するより広範な考察も今後の課題にしたい。

最後に、本書のもとになった論文のほとんどを掲載した雑誌『Intelligence』を支えてくださったインテリジェンス編集委員会のみなさま、20世紀メディア研究所とその研究会に参加してくださった方々に感謝を申し上げます。また、本書の基礎になった海外での資料調査を可能にしてくださった早稲田大学政治経済学術院の関係者のみなさまに感謝いたします。そして、過去の論文をまとめて本にしましょうと声をかけてくださった青弓社の矢野恵二氏にお礼を申し上げます。九十歳を超える両親に新たな本を届けることができるのは、ありがたいことです。なお、本書は一般財団法人櫻田會による政治学術図書出版助成を受けましたこと、感謝とともに記します。

二〇二四年十月、早稲田大学早稲田キャンパスにて

土屋礼子

人名索引

事項索引

［著者略歴］
土屋礼子（つちや れいこ）
1958年、長野県生まれ
一橋大学大学院博士課程修了。博士（社会学）
早稲田大学政治経済学術院教授
専攻はメディア史研究、歴史社会学
著書に『対日宣伝ビラが語る太平洋戦争』（吉川弘文館）、『大衆紙の源流——明治期小新聞の研究』（世界思想社）、編著に『日本メディア史年表』（吉川弘文館）、『近代日本メディア人物誌——創始者・経営者編』、共編著に『近代日本メディア人物誌——ジャーナリスト編』『大衆文化とメディア』（いずれもミネルヴァ書房）など

占領期《せんりょうき》のメディアとインテリジェンス

発行———2024年12月9日　第1刷
定価———3400円＋税
著者———土屋礼子
発行者——矢野未知生
発行所——株式会社青弓社
〒162-0801 東京都新宿区山吹町337
電話 03-3268-0381（代）
https://www.seikyusha.co.jp
印刷所——三松堂
製本所——三松堂

ISBN978-4-7872-2104-9　C0021